김수현 드라마 전집

김수현 드라마 전집

12

천일의 약속 1

솔

1. 대사 문장에는 띄어쓰기 원칙을 적용하지 않았다.

가장 먼저, 김수현 극본의 대사에는 마치 악보처럼 리듬이 존재한다는 것을 알면 이해가 한층 쉬워진다. 대사의 리듬과 더불어 대사의 타이밍, 대사의 전환점, 호흡의 완급, 감정선의 절제 또는 연장 등이 대본 자체에서 표현되고 있다. 따라서 문법적 원칙보다 대사의 리듬, 장단이 우선하는 이유로 띄어쓰기 원칙은 간혹 무시되고 있으며 이러한 작가의 의도를 손상시키지 않기 위해 띄어쓰기 문법을 적용시키지 않고 원본 그대로 실었다.

2. 대사에는 맞춤법을 적용하지 않은 경우가 적지 않다.

김수현 극작품의 대사는 구어체에 가까운 것으로 한글, 곧 '소리 나는 대로 읽기-쓰기'에 충실하다. 사투리가 대사에 적용될 때, 캐릭터의 어투나 억양을 강조하기 위한 수단으로 쓰일 때에도 그러하다. 곧 모든 대사의 바탕은 실제 생활 속 일상 언어의 발성이며, 때문에 공식적인 맞춤법이 적용되지 않은 경우가 많다. 외래어 또한 대부분 표기법을 적용해 사용하지 않았고, 문장부호의 사용 또한 일부 맞춤법을 적용하지 않았다.

> 예) "가께 오빠"("갈게 오빠") "늘구지 마세요 선생님"("늘리지 마세요 선생님") "택시 타구 갈께요"("택시 타고 갈게요") "어뜩해. 들으셨어요?"("어떡해. 들으셨어요?") "잔소리 피할려 그러지."("잔소리 피하려 그러지.") "친구 잘못 사겨 착한 내 아들 버렸다는 거랑 같아"("친구 잘못 사귀어 착한 내 아들…") "납쁜 자식"("나쁜 자식") "이제 여덜시야"("이제 여덟 시야") "키이"("키key")

마침표(.)를 넣지 않은 대사 문장에 대해
마침표의 유무에 따라 호흡과 말투, 대사와 대사와의 연결, 뉘앙스에서 차이가 있음을 지시하는 것으로 원본 그대로 실었다.

3. 의성어 및 의태어의 사용은 김수현 작가만의 언어를 반영하여 최대한 수정하지 않은 원문을 싣거나, 부분 삭제하였다.

　　예) '식닥식닥'(화나거나 흥분해 가만히 있지 못 하고 숨을 헐떡거리
　　는 상태), '채뜰 듯'(낚아채서 빠르게 들어 올리는 모양)

4. 작품에 쓰인 용어의 설명은 다음과 같다.

S#: S: Scene의 약자. / #: Number를 의미하는 기호.

E: Effect의 약자.
E는 여러 쓰임새가 있다. 이번 전집에서는 대체로 다음 두 가지로 쓰인다.
　　① 화면상에서 A의 얼굴 위로 B의 목소리를 나오게 할 때
　　② 특별한 음향효과를 지시할 때
　　이번 전집에서는 ①에서처럼 화면 연출상의 기법을 위한 경우로 쓰일 경우에는 전후 문맥상 반드시 필요한 경우를 제외하고 부분 생략하였다. 그러나 ②에서처럼 전화벨이나 음향효과를 위한 장면에서는 원문 그대로 E라고 표기하였다.

　　예) E 전화벨 울리고 있고 / E 볼륨 줄여놓은 피아노 연주곡.

F: Filter의 약자.
이것은 예를 들면 A와 B가 통화를 할 때, A가 화면에 나와 있는 상태에서 B의 전화 목소리를 들려줘야 하는 경우, 상대방의 목소리를 전화 저편에서 말하는 것처럼 들리게 하는 음향적 효과를 지시하는 부호이다.

오버랩: Overlap.
앞의 장면과 뒤에 연결되는 장면이 겹쳐지며 다음 화면으로 넘어가게 할 때 쓰는 부호이다. 대본에서의 오버랩은 앞 사람의 대사가 끝나기 전에 다음 사람의 대사를 겹쳐서 말하게 할 때 주로 쓰이고 있다.

인서트: Insert.
일련의 화면에 글자나 필름을 삽입하는 것을 뜻한다. 이 대본에서는 대부분의 경우이 지시 사항은 생략되었고, 건물의 외경이나 풍경 등의 씬을 삽입할 때 주로 쓰였다.

디졸브: Dissolve.
한 화면의 밀도가 점점 감소되어 사라짐과 동시에 점차 다른 화면의 밀도가 높아져나타나는 장면 전환 기법 중 하나. 대본에서의 디졸브는 시간이나 장소의 변화를 보여주기 위해 사용되었다.

페이드 인: Fade in.
영상이 검정색 상태에서 다음 이미지가 점차 선명하게 나타나는 장면 전환 효과를말하는 것으로 대본에서는 'F.I'로 표기했다.

페이드 아웃: Fade out.
화면이 어두워져 완전히 꺼지는 상태. 장면의 전환, 또는 시간을 건너뛸 때 주로 쓰인다. 대본에서는 'F.O'로 표기했다.

스니크 인: Sneak in.
해설이나 대사 등이 진행되고 있는 사이에 음악이나 효과음을 서서히 삽입시키면서 점점 확대해가는 오디오 연출 용어이다.

5. 기호와 지시문에 대한 설명은 다음과 같다.

/ : 대사 속의 / 부호와 지문 속의 / 부호가 있다.
　① 대사 속의 / 부호
　대사 도중에 나오는 / 부호는 말투, 억양을 바꿀 때, 텀term 혹은 호흡을 지시 할 때 쓰인다. 그 길이는 길 수도, 짧을 수도 있으며 바로 전 대사의 호흡을 끊고 바로 다음 대사로 빠르게 연결해야 할 때도 쓰인다.

　　예) **수정**　　(일어나 아들 앞으로 가 서며)너 어떻게/어디 아파? 돌았어?

　② 지문 속의 / 부호
　연출할 화면을 나열, 혹은 순서대로 지시하는 부호이다.

　　예) **서연**　　????(허둥지둥 다른 손으로 무릎에 놓은 가방 휘저으며 전화 찾는/도저히 전화가 손에 안 잡힌다/브러시질 멈추고 아예 가방 내용물을 무릎에 몽땅 쏟아버린다/지갑 수첩 필통 손수건 콤팩트 립스틱 선글라스 두통약병 등등/그러나 전화는 없다/설마 하는 얼굴로 내용물들 다시 손으로 움직이며 체크/역시 없다)

　③ 지문과 대사 속의 //
　/ 부호를 겹쳐 사용한 것은 대사와 지문 모두 호흡을 위해 그대로 표기하였다. 행동이나 대사를 완전히 끊고 마무리할 때 사용되었다.

　　예) 지문: (대화 시작되고 유창하게 응답하는 이모//매일 전화로 학습시키는 영어 회화)
　　　　대사: ⋯그럼 // 충격받을 준비해.

( ): 배우의 연기에 대한 지시 사항.

[ ]: 작중 정황을 지시하는 지문.
설정, 행동, 환경, 동선 등을 지시하는 부호이다.

⋯: 말줄임표
 ① 대사의 말줄임표: 배우의 대사에서의 감정선에 따른 호흡의 길이를 지시하는 부호.
 ② S#의 말줄임표: 도입되는 장면에 대한 연출의 길이를 조절하라는 뜻이다.
 ③ [ ]의 말줄임표: 해당 장면에 대한 추가 연출이 필요하다는 뜻으로 쓰인다.

(오버랩의 기분): 오버랩처럼 대사가 완전히 겹치지 않고 앞 대사가 마무리될 때쯤 대사를 시작하는 것을 말한다.

 예) 이여사 글쎄 기분 나쁜 이유가
  영주 (오버랩의 기분)엄마 내가 말하구 싶지 않은 거 그래서 알아
 내본 적 있수?

(에서): 장면의 마지막 대사 뒤에 붙여 대사 후 화면이 바로 전환됨을 나타낸다. 간혹 대사 후 바로 화면 전환을 하지 않고 그대로 두어 여운을 줄 때도 사용한다.

 예) 채린 어머니 꿈꾸셨어요?(에서)
 S# 준모의 침실

6. 배우의 연기나 대사, 작중 정황 등 대본의 서술과 실제 방영된 드라마 방송분이 다를 경우 대본을 우선으로 한다.

주요 인물

이서연 30세. 출판사 팀장.
박지형 32세. 건축설계사.

서연네 가족

이문권 28세. 서연의 남동생.
고모 59세. 서연의 고모.
고모부 59세. 서연의 고모부.
장명희 34세. 서연의 사촌언니.
차동철 31세. 명희의 남편.
차지민 명희 부부의 아들.
장재민 32세. 서연의 고종사촌 오빠.
서연모 서연의 친어머니.
이한수 서연의 친아버지.

지형네 가족

박창주 62세. 지형의 아버지.
강수정 58세. 지형의 어머니.
강수희 지형의 이모.

향기네 가족

노향기   28세. 지형의 정혼자.

노홍길   62세. 향기의 아버지.

오현아   58세. 향기의 어머니.

노영수   향기의 오빠.

그외 인물

김현민   서연의 담당의.

손석호   지형의 친구.

김선주, 황인영, 변소희, 최유정   서연의 직장 동료.

차례

제1회

S# 양수리 호수 풍경들. 한여름

S# 호수를 낀 도로를 달리는 차량들

    E 볼륨 줄여놓은 피아노 연주곡

S# 양수리 강변 어디쯤에 세워져 있는 지형의 자동차(일 년 전)

지형   **E** 여기 와 본 적 있니?

S# 차 안

서연   (보며)……

지형   (보며) 와 본적 있어?

서연   (고개 흔들며) 지나치기만… 회사 워크샵 갈 때‥

지형   (보며)…

서연   (보며)??

지형   (고개 앞으로) 나 아주 나쁜 놈이다 서연아.

지형   **E** …그날부터 나는….

지형   너를 안고싶은…욕심이 하루의 반을 차지하는 느낌이야.

서연   ….(보며)

지형　어느 순간들은 내가 그 욕심만으로 다인 것 같아. (돌아보며) 틈
　　틈이 궁리 하는 거라곤

지형　E 어떻게하면 덜 나쁜 놈이 되면서

지형　너를 안을 수 있을까 뿐이야.

지형　(보며 / 눈물이 핑그르르 / 오버랩) 나는··내가 어떡하면 되는 건
　　가. 내가 먼저 덤벼들면 안되나 그러는데··

지형　····(보며)

서연　망신당할까봐 아닌 척 하구 있는 건데···

지형　····(보며)

S# 근처 호텔 객실 안

　　[서로의 옷 벗기면서 폭풍 같은 격정의 움직임과 입맞춤과 옷 꺼풀 벗
　　어내며 침대 쪽으로의 이동과 다시 입맞춤 / 서로 잡아먹을 듯한. 감독
　　알아서]

S# 달리는 차 안 /(현재)

서연　(운전 중. 조금 전 시작된 두통으로 머리가 깨질 것 같다. / 얼굴이 흉
　　할 만큼 눈을 감았다 뜨면서 저도 모르게 후우우우 숨 내뿜는데 머리에
　　잔뜩 매달려 있는 찍찍이들)

S# 달리는 차

S# 도로변 휴게실 광장으로 들어서는 서연의 소형차. 차 세워지고

S# 차 안

서연　(커다란 구럭 같은 가방 들여다보며 손 휘저어 약병 꺼내 약 두 알 손
　　바닥에 / 홀더에 물병 집어 약 넘기고 물병과 약병 처리 / 잠시 머리 기대
　　어 눈 감는)

문권　E 약 너무 먹는 거 아냐? (지난날 언젠가)

14

S# 아파트 거실(밤)

서연 (노트북 작업 중이다가 알약 넣고 물 마시는데)…

문권 (마주 앉아 공부 중 / 보며) 무슨 약을 그렇게 자주 먹어

서연 아픈데 어떡해.(노트북 작업으로)

문권 뭐 나 모르게 혼자 골치 아픈 일 있어?

서연 그런 게 어딨어.

문권 그럼 왜 그렇게 자주 아파.

서연 몰라 머릿속에 혹이 자라구 있는 거 모르는지두‥

문권 뭐 그렇게 끔찍한 소릴하냐.

서연 (픽 웃으며) 너무 자주 그러니까. 뭐야 나 진짜 혹시 뇌종양?

S# 서연 차 안

문권 E 기분나쁜 소리말구 병원가아.

서연 E 이러다 말겠지 뭐어 (기대었던 머리 떼고 출발하는)‥‥

　　　E 서연의 전화 통화 연결음. 피아노 연주곡 / 차 안에서 들리고 있던 곡
　　　과는 다른. 두 번 울리면서 연결 / 다음 신으로

S# 서연 남매 서민아파트

　　　E 전화벨 울리고 있고 대여섯 번으로 / 출입구부터 싱크대로 / 싱크 볼
　　　안에 커피 머그잔 두 개 / 과도와 작은 접시 하나 / 식탁 겸 책상에 열려
　　　진 채 전원은 꺼진 노트북 / 옆에 이백 자 원고지 묶음들 열 권쯤인데 중
　　　간중간 표시나게 접혀 있다.

　　　E 그리고 울리고 있는 핸드폰 벨

S# 어느 편의점(현재)

문권 ‥(기다렸다 음성 녹음으로) 누나 나갔어? 안나간다 그러지 않았
　　　어? 갑자기 인터뷰 잡혔어? 설마 또 전화 안 갖구 나간 건 아니겠지.

알았어 됐구요아줌마 / 고모 오셨던 길에 통장 정리하시고 가슴 찢어져 피 철철 흘리며 들어가셨대.

문권　전화드려요 (녹음 마치는 버튼 누르는데)

　　　[출입문 소리]

문권　어서 오십쇼오오.(하고 보면)

동철　(제빵사 가운 차림으로 들어오며) 끝판 더위가 아주 쌩발악이다 발악. 혀 빼물고 다리 떨다 죽게 덥네 제기랄. 유통기간 지나 못 파는 캔 맥주 하나 줘 처남.

문권　(맥주 냉장고로 움직이며 웃는) 그런 게 어딨어요 하하 ***원입니다아아.

동철　장명희한테 받어

문권　다시 한번만 그럼 누나가 나 죽인댔어요 하하..

동철　그렇게 죽었으면 나는 팔만팔천번 죽었어

문권　(맥주 들고 와 바코드 찍으며) ***원입니다아 손님.

동철　야 나 돈 없단 말야. 볼래? 볼래?(가운 양 주머니 껍질 밖으로 끄집어내며)

문권　알았어요 누나한테 전화해보구요.

동철　(맥주 뺏으려 덤벼들며) 야야야야 처남아 처남아..

S# **양수리를 훨씬 지나 달리고 있는 서연의 자동차**

S# **차 안**

서연　(거의 무표정에 가까운 얼굴로 앞만 보면서 운전하고 있는 상태)…
　　　…(그러다가 문득 표지판으로 시선이 가고)???……(? 한 얼굴로 좌우 살피는)……(서둘러 음악 끄고 / 황당하다)….

S# **고모의 아파트 거실**

16

[낮은 식탁 겸 탁자]

　　　[열무 비빔밥 볼이 미어지게 먹고 있는 고모와 뚱한 얼굴로 먹는 중인
　　　고모부]

　　　E 메시지 들어오는 신호음.

고모　(구형 일반 핸드폰 집어서 옆에 돋보기 쓰고 / 소리 내어 읽는다) 누
　　　나 전화 안돼요. 음성 녹음 남겨졌어요 고모. 고모 홍수나게 우셨
　　　단 얘기도 했구요.

고부　???(왜 울어?)

고모　(웃으며) 으흐흐흐 이눔자식 (답장 찍는다 / 찍으며 소리 내어 / 문
　　　자 찍는 것 최근에 배웠다 /)알··았··다 / 전송 / (잠깐 기다렸다 안경 / 전
　　　화 놓으며) 이거 간단해서 진짜 좋아 여보.

고부　…(그냥 보는)

고모　얘 너 몇시쯤 올거야? 네 엄마 일곱시 쯤 생각하세요 그래 그럼
　　　그렇게 알고 준비할게 / 네 엄마 들어가세요 / 얘 얘 명희야 뭐 먹구
　　　싶어? 엄마 알아서 하세요. 알아서 하라는 게 더 힘들어 지정을 해
　　　/ 이걸 그냥 문자로 몇시? 먹고 싶은 거? 그럼 일곱시 / 묵은지고등
　　　어조림 얼마나 간단해··

고부　또 뭣때매 울었어.

고모　??아 아아아··서연이 아파트 전세 잔금 빌려줬던 거 여보 마
　　　지막 이천 어제 들어왔더라구. 아까 목욕탕 갔다 나오면서 현금지
　　　급 기계로 통장 정리 했는데 통장에 찍혀있는 이에 똥그라미 일곱
　　　개 / 그냥 눈구멍이 화끈 / 가슴은 뻐근 / 펑펑펑 쏟아지는데 걷잡
　　　을수가 없더라니까? (울먹) 세상에 그 불쌍한 게 그 약속 지키느라
　　　얼마나 노심초사했을까. 직장 다니는 것만두 고달픈데 또오 컴퓨

터 앞에서 밤잠 못자가며 얼마나 골이 빠졌을까. 고모라고 하나 있는 거까지 변변칠 못해 나는 왜 기어이 그걸 끝까지 다 받어 챙겨야하나.

고부 (오버랩) 왜 간이 점점 쎄져.

고모 지 애비가 하늘에서 내려다보며 얼마나섭섭할까 정말 섭섭하겠다아아.

고부 (오버랩) 점점 매워지구.

고모 (오버랩) 여보 참 당신두 문자질 좀 배워봐.(눈물 닦으며) 치매 예방에두 좋구 돈두 휘얼씬 싸게 멕힌다는데.

고부 (오버랩) 싱겁게 먹어 싱겁게

고모 내일 파마 손님이 한집에서 셋이야 삼모녀 으흐흐흐흐 구만원 벌어.

고부 ....

고모 당신 선 글라스 바꿔줄께.

고부 싱거울수록 안 매울수록 좋다잖어.

고모 선 글라스

고부 ....

고모 선 글라스(얼굴 아래서 위로 들여다보듯 하며)

고부 (잠깐 보는)

고모 단풍놀이갈 때 쓰라구.

고부 있는데 뭘 또 사아··

고모 그거 안마사같어.

고부 ....

고모 여보

고부 쓸데없는 소리 말구 밥 먹어.

고모 으흐흐흐흐 마피아 행동대장 같은 거 하나 씌워봐야지……(남편 잠시 보다가) 아하하하 안 어울릴라나?

S# 어느 굴다리 안으로 들어와 멎는 서연의 자동차

[잡다한 것들을 팔고 있는 소형 트럭 노점 잡화대 / 자동차 액세서리 연장들이거나 혹은 여름 과일이거나 / 하나 서 있고 / 서연 차 옆에 와 차가 와 멎는]

잡화상 (청년)…(보는)

[차 유리가 내려가고]

서연 (찍찍이 만 머리로 내다보며 활짝 웃는다) 안녕하세요.

청년 ??(찍찍이에) 어 예 뭐 드릴까요.

서연 아니 네 아니 아니 미안합니다.. 저기 양평길로 올라 갈려면 어디로 나가야 하죠? 잠깐 지나쳤어요.

청년 아아 너무 많이 내려 오셨네요 여기서요 ….(양평 쪽으로 되올라 가는 사인이 있는 곳까지 가르쳐주고)

서연 네…(들으면서 중간중간) 네 네. 아 네에..(다 듣고) 네 감사합니다. 고맙습니다..(하고 출발하려는데)

청년 E 저기 / 저기 잠깐요.

서연 (돌아보는) 네에

청년 (한 손 제 머리에 / 머리칼 좀 잡아 올리면서) 여기 이거요..

서연 ??(무슨 소린가 / 한 손 머리에 올리다 찍찍이에 손이 닿고 입 벌어진다.)

청년 (빙글빙글)

서연 감사 / 감사합니다 / 감사합니다.(허둥지둥 자동차 잠깐 움직여

굴다리 벽에 더 가깝게 붙여놓고 핸드백 당겨 작은 브러시 꺼내면서 다른 손으로는 벌써 찍찍이 떼어내기 시작한다)…

S# 양평 어느 호텔 객실 /

[뚜껑들 닫혀 준비되어 있는 2인분 양식 /]

S# 객실 발코니

지형   (상의는 벗고 바지 주머니에 두 손 찌르고 강물 향해 서서)……(거의 무표정이나 침울하고 골똘한)………(문득 주머니에서 핸드폰 꺼내 시계 보는 / 인서트 12시 40분 / 단축 통화 버튼 누른다)…

[신호는 가는데 받지 않는 전화]

지형   …..(전화 귀에 댄 채)…

S# 굴다리 차 안

서연   (한 손으로 브러시질하다가 문득 자동차 시계 보면)

[자동차 시계 12시 40분 / 인서트]

서연   ???(허둥지둥 다른 손으로 무릎에 놓은 가방 휘저으며 전화 찾는 / 도저히 전화가 손에 안 잡힌다 / 브러시질 멈추고 아예 가방 내용물을 무릎에 몽땅 쏟아버린다 / 지갑 수첩 필통 손수건 콤팩트 립스틱 선글라스 두통약병 등등 / 그러나 전화는 없다 / 설마 하는 얼굴로 내용물들 다시 손으로 움직이며 체크 / 역시 없다)…..(난감해서 어떡하지?)…..(잠시 그러고 있다가 허둥지둥 가방 내용물 쓸어 담아 옆자리로 던져놓고 급출발)

S# 객실

지형   (선 채로 얼음에 채워져 있는 화이트 와인 따르고 있는 중.. 따르고 마개 닫고 얼음통에 넣고 마시는) …..(무슨 일이야. 너무 늦잖아)

S# 달리는 서연의 자동차

S# 차 안

서연 (집중해서 누구 때려잡으러 가는 얼굴로 운전하고 있는)‥‥

S# 객실

지형 (서성거리다 멈춘 자세 / 전화 단축 버튼 누르는)

   E 벨 가는 소리 (두 번)

S# 서연 아파트

   E 식탁 테이블 위에서 울리고 있는 전화 (네 번)

S# 객실

   E 벨이 가고 있는 전화 내려서 휴대폰 시계 보며 벗어놓았던 상의 집

   어 들고 빠르게 문으로 움직이는데

   E 출입문 벨 울린다

지형 (잠깐 멈췄다가 문 열어주며 보는)

서연 (두 손으로 비는 시늉한 채 냉큼 들어서며) ‥‥(어떡해애애)

지형 (안도가 섞인 / 잠깐 눈 감았다 뜨며 쏘아보는)‥‥

서연 (다가서며) 미안해. 날 죽여. 반항 안하구 죽을께.

지형 (오버랩) 어떻게 된 거야.

서연 (오버랩) 나 멍청이됐나봐. 빠지는 길을 놓쳤어. 용문까지 갔었

   어.(미안해미안해)

지형 (오버랩)??어떻게 거기까지 가.(말이 돼?)

서연 글쎄 말야. 어떻게 거기까지 가?

지형 ??(그게 말이야?) 지금 누구 얘기 하는 건데 /

서연 으흐흐 내 얘기.(가볍게 웃으며 가방 처리하러 움직이는)

지형 (움직이는 것 잠시 보다가)‥전화는 왜 안 받아.(여전히 딱딱 /)

서연 그게 글쎄 / ‥‥(가방 처리하고 자켓 벗으며) 안갖구 나왔더라구.

   (미안해)

지형 (좀 오르며) 사고난 줄 알았어. 사고난 차 찾으러 나갈 참이었
      단 말야!

서연 (자켓 장에 처리하며 오버랩) 바빠서 시간없다 그래놓구 갑자기
      십분 안에 출발해 그러는데 무슨 정신이 있어.. 샤워 삼분 / 옷 입
      는데 삼분 / 머리 찍찍이 마는데 삼분 / (지형에게 다가가 들고 있는
      상의 빼내면서) 출발은 제대로 했단 말야.

지형 (오버랩) 네시 반까지 사무실 들어가야해. 한시간 반 날렸어.
      남은 시간 한시간 반 밖에 없단 말야.

서연 미안하다구. 죽을 죄 졌어 응? (얼굴 들이대듯 하며) 긍정적으로
      엉? 어머나 그래도 한시간 반이나 남았네에에? 분으로 치면 백분
      에서 10분 모자라는 구십분 / 구십분이면 구분에 열배 / 우리 십사
      분으로 끝난 적도 있어. 현장에 사고 나 와인 따르다 뛰쳐나갔을
      때 정확히 얼굴 본지 십사분 만이었거든?

지형 (오버랩/조금 더 오르며) 대체 무슨 생각을 하며 사는 사람이야.
      말도 안되는 핑계로 미팅 한껀 미루고 간신히 시간 만들었는데 십
      분 이십분 삼십분 사십분 / 결국은 이 여자 사고났다 사고도 큰 사
      고다 / 의식불명이라 전화 못 받는다 그렇게 만들어?

서연 (오버랩/웃으며) 까르르르 사고 안나구 멀쩡하게 나타나서 화
      나? 그래서 화내는 거야?

지형 (오버랩) 길 / 잠깐 잘못 빠질 수 있어 그래. 그런데 어떻게 거기
      까지 가. 너 바보야?!!

서연 …(웃음기 사라지며 보는)

지형 전화 / 깜빡할 수 있어 / 그런데 중간에 휴게소 없었어? 연락은
      해놓구 늦어야잖아!!

서연 (오버랩) 그렇게 멀리까지 샜는지 미처 몰랐어. 당황해서 전화
할 생각 안 났었구 전화 안 갖구 나온 것도 모르고 있었어.

지형 내가 기다리구 있는 건 알구 있었어?

서연 ‥(잠깐 쏘아보다가) 아아니?! 몰랐어. 실례지만 누구세요?(쏘아
붙이고 픽 돌아서는데)

지형 (한 팔 잡는데)

서연 (홱 뿌리치며 / 두 주먹) 미안하다구 했잖아. 미안해 정말 미안해.
죽을만큼 미안하단 말야. 그런데 왜 이렇게 화를 내는 거야? 이게
그럴만한 일이야? 내가 일부러 그랬어?

지형 너 비행기도 놓치게 했어. 잊어버렸어?

서연 (오버랩) 오늘까지 두 번이야./

지형 세 번이야.

서연 세구 있었어?

지형 (오버랩) 난 그런 적 없어.

서연 언제나 자기 시계에 맞추니까!! 내 시계따위 상관없이 십분 이
십분 명령떨어지면 난 당장 / 변기에 앉아있다가두 보던 볼일 멈
추고 허겁지겁 달려나와야 하니까!! 그런데두 도로 사정이 안 도
와줄 수도 있고 차가 퍼져버릴 수도 있으니까!!

지형 (다시 오르며) 늦을 수는 있어. 연락은 돼야할 거 아니냔 말야!!

서연 공해 때문에 모두 머리 속이 망가져 요즘 애들 건망증이 70대
노인이야!! 사무실에서두 누군가 전화 놓구 나가는 거 하루 한 두
번은 꼭 일어나는 일야. 나는 그래두 양호한 편야. 나보다 네 살어린
직원하나는 아예 전활 목걸이 만들었어. 왜.(뭐 더 해?)

지형 ‥‥(그냥 보며)

서연 ....(보다가) 시간 없다며 애껴쓰자..(옷장으로 움직이며) 뭐 잘 안 풀리는 일 있어? 짜증은 좀 났겠지만 그렇게까지 화 낼 건 없잖아. 뭐땜에 그렇게 이상하게 굴어?

지형 ....(그냥 보며)

서연 (옷 걸고 음식 카트 쪽으로 / 뚜껑 열며) 뭐 스테이크 시켜 놨었어?

지형 (호텔 전화 쪽으로 움직이며) 식어서 못 먹어.

서연 괜찮아. (포크 나이프 들며 의자에)

지형 놔둬. 다시 시키자구.

서연 나 눈에 별 보여. (썰기 시작하며)

지형 놔두라니까..

서연 (돌아보며) 시간 없다면서. 대충 때워. 얼른 와 앉어. 샐러드두 있구 빵 먹어두 되구 먹을 거 많네 뭐.(과일도)

지형 ....(보며)

서연 아 와인 먼저 먹어야겠다 (포크 나이프 놓으며) 자기 바보 소리가 식도 중간에 딱 걸렸어. (일어나 와인 병 꺼내 두 잔 따르면서) 바보두 대놓구 바보라 그럼 충격 먹어. 나 바본 거 이제 아는 일야?

지형 바보소리 첨 아니잖아.(보며)

서연 아까 바보는 여태까지 바보랑 달랐어. (글라스 하나 들고 내밀며) 안 마셔?

지형 (서연 앞으로 와 글라스 받아 도로 놓는)

서연 ?? 운전? 나두 하는데 뭐. 한잔 한 시간이면 말짱해져어.

지형 (오버랩) (한 손이 서연 민소매 레이스 블라우스 가슴 리본 끈 하나를 잡아당겨 풀고) … (시선 서연 가슴)

서연 .....(보며)

지형 (시선 그대로인 채) 다 보여.

서연 (시선 제 가슴으로) 응 좀 재미없어하는 거 같아서 야하게 꼬실 라구.

지형 딴 놈도 보잖아.

서연 딴놈 굴다리 밑에 노점상 하나. 관심없던데? (하는데)

지형 (그 입을 막아버리면서 키스 퍼붓기 시작)

서연 (입이 막히면서 동시에 달라붙고)

지형 (그런 채로 침대로 끌고 가는)

[침대로 퍽 쓰러지면서도 폭풍 같은 입맞춤. 서연은 결코 소극적이지 않다]

E 지형 전화 울리는 / 바지 주머니에서 /

[잠깐 멈칫하지만 무시할 작정인 지형. 그러나]

서연 받아.

지형 괜찮아. 급할 일 없어. (벗기며)

서연 받아.

지형 괜찮아 괜찮다니까.

서연 (밀어내며) 받으라니까. 받구 꺼버려. 신경쓰여.

지형 (전화 꺼내 보면)

[전화 화면 사진과 함께 향기라는 두 글자]

서연 (힐끗 보고) 나 화장실. (침대 내려서 욕실 쪽으로)

지형 (잠깐 서연 보고 전화받는) 어 그래.

향기 E 오빠 나 필라테스 왔어.

지형 E (움직이는 서연) 그거 이 시간 아니잖아.

S# 피트니스 필라테스

[필라테스 선생 오기 전 / 개인 교습실 / 필라테스 기구들 있고]

향기   (전화 중) 응 선생이 고향갔다 밤중에 왔대. 모르지 뭐. 과음하구 늦는 건지두. 술 너무 좋아하는 선생이거든. 아냐 끊지마 아직 안나타났어. 어 바빠? 그럼 끊어야겠네? 아 오빠오빠 나 풍진 예방 주사 맞았어. 항체가 없다잖아. (소리 좀 죽여서) 근데 오빠 우리 최소한 한달에서 석달은 피임하래. 항체 생길려면 그 정도 걸린대.

S# 호텔 객실

향기   F 크크크 근데 피임 오빠가 해야한다? 난 임신 전에 피임약 먹으면 안되거든.

지형   (오버랩) 향기야 그만 끊자.

향기   F 어 오빠 미안. 오빠 사랑해. 끊어어.

지형   (끊긴 전화 내려다보며) ·· (잠시 그러고 있다가 시선 욕실 쪽으로)··· (침대 내려서는)

S# 욕실

서연   (치약 묻힌 칫솔 들고 멍하니 거울 속 제 얼굴 보고 있는)···

   E 노크

서연   (못 듣고)

지형   E 뭐해.

서연   ?? (얼른 칫솔 물며) 어 이 닦아아. (아무 일 없는) ··(닦기 시작)

지형   (들어와 뒤에서 안고 목에 얼굴 붙이는)

서연   (한 팔로 허리 감은 지형 팔 잡고)

지형   (돌려세우며 키스하려는)

서연   (뒤로 허리 활처럼 젖히며) 어어 안돼··안돼애애애··더러워··안된다니까아아아. 알았어 알았어 잠깐 잠깐마아안. (지형에게 밀리면

26

서 한 팔 뻗어 타월 당겨 입속의 치약 닦아내다가 / 목 얽어 잡으며 남자 받아주는)

S# 호텔 피트니스 필라테스 하고 있는 향기

향기   (힘든 동작 하나 끝내고) 아으으으 오늘 왜 이렇게 힘이 들죠?

선생   생리 전이라면서요.(30대 중반 선생)

향기   아 맞다‥잠깐요.(타월 집어 땀 닦는)?? 그런데 어떻게 아세요?

선생   나랑 싸이클이 같으니까.

향기   아아 그래 으ㅎㅎㅎㅎ.

선생   드레스 어떤 거 입어요? 누구 껄로 할 거에요?

향기   (찡그리고) 아직 딱 이거다가 없어요.

선생   향기씬 뭘 입어도 예쁠텐데 뭐.

형기   호호호 정말요? 감사합니다아아아.

S# 호텔 객실

[정사 끝 두 사람]

[나란히 기대어 앉아 있는 두 사람. 손가락 끼어서 잡고 있고 / 각각 딴 생각 /]

두 사람   ……(한동안 그대로 두었다가)

서연   무슨 생각‥

지형   …너는…

서연   나는…. 머엉….

지형   …..(고개 돌려 보다가 부드럽게 어깨 당겨 안아 붙이고) …..

서연   (안긴 채 한 손가락으로 남자의 이마부터 내려와 코를 따라 입술 터까지 내리는)

지형   (목으로 내려가는 손잡아 손바닥에 입 찍은 채 가만히) …..

서연   …..(보며) ………

지형   (안 보는 채 옆으로 안아 붙이고) ……

서연   ….(눈 감고)

지형   (눈 뜬 채) ……

두 사람   ………

S# 객실

서연   (거울 앞에서 곱슬거리는 긴 머리 틀어 올려 커다란 집게 꽂고) …(옆
        머리 가닥 적당히 뽑아 모양 잡으며 거울 보는 / 아무것도 없는 빈 얼굴)
        …..

        E 욕실 문 여닫는

서연   (돌아보고 탁자 쪽으로 움직이며) 여기 /

지형   (바지에 / 상체는 벗은 채 움직여 의자에 걸쳐져 있는 셔츠 집어 입
        기 시작 / 상의도 내놓아져 있는 상태 / 서연의 자켓도)

서연   (커피 따르며) 방배동 빌라 건축주 오케이 떨어졌어? (가볍게)

지형   아무래도 목졸라 죽이고 끝낼 거 같아.(입으며)

서연   (웃으며) 우후후후 목조를래면 힘써야되니까 어디 높은데 데
        려가 밀어버려.

지형   너는 목표량 채웠니? (양말 들고 의자에 앉으며)

서연   (고개 흔들며) 돈밖에 없는 사람 자서전은 진짜 돌겠어.(커피 다
        따르고 마주 앉으며) 바쁘단 핑계로 인터뷰 시간도 안주고 책 만들
        어 내래. 자료라는게 철자법도 엉망인 횡설수설 원고지 이백장이
        전부다 무식 철철 넘치는 자기자랑이야. 그걸로 팔백장 메꿔내야
        하는 난 사기꾼중에 사기꾼이지 뭐. 얼마나 짜증나고 우울한데.

지형   이제 그만 니 소설 써.(찻잔 들며)

서연 나 아마 (찻잔 들며) …못쓸 거야. 리라이팅 / 대필 / 그러면서 다
　　　버렸어. 내꺼 / 한 시간에 석줄도 못 써. 싸구려 문장 밖에 안 만들어
　　　져..안돼. (마시는)

지형 한 삼년 아무 것도 하지 말아봐. 그럼 될 거야.

서연 와아 팔짜 좋은 소리 하네.(찻잔 내려들며) 공기랑 수돗물 먹으
　　　면서? /

지형 내가 밥 먹여주께.

서연 뭐 어차피 난 재주없는데 뭘. 웃기는 욕심 버리구 그냥 되는대
　　　로 밥벌어먹으며 살까 그래.

지형 재주없이 어떻게 두 번이나 뽑혀.(여전히 웃음기 없이)

서연 으흐 신춘문예 뽑히구 이름만 작가가 얼마나 수두룩한데 / 어
　　　쨌든 나두 명색은 작가야 그거두 타이틀이라구 대필 원고료 좀 더
　　　받아내잖아. <u>으흐ㅎㅎㅎ</u> 웃겨. (웃기는 하는데 다분히 자조 / 마시는)

지형 …..(보는)

서연 (찻잔 내려놓으며) 아 어제 대필원고료 들어와서 고모한테 마지
　　　막 빚 갚았어. 장하지.

지형 …(보며)

서연 그래서 문권이랑 우리 일주일에 한번 삽겹살 / 더 못먹을만큼
　　　왕창 먹을 수도 있구 피자 라지 사이즈 배달시켜 먹을 수도 있고 참
　　　치회도 먹을 수 있어. 문권이 너어무 좋아해.

지형 (오버랩) 날짜 잡혔어.

서연 ??…

지형 어제 ..어머니 / 향기 어머니하구 같이 어디 가셔서 뽑아 오셨대.

서연 …언제.

지형　다음달 마지막 토요일.

서연　....(보며)

지형　향기네 광릉 별장에서.

서연　알았어..

지형　...(보며)

서연　(찻잔 들며) 이런 때 축하한다 그럼 거짓말이지. 축하 안해. (한 모금 마시고 찻잔 내리며 보는) 그럼 우리 오늘이 끝나는 날이었네?

지형　.....(보며)

서연　안타깝다. 그런 줄 미리 알았으면 정신 줄 안 놨을텐데 아까운 시간 길에 다 써버렸지. (웃으며) 성질 필만 했다. 뭔지 이상하다 그랬어.

지형　(보며) .....

서연　이 순간 / 이불 뒤집어쓰고 큭큭 울면서 너어무 많이 연습했거든. 상상 연습도 꽤 효과있네?

서연　E 진작에 이 가을 넘길 수 없겠다 그랬잖아. 괜찮아. 생각보다 너어무 괜찮다 뭐.

서연　마침내 올 날이 왔구나 뭐 그런 기분?

지형　(시선 내리며 찻잔 집어 드는) 너는 좋겠다..그렇게 괜찮아서.(마시고 내려들며 보는)...

서연　....(보며)

서연　....(보다가) 연습 많이 했다니까? (웃으며)

지형　웃지 마.(찻잔 내려놓으며) 너 웃는 얼굴 보고 싶지 않아.

서연　....(보다가) 울라구?.....안돼안돼 그럴 수는 없어 대성통곡할까?..그러다 기절할까? 얼굴에 물 뿜어도 못 깨어나구 그대로 죽을까? 그래야 해?

지형 (오버랩) 오늘 하루 이 순간만이라도 제발 쿨한 척하지 말고 무너져 봐. 너 내 앞에서 무너져본 적 없잖아.

서연 얼마나 더 무너져야 하는 건데. 결혼할 사람 있는 남자 / 그래도 상관없다 결혼할 때까지만 도둑질 좀 하자 / 잠자는 시간 빼고 나머지 몽땅 대기 상태 / 단 한 순간도 머릿 속에서 쫓아내질 못하고 여기 (머리) 반쪽 아니 통째로 다 저당잡혀 논 꼴이었는데

지형 (오버랩) 말로만.

서연 ……(서늘해서 보는)

지형 항상 / 언제나 두 발짝은 떨어져 있었잖아. 집착없는 감정도 사랑이냐? 소유욕 없는 감정도 사랑인 거야?

서연 ……(보며)

지형 너한테 그런 거 없잖아…… 대답해 봐.

서연 그래 없어.

지형 지금까지 너 뭐한 거야. 나 데리고 논 거야?

서연 (좀 웃으며) 왜 그러는 건데. 뭘 확인하고 싶어서. 지금 원하는 게 뭔데.

지형 (일어나며) 너무 멋있잖아 괜찮아 생각보나 너 어무 괜찮다 뭐! (보며) 그렇게 괜찮아? 그렇게 아무 것도 아니었어? (언성 높일 필요 없음) (물 있는 곳으로 움직이는)

서연 …… (보다가) 내 자존심이야. (시선 내리며 낮게) 못마땅해 하지 마.

지형 (멈추고 돌아보는)…그래 그 빌어먹을 자존심 / 대애단한 자존심. (다시 움직이며) 도대체 너 뭔데 그렇게 잘난 척이야. (딱딱한)

서연 (벌떡 일어나며) 나 아무것도 아니야. 나 형편없어. 가진 거 자존

심 밖에 없어.(딱딱한)

지형 (물 있는 곳으로)…

서연 …(보다가) 나 잘난 척 하면 안돼? 그것조차도 당신같은 사람들 전유물이란 거야?!

지형 (물 따르려다) 누가 그런 말이야?!!(팩하니 올라서)

서연 그럼 뭔데. 무슨 말인데!!!

지형 (오버랩) 치를 거 치르고 결혼했으면 좋았잖아! 너 죽어도 싫댔어.

서연 (오버랩의 기분) 그 여자랑 몇 번이나 잤다면서. 책임감 느긴댔잖아. 부모님 실망시킬 수 없댔잖아. 양 쪽 집안 난리 나고 집안에서 축출될 거라 그랬잖아.

지형 (들고 있던 물컵 도로 탁 놓으며) 그럼에도 불구하고 난 하자 그랬어.

서연 그런데 안 했지. 못했지.

지형 티비 드라마 죽어도 싫댔잖아. 더 이상 마음에 상처받는 일 감당할 수 없다구! 니가 하지 말랬잖아!!

서연 …..(보다가) 내 탓으로 하면 좀 편할 거 같니?

지형 ??

서연 (감정 바꾸는) 그럼 그렇게 해‥그래 내탓이야. (목이 찢어지면서) 티비 드라마하기 정말 죽어도 싫었으니까.(선 채 찻잔 집어 비우듯 마시고 내려놓으며) 나는 내 인생‥ 내 마음… 내 영혼 더 이상 초라하게 만들기 싫어. 그게‥ 아무리 당신때문이래두.(하고 제 핸드백 챙기러 움직이는)

지형 ….(보며)

서연   (백 들고 자켓 집어 들며) ‥시간 됐을 거야‥ 오늘은 좀 비워둘 수 없었어? 싸움으로 끝내야겠다.

지형   E 어 난데‥(서연 돌아보면)

지형   (전화 중) 미팅 너 혼자해야겠다‥‥시간대기 힘들겠어‥‥어떻게 안될까?‥알았어 미안해. 그럼 한 실장한테 나 삼십분 정도 늦는다구 저쪽에 양해받으라 그래줘‥‥삼십분‥ 미안하다. 그래‥그래 (끊는데)

    E 전화벨

지형   (보고 받는다) 네.

수정   F 여행 스케줄 어떻게 됐어. 향기 엄마 예약해야한다 그러는데.

지형   어렵다 말씀드렸잖아요.

수정   F 한달이나 남았는데 조정하면 되지 그러지 말고 좀 성의있게 굴어. 너 어렵다 그런댔더니 향기엄마 난리도 아냐. 남자한테는 별거 아닌지 몰라도 여자한테는 허니문이 평생의 추억이야.

지형   E (서서 보고 있는 서연) 사흘 빼는 것도 힘든데 어떻게 보름을 빼요. 그건 불가능이에요. 들어가세요 어머니

수정   F (오버랩의 기분) 얘 지형아.

S# 어느 성형외과 대기실

수정   그러지 마. 그러지 말구 응? 향기가 얼마나 실망하겠어. 일생에 한번이야. 두번도 아니야 응? 향기엄마 금방 나와. 저 볼일보는 동안 니 확답 받아노라구 못박구 들어갔어.

지형   F (오버랩의 기분) 아직 스케줄 못뺐다 그러세요 아니 그렇게 못 뺀다 그러세요 향기하구 얘기한다구요.

수정   (무슨 말인가 하려는데)

지형 F (연결) 끊어요 어머니.(끊기는 전화)

수정 (전화 내리며) 무리라니까아아(혼잣소리 / 좀 뿌우우)

    [처치실 문 열리며]

간호사 환자분 나오십니다아

수정 (일어나며) 끝났어요?

간호사 네 사모님 (대답과 함께 나오는 현아 / 향기 엄마 / 얼굴 테두리에 압

    박붕대 / 선글라스)

수정 다 된 거야? (현아 핸드백 들며) 가두 돼?

현아 (손 내밀며) 어 줘.

수정 내가 들께. (출입구로 / 다른 간호사 출입구에서 대기 중. 움직이며)

    괜찮대? 문제없대?

현아 깨끗하게 아물고 있대. (간호사 인사하고 수정 적당히 대답)

S# 승강기 앞

수정 (승강기 부르며) 그런데 왜 아픈 거래.

현아 생살을 뜯었다 꿰매붙였는데 안 아퍼? (어딘지 모르게 교만한)

수정 진통제가 안 듣는다면서

현아 안 듣는 게 아니라 덜 듣는 거지.

수정 아이구 참 멀쩡한 얼굴은 괜히 뜯어서는 /

현아 그냥 중독이라구 해 괜찮아.

수정 치 / (웃는)

S# 주차장을 빠지는 수정의 자동차에 곧장

현아 E (얘기 중이다) 안되는 게 어딨어. 지 회사겠다 공동대표겠다

S# 차 안

현아 보름 빼는 게 뭐 그렇게 큰일이라구 안돼??(수정 돌아본 얼굴 / 정

말 말 안 된다)

수정 (운전하며) 향기하구 얘기한대. 즈들 알아 하라 그래.

현아 (오버랩의 기분) 얘!! 그 기집애 좀 그만 이용하라 그래

수정 ?? 무슨 말을 그렇게 해애?

현아 니 아들 우리 향기 너무 이용하는 거 기분 나빠.

수정 얘

현아 (연결) 아 그래 알아 우리 기집애가 팔푼이라 그런 거.

수정 너는 어떻게 지 자식한테 걸핏하면 팔푼이 팔푼이

현아 (오버랩의 기분) 팔푼이니까 걸음마 시작할 때부터 아직도 니 아들 밖에 모르지.

수정 …(대립 그만두고 운전하며) 청해 후계자 아직도 아까워?

현아 너같으면 안 아깝겠니?

수정 (오버랩의 기분) 향기를 뭘 어떻게 이용한다는 거야.

현아 ??(돌아보며 몰라?) 니 아들 뭐든지 향기 앞세워 해결하잖아. 결혼 늦추는 것도 향기 꼬셔서 / 분가 안하는 것도 향기 앞세워 / 허니문도 향기랑 얘기한단다면서. 맹추 기집애 뻔한 거 아냐. 어 알았어 오빠‥오빠 편한대로 해 나는 괜찮아. 그래 나 그 기집애 낳구 미역국 먹었어.

수정 (웃는)

S# 호텔 로비

향기 (운동 마치고 나오면서 작은 소리로 휴대폰 녹음 중) 오빠 아직 미팅 중? 언제 끝나? 우리집에서 아줌마랑 저녁 먹기로 했는데. 냉면 한댔어. 일 빨리 끝내고 올수 없을까? 보고 싶어. 사흘이나 못 봤으니까 응? 연락줘어어?

S# 호텔 현관 앞

[전화 끝낸 향기 나와서 발레파킹 쪽으로 움직여 가는]

발레맨 (향기 보고) 아 (하고 키 빼 나서는데)

향기 (발레맨에게 목례하며 활짝 웃는) 감사합니다아. 부탁드려요오.

발레맨 예에..금방 옵니다.

향기 네에에..(웃으며 보는)

S# 양평 호텔 객실

[마주 앉아 있는 두 사람]

[서로 안 보고 티 테이블에 시선 던지고….]

서연 ……

지형 ………

서연 E 재깍재깍재깍 (아주 작은 소리)

지형 (보는) ….

서연 E 시간은 자꾸 가는데..

서연 (시선 그대로인 채) 우리는 둘 다… 아무 할 말이 없구나.

지형 ….(보며)…

서연 그래 공허한 말보다는… (보며) 우리 그냥 일어나 부서지게 안고…오분만..오분만 서있다 나가자..

지형 (오버랩의 기분) 나는…자신이 없다.

서연 ….(보는)

지형 매일 전화할지도 몰라..

서연 나는 자신 있어..안 받을 거야.

지형 ….(보며) 나는 니 전화 안 받을 자신 없어.

서연 그건 괜찮아 나는 안할 거니까..

지형 너 ‥괜찮을 수 있겠어?

서연 (일어나며) 신문에 나지는 않을 테니까 걱정마‥

지형 그때 / 작년에 너를 못 만났었으면 좋았어.(앉은 채 안 보며)

서연 (의자 빠져나가려다 돌아보며) 난 그렇게 생각 안해‥그때 만나서…그날부터 오늘까지 일년이 나한테는…내 인생에(하다가 웃는다)이제 서른 살에 인생은 좀 우습다. 그래 내가 살아낸 삼십년 중에 제일 벅차게 …심장이 아프도록…그렇게 몰두해 지냈으니까‥ 감사할 일이지 없었더라면은 아니야, 난 뻔뻔한 도둑이야. 양심에 가책 같은 거 별로 없었어.

지형 ……

서연 일어나…출발해야해.

지형 ……

서연 삼십분 늦춘 시간은 지켜줘야지.

지형 ‥‥

서연 일어나라니까?

지형 …(잠시 있다가 무겁게 일어나 안 보는 채 서연 쪽으로)

서연 (지형 쪽으로)

지형 (서연 당겨 으스러지게 안는)

서연 (마주 안는)

지형 나……비겁해서 미안해‥

서연 아냐‥내가 너무 초라해서 미안해‥

지형 너‥ 걱정돼‥

서연 절대 괜찮을 거야. 나는 질겨.

지형 (더 붙여 안으며) ‥‥

서연   ……

S# 호텔 로비 승강기에서 내리는 두 사람

지형   (내리며) 운전하지 마 대리 기사 데리고 가.

서연   아냐 그럴 필요없어.

지형   말 들어.

서연   안 들을 거야. 괜찮다구.

지형   (프런트로 움직이며) 나가 있어.

서연   대리 필요없다구.

지형   (돌아보며) 따라 오라 그러구 내 차 타잔 말야.

서연   싫어‥혼자 갈 거야.

지형   ….(보며)

서연   절대로 싫어.

지형   ….(보며)

S# 호텔 주차장

서연   (제 차 옆에서 멍하니 저만큼에 시선 던지고)……(무표정에 가까운)

지형   E 얼마면 우리 이 날들이 추억으로 편입이 될까. 삼년?‥오년?

서연   글쎄 경험한 바가 없어서요 아저씨

S# 과거 어느 날. 다른 객실 침대

        [나란히 기대어 앉아 한 손 잡아 내려놓고 /]

지형   그리움없는 추억도 있을 수 있나?

서연   그리움이 없으면 그건 추억이 아니라 그냥 기억이라 그러는 거
        아닌가? (무겁지 않게)

지형   결혼하나?

서연   ??나? 그럼 해야지. 자기만 하구 난 못했으면 좋겠어?

지형 그럼 안되겠지?

서연 안되지이이..어느 날..박지형부부는 서너살 짜리 아이 손잡고 나는 배불뚝이로 딴 남자랑 백화점 통로에서 만날수도 있는 거 아닌가? 아니 그게 아니다 으응 일년 쯤 뒤에 박지형 부부는 아직 애기가 안 생겼는데 내가 먼저 배 빠앙 불러서 탁 부딪히는 게 훨씬 쇼킹하겠다 웅?

지형 그럴 수도 있지.

서연 우리 눈 잠깐 마주치고 모르는 척 스쳐야겠지?

지형 그래야겠지. 그렇게 되겠지.

서연 영화다.

지형 남의 일이냐?

서연 (몸 떼고 보며) 어 우리 일이었나참?

지형 (몸 떼고) 뭐 먼저 배 빠앙 불러서 뭐라구? 일년만에?

서연 <u>으흐. 으흐흐흐흐</u>

S# 주차장

서연 E (연결) 까르르르르 왜 얼굴까지 시뻘개져서 그래? 깔깔깔깔.

서연 (시선 / 다가서는 지형에게)

지형 정말 운전할 수 있어?

서연 그럼. 나 독한 여자야. 지금 무섭게 침착해. 내가 나한테 놀라고 있는 중이야.

지형 그럼 내가 뒤따라갈게.

서연 싫어. 신경쓰여.

지형 ....(보는)

서연 화장실 가는 거 깜빡했어. 먼저 출발 해.

지형 (고개가 잠깐 딴 쪽으로 돌아갔다 되돌아와 보며) 아무 생각도 하지 말고 오로지 운전만 해. 생각은 집에 가서 얼마든지 할수 있어.

서연 …(보며)

지형 도착하면 간단하게 도착 / 두 글자만 보내줘. 꼭 해야 해.

서연 알았어.

지형 그럼…화장실 가‥ 나는 출발할께‥

서연 (끄덕이고 몇 걸음 가다가 뒷굽 높은 신발이 삐끗하면서 주저앉고)

지형 (놀라서 / 달려들어 일으키면서) 디뎌봐. 디딜수 있어? 걸을 수 있어? 걸어봐.

서연 (밀어내려 하며) 괜찮아‥ 별 일 아냐, 전공과목인데 뭐 넘어져도 다치지는 않는다구. 룩이 중요하니까 (눈물이 고이는 중 / 아닌 척)

지형 (버럭) 제대로 걷지도 못하면서 룩이 뭐 대단해!! 뭐야 이거/조금만 낮은 거 신으라는데 왜 더 높아졌어!!

서연 왜 소리는 지르구 그래?

지형 그러다 정말 깁스하구 목발 짚는다니까!

서연 (반발 / 보며) 누구한테 잘 보일려구 거금주고 샀단 말야.

지형 질색하는 사람한테 잘 보일려구가 너 말 돼??

서연 (울음 터질 듯) 오늘이 그날인줄 알았으면 이거 안 신구 나왔어. 암말 안했잖아.

지형 ?너 그거 신구 운전한 거야?

서연 실내화 트렁크에 있어‥

지형 올 때는 그거 신었단 말이잖아!!

서연 맛빡에 구멍나겠네. 웬 잔소리야? 구두 벗고 맨발로 했어. 됐어?
(눈물 뚜르르르)

지형　‥‥(화나서 보는)‥‥

서연　‥‥(잠시 보다가 픽 돌아서 호텔 쪽으로 빠른 걸음)

지형　‥‥(보며) ‥‥(있다가 냅다 뛰어 서연에게/한 팔 잡아 세우며) 구두 벗어 조수석 아래 놓고 반드시 실내화신고 해. 다리 밑에 벗어놓고 운전하다 브레이크 아래로 들어가면 죽음이야.

서연　(보며)‥‥‥

지형　알았어?

서연　(순하게 / 눈물 고이기 시작하며) 그래 알았어‥

지형　‥‥(보며)

서연　걱정마 하라는대로 할게‥

지형　(서연 안으려는데)

서연　(피하듯 돌아서서 움직이는) ‥‥

지형　‥‥‥(손 잠시 띄워졌다가 처리하며 보는)‥‥

서연　(현관 방향으로 움직이면서 얼굴 우그러지기 시작)‥‥‥

지형　‥‥(서서 보는)‥‥‥

서연　(움직이는)‥‥‥

지형　(보는)‥‥‥

S#　호텔 로비 화장실(남자)로 들어서는 서연

남자　(손 닦다가 돌아보는)??

서연　(곧장 칸막이 안으로)

S#　화장실 칸막이 안

서연　(들어와 문 닫으면서 구두 한 짝씩 벗어 아무렇게나 / 변기 뚜껑에 앉으며 오른손 하나 목 아래 가슴 누르면서 헉헉 / 으으 / 울음이 샌다)

S#　화장실 밖

남자 (손에 물기 닦는 손 타월 들고 귀 기울이고 있는) ......

[새어 나오는 울음]

남자 (그냥 두어도 괜찮은 걸까 어째야 할까.. 문 앞으로 조금 다가서다가 그만두고 출입문으로)

S# 화장실 안

서연 (찢어지게 울고 있는)....

S# 주차장. 서연의 차 옆

지형 (땅 내려다보며)....... (있다가 서연이 나타나야 할 방향 보며) ......(한 동안 있다가 시계 보고) .....(주머니에서 수첩 꺼내 메모 쓰고 수첩에서 찢 어내 서연 자동차 와이퍼에 물려놓고 제 자동차 쪽으로 움직이는) ....(와 이퍼 메모)

지형 E 서연아 도착 메시지 꼭 부탁한다.

S# 차에 오르는 지형‥차 안

지형 .....(잠시 앞 보며).....(있다가 별수 없다. 시동 걸고 출발하는)....

S# 화장실 밖 복도

[남자 / 호텔 직원 한 사람 앞세우고 오는 /]

S# 화장실 앞

직원 (문에 손대는데)

서연 (화장실에서 나와 곧장 움직이는) .....(마치 아무것도 보이지 않는 듯이)

직원 (흠칫 물러섰다가 서연 보며)....

남자 (지나치는 서연 보며 / 됐네 / 손가락 동글게 말아 오케이 사인)

S# 서울로 가는 도로를 달리는 지형의 자동차

지형 ... (운전하면서)

S# 과거 고모네 산동네 골목길

지형 (고3 / 제법 큰 케이크 상자 하나 들고 약도 보고 집을 찾고 있는 중)

S# 고모네 집 앞 골목

지형 (걸어오다가 한 파란 대문 발견하고 혼자 좀 웃고 대문 앞으로 다가
서는데)

문권 E (느닷없이) 누나누나 참아참아. 잘못했어. 용서해줘 누나 한
번만/(지형 ? 해서 기웃이 들여다보는) 한번만 더봐줘 누나 딱 한번
만 딱 한번만 더 응? (울며불며)

S# 고모의 옛날 집 / 산동네 작은 개인 집 / 손바닥만 한 마당 / 수도 /

[중학교 2학년짜리 문권 고등학교 1학년짜리 서연의 옷자락 잡고 매
달리고 있고 / 서연 / 문권의 책들 한 아름 안고 마루에서 마당으로 내
려서는 중]

문권 (얼른 마루 내려서 두 팔 벌려 가로막으며) 누나 누나아아 (덩치는
거의 같다)

서연 (오버랩) 비켜 안 비켜? (소리치지 말고 / 눈이 매섭고)

문권 (오버랩) 누나 그러지 마아 무서워어어. 다시는 진짜 다시는 안
그래 한번만 누나아아‥

서연 (몸으로 밀어젖히며 마당으로 / 오버랩) 한번만이 몇 번이야 / 한
번만이 무슨 뜻인지도 몰라? 바보 멍청이야? 이문권 한번만은 백
만번이야?

문권 (오버랩) 죽을 죄를 졌어 누나아아아아,(두 손 싹싹) 차라리 날 죽
여 누나 누나 누나아아.

서연 (한꺼번에 책들 마당에 팽개치며 / 이미 책가방 신발주머니는 마당
에 / 오버랩) 괜찮아 죽을 거까지는 없어. 공부만 그만둬.(부엌으로)

서연　E 이제부터 니 마암대로 / 아무렇게나 살아. 상관안해.(부엌 안에서)

서연　(성냥 들고 나오며) 이제 진짜 상관안해. 껌팔이가 되든 도둑놈 / 소매치기가 되든 몰라.(문권 달려들며 누나아 누나아아는 계속되지만)

서연　(상관없이 연결 / 성냥 불 그으며) 됐어.(성냥이 눅어서 잘 그어지지 않는 / 두어 번 시도하다가 이번에는 아예 대여섯 개피 한꺼번에 꺼내며) 더 이상 (픽)너한테 기대(픽) 안해(픽) (그래도 불이 안 붙자 성냥갑 내던지고 두 주먹 움켜쥐고/ 참았던 울음 터진다) 너한테 실망하는 거두 이제 신물이 나. 너 이럴 때마다 나 당장 칵 죽어버리구 싶단 말야!! 죽어? 죽어버리구 말어?(두 주먹 움켜쥐고) 진짜 죽어버릴까?!!

문권　(발 구르며) 그건 안되지 누나아아. 누나 죽으면 나는 어떡해애 애애앙앙앙앙앙.

서연　(오버랩) 대체 뭐가 될려구 그러냔 말야. 만화방만 쫓아다니다 뭐가 될 거냐구우!!

문권　(오버랩) 그래두 오등에서 십등 안에는 들잖아 누나아아아!!

서연　(냅다 제가 신고 있던 슬리퍼 한 쪽 벗어 들고 달려들며 오버랩) 말대답야 말대답. 한마디두 안져 한마디두우!!(대문 밖으로 튀어나가는)

문권　(튀어나가며 오버랩) 누나가 엄마야!!? 엄마 아니잖아아아!!!

서연　(대문으로 내달으며 슬리퍼 냅다 던지는 / 오버랩) 서!! 안서?!!!

　[날아온 슬리퍼가 지형의 가슴에 맞고 떨어진다]

서연　(지형 보고)??(멈칫) ….

지형　(보며 괜히 조금 웃고)

서연　…??(멍한 채 누구세요?)

44

지형 저기…파란 대문…장재민네 집 아닌가요?

서연 (멍한 채 보며)…

지형 ??(표정으로 아닌가요?)

서연 네 네에‥오 오빠 고모랑 시장보러…(보며)

지형 저녁 먹으러 오래서 왔는데요(보며)

서연 네‥네 오빠 ‥금방 올 거에요‥(이런 / 하필이면 / 눈치 보듯 움직여 슬리퍼 / 맨발바닥 흙 / 손으로 탁탁 털고 신고 끄덕이며) 들어오 / 들어가세요.

지형 (마당으로/케이크 상자 마루에 놓고 이미 마당에 책들 집어 들고 있는 서연 쪽으로 / 같이 책들 집어주는)

서연 (잠깐 흘낏 보고)…

지형 (움직이며 보는)…정말 태워버릴 작정이었어요?

서연 (잠깐 보고) 네‥

지형 …

서연 성냥 때문에 (집어 든 책들 마루로) 코미디됐어요. 장마 끝이라 그런가봐요.

지형 (책들과 가방 / 마루로) 새로 사줄려면 괜한 돈 써야하잖아요.

서연 이판사판. 너무너무 말을 안들어요. 아주 돌아버리겠어요.

지형 (피식 웃고)

서연 (수돗가로 가 슬리퍼 신은 채 바가지로 물 퍼 끼얹어 발 닦는)…

지형 …‥(보다가) 사촌동생…맞아요?

서연 (잠깐 돌아보고) 오빠가 우리 얘기했어요?

지형 사촌동생들 같이 산다구…

서연 (빨랫줄에 수건 한 장 당겨 내리며) 그 말만요?

지형 친형제나 다름없다구요.

서연 (대꾸 없이 발 닦는) 맞아요….

지형 …..(보며)

　　E 전화벨 울리는 / 지형

S# 달리는 차 안

　　E 울리는 벨

　　[주머니에서 블루투스 꺼내 귀에 꽂고 전화 조작]

지형 응 그래.

향기 F (반갑게) 오빠 끝났구나, 내 메시지 들었어?

지형 들었어.

향기 F 올 거야? 올수 있어?

지형 아니..안되겠다.

향기 F 흐으으응

S# 어느 피부 관리실

향기 (베드에 걸터앉아서 두 다리 좀 흔들면서 / 방금 관리가 끝난 상태)
　　그럼 언제 / 내일??….가만있는 거 보니까 내일도 자신없나 보구
　　나. 시이 / 그럼 퇴근하면서 잠깐 오분만이라도 내 얼굴 보러 들릴
　　수 없어? 집에 안 들어와두 돼 오빠. 십분전에 전화하면 오분 전에
　　나가 있을게 응?

지형 F 언제 끝날지 몰라.

향기 ??밤샘작업해?

지형 F 아니.

향기 열두시 전에 안 끝나? 난 열두시 넘어두 상관없는데..안자고 기
　　다릴 수 있는데.

46

지형   F 그냥 잘 시간에 자. 나도 피곤하고 응?

향기   히이이이잉…

S# 운전하는 지형

지형   애처럼 그러지 말구.

향기   F 알았어 / (좀 부었으나 어리광스러운)오빠 피곤하다는데 뭐
어떡해. 향기 착하지?

지형   착해‥

향기   F 이쁘지?

지형   응 이뻐.

향기   F 대신 내일은 무슨 일이 있어도 얼굴보여줘야해애? 삼십분
만이라도 응? 한밤중이래도 응?

지형   그래 어떻게 해보자.

향기   F 오빠 약속했다아아?

지형   나 이동중이야.

향기   F 엉 오빠 사랑해애애‥

지형   끊으라구.

향기   F 우후후후후 (끊어지는 전화)

지형   (전화 끊자마자 다시 울리는)

　　　E 전화벨

지형   (전화기 집어서 보고 받는다) 네 어머니.

S# 지형의 집 수정의 침실

수정   (걸터앉아 한 손으로 스타킹 벗으면서) 전화 괜찮아? (네) 어떻게
일주일이라도 빼볼수 없겠어?…(향기랑 얘기한다니까요) 얘 향기
엄마 너더러 향기 그만 이용하래.(무슨 말씀이세요?) 니 말이면 뭐

든지 오케이라구 향기엄만 향길 아주 바보 천치로 알아. ...어렵더라두 이번에는 좀 양보해서 일주일 정도는 잡아봐 응?

S# 지형의 차 안

지형   알았어요 향기하구 의논한다구요 어머니‥네‥. 네‥(끊으며)‥
       (무거운)

지형   E (버럭) 제대로 걷지도 못하면서 룩이 뭐 대단해!! 뭐야 이거
       / 조금만 낮은 거 신으라는데 왜 더 높아졌어!!

서연   E 왜 소리는 지르구 그래?

지형   E 그러다 정말 깁스하구 목발 짚는다니까!

S# 앞에 씬 잠깐

서연   누구한테 잘 보일려구 거금주고 샀단 말야.

지형   질색하는 사람한테 잘 보일려구가 너 말 돼??

서연   (울음 터질 듯) 오늘이 그날인줄 알았으면 이거 안 신구 나왔어.
       암말 안했잖아.(그러는 서연 얼굴이 정지되면서 그 화면에 겹쳐)

지형   ……(운전하며)…

S# 상행 어느 휴게소로 들어오는 서연의 자동차(맨발로 운전 중)

S# 차 안

서연   (잠깐 차 세우고 약병 꺼내서 입에 넣고 물 마시고 홀더에 물병 꽂고
       찡그리며 고개 뒤로 기대며 눈 감는다)‥‥

       [뒤에서 다른 자동차 빵빵거리는]

서연   ?? (얼른 출발한다)……

S# 지형 사무실 건물로 뛰듯이 들어가는

지형   …

S# 승강기에서 내려 빠른 걸음으로 미팅실로

S# 미팅실

지형   (들어오면서) 아 죄송합니다.(탁자 위에 프린트한 도면과 집 모형 놓여 있고 / 모형 보고 있는 40대 남자한테 찻잔 놓여지는 순간이다) 제가 좀 다른 일이 지연되는 바람에··

남자   (오버랩 / 사람 좋은) 아 됐어요됐어. 일하다보면 그럴 수도 있는 거지 뭐. 나도 방금 전에 왔어요. 앉아요 앉아.

지형   네··(앉으면서 설계 도면 가운데) 지난 번 사장님과 협의했던 걸 최대한 반영해 수정작업을 했습니다.(도면 펼쳐가면서 / 건축주가 제대로 볼 수 있게 돌려 놓아주는) 외관은 주변경관을 고려해서 외관마감재는 노출 콘크리트로 계획을 했구요 그리고···· (도면 한 페이지 넘겨주며) 말씀대로 거실과 식당의 개방성에 중점을 두고 진행을 했습니다. 보시죠 사장님. (여직원 한송이는 적당히 아웃)

남자   (손가락으로 짚어가며) 그러니까 여기가 거실이고 주방은 이렇게 배치된다는 거죠?

지형   네. 개인공간을 좀 줄이고 거실과 주방을 큰 공간으로 구성을 했습니다. 사모님이 원하시는대로 주방창을 크게 키우고 주방에서 뒷마당으로 나가는 문도 넣었습니다.

남자   아 좋네. 그럼 침실 사이즈가 지난 번보다 조금 줄어든 건가?

지형   네 드레스룸과 침실을 조금씩 조절했습니다. 아이들방 사이즈는 그대로구요.

남자   흐으음 애들은 금방 크니까 좀 넉넉해야해요 애들 방 안 건드리는 건 잘했어요··

지형   네 그리고 될수있는대로 정원과 주변풍경을 실내에서 충분히 즐길 수 있게 하자는데 중점을 두었습니다.

남자　그럼그럼그럼요. 그게 아니면 전원주택 의미가 없지요. 안 그
래요?

지형　네 그렇습니다.

S# 사무실

[그다지 크지 않은 사무실. 책상 대여섯? 예닐곱?]

지형　(설계 도면 들고 들어와 테이블에 놓고 상의 벗어 거는 / 여직원 하나
빼고 아무도 없다)

송이　물 드릴까요? (22살 정도)

지형　어 고마워요. 사무실이 텅텅비었네.

송이　(물 준비하며) 손대표님이랑 지실장님 청담 빌라단지 지주님 미
팅가시고‥

지형　그건 알아요. (움직이며)

송이　김현철씨 민지호씨 성북동 현장이구 정하영씨 이태원 사모님
지난번 고른 도배지 바꾸고 싶다는 연락와서 달려나갔구요. (물 내
미는)

지형　(받으며) 또 바꿔요?

송이　그 사모님은 도배지 바꾸다 내년될 거 같아요. 하영언니 서약
서라도 받아야 하는 거 아니냐구 식닥식닥 나갔어요 까르르르. 얼
굴 삶은 영덕게처럼 시뻘개져서요.

지형　(좀 웃는 듯하며 주머니에서 핸드폰 꺼내 확인하고)‥‥‥(테이블에
전화 놓고 컴퓨터 마우스 건드려 작업 중이던 화면 띄우며 의자에 앉는)
‥(화면 보며 생각은 딴 데)‥‥

S# 명희 빵집 앞에 서는 서연의 자동차

서연　(잠깐 정차 신호 켜놓고 내려 빵집으로)

S# 명희 빵집 안

　　[작은 규모. 빵 고르고 있는 사람 두엇 있고]

서연　(들어오며) 언니이 (아무 일 없었다)

명희　(계산기 두드리다 잠깐 보고) 엉 잠깐마안. ***입니다. (돈 받고 거스름돈 주고) 안녕히 가세요. 사모니임.(손님 적당히 대답하고 빠지는 한편 / 따로 챙겨두었던 식빵 봉지 하나 서연에게) 아주 죽이게 덥다며.

서연　응 더워‥(하며 돈 꺼내는)

명희　(계산기 찍으며) 못보던 옷이다?

서연　좀 됐는데?

명희　보이겠다.

서연　보라구.(돈 내며)

명희　뭐?

서연　<u>으흐흐흐</u>

명희　아닌척하며 은근 끼부려어?

서연　내숭십단.

명희　그런데 왜 남자가 안 생겨? 불가사의야 내숭을 한 육칠단으로 낮춰보는 게 어떨까?

서연　<u>으흐흐흐</u> 고려해볼께. 가 언니.

명희　엉 잘가라‥(서연 나가는데)

동철　(들어오며) 어어 처제 왔어요?

서연　네 형부 안녕하세요?

명희　(오버랩) 어디갔다 오는 거야?

동철　다리운동다리운동.(뒤따라 들어오는 여승) 아이쿠 스님 어서 오

세요. 오랜만에 오셨습니다. 더위에 어떻게 아 스님 계신 산사는
시워어언 하겠군요 참··나무아미타불 관세음보살. (합장한 손으로
절하면서)

스님 예에 처사님. 덕분에 무타알합니다.

명희 (나서며) 하안거 들어가신다 그러시더니 이제 끝나셨나봐요
스님.

스님 예에 자알 마쳤습니다아아··(슬그머니 빠지는 서연)

S# 지형의 사무실

지형 (컴퓨터 작업하고 있다가 핸드폰 집어 시간 보고)······(잠시 있다가
단축 누른다)

　[서넛 직원 모두 조용히 자기 일 하고 있는]

　E 전화 거는 소리 한동안··

지형 (기다리다가 끊고 ····미동도 않은 채····)

재민 E 아버지 어머니가 애들 데리러 가보니까.

**S# 어느 대학 도서관 건물 /(밤) / 재민 지형 대학 2학년 / 책가방 옆에 두고
／ 도서관 계단에 앉아 사이다(십 년 전 상품) 각각 마시면서**

재민 여섯살짜리가 네 살짜리 제 동생하고 라면 끓여 먹으면서 있
더란다··어머니가 가셨을 때는 라면도 떨어져 여섯 살짜리가 구멍
가게 가서 외상 달라다 거절당하고 그때부터 이틀인지 사흘인지
물만 먹고 늘어져 누워 있더래.

지형 (보며)？？주변에 옆집들도 없었어?

재민 형제들 재산싸움에 쫓아내려가 주인 집이 / 한달넘게 비어있
었대··

지형 (보며) 엄마라는 사람이 그럴 수도 있는 거냐?

52

재민 (쓴웃음) 후후 우리 어머니 하루 수천번씩 찢어죽이고 패죽이
고 삶아죽이고 튀겨죽이시다 지치면 / 그래도 어쨌든 잠깐 제정신
돌아와 애들 굶어죽기 전에 연락한 게 천만다행이다 그러셨었대.
그래선지 서연이 고게 일찍 애늙은이가 됐어..그러면서 속은 아주
독하구.

지형 (마시는)....

재민 아는 척 마라..나도 이날까지 모르는 척 하구 있어. 명희도 모르
는 일이구..고일 때 아버지랑 산에 갔을 때 말씀해주시더라구..

지형 ...(보며)

재민 좋은 남자 만나야할텐데...

S# 지형의 사무실

재민 E 남자까지 잘못만나면 그자식 인생 진짜 꽝이야..

지형 .....

S# 서연 아파트 거실

서연 (막 들어왔다 / 핸드백 의자에 걸어놓고 자켓 벗어 들고 방으로 들어
가려다가 전화 집어 본다.)

　　[부재중 전화 고모 / 문권 / 한 번씩. 박지숙 다섯 번]

서연 ....

지형 E 뭐?..박지숙? 나 지숙이야? 여자야?

서연 E 들키면 시끄럽잖아.

S# 어느 날 지형 오피스텔 침대

서연 (지형이 들고 있는 핸드폰 빼내면서) 잠깐 자기는 나 뭐라구 해
놨어?

지형 (보는)

서연   어디 뭐라구 해 놨나 봐야지 / (지형 가슴에 엎드리며 팔 뻗히는데)

지형   (잡으며) 난 없어.

서연   ??(멈추고 보는)

지형   머리 속에 넣어뒀어. 전화엔 없어.

서연   (몸 조금 일으켜 보면서) 그럼 나랑 통화한 기록은?

지형   바로 지워.

서연   ....(보는)

지형   향기가..장난처럼 내 전화 체크해.

서연   ...(보며)

지형   화내도 말 안들어..미안하다..

지형   미안해 서연아.

서연   그러니까 나는..바로 통화끝나면 그 순간 바로 삭제되는구나.

지형   서연아.(몸 일으키며)

서연   (오버랩) 통화기록만이 아니라 나 자신 / 내가 삭제당하는 거 같아. 삭제삭제삭제 당하다 어느 날 완전 연기로 사라질 거 같아. 아아 기분더럽다. 당신이랑 큰일 못하겠네. 둘이 같이 해놓고 불리해지면 난 저 여자가 누군지도 모른다 그럴 거 같아. 그럼 나 또라이? 망상증환자?

지형   (어깨에 손 올리려 하며) 이서연.

서연   (오버랩) 만지지마..비참해..

S# 현재의 서연 거실

서연   (전화 내려다보는 채)

서연   E 만지지마...싫어...가만있어..아무 말 하지 마..

서연   (의자 빼서 앉으며 메시지로 들어가놓고).....(화면 보며 잠시 있다가

/ 글자 찍기 시작한다)

서연   E 도착했음……(잠시 내려다보다가 전송해버리고)

서연   (전화 테이블에 놓고 일어나 핸드백과 상의 집어 들고 침실로 움직이려는데)

    E 전화 들어온다

서연   (집어 들고 보면)

    [박지숙 /]

서연   ……(잠시 더 보고 있다가 전화 내려놓고 그냥 침실로)

S# **지형의 사무실**

지형   (전화 들고 있는)…

    E 전화 거는 소리…예닐곱 번…

S# **서연 침실**

서연   (옷 갈아입고 있는)…

    [울리는 전화벨…그러다 끊어지고]

서연   (상관없이 움직이고 있는 무표정한 얼굴)……

S# **서울 번화가 야경(시간 경과)**

S# **지형 사무실**

지형   (다 퇴근하고 혼자 남아··컴퓨터 화면 보며)……

S# **서연 거실**

    [두 구멍짜리 가스레인지에 아주 작은 뚝배기 올려져 있고 / 내용물이 좀 많은]

서연   (수저 두 개 놓여진 식탁에 물컵 두 개 놓고 있는 참)…

    [핸드폰 집어 단축 버튼 누른다]

    [벨 울리는 / 세 번쯤]

문권   F 어 누나.(볼이 미어지게 먹던 중)

서연   (오버랩) 안 들어오구 뭐해? 너 게임방야 또? 빨리 못 들어와?

문권   F (오버랩) 어 누나 까먹었어? 오늘 고모네 오겹살 파티잖아아

   (서연 머엉) 들어왔으면 빨리 와. 오겹살 죽인다 진짜 맛있어 누나.

서연   ....

문권   누나…누나.

서연   (오버랩) 어 알았어 가. 금방 가 (급하게 끊고 뛰어 나가는)

S# 고모네 골목길

서연   (거의 달리기처럼)....(에이프런 입은 채)

S# 고모 마당. 오겹살 파티

   [고모 내외 명희 내외 지민 문권 / 지글지글 / 연기. 시작과 동시 /]

명희   (쌈 싼 것 아들 입에 구겨 넣어주면서) 고기만 먹지 말고 상추랑
   같이 먹어. 고기만 먹으면 아빠처럼 굴러다닌다니까 누굴 닮아 마
   이동풍 고기마안 먹냐구.(푸푸푸 구박)

고모   (오버랩) 또 또오오

명희   (상관없이 오버랩 / 아들에게) 키클 게 살로 다가면 키가 못큰댔
   잖아.. 아빠 굴러다니구 아들 굴러다니구 엄마 신경질 나 그거 못
   참아.

고모   (오버랩) 얘애애 (그만해)

명희   요즘 애들 백팔십이 보통이라니까 엄마아아?

고모   (오버랩) 아 방울 토마토 심어놓고 (동철 입에 처넣다가 ?? 눈알 장
   모에게)

고모   E 큰 토마토 달릴 때 바래? (동철 옆에서 문권 웃고)

명희   아 그거 아니구 영양문제란 말야 엄마. 늘씬늘씬 아이돌 부모

56

가 다 백팔구십이겠어? (아들 흘기며) 근데 또 우유는 죽어라구 싫
어. 우율 먹어야 키가 크지이이.

동철   (오버랩) 이눔 자식 왜 우유 안 먹어 엄마 소원인데 왜 안 먹어.
아들이 그래서 되겠어? 너 아들 맞어?

지민   알았어요 먹을께요 먹을게 엄마 먹어요먹어. 흥분하지 마시고
고기나 드세요 네?

명희   말로만!!!

동철   (동시에) 말로만!!

명희   ??(남편 잡아먹을 듯 쏘아보는)

동철   (시침 떼는)

명희   다시 한번만 그래애? 부자 함께 팬티만 입혀서 내쫓을테니까.

동철   ....(못 들은 척)

고모   왜 뭘 어쨌는데.

명희   (아 글쎄) 나 몰래 틈틈이 애 껄 애비가 대신 먹어주구 있었더라
구 엄마아아.

고모   아하하하하하 (호탕하게 웃으며 남편에게 고개 / 고부 수저 놓고 있
는)??벌써 다 먹었어 당신?

고부   (물 마시는)

고모   쪼금만 더 먹지? 몇점 안 먹었잖어 여보.

고부   (그냥 자리 뜨려는)

고모   (상추 쌈 싼 것 든 채) 안 먹혀? 어디 속이 나뻐?

고부   먹을만큼 먹었어..(마루 쪽으로 움직이는데)

서연   (왈칵 뛰어들면서) 저 왔어요 고모.

고모   어어 애 얼른 와 앉어. 여보 서연이 왔네?

서연   (오버랩 고모와 동시) 고모부 저 왔어요오오

고부   (그냥 뒤로 손 잠깐 들어주고)

고모   앉어앉어앉어.(남편 자리)

서연   형부.

동철   어어 웰컴웰컴.

고모   놀토라면서 일하러 나갔었어? (자기 쌈 적당히 놓고 새 쌈 만들면서)

서연   네.

고모   통장 확인 했다. 애썼다. 고맙구.

서연   (그냥 좀 웃고) 지민이 오랜만이네?

지민   (꾸벅) 안녕하세요 이모.

명희   (오버랩) 너 밥하다 뛰어왔니?

서연   응어 왜.

명희   에이프런이 말해주고 있네에.

서연   ?? 아...어 그랬네..(무색하게 웃으며 벗는 / 고모가 내미는 쌈 받으며)

명희   마지막 토요일 회식 하루 이틀 아닌데 어떻게 그렇게 완전 까먹어?

서연   글쎄 말야.

문권   건망증 바이러스가 들어 왔나봐요. 종종 그래요.

명희   (오버랩) 야 걸귀.(부릅뜨고) 좀 천천히 먹어 딴 사람도 좀 먹자 엉?

고모   애 놔둬어? 한창 먹을 때야 고기 니가 샀어?

문권   하하 전환 갖구 나갔어요 놓구 나갔어요.

서연   어 아 갖구 나갔지.

문권   그럼 내 음성녹음 들었겠네.

58

서연　어 그러엄. 오빠는?

S# 어느 와인바

지형　(서로 손잡으며) 오랜만이다.

재민　그래. 잠깐이라 걸어왔더니 야 엄청 덥다..(상의 벗어 적당히 놓으며) 보자 소리 없는 채 너무 길어서 (앉는) 청첩장 찍어 들고 나타날려나 그랬는데 짜식.

지형　(앉아서 디캔터 집어 재민 글라스로) (쓴웃음)....(따르며) 부모님 안녕하시냐?

재민　(앉아 글라스에 따라지는 와인 보며) 그러엄..니네 부모님은.

지형　응 뭐 여전하셔.. (제 잔에 따르고 디캔터 놓고) 마시자.

재민　(글라스 함께 집으며) 반갑다.

지형　(마시는 / 대꾸 없이)...

재민　(지형 보며 한 모금 마시고 내리며) 어떻게 내 생각이 났냐.

지형　(보는)...

재민　우리 얼굴 본 거 일년 넘었다.

지형　(안 보는 채) 응.

재민　내가 전화하면 니가 연락한다 그러고 끊고는 그만/ 몇 번 그러니까 나도 연락 그만두게 되더라.

지형　....(보는)

재민　내가 너한테 뭐 잘못한 거 있니?

지형　(오버랩) 아냐. (잔 비우고 다시 따르는)....

재민　.....(보며)

지형　(글라스 내려다보며) 너한테.... 할 얘기가 있어..그런데 술기운을 좀 빌려야할 거 같다..(와인 잔 비우고 다시 따르는)

재민 …(보며)·····

지형 …(글라스 내려다보며)

재민 (글라스 잡으며) 어쩐지 나도 좀 마시고 들어야할 거 같은 느낌이
다·… (홀쩍 마시고 내리고 보는)·····

지형 (그대로)·····

재민 지형아··

지형 ·····

재민 얌마.

지형 (시선 들어 보는)··

재민 뺑소니 사고 쳤냐? 뭐야 무슨 일야.

지형 (오버랩) 서연이·····

재민 ·…(보며) 서연이?

지형 그동안 서연이 만나고 있었어.

재민 ??(뭐?)

지형 너한테 말 못했다··말할 수가 없었어.

재민 (오버랩) 너··· 약혼녀는··

지형 (보며)·…

재민 파혼했어? 그러구 서연이 만난 거야?

지형 (시선 내리며) 아니.

재민 ·…(보며) 그런데··

지형 (보며) 결혼식 날짜 잡혔어. 바로 오늘 서연이하고 ···끝냈어.

재민 ·······(보며)

지형 니가 이해해줬으면 해. 구구한 변명 안한다. 우리 서로 원했고··
그렇게 됐어. 파혼하고 싶었지만···정말 깨버리고 싶었지만 할 수

없었어.

재민 (오버랩) 그래서 간단히 말해 너 우리 서연이 데리고 놀다 버렸 다는 거잖아. 그 보고 나한테 왜 하는 거냐. 나한테 원하는 게 뭐야.

지형 재민아

재민 (오버랩) 형편없는 자식. 우리 입대하기 전 얘기했잖아. 너 딴 생 각말고 서연이 딴생각 하게 만들지 말라고. 너 그냥 여동생 이상 아 니라고 했어. 내가 그앨 어떻게 생각하는지 알면서 그애가 어떻게 자란 아인지 뻔히 다 알면서 그런 짓을 해? 서로 원했다고? 원해서 그렇게 됐으면 그앨 책임져 줬어야지. (언성이 높아지고)

지형 (오버랩) 그건 서연이가 싫댔어.

재민 무슨 개소리야 임마!!!

S# 근처 공원이거나 아니면 빌딩들 앞 마당 공터거나(밤)

지형 (마주 서서) 보나마나 뻔한 일 삼류 멜로드라마 주인공 만들지 말라고 서연이가 죽어도 싫댔어!!

재민 박지형

지형 (오버랩) 가당찮은 새치기로 경멸받기 싫다구 / 더 이상 상처받 지 않겠다구 / 집안 난장판 만들고 극복해낼 자신도 감당할 자신도 없다구.

재민 (오버랩) 그래애 그애 입장에서는 그랬을 수도 있어 이 자식아. 그런데 그래서 너 이 자식 지금 모든 게 서연이 탓이라는 거야? 너는 안 그러고 싶었는데 안 그럴 참이었는데 서연이 위해서 소원들어줬 다는 거야? 그것으로 면죄부 받았다는 거야? 꿀릴 거 없다는 거야? 당당하다는 거야?

지형 (오버랩) 내가 비겁하다는 거 알아!!

재민   아는데!!

지형   부모님과 의절하더라도 저질렀으면 돼!!

재민   그런데!!

지형   나한테는 한 여자 포함 두 집안이 매달려 있어. 양쪽 부모 대학
      친구 관계야. 우리 아버지 그 집안 병원 병원장이야 향기하구 결혼
      얘기 십년도 전부터였어. 그 여자 손끝하나 안 건드린 사이도 아냐.
      이런 입장에서 개자식 되는 게 너라면 그렇게 간단하고 쉬웠겠냐?

재민   무책임한 자식. 나라면 애초에 딴 여자랑 헷짓을 안했어. 옴치
      고 뛸수없는 주제에 서연이는 왜 건드려 이 자식아.

지형   너는 내가 헷짓이나 할 놈으로 보이냐?

재민   이 결과가 뭐야 그럼.

지형   (오버랩) 나는!! 지금 이 순간에도 난장판이 되든 말든 뒤집어
      엎어버리고 싶어. 그걸 할 수 없어 머리에서 싸이렌이 울려대. 돌 지
      경이야!! (울음 터질듯)

재민   ....(보며)

지형   너한테 얘기해야 했어. 그래야 서연일 부탁할 수 있으니까··

재민   ....(보며)

지형   부탁한다.....부탁해··나 한방 먹이고...서연이...챙겨주라.

재민   고양이 쥐생각이냐? 그만두자. 주먹이 아깝다.

지형   재민아

재민   (오버랩) 결국 너 이로운 계산아냐 임마. 돌 지경이면 말로만 말
      고 아예 돌아버려. 그럼 믿어주께··

지형   ....(보며)

재민   .....(보다가 돌아서는)

지형   ....(가는 재민 보며).....

S# **고모네서 나오는 골목길(밤)**

　　[작은 누런 봉투 / 어딘가 물건 담겨져 왔던 / 에이프런과 오겹살 고기
　　한 뭉치 넣은 것 문권이가 들고 / 서연은 팔깍지 끼고 나오고 있는‥]

문권   (배 두드리며) 아아아 달마대사 배다. 난 이 식탐이 문제야‥먹을
　　거 앞에서 인사불성 되는 거. 안그래야지이 그래두 먹을 거 딱 눈
　　앞에 나오면 휘까닥 돈단 말야. 아무 생각도 안나. 명희누나한테 그
　　구박 모욕을 당하면서도 초지일관 꿋꿋했으니까 뭐.

서연   밉상이야.

문권   나가선 이 악물고 참으니까 걱정마요. 배 곯구 큰 트라우마 부
　　작용이야. 식구 많은 집에 낑겨 눈칫밥 먹느라구 밤낮 모자랐단
　　말야.

서연   너 한 그릇 먹을 때 두 그릇 먹은 사람 없어. 장난으로라도 눈
　　칫밥소리 하지 말랬잖아.

문권   하하하 고모 대성통곡 깜이지.

서연   샤워하구 정신차려 공부해. 하는 척 하다 코박고 엎어지지 말구.

문권   옛써어어! (경례 붙이는) 으흐흐흐

S# **서연 아파트 거실**

　　[남매 들어오는 / 문권 앞서 들어오다]

문권   큼큼...뭐야‥이거 가스 냄새아냐?

서연   ??

문권   (서둘러 가스레인지 체크. 넘쳐서 화구 주변은 찌개 국물 흥건 / 불
　　은 꺼지고 / 동시에 가스레인지 점화 스위치 끄고 동시에 창문 열어젖히
　　며) 가스 끄는 걸 잊어버리면 어떡해 누나아.

문권　E (후들거리는 서연 위에) 딴 건 몰라두 가스불 단속은 제대로 해야지. 내가 개코였으니 망정이지 냄새 느끼기 전 라이타라도 켰으면

문권　그 순간 꽈앙 / 누나랑 나랑 한날 한시 저승열차 탔다.(좀 야단치는) 정신 어디 팔고 다니는 거야 대체. 전화 놓구 나가구 에이프런 입은 채 뛰어오구 왜 그래 엉?

서연　(오버랩) 빨리 오라구 재촉했잖아. 왜 재촉해. 어련히 갈까봐.

문권　아니 내탓하지 말구 누나

서연　(오버랩) 조용해 가만 있어. 알았어 잘못했어. 그만해. (하며 식탁 의자로 가 앉는)……

문권　(보다가) 하나 더 있다. 누나 고모네 오는 거두 까먹었다.

서연　까먹은 거 아냐. 귀찮아 그냥 있었던 거야.

문권　하하하 증거 명백한데 누나 웬 거짓말?

서연　(식탁 내려다보며) 샤워해.

문권　……(보며) 아 뭐 그렇게까지 비관할 건 없구 누나

서연　(오버랩) 샤워하라니까?

문권　‥알았어요‥(제 방으로 움직이다가 돌아보며) 렌지 내가 닦아요?

서연　내가 해‥

문권　그래요 그럼.(제 방으로)

서연　……

문권　(갈아입을 속옷 들고 나와 욕실로 가며 누나 잠깐 보고)…(들어간다)

서연　……(가만히) ……(있다가 가스레인지로 가 뚝배기 내려놓고 가스레인지 닦을 준비)…

S#　지형 빌라 주차장

S# 지형의 차가 들어와 주차되고/

대리기사　(시동 끄고 내려 꾸벅하고 제 갈 길)

S# 차 안

지형　(뒷자리에 멍하니 앉아 있는)······

S# 서연 거실

　　[식탁에 마주 앉아 문권은 공부하고 서연은 옆에 원고 보면서 컴퓨터에 옮기는 작업 중. 발밑에 선풍기 회전하고 있고]

문권　(문득) 디지게 덥네. (일어나며) 언제까지 이럴 거야 대체. (냉장고로) 날마다 달궈지니까 집이 갈수록 화덕이야 식을 줄을 몰라.

서연　····(그냥 작업)

문권　(소형 구식 냉장고 냉동실에서 얼음 판 꺼내 싱크대로 / 작은 그릇 하나 꺼내 비틀어 얼음 뽑고 컵 두 개에 몇 덩어리씩 나누어 넣고 냉장고 안 큰 생수병 물 따르면서) 이러다간 진짜 몇 년 안에 필리핀 되겠어 ···(물컵 들고 와 놓아주며 씩 웃는) 가본데 필리핀 밖에 없으니까··· (하고 누나 보면)

서연　····(두드리고 있다)

문권　마셔···누나.

서연　??(보며)

문권　안 더워? 마시라구.

서연　어···(컵 들며) 냉장고 물에 얼음까지 뭐 필요해··(마시고 놓는)

문권　바쁜 일야?

서연　휴가중에 끝내 볼려구 /

문권　(앉으며) 얼마 짜리야.

서연　(자판 부지런히 두드리는)····

문권 (좀 보다가 별수 없이 책으로)·····

서연 (자판 두드리던 것 멈추고 일어나며 물컵 들고 침실로)

문권 왜···그만하는 거에요?

서연 집중해. 나 금방 나와.

문권 (제스처로 / 알았다구우우우)

S# 서연의 방

서연 (들어와 침대 옆 서랍에서 두통약 꺼내 넣고 물 마시는)·····

S# 지형의 거실

수정 (책 읽다 놓고 전화받고 앉아 있는) 굳이 별일이라면 향기 엄마가
하니문 일정 보름 빼라는데 지형이는 안된다 그러고 향기엄마 불
만인거 밖에 없어요·····백수건달아닌데 어떻게 보름씩 비워요·····
(비우지 왜 못 비워) 비울수가 없으니까 안된다 그러겠죠. (비우라 그
래) 저 알아 하라 그래요. 얘기할 만큼 했어요 더 이상 안해요·····(듣
다가) 아 개 향기 무슨 선심써 내놓는 거처럼 기분 좋지 않아요. 우리
가 무슨 온달이 아들 평강공주한테 장가보내는 거에요? 형편따라
하는 거지 덮어놓고 보름 빼내라 왜 못빼냐 인상쓸 일이에요?···노
회장 암말 않으면 당신도 모른 척해요. (아는 척하면) 아 얘들 알아
할 일 아니냐 그러구 말아요. 그 비위까지 안 맞춰도 돼요. (비위는 누
가 비윌 맞춘다 그래) 당신은 아닌지 몰라도 난 한번씩 참아줄 때 있
으니까 하는 말이에요. 참는게 비위맞추는 거지 뭘··아직 베이징이
에요?···다른 얘기없으면 그만 끊어요···그래요··무리하지 말아
요··(끊는데)

　　[현관 터치 키 뿍뿍거리는 소리]

수정 ？？？

66

지형   (들어온다)‥

수정   (일어나며) 향기가 너 밤샌다 그래서 새벽에나 들어오나 했는데?

지형   네…

수정   술 했니?

지형   조금요….

수정   (책 집어 들며 앉는) 아버지 전화 막 끊는 참이었어. 어떻게든 보
       름 빼주래서 애들한테 맡기라구 짜증피구 끊었어.

지형   ….(보며)

수정   …(문득) 왜‥뭐 할말 있어?

지형   아니에요‥(하며 돌아서 제 방으로)…

수정   ….(뒷모습 보다가) 피곤했어? 왜 그렇게 맥이 없어?‥나쁘게 취해?
       얼음 냉수 줘?

지형   (멈춰 서며) 제가 결혼을 깬다 그럼 어떻게 되죠?

수정   ???‥‥‥뭐라구?

지형   ‥‥‥

수정   너 뭐란 거야‥내가 잘못 들은 거야?

지형   (돌아서며 보는) 안하고 싶어요 그만두게 해 주세요‥

수정   ????‥‥‥

지형   ….(보며)

수정   (일어나 아들 앞으로 가 서며) 너 어떻게 / 어디 아파? 돌았어? (너
       무 큰일 / 소리 작아져)

지형   향기를 사랑하지 않아요.(눈 맞추고) 다른 사람이 있어요.

수정   ???(보다가 황급히 아들 팔 잡아끌어 아들 방으로)

S# 지형의 방

[들어오는 모자]

수정   (끌고 들어온 아들 팔 놓고 보며)⋯⋯???

지형   (눈물이 떨어질 듯 고여서 보며) 어머니⋯

수정   ⋯⋯(보며)

지형   ⋯⋯⋯(보며)

제2회

S# 지형의 빌라 빈 거실

S# 지형의 방

수정 (두 주먹 올라간 상태) 무슨 망발이야. 무슨 가당치두 않은 헛소
리야 아니 폭탄이야.(야단치는 건 아니고 / 황당함)

지형 ‥‥(고개 아래로)

수정 ‥(침대로)‥‥(옆구리에 앉으며 아들 보며 후들거리는)‥‥‥(지형은
그대로) ⋯말 안되는 거 너두 알지?

지형 네.

수정 알면서.(왜)

지형 (오버랩 / 보며) 같이 있고 싶은 사람 아닌 엉뚱한 여자와

수정 (오버랩) 향기가 왜 엉뚱해. 걸음마 시작하면서부터 뒤뚱뒤뚱
너 따라다녔던 애야.

지형 알아요.

수정 (오버랩) 세월이 얼마야 향기는 오로지 너하나 뿐인데 / 농담으
로 시작해 진담돼 벌써 언제부터 니짝이었는데 너 나쁜 놈이잖아.

지형 ……

수정 (오버랩) 잠자리도 했다면서 변심이 웬말이야. 예식이 코앞인데 이제와 그런 벼락때릴 소릴 하면 어떡해.

지형 (오버랩) 그래서 그냥 포기할려구 했었어요.(좀 오르며)

수정 그랬으면 입 벌리지 말구 그냥 포기했었어야지.

지형 (오버랩) 어떤 게 더 나쁜 놈인 거에요. 이대로 결혼하면 전 평생 사기꾼이에요.(안타까운)

수정 향기가 모르면 돼.(달래듯 / 별문제 아냐)

지형 어머니

수정 (오버랩 / 일어나며 / 다독이는) 잊어 잊고 향기한테만 충실해. 여기서 이걸로 끝내. 아버지한테는 입도 달싹 마. 너 들어오기 직전 통화했는데 / 신혼여행 보름 빼는 게 뭐가 어려운 일이냐더라. 늬 아버지 향기 아버지가 이사장인 병원 병원장이야. 오랜 친구면서도 향기 아버지 기분 맞춰야하는 입장이 아버지야.(하다가) 이 말까지 해야겠니?

지형 (툭 떨어지며 오버랩) 제가…제 행복에 대해서는 어머니 관심없으시군요.

수정 그거 신경쓰기에는 너무 큰일이고 너무 늦었어. 너 약혼녀두고 바람난 녀석이잖아.

지형 지구가 깨지나요? (보며 조용히)

수정 아버지 우주가 무너져..

지형 …(보는)

수정 향기를 죽일래?

지형 …(보며)

70

수정   그걸 하겠다구? 해도 될 일이라구?

지형   ....(보며)

수정   (일어나며) 참 어리석기도 하다.. 나 아무 소리 못들은 걸로 할 거 야..(나가고)

지형   .....(남겨진 채)......(선 채 가만히)............

수정   (다시 문 열고) 당장 정리해..

지형   ....(보는)

수정   내가 해?

지형   ...(돌아서며 옷 벗기 시작)

수정   ...(보다가) 그런 막장까지는 하게 하지 마라.(문 닫는)

지형   (그대로 움직이고 있는)

S# 서연 아파트 입구

서연   (나와서 총총히 어린이 놀이터 쪽으로).....

S# 놀이터

서연   (들어서며 한 곳 보고 활짝 웃는) 오빠 웬일야?

재민   (웃으며 테이크아웃 커피 들어 보이는) 커피.

서연   난 또..한잔 하재서 포찬줄 알았네.

재민   (그럼) 포차갈래?

서연   아냐.. (손 내밀어 컵 하나 받으며) 찬 거네?

재민   이건 뜨거운 거. 둘중 고르라구.

서연   아냐 아무 거나 뭐..(그네 쪽으로 움직이며) 늦었네? 술마셨어?

재민   (그쪽으로) 어 조금.

서연   (그네에 앉으며) 이렇게 보는 거 오랜만인 거 같아

재민   (그네에 앉으며) 어....

서연 (마시며) ‥‥

재민 ‥‥(좀 보다가) 지형이 놈 보자 그래서 만났다.

서연 ???(돌아보는)

재민 아무 일 없는 척 필요 없어.(하고 고개 앞으로)

서연 ‥‥(보며)

재민 (안 보는 채 마시는)

서연 그 사람은‥‥뭐하러‥‥(고개 앞으로)

재민 ‥‥(마시는)

서연 무슨 생각이었는지 모르겠다. 새삼스럽게‥

재민 ‥‥(보며)

서연 (한 모금 마시고) 어디까지 얘기해‥

재민 다‥

서연 불편해했었어. 오빠 만나는 거 힘들다구‥

재민 (오버랩) 왜 그랬어

서연 ‥‥(보는)

재민 오르지 못할 나문줄 뻔히 알면서.

서연 (고개 앞으로 / 쓴웃음) 오르지 못할 나무는 쳐다보지두 못해? 만져보지도 못해?

재민 (보며) 약속된 사람 있는 거 알았잖아 옛날부터. 혹시 그 자식이 그 여자 상관없어졌다 그랬어?

서연 (돌아보며 / 아니) 내가 그 여자 상관안했어. 그냥 얼마동안만 훔쳐갖자 그랬어.(정말 별일 아닌 듯 웃어가며)

재민 ‥‥(보며) 너 그런 아이

서연 (좀 아무렇게나) 그냥 그렇게 됐어. 그래버렸어. 그래버리자구

했어. 실망시켜 미안해. 이 생각 저 생각 이런 아이 저런 아이 우물
쭈물하다가 주저 앉아 그냥 멍청하게 평생 후회하기 싫었어.

재민   ....(보며)

서연   (고개 커피 잔으로) 잘못이었다구 / 내가 나빴다고도 생각 안해
나는... 나는 다 했어..하고 싶은 만큼 할수 있는 만큼 다..그것으로
충분해.

재민   .....(보며)

서연   (돌아보며 웃는) ..오빠..펄펄 뛰며 말렸을 거 아냐..간섭받기 싫
었어.

재민   (보며) 너 버려진 거 아냐

서연   으흐흐 그런 거 아냐. 우린 그냥 안녕한 건데 뭐. 버린 사람도
버려진 사람도 없어. 처음부터 그러기로 했는데 뭐..

재민   ....(보며)...괜찮다구?... 별일 아니다?

서연   우후후 전혀 별일 아닌 건 아니지 오빠.. / 그렇지만 지진나구 화
산 터지구 뭐 그런 거두 아냐..

재민   어떻게 넘길 거야..

서연   으흐흐 (한숨 좀 섞어) 하루하루 잊어가거나...아니면 하루하루
더 그리워하거나...둘중에 하나겠지..

재민   어느 쪽일 거 같아.

서연   우훗 잊을 거야..석달 열흘 안에 말끔히 다 잊을 거야.

재민   용쓰지 마라...안 웃어도 돼./

서연   응 오빠 나 괜찮아..걱정하지 마.

재민   ....(보며)

서연   (보며) 정말..

S# 지형 거실

지형 (샤워 끝 / 침실에서 나와 거실 거쳐 주방으로)

S# 주방

지형 (들어오다 보면)

수정 (식탁에 앉아 와인 마시고 있다)…

지형 (그냥 큰 글라스 꺼내 놓고 양주 따라 한 모금 마시고 / 마개 닫아 들고 움직이려)

수정 사랑이라는 감정은 움직이기도 하고 변하기도 하고 ‥어떤 경우에는 썩어서 악췰 풍기기도 하는 거야.(놓아둔 와인 잔에 손대고 잔 내려다보며)

지형 (돌아보며) 사랑 아니었던 게 사랑으로 바뀔 수도 있나요?

수정 (잔 들며) 그랬으면 진즉 옛날에 분명한 결론을 내렸어야 했어. (마신다)

지형 뭔지 몰랐어요. 불편하지 않은 감정이 그건 줄 알았어요.

수정 (잔 내리며) 열정이나 욕망이 꼭 사랑은 아니야. 착각하기 쉽지.

지형 그럴만큼 멍청하지 않아요‥(보며)

수정 펄펄 끓는 물도 불꺼지면 식는단다.

지형 끓어본 적도 없는 거보다는 나아요.

수정 ‥‥

지형 (들어가려)

수정 어떤 아이니.(돌아보며)

지형 (돌아본다)

수정 궁금하긴 하구나.

지형 부모없는 사람이에요‥

수정   ....(보며)

지형   남동생 하나 있구 고모집에서 자랐어요.

수정   (그만하자) 아버지 내일 들어오셔. 조용히 정리해.

지형   ....(보며)

수정   설마...말썽피울 아이는 아니겠지..그럼 최악이야.

지형   (보며)...

수정   사람도 많이 변질돼서 그래.(글라스 들고 일어나며) 니 욕심은 빼고 수평 저울에 그 아이랑 우리랑 올려놔봐..미안해..어쩔 수 없어....문제 만들지 마. 부탁한다

지형   ....(보며)

수정   (침실로 아웃)

지형   ....(잠시 더 서 있다가 돌아서는).....

S# **지형의 침실**

지형   (마시며 침대로....움직이는데)...

재민   E (오버랩) 결국 너 이로운 계산아냐 임마. 돌 지경이면 말로만 말고 아예 돌아버려. 그럼 믿어주께..

지형   (걸터앉으며).....(어금니에 힘 들어가며 눈 꾸욱 감는)......

S# **고모네 마당**

동철   (등물하는 중) 어으흐흐흐/어흐 스톱스톱/스토오옵

명희   왜애애.(바가지 들고)

동철   심장마비 심장마비 천천히천천히..쉬엄쉬엄 엉?

명희   (오버랩 / 철썩) 엉그렁떨지 마..천천히 쉬엄쉬엄 밤새?

동철   (아) 진짜 심장이 오그라드는 거 같다니까. 등물치다 죽었다면 사람들 웃는단 말야 당신 동정도 못받아아.

명희 아으 시끄러. 똑바로 해애.(하고 좌악)

동철 으으으으 (일단 한 번은 참고 / 다시 좌악) 으악 / 악악 / (가슴 잡고 고꾸라지는)

명희 장난치지 말구우우 /

동철 악…악…악…

명희 (가당치도 않은) 일어나 얼른….

동철 지지민이를 부우탁 부탁해 여보으윽 (눈 까뒤집는)

명희 알았어 장의사 전화할께..(바가지 던지고 돌아서려는데)

재민 (들어온다)

명희 꽤 늦었다?

재민 응..

명희 엄마아아 엄마 좋아하는 아들 들어왔어요오오.

고모 E (반색) 응 그래애애 ..

동철 나 안보이나부다 (하는데)

재민 (잠깐 돌아보며) 감기 들어요 자형..

동철 아. 아 하하..(괜히 한 팔 들어 보이며) 감기랑은 전혀 교제가 없으니까 뭐..(명희 타월 던져주는 것 받고 / 명희는 먼저 방으로)

고모 (동시에 나오며 벙글벙글 / 오버랩) 오늘 최고로 늦으셨네 우리 아들? (다가서며) 아버진 열시까지 하품 꺄악꺄악 하며 억지로 눈이러구 버티더니 깔깔깔..떨어지셨다.

재민 (웃으며) 주무세요.

고모 응 (아들 한 팔 만지며) 어이 들어가. 우리 아들 고단하겠다. 응?

재민 (제 방으로)

고모 애 잠깐잠깐..(아들 앞으로 다가서) 큼큼..술두 별로 안 먹구 누구랑 이렇게 길게 놀았어?

재민 (그저 씩 웃고 방으로)

고모 (혼자만 아는 한숨 푹 / 제 방으로/)

동철 안녕히 주무세요 (발 수건에 닦으며)

고모 어 어 그래애애.

S# 고모의 방

고부 (자다 일어나서 물 벌컥거리고 있는)

고모 깼어요?

고부 (가슴게 손 넣어 긁는)…

고모 (얼른 스프레이 약병 작은 것 집어 러닝 들치고 긁는 부분에 뿌려주고 / 인진쑥 스프레이)…

고부 (그만 됐어 손 밀어내고)

고모 (후우우후우우 불어준다)

고부 (됐어 / 도로 누우려) 불꺼.

고모 응…(전등 끄면서) 술두 안 먹구 늦었네? ….여잔가 여보?

고부 ….(어둠 속)

고모 물어보구 싶어 입이 간질거리는데 못했어.

고부 놔둬.

고모 언제까지

고부 ….

고모 언제까지

고부 (돌아눕는다)

고모 (누울 채비하며) 내가 죽으면 암재발이 아니라 숨통 맥혀설테니까 으이구.

S# 재민의 방

재민 (옷도 안 벗고 벌렁 누워 있는)……

S# 서연의 좁아터진 욕실

[세탁기가 소리 내며 돌아가고 있고]

서연 (쪼그리고 앉아 자신의 속옷 손빨래한 것 행궈내 짜면서 아무것도 없는 얼굴이 온통 젖은 채 계속 눈물 흐르고 있는)…

문권 E 누나 뭐해.

서연 ?? 왜애.

문권 E 라면 안 먹을래?

S# 화장실 앞

문권 …(잠깐 기다리는)…(못 들었어?) 라며언.

서연 E 아니이..

문권 젓가락 들고 한번만 두 번만 없기다아아.

서연 E 알았어 안해애애..

문권 (휘파람 불며 라면 준비로)

[서연 전화 / 진동으로 테이블에서 드르륵거리는]

문권 (전화 집어 보고 욕실로) 전화아…박지수욱.

서연 (욕실 문 열리고 손만 내미는 / 전화 건너가고)

S# 욕실 안

서연 (전화 내려다보며)…(있다가 꺼버린다)

S# 지형의 방

지형 ….(테이블 의자에 앉아 끊어진 전화 보며)…..(있다가 양주 컵 집어 드는데)…

[전화벨]

지형   (전화 집어 보고 좀 실망) 어 재민아..

재민   F 서연이 보고 들어왔다.

지형   ....

재민   F 걔 장끼 / 용쓰더라..그 녀석 / 우리 집에/ 집에 와 잔 첫날 새벽 여섯시에 벌써 일어나 제 동생 세수 시키고 있더란다. 여섯살짜리가.

S# 재민의 방

재민   (선 채 서성거리며 통화하는) 제 처질 너무 말짱하게 알아서 눈치 빠르게 동생 단속하고..중 삼쯤부터는 어머니 부엌일 반은 맡았었고 고일때 벌써 어머니 미장원 손님 아이들 과외로 제 용돈 썼던 애야.

S# 지형의 방

재민   F 아닌 척 괜찮은 척 힘 안드는 척 안아픈 척 용쓰는 게 체질이 돼버린 애라구. 괜히 웃더라..눈물도 안 보이구..석달 열흘 안에 말끔하게 다 잊겠다더라... 괜찮으니까 걱정하지 말라 소리도 했어.. 그런데 이 말은 꼭 해야겠다..너는 우리 서연이 깔봤어.

S# 재민의 방

재민   다른 번듯한 집안 딸이었으면 너 그따위 짓 못했어. 그래서 무슨 변명을 하든 넌

S# 지형의 방

재민   치사하고 비열한 놈이다. 이상.(끊어지는 전화)

지형   ......(가만히 있다가 컵 들어 천천히.....비워버린다)....

                                                                          F.O

S# 빌라 전경(이른 아침)

S# 지형 주방

향기 (셀로판 봉투에 헤이즐넛 초콜릿 비스코티 길쭉길쭉 썬 것 들어가 있고 / 색 리본 묶인 것 푸는)

이모 (수정의 동생. 지형의 이모 / 미혼 / 다양한 취미와 공부에 매진하는 여인 / 접시 두 개 꺼내 놓으며) 맛은 어떨지 모르지만 모양은 별루네.

향기 (꺼내 접시에 놓으며 / 한 접시 두 개/) 까르르르르 초콜릿이 주재료니까요 이모님.

이모 마카데미아야?

향기 아니 헤이즐넛이에요. (한 쪽 더 꺼내주며) 맛 보세요.

이모 아으 아냐 내가 먼저 어떻게 / 나중에 / 나중에 먹을게.

향기 그러세요 그럼. (봉지에 도로 넣고 풀어냈던 색 테이프로 다시 묶으려는데)

수정 (얇은 가운 차림 / 들어오며) 너 또 엄마 비위 뒤집구 뛰쳐나온 거야?

향기 까르르르 아니에요 아줌마. 엄마 아직 일어나지도 않았는데요? (조깅복 입은 향기 보고 의아한 표정 짓는 수정 보고) 조깅 끝내구 올까 하다가 뛰고나면 땀투성인데 안되겠다 여기로 직행했어요. (접시 들어 보이며) 어젯밤에 새로 구웠어요. 블랙 커피랑 너어무 잘 어울려요. 진짜 맛있어요.

수정 (의자에 앉으며) 단지 그 목적?

향기 아 아니에요 아줌마. 오빠

향기 E (보는 수정) 새벽에 들어왔을텐데 이 시간에 깨우는 건 안되죠오

향기 (연결) 그냥 아줌마랑 커피 한잔 마시고 갈 거에요. 몇시에 들어왔어요?

수정 어 그게 몇시였나

이모 (커피 두 잔 따르면서) 열한시 좀 넘어서 들어오지 않았어요?

향기 ??

수정 어 피곤했나부더라.. 열두 시 전에 들어왔어.

향기 우우움.. 요즘 이상하게 피곤해하는 거 같더라..체크해야 하는 거 아닐까요 아줌마?

수정 체크는 무슨

향기 (걱정스레) 급성 간염같은 거요 아줌마.

이모 (자기 커피 한 잔 따라 들고 오버랩) 필요하면 불러요.

수정 그래..일에 휘둘려 그렇겠지..건축 경기 썰렁하대도 전원주택 이랑 빌라단지랑 꽤 들어오는 모양이더라.

향기 좋았어어..그럼 이거 먹구 깨워줘야지.

수정 술 좀 마신 거 같더라 나올 때까지 그냥 둬 향기야.

향기 네에..아 참 아줌마 저 여기 온 거 엄마한테 비밀이에요. (찡그리고) 귀찮아요.

수정 (웃으며 보는) 드레스 먼저 골라야지.

향기 (오버랩) 아 빠리에서 따끈따끈한 드레스 열 두벌 막 도착했다구 어젯밤 전화왔었어요. 오빠 턱시도도 같이요 마담 맹선생님 으훗 열두벌 다 입겠다곤 하지 말래요. 그만큼 자신있대요

수정 그래애. (그러냐)

향기 저기 그런데요 아줌마 / (좀 찡그리며) 저 잠깐 오빠 방에….(고개 갸웃 / 안돼요?)

수정 …(보며)

향기 깨우지는 않을게요..그냥 잠깐….살짝 보고만 나올게요..

수정　(웃으며) 그래 들어가 봐..

향기　으ㅎㅎㅎㅎ (발딱 일어나는)

S# 지형의 침실

향기　(살그머니 들어오는) …(중얼거리는) 어 취했었나봐 커튼도 안 달고 잤어…(방 둘러보는 / 테이블에 빈 양주잔 / 그쪽으로 가서 컵 집어 들고 냄새 잠깐 맡으며) 움..집에 와서 더 마셨군.(잔 기울여 한 방울 / 찡그리며) 아으으으 / (컵 놓고 지형 침대 쪽으로 / 발치에 아무렇게나 벗어놓은 옷들)…..(잠깐 그것 보고 상체 옆구리로 가 서서 보는)

지형　(한 팔 이마 위에 올리고 자고 있는)…..

향기　(혼자 웃고 침대에 옆으로 앉아 그 팔 가만히 잡아 내려놓는)…..

지형　….(그대로)

향기　(보다가 가만히 지형 입에 제 입 붙인다)…..(기다리고 있다가 가만가만 입맞춤으로)….

지형　…..(어느 순간 느끼고 두 팔 차례로 향기 등에 올리면서 반응하다가 휙 향기를 뒤집고 마구마구 키스하다가 어느 순간 멈칫하며 눈 뜨고 보면 향기)….

향기　오빠.

지형　(오버랩 / 대답처럼 불끈 일어나 앉는 / 무릎 꿇은 자세)

향기　(상체 일으켜 목 한 팔로 감으려 하며) 오빠.

지형　(팔 잡아 내리며) 무슨 짓이야 자고 있는 사람한테.

향기　(무안해서 보며)….

지형　못할 짓이 없네.(투덜거리며 침대 내려서는)

향기　못할 짓이야?

지형　집이야.(옷 챙기며)

82

향기   너무 오래 됐어.

지형   ....

향기   호텔 싫대서 / 그건 나두 쫌 그래서 참았는데…우리 너무 오래
      됐어..

지형   ....

향기   나무토막두 돌뎅이두 아니구 일년 넘었어. 나 오빠 / 한번 씩
      많이 만지구 싶어..내가 이상한 거야?

지형   집이라구. 이모랑 어머니 계셔.

향기   나두 알아..(울음 터지며) 잘못했어. 다신 안 그럴게. 그렇다구
      그렇게까지 무안 줄 건 뭐야. 챙피해 죽겠어..(두 손으로 얼굴 덮고)

지형   ....(돌아보며)....

향기   ......(우는)

지형   (다가와 한 어깨에 손 올려주고)

향기   ....

지형   (당겨 배에 붙이고)..

향기   한번씩 딴 사람 같아..

지형   샤워하고 나갈께....

향기   (몸 떼며 올려다보는) 사과해.

지형   그래. 미안해.

향기   알았어 용서해 줄께..(올려다보며)

지형   ...(보며)

향기   (웃는다)....

지형   (곤혹스럽지만) 나가봐 얼른..

향기   (발딱 일어나며) 알았어..결벽증은 암튼..(하며 나가고)

지형　‥‥(나간 문 보며)‥‥(도리가 없는/힘이 빠지는 듯한)

S#　**고모의 마당(이른 아침)**

　　[부엌에서 고모 뚝배기 싸들고 정말 완전 고양이 걸음으로 나오고 뒤
　　따라 명희 밥통째 들고 나오는 / 전깃줄 말아 붙여서 / 마루에 반찬 차
　　려진 밥상 / 열무김치 오이냉국 코다리 조림 버섯볶음 시금치나물 정
　　도 / 수저/쟁반에 물병 물컵 밥공기 주걱]

명희　(엄마 걸음걸이에 문득 픽) 아이구 참 / 엄청 큰 고양이두 있다.

고모　쉬이이이.

명희　(저도 모르게 소리 죽이면서) 엄마는 오바하는 재미에 살지?

고모　(눈 부라리고)

　　[모녀 마루로]

고모　(먼저 올라가고 명희 따라 올라가는)

고부　(열려 있던 안방 문 / 나와서 밥상 들고 들어간다.)

고모　(따라 들어가며) 여보 조용.

명희　(밥통 놓고 쟁반 먼저 방문으로)

고부　(쟁반 받아 들고 아웃)

명희　(밥통 들고 방으로)

S#　**안방**

고모　(지키고 있다가 방문 닫는)

명희　더워 엄마아아.

고모　(들은 척도 않고 완전 닫고 손자 건드려 먹자는 신호)

　　[지민은 책상다리하고 만화 보고 앉았던 중. 가족 자리 잡고 앉아]

고모　(손자 궁둥이 괜히 두드려주고) 으흐흐흐흐

명희　(밥 뜨며) 먼지나아아아

84

고모　(먼지 쫓듯 손 휘젓는데)

동철　E (들이닥치듯 하는) 여보오 나 상갓집 가야 해애..

고모　아이구 저 화상(벌써 일어서는)

동철　E 내 과부 땡빚을 내든 우리 엄말 팔아서든

S# 마당

동철　(대야에 물 퍽퍽 퍼 담으며) 양복 한 벌 개비해야지 빌어먹을 / 당
　　　신은 진짜 악처중에 악처다 엉? 에엣 / (바가지 확 처박으며) 어떻게
　　　오십 오킬로 때 옷을 /

고모　(나와서 오버랩) 조용해애애애.

동철　?? (돌아보는)

고모　조용해조용해.

동철　(마루 끝으로 쪼르르 / 소리 죽여) 장인 어른 화나셨어요?

고모　일요일야. 재민이 아직 자.

동철　자요? (더 작게)

고모　그래.

동철　자는 거 확실해요? (더 작게)

고모　그래 확실해.

동철　장모님 혹시 옛날에 잃어버린 쌍둥이 처남 있어요?

고모　뭐?

동철　처남 가게 들러 빵 들고 갔는데요.

고모　(후다닥 재민 방문 열어보고 돌아보는) 언제에에?

동철　한 한 시간 됐나아아?

고모　나 뭐하구 있었는데 나가는 걸 몰라?

동철　해우소 들어가 계셨던 거 아니에요?

고모　맞다아‥소식 기다리며 좋은 인연 보느라 몰랐구나.(돌아서

　　는데)

동철　(마루 끝으로 쪼르르 / 소리 죽여) 좋은 인연 그 책 그거 정기구독

　　제가 시켜드린 거에요 장모님.

고모　(들어가며) 아이구 그래 두 번만 더하면 팔천번이네에.

동철　으하하 금년 끝날때까지 만번 찍습니다아아‥(푸다닥거리며 세

　　수하기 시작)

S# 근처 공원 벤치

　　[벤치에 빵과 우유 봉지. 책 한 권]

재민　(엄청 큰 하얀 개 한 마리 재민 반가와 껑충거리는) (무릎 꺾고 만져주

　　며) 어어 그래 알았어 알았어‥반가워 나도 반갑다구‥하하 잘 지냈

　　어? 엄청 덥지? 힘들지? 우리도 힘들다 인간도 힘들어. 가만…(빵 봉

　　지 들어 보이며) 빵‥빵이야. 기다려 기다리라구 아폴론 / 흐흐흐흐

　　흐……

남자　어디 출장갔었소?(개 주인 / 오십 대 건장한 체격/조폭 출신 인상)

　　지난 주 안 나온 모양이대.

재민　아 네에‥게으름폈어요 사장님.

S# 서연의 거실

　　[가스레인지에 보리차 주전자 올려져 있고 파란 불이 보이고 / 소리 나

　　는 주전자가 아닌 큰 주전자]

서연　(설거지 중이었다 / 고무장갑 끼고 돌아서 멍하니 보는)

문권　(선 채 양말 나머지 한 짝 신고 디디며)…뭐어‥(말해)

서연　…(보는)

문권　뭐냐니까?

서연 어 응 그거…원고에 줄긋는 거. 초록색.

문권 형광펜?

서연 (웃는) 그래 그거.

문권 다 썼어?

서연 응..

문권 몇자루.

서연 (한 손 짝 펴 보인다)

문권 급해? 당장 써야해?

서연 아니 들어올 때 갖구 와.

문권 수고

서연 수고.(문권 나가고)…(설거지로 돌아서며)기막혀 형광펜이 왜 생각 안나.. (설거지 시작하다 문득 라디오 에프엠 스위치 넣으면)

　　[바로 터져 나오고 있는 나비 부인 〈어느 갠 날〉 소프라노 /]

서연 (멈칫)……(했다가 꺼버리고 개수대로)

　　[마치 라디오가 다시 시작된 것처럼 노래가 연결되고]

S# 어느 강변에 세워져 있는 지형의 자동차(노래 연결 / 과거 어느 날)

S# 차 안

　　[나란히 앉아 듣고 있는 / 두 사람. 한동안 사이 두었다가]

서연 샀어?

지형 아니 사무실 여직원이 궈다 줬어.

서연 여직원이 왜?

지형 씨디 궈 선물하는 게 취민 사람야. 직원들 모두 몇장씩은 받았다 그러더라. 난 아리아가 좋은데 했더니 바로 만들어 왔더라구..

서연 뭔지는 알아?

지형 나비부인 어떤 개인날

서연 본 적있어?

지형 아니 듣기만..핑커톤이었나? 게이샤 배신하고 귀국해 장가
간놈

서연 장해. 어떻게 기억해?

지형 어디서 주워 읽었겠지..

서연 핑커톤 부부한테 아이 보내고 배갈라 죽기전에 부르는 노랜
것도 알겠네..

지형 알지.

서연 스토리는 신파지만 이 대목은 들을 때마다 내 창자가 끊어지
는 거 같아..

지형 (돌아보며 한 팔 어깨에 감아 당겨주면서) 보기보다 감성적이야아?

서연 보기는 어떤데.

지형 신파 싫어하잖아.

서연 그거랑 감성이랑 무슨 상관야. 감성이 신파란 거야?

지형 감성에 호소하는 거 빼고 신파가 돼?

서연 아 좋아 그래 난 신파야..다섯 살에 아버지 죽고 여섯 살에 엄
마 도망치고 남매는 단둘이다 내 인생 자체가 신판데 뭐.

지형 후후 (코끝 잡아 흔들며) 왜 그렇게 뛰냐.

서연 조용…끝까지 듣자구….(눈 감는) …

지형 …(내려다보며)….

S# 거실(현재)

서연 (설거지 마쳤다 / 벗은 에이프런 적당히 걸어놓고 식탁 테이블로 움
직여 앉는다)…(작업하던 화면 마우스 건드려 살리고 보면서)….(자판

88

두드리기 시작하는데)

　　[전화벨]

서연　(전화 집어 보고 받는다) 네에

편집장　F (남자) 이 서연씨 지금 어디야.

서연　집인데요. 편집장님.(왜 그러세요)

편집　F 이사람 무슨 소리야.

서연　??

편집　F (연결) 산에 안가? 청계산 입구 7시 집합 까먹었어?

서연　아 어…(까먹은 게 아니라 약속 자체가 생각 안 난다)

편집　F 자네 정신줄 어떡하구 사는 거야

서연　(오버랩) 깜빡했어요. 편집장님 죄송해서 어쩌죠? 저 지금 금방 나갈께요 택시 타구 갈께요 네?

편집　F 지금부터 언제 / 됐어 이 사람아. 우리끼리 할테니까 푸욱 쉬어. 휴가 잘 보내구.

서연　죄송합니다 편집장님. 정말 죄송합니다.

편집　F (오버랩) 됐다구. 끊어요.(끊어지고)

서연　….(끊어진 전화 내려 보면서)….(잠시 멍하고 있다가 전화 달력으로 들어가 보면 메모되어 있는 '청계산 입구 오전 7시 집합')

서연　…..(전화 놓고 골똘하게 기억을 찾아내려)…..(그러다가 주먹으로 제 머리 콩콩 두드려보고….다시 골똘…..눈 꽉 찌그려 감으며 머리 빠르게 흔들어본다..머엉…생각 안 난다)….

S#　빌라 지하 주차장

　　[승강기 쪽에서 나오면서]

향기　내일 두시 (팔 낀 채) 오빠.

지형　응..

향기　펑크 절대 안돼?(향기 자동차 쪽으로 움직이며)

지형　알았어.

향기　링도 해야하는데

지형　한 시간 이상은 못 뺀다니까.

향기　(리모컨 / 제 차 문 열며) 디자인은 내가 봐뒀거든? 사이즈만 재 주면 되니까. 삼십분도 안 걸릴 거야

지형　손대표랑 현장 나가야 해.(얘기했는데 왜 그래 / 자동차 문 열어주고)

향기　알았어 미안. (타며) 가께 오빠.

지형　으음.

　　[향기 차 부웅 뜨고]

지형　(돌아선다)

S# 서연의 거실

서연　....(아주 빠르게 자판 두드리며 일하고 있다)

　　[가스레인지에서 김 푹푹 내며 신나게 끓고 있는 보리차]

서연　....(의식 못하고)....(작업 중)

S# 거실

　　[작업 중인 서연]

　　[끓는 김은 사라지고 가스레인지 불은 그대로 켜져 있는 상태]

서연　(잠시 멈추고 화면 보다가 일어나 냉장고 물 꺼내 한 컵 따라 들고 식탁으로 움직이다가 가스레인지 옆에 비틀어 짜진 채 던져진 행주 보고 그리로 가 행주 집어 들어 탁탁 털다가)??? (가스레인지 불구멍 기웃이 보는 / 얼른 끄고 주전자에 손대는데 / 앗 뜨거 / 행주로 싸서 드는데 가뿐하다)??? (서둘러 개수대로 옮겨 넣고 뚜껑 열고 물 틀면 치이이이이 / 잠깐

뒷걸음질치며 황당하고) ....

S# 욕실

서연　(쭈그리고 앉아서 수세미로 타버린 주전자 아랫부분 닦으며)....(입 꽉 다물고 화가 나 있는 상태) ....(작게) 바아보 / 등신..명청이..칠칠이..정신 차려. 넋이 빠졌어 그냥. 끓는 소리는 났을 거 아냐 소리.. 귓구멍 콧구멍 다 막혔니? 왜 그래 대체......아냐 괜찮아..집중하고 있었잖아..집중하면 원래 아무것도 모르는데 뭐......그럼 등산약속은...내가 지금 제정신일수 있니? 제정신 아닌 거 당연하잖아......근데 깜박했어도 생각은 나얄 거 아냐 왜 백지냐 말야......형광펜은 그건 뭐야...(박박박박).....

F.O

S# 거실(이른 아침 / 일곱 시 반쯤 / 일주일 후)

서연　(식탁에서 콩나물 다듬고 있다).....

문권　(알바 끝내고 들어오는 / 들어오며 하품하다 누나 보고 / 하품 문 채) 회사 그만뒀어?

서연　회살 왜 그만둬.

문권　출근 안해?

서연　일요일에 출근해?

문권　이 아줌마 월요일이지 어떻게 일요일이야. 누나 달력은 이달에 일요일 연짱 두 번이냐? 어제가 휴가 땡친 일요일이잖아아

서연　...(멍해서 보는)

문권　아 진짜 왜그래. 두통약부작용야 뭐야 끊어 끊구 병원 가.

서연　일요일 아냐?

문권　이 양반 휴가동안 기어이 끝낸다구 독하게 굴더니 그것만 들

제2회　91

여다보다가 날짜 넘어가는 걸 놓쳤구만. 일곱시 아까 넘었어. 벌써 늦었다. 휴가 끝내구 나가면서 지각하는 직원 나같으면 짜르구 싶겠다.

서연   ....(보며)

문권   뭐해애애..일어나 빨리이이..

서연   (서둘러 일어나며) 콩나물 무쳐줄라 그랬는데. 밥은 눌러 놨어 차려 먹어.

문권   알았어요 알았어. 알아서 해.

S# 서연의 침실

서연   (급하게 들어와서 장에서 옷 꺼내 침대에 던지는)...

S# 거실

서연   (출근 차림으로 급하게 나와 현관으로 내닫다가 도로 들어와 핸드폰 집어 현관으로)

S# 동네 골목길을 빠르게 반은 뛰어나오고 있는 서연

S# 대로

서연   (골목에서 나온 그대로 그냥 길 가운데로 뛰는데 /)

        [끼이익 자동차들 급정거하고 교통순경 호각 소리 요란하고]

기사   (상체 내놓고 길길이 퍼붓는) 야 이 빌어먹을 / 식전부터 재수없게 뒈질라면 한강가 이 기집애야 엄한 사람 신세 조지지 말구우우!!!

서연   ??? (꾸벅꾸벅꾸벅 꾸벅꾸벅꾸벅)

S# 시내버스에 낑겨 있는 서연

S# 출판사 편집실

        [이미 다 업무 중]

서연   (총총 들어오며) 늦었습니다아. 잘못했습니다아 한번만 봐주시기 바랍니다아아..

　　[모두 적당히 웃어주고]

서연　후우우우 (제 책상 의자 빼 가방 걸고 앉으려는데)

편집장　자네 사생활 문제 있는 거 아냐?

서연　네? 아 네..사생활 아직 문제 없는데요. 편집장님. 저기 잠을 설쳐서 자다 깨다 자다깨다 그러다

편집　(오버랩) 아예 푸욱 잤구면.

서연　네에. 정답입니다.

편집　(불끈 일어나며 오버랩) 자아아 회의 시작합시다아아…

모두　(회의 준비로)

S#　웨딩드레스 숍

향기　(드레스 입고 팽그르르 돌며) 와아아 딱 맞아요 선생님. 재가봉 필요없어요 호호호호

마담리　(핀 방울 들고 있는 직원에게 한 손 내밀며) 그건 내가 결정해?

향기　호호홋 네에 선생님.

마담맹　(핀 뽑아 겨드랑이 쪽 약간 늘리는 표시로 꽂으며) 향기씨 좀 쪘어요?

향기　네? 아닌데요.

마담맹　운동을 게을리했거나.

향기　쪘어요 선생님?

마담맹　(핀 또 하나 꽂으면서) 신랑 왜 안와요.

향기　아 와요. 올 거에요 선생님..선생님 저 많이 쪘어요?

마담맹　드레스가 쪘다 그러네에에

향기　아우 어떡해애애애 (하는데)

지형 (들어온다)

향기 오빠 (반색)

지형 (꾸벅 인사)

마담맹 어서와요 신랑.

향기 (오버랩) 오빠 나 쪘대애애. 쪘어? 쪄보여?

지형 (어정쩡한) 글쎄 난 모르겠다.

마담맹 어때요 신랑.

지형 네‥좋습니다.

마담맹 좀더 싱글벙글해야 하는 거 아니에요? 왜 반응이 뜨뜻미지근
할까? (지형은 그냥 좀 웃고)

향기 오빠 원래 그래요 신경쓰지 마세요 선생님.

마담맹 자아 여기 (다른 직원 들고 서 있는 베일 받으며 따로) 신랑 예복 /
(뭐해애? 다른 직원에게 지시하는)

직원 네 선생님.(하며 벌써 움직이는) 들어오세요.

지형 ‥(따라 들어가고)

마담맹 (베일 씌우기 시작)

향기 ‥‥(거울 속에 제 모습 보며)‥(있다가) 저기요 선생님 늘구지 마세
요 제가 뺄께요 운동 열심히하구 굶어서 뺄테니까 늘구지 마세요
선생님 네?

마담맹 숨못쉬면 식 중간에 신부 졸도해 쓰러져요.

향기 아우우우

S# 탈의실

지형 (걸려 있는 턱시도 바라보며 서서)‥‥‥

S# 성형외과 처치실

94

[현아 / 얼굴에 압박 붕대 의사가 풀어주고 있는 중]

현아   (얼굴 맡기고)……결혼식 때까지는 말짱해지겠죠.

의사   예 괜찮을 겁니다.

[현아 휴대폰 신호음 메시지]

현아   잠깐..(손에 들고 있던 전화 메시지 열어서 잠깐 보고 / 양쪽 눈 아래
          는 멍) 못마땅해. 촌스러.(의사 앞으로 화면 내밀며) 내 딸이에요.

의사   (기웃이 보고)

간호사 (함께) 어머어어 너어무 예뻐요 사모니임.

[웨딩 숍에서 찍어 보낸 향기 드레스 사진 위에]

현아   E 뭐..추물은 아니지.

간호사 어머머 사모님 호호호호

S# 대기실

수정   (흐뭇하게 핸드폰 향기 사진 보며) 천사같다아아.. (혼잣소리) ….

S# 출판사 근처 퓨전 레스토랑

[여직원 서연 포함 넷. 한꺼번에 깔깔깔깔 웃음 터지고 있는]

서연   암튼 송곳이다 어떻게 그런 표현을 할 수 있어?

선주   안 그래요? 난 걔 볼때마다 쟤 좀 씻구 나오지 또 안 씻구 나왔
          네 그런다니까요?

인영   크크크 나 무슨 얘긴지 알거 같아요. 쌈박하진 않아요.

선주   목 안 씻는 연탄집 딸 같다니까아?

소희   난 좋은데..목이 좀 긴 편이라 그렇게 보이는 거 아닐까요?

선주   글쎄 그 기다란 목을 안씻는 애같다니까?

소희   그래두 인기만 짱인데요 뭐.

선주   그걸 알 수가 없다고요. 너무 평범하잖아..액센트가 없잖아. 배

우는 일단 빛이랄까 포스랄까 그런 게 있어야 한다구.

인영 예를 들어서요? (주문한 음식 나와 놓아지기 시작 / 대화는 상관없이 진행)

선주 소간지.

서연 또 소다 소소 / 결국 소다 응?

모두 (웃어버리고)

선주 근데 웬 지각이에요?

인영 진짜 나 입사하고 팀장님 지각 첨이에요.

선주 (오버랩) 혹시 지난밤을 너무 심하게 불태웠던 거 아니에요?

서연 ?? (놓여지는 음식에 시선) 나 이거 아닌데요 (웨이터 보는)

웨이터 ?? 카레 주문하셨는데요.

서연 (펄쩍) 아니 나 돈까스 달랬어요.

서연 E (음식 받아놓고 포크 들다가 서연 보는 소희 인영 위에) 돈까스 달랬는데 웬 카레라이스에요?

웨이터 카레 주문하셨

서연 (오버랩) 아니 아니에요. 이거 잘못됐어요. 딴 테이블꺼랑 바뀌었나봐요.

인영 저기 카레 시켰는데요.

서연 ??

소희 네 팀장님.

서연 내가?

소희 네 카레 시키셨어요.

인영 E (서연 위에) 나두 들었어요.

서연 무슨 소리야. 나 분명 돈까스 시켰어요. 김선주씨 내가 카레 시

96

켰어요?

선주 나 못들은 거 같은데··

소희 팀장님 카레 시키는 거. 분명 들었어요.

인영 나두요.

서연 미치겠네.

선주 혹시 머리에서 카레 생각하며 돈까스 시킨 거 아닌가? 그럼 돈
        까스라 그런다는 게 카레로 튀어나올 수도

서연 (오버랩) 아냐 나 그런 적없어.

소희 (제 돈까스 접시 들어/오버랩) 팀장님 저랑 바꿔요. 아무 문제 없어
        요 전 카레도 좋아해요.

서연 (오버랩) 됐어 / (냅킨 탁 식탁에) ···미안해요. (벌떡 일어나 나간다)····

셋 ······(멍하니 보다가)

인영 자기가 쏜다 그래놓구 그냥 나가네.

소희 제가 낼께요.

선주 내가 내께 /

인영 근데 왜 저렇게 화를 내요? 화 잘 안내는 사람이 이상하네. 거의
        신경질이네?

S# 레스토랑 앞

서연 (나와서서)····(거의 공황 상태)·····(도저히 이해할 수가 없다)······(레
        스토랑 한번 돌아보고 걸음 옮기다가 생각났다 / 레스토랑으로)

S# 레스토랑

서연 (들어와 계산대로 가면서 핸드백 열려는 동작 / 핸드백이 없다. 앉았
        던 자리 보면)

소희 (서연의 핸드백 챙기고 있고 먹기 시작하다 모두 서연 보고 있는)

서연   (손가락 까딱거려 보이며 웃는)…

둘   (어정쩡 답례하고)

소희   (핸드백 들고 와주고)

서연   (핸드백 받으며) 내가 착각했어. (카드 꺼내며) 맛있게 먹으라구.
미안하다구 전해줘.

소희   괜찮아요 그럴 수 있죠 뭐.

S# 근처 샌드위치 가게

서연   (문 밀고 들어온다)··(진열창으로 다가서 샌드위치들 훑어보는)
[먼저 와 봉투 받아들고 나가는 손님 차례로 둘]

서연   ….

청년   뭘 도와 드릴까요 손님.

서연   ….(못 듣고)

청년   손님.

서연   ?? (보는)

청년   만들어도 드리는데요

서연   아··터키샌드위치랑 커피 주세요··

청년   옛 손님.

S# 어느 호텔 일식집

홍길   (종업원이 열어준 문으로 들어서며) 아 그대로 그대로 그대로 계
십쇼. (일어날 듯하던 수정 그냥 앉는 / 현아 / 상관없이 엽차 잔 들어 마시
고 /) 이거 벗어도 되죠 강박사.

수정   네 벗으세요.

현아   (혼자 삐쭉하는 기분)

홍길   (상의 종업원 주고 자리로) 이제 겨우 볼만하군. (아내 보며) 이제 정

98

말 다시는 미이라 마누라 사양이야 / 당신 그러다 이제 눈썹이 여기까지 올라붙는다 그럼 괴물이야. 경고하는데 이번이 진짜 끝이야. (수정에게) 내가 아주 죽갔습니다. 미이라 옆에서 자다보면 나까지 죽은 사람 같아요. 한밤중 흔들흔들 미이라 돌아다니는 건 또 얼마나 섬뜩한데요.

수정 (그냥 웃는데)

현아 (오버랩) 할 얘기가 그거 밖에 없어?

홍길 우리끼리니까 하는 거야. 그건 왜 아직 쓰구 있어. 멍 다 안 빠졌어?

현아 외부용 발언 싫증나. 그만해애애?

홍길 애들은.

수정 (잠깐 현아 보고) 왔어요 지하 아케이드에서 뭐 좀 본다구요‥그이두 다 왔다 그러구요.

종업 E (오버랩) 손님 오셨습니다아아‥(종업원 문 열고 창주 들어온다)

창주 나 안 늦었어 오분 전이야.(시계 보며)

홍길 어 나두 방금 왔어‥박원장 (앉은 채 손 내밀고)

창주 (손잡으며 고개는 현아에게) 안녕하세요 사부인.

현아 (호의적이다) 네에 안녕하세요.

홍길 벗지.

창주 어 (홍길 벗은 것 보고) 그럴까? 왜 이렇게 길게 더운 거야. 벗겠습니다.

현아 네 어서.(창주 상의 대기 중 종업원에게)

홍길 (앉는 창주에게) 저 사람 다래끼 났어‥박원장한테 다래끼 보여줄 수 없다구. 째구 수술했어. 허허허

창주   아아..

S# 지하 아케이드 침구 가게

지형   (그냥 보고 있고 /)

향기   (혼자 흥분해서 가게 주인과 고르고 있는 중이다)

S# 샌드위치 가게 야외 테이블

[반쯤 먹은 샌드위치 /]

서연   ....(무표정인 채 커피 잔 들고 / 이상해···· 내가 이상해····· 내가 이상해······)

S# 출판사 화장실

[소희 선주 같이 들어오며]

소희   그렇죠오? 과장님도 들었죠?

선주   내 귀는 머 밀납땜 해놨냐?

소희   근데 왜 못들었다 그랬어요? (화장 고치러)

선주   나까지 보탤 건 뭐 있어. 팀장 속눈썹 파르르르 떨던데.

소희   깜빡 착각할 순 있는데요 근데 왜 화는 내요?

S# 화장실 칸막이 안

서연   (나오기 직전에 멈춘 상태)

소희   E 팀장님 그러는 거 첨 봤어요. 너무 놀란 거 있죠.

선주   E 어 좀 뜬금없더라.

[노크]

서연   (얼른 마주 노크)

[다른 칸으로 두 아이 들어가면서]

선주   E 어 참 젤 네일 잘하는데 전화 좀 줘.

소희   E 네. 핸드폰에 보내드릴게요 /

[두 군데 오줌 누는 소리]

100

선주 E 어제 울엄마 닭발이 짜더니 오줌 잘 안나오네..

소희 E 정말 예민하세요.

선주 E 그래 난 예민해.

소희 E 으흐흐흐

서연 (나간다)

S# 화장실

소희 E 누 누구세요?

서연 (수전 틀며) 뜬금없이 화낸 사람.

소희 E 어머..어뜩해. 들으셨어요?

서연 내 귀 뭐 밀랍땜 해 놨냐?

소희 (조용)

선주 E 뒷담화 한 거 아니에요.

서연 (손 닦으며) 뒷담화 맞던데 뭘..(주머니에서 핸드폰 벨/보고 받는다)
　어 오빠.

재민 F 괜찮냐?

서연 그러엄.

S# 보험회사 로비

재민 (밖에서 들어오며) 점심 먹었어?..어 콩국수 먹구 들어오는 참야.
　정말 괜찮은 거지? 이 자식 연락없어?

S# 화장실 밖

서연 (나와서 걸으면서) 그저께부터 끊겼어. 그그저께였나? ..아니 안
　받았어.. 뭐하러 끝이면 끝인 거지..구질구질하잖어.....오빠 뭘 기대
　하는 건데.. 됐어 잊어버리세요. (웃으며) 응 잊어버리고 나 건드리
　지 말아요. 매일 건드리잖아 매일. 그 사람 때매 아니라 오빠때매

전화번호 바꿔야겠어. 오빠 건 안 받을 수가 없잖아.

S# 보험회사 승강기 쪽으로 오며

재민 (웃는 / 사람들 막 타고 재민 탈 때 기다리는 승강기 / 올라가라는 손
 짓하며) 그게 아니라 너 그 자식 완전 차단하는 게 싫은 거 아냐?

S# 복도

서연 (멈추고)‥‥

재민 F 엉?

서연 알았어⋯ 바꿀 거야‥(하며 시선이 조금 옆 위로)‥‥‥

S# 일식집 방

 [새로 놓여지고 있는 도르르 말린 물수건]

지형 (커피 잔 고리에 손가락 넣고)‥‥

 [디저트와 차]

창주 E 영수 영화는 참 개봉했나?

창주 (물수건 집으며) 이때쯤이라 그런 거 같은데

홍길 일주일만에 종쳤어.

창주 그래애?

홍길 그 새끼는 내돈 물말아 먹을려구 태어난 눔이니까 뭐.

현아 새끼가 뭐야

홍길 뭐어.

현아 낳은지 얼마 안되는 짐승한테 쓰는 말 자식한테 써?

홍길 아 어머니들 내새끼내새끼 편하게 쓰던 말야. 별걸 다 트집이
 야 왜 우리 엄마두 새끼새끼 내새끼 천금같은 내새끼 그러셨어.

현아 (묵살하고 오버랩) 그런데 지형이 너 뭐 괴로운 일 있니?

지형 ⋯(못 들었다가 시선 들며)?? 저요?

현아 그래 썩은 콩 씹은 얼굴로 왜 그렇게 무거워. 묻는 말 아니구는
한마디도 않구 쭈욱.

향기 (오버랩) 오빠가 무슨 이 자리서 수다떨 일 있어? 엄마 괜히 그
래 왜.

홍길 (오버랩) 괜히 그래 왜.

현아 불편해보여서 그래‥왜 그렇게 불편해. 왜 내내 혼자 떠있는 섬
처럼 굴어.

홍길 (오버랩) 뭐야. 문제가 있으면 당장 이 자리서 해결해줄테니까
말을 해 / 뭐 관공서가 까탈부려? 아니면 월급 못주게 돼 있어?

향기 아빠아아 (오버랩)

지형 (오버랩) 아닙니다. 그런 거 없습니다 이사장님.

수정 (오버랩) 괜한 애는 왜 잡아아‥하루이틀 봐?

현아 하루이틀 아닌데 뭔지 신경에 걸려 하는 말이야.

홍길 당신 신경 그거 아픈 신경이잖아.

현아 (쏘아보고)

홍길 그거 괜찮네 눈이 안보여. 그 속에서 당신눈 세몬지 네몬지 하
나두 안보여.

창주 (괜히) 허허허허 허허허.

S# 호텔 앞

　　[연달아 세워지는 홍길 / 창주 / 수정 / 향기 자동차]

홍길 자아 그럼.

수정 네에 들어가세요. 향기아빠.

홍길 낼 보자구. (손 들어 보이며 자기 차로)

창주 어‥(간단히) 일곱시 늦지 말라구.

홍길 안늦어안늦어.(타고 떠나고)

창주 (현아에게) 그럼‥

현아 내일 파티에 저 사람하고 딴 테이블에 앉혀주세요.

창주 하하하 (그냥 웃고 자기 차로)

향기 아저씨이‥(손 흔들고)

창주 (잠깐 웃어주고 차 타는)

　　　[창주와 상관없이]

수정 우리도 가야지?

현아 응 가‥가라.

지형 (목례하고)

현아 오늘 정말 마음에 안들었다아?

지형 네‥

향기 아으 엄마 그만하세요 (문 열고 서 있는 제 차로 엄마 끌며) 들어가
　　　세요 아줌마.

수정 오냐‥

향기 오빠 부탁드려요오오

수정 걱정말구우우…

향기 전화하께 오빠.

지형 …(그냥 보고)

수정 (아들 보며) 저런 애한테 어쩐다구?

지형 …

수정 태도가 그게 / 나는 신경에 안 걸렸는 줄 알아? (차 쪽으로 가다가
　　　멈추고 돌아보는) 뭐해.

지형 택시 탈께요.

104

수정   택실 왜 타 어서 와.

지형   택시가 편해요. 가시라구요.

수정   잔소리 피할려 그러지.

지형   네.

수정   그래 그럼 마음대로 해··

지형   (뜨는 엄마의 차 보며)···

S# 이동 중인 택시 안

지형   (핸드폰 들고 내려다보며 / 번호 중간까지 찍다가 멈추고···잠시 있다

가 포기하고 고개 창 쪽으로)····

서연   E 까르르르깔깔

S# 어느 리조트 풀장(한밤중 단둘)

[잡으려 안 잡히려 장난치면서]

서연   (밀어내며) 하지 마 하지마 깔깔 하지 말라니까아아?

지형   말 들어 말 좀 들어라 제발 어엉? 자자 (팔 꽉 잡고) 숨 크게 / 크

게 / 있는대로 크게 / (시범으로 들이마시고 입 꽉 닫고)

서연   (숨 크게 들이마시고 입 닫자마자 물속으로 끌려 들어가는)

S# 물속

[끌고 들어가자마자 키스하는 지형 / 키스하면서 두 몸이 찰싹 밀착하

고 ···한동안 키스 계속되다가 지형의 한 손이 서연 수영복 상의 등 끈

쪽으로]

서연   (놀라서 그 손 때리며 버둥거리고)

[절대 안 놓치려 드는 지형]

[마구마구 버둥질에 밀어내며 물 밖으로]

서연   허으으으윽 하하하하 (숨 막힐 뻔해서)

지형   (물 밖으로 / 웃으며 같이 헉헉거리는)

서연   (때리며) 못됐어어어. 그럴려구 자는 사람 깨웠구나.

지형   봐 내말이 맞지. 아아무도 없지. 물속에선 어떨까 진짜 궁금했
거든.

서연   아오오오 너구리이.

지형   으흐흐흐 (다시 덤벼들며)

S# 밤바다

[서연, 두 팔 남자 허리 감고 붙어서서 걷고 있는····남자 한 팔 서연 어
깨. 둘 다 말없이 각자 자기 생각에···한동안··]

지형   우리···

서연   (다음 말 기다리며 돌아보는)····우리 뭐

지형   (오버랩) 오년 후 어떻게 살고 있을까····(멈추고 서연 마주하듯 /
안 보는 채) 십년 뒤에는 어떨까·····우리 마음은 어떤 식으로 변해갈
까··너는 나를 어떤 사람으로 기억할까··(내리깔았던 시선 들어 보며)
나는 너를 / 언제쯤이면 내려 놓을 수 있을까·· 내려 놓을 수는 있
을까····

서연   오년 후 쯤이면(한 손바닥 지형의 한쪽 가슴에) 당신은 아빠가 되
어 있겠지···십년 뒤에는 으으음 허물어진 40대 아저씨가 되어 있
겠지.(웃으며) 그때 쯤이면 오늘이 누렇게 희미해진 옛날 사진같
겠지··내려놓는지도 모르게 어느 날부터 내려 놓았던 걸 알게 되겠
지. 그후로도 겹겹이 날들이 쌓여가고 당신한테 나는 공룡시대 화
석이 되겠지.

지형   ····(보며)

서연   너무 초쳤나?

106

지형 (당겨서 안는)….

서연 …..(안겨서 눈 감고)….

지형 ….

  [심하지 않은 파도와 바람]

S# 서연의 출판사

  [컴퓨터 바탕화면이 되어 있는 바다 사진을 멍하니 보고 있는]

서연 …..

  [바탕화면 한쪽에 아이콘들 수십 개 떠 있어야 합니다]

S# 동네 버스 정류장

서연 (서너 사람 뒤에 내리는 / 방향 잡아 걷기 시작)….

S# 아파트 입구로 들어오고 있는

서연 (뭔가 골똘한 생각에 / 조금은 침울한)…..

  [전화벨]

서연 (걸으면서 전화 꺼내 보고 받는다) 이서연입니다아. 매수가 약간
  덜 나왔어요..아무리 채워볼려고 애를 써도 더 이상은 안되겠더라
  구요.

여자 F (오버랩) 이서연씨 원고 보냈어요?

서연 ??

여자 F 기다리다 전화하는 건데요.

서연 보냈는데 / 안갔어요?(멈추고)

여자 F 안 왔어요.

서연 (웃으며) 얘가 또 어딜 헤매고 있는 거야. 요즘 메일들이 하안
  참 헤매다 몇시간 뒤 들어오고 잘 그러더라구요. 어제 밤에 그게
  열시였나 열한시였나 암튼 그쯤 분명히 보냈어요.

여자 F 어제 밤에 보낸 게 아직도 헤매고 있는 거면 심해도 너무 심하네요. 암튼 한번 더 보내주세요.

서연 네 알았습니다..지금 집이에요 금방 다시 보낼께요.

여자 F 네 부탁해요

서연 네에에…(끊고 뿌우우) 보냈는데에에에? (하고 서둘러 빠르게 현관 쪽으로 / 나중에는 반은 뛰는)

S# 승강기 안의 서연

서연 (중얼거리는) 보냈어 보냈단 말야..보냈다구.

S# 아파트 거실

서연 (들어오는)

문권 (공부하다 돌아보며)어서옵쑈오오 / (일어나며) 저녁 간만에 내가 카레라이스 좀 만들어 봤지. 해해.(가스레인지 카레 냄비에 불 켜면서) 기가 막힐 걸?

서연 (뿌욱한 채 컴퓨터 켜놓고 핸드백 겉옷 양말 대충 처리하고 냉장고가 물 한 컵 따라 벌컥벌컥 마시는)

문권 왜 그래요.(서연 테이블로)....에? (왜 그러는 건데)

서연 가만있어‥(컴퓨터 앞에 앉아 기다린다)

문권 뭐 죽자구 작업한 거 날렸어? 웹하드 안 올렸어?

서연 가만있으라니까!!

문권 어어 왜 신경질이에요.

서연 쓸데없이 말시키니까 그렇지…(비밀번호 쳐 넣고)

문권 (메일 체크로 들어가고 있는 누나 보며)…..(왜 그래 무슨 일이야)

서연 ….(체크하다가 머엉)…..

　　　[화면 / 보낸 메일함…다른 몇 개의 기록만]

문권　(다가들며) 완전히 날렸어요? 살릴 수 없어요?

서연　문권아.

문권　에.

서연　나 어제 이갈면서 끝낸 자서전 원고 보내지 않았니?

문권　보냈겠지? 보낸다 그랬으니까⋯⋯그거 보내구 후라이 만들어 우
　　　리 하나씩 먹었지. 못 받았대요? 실종된 거야?

서연　알았어. 됐어 (다시 보내는 수순으로)⋯

문권　요새 메일 질척거리다 못해 실종까지 되는 거야? 그럴 리가 있나.

서연　안 보냈어. 기록이 없어.

문권　? / 아 누나 진짜 왜 그래애애. 왜 그렇게 깜박거려요. 두통약 그
　　　만 먹어요 아무래도 그게 이유 거 같다니까?

서연　(보내고 / 전화 메시지)

　　　[보냈어요 확인해주세요]

서연　(전송 누르고 일어나며) 내 전화번호 변경좀 해 주라.

문권　??

서연　홈페이지 들어가면 된다면서.(방으로)

문권　돼⋯근데 왜요오?

서연　(돌아보며) 그냥 해달라면 해줘. 넌 그렇게 꼭 모든 걸 다 알아
　　　야 해?

문권　누나두 그러잖아요.

서연　(인상 쓰고)

문권　알았어요 알았어.(경례 붙이며) 입 닥치고 명령수행. 불만없슴
　　　다아아(서연 의자에 앉는)⋯얼른 옷 바꿔입고 나와 손 씻어요 나 배
　　　고파. 둘이 먹다 하나 죽어도 모르는 카레라이스 먹읍시다.

서연 (문득 멈추고 돌아보는)….(문권 모르고 제 일) 뭐라구?

문권 ??카레라이스 만들어놨다니까? 못 들었어요?

서연 왜 하필 카레야아아!!

문권 ??카레 잘 먹잖아.

서연 내가 언제!!(방으로)

문권 ??저 아줌마 왜 저래애..(중얼거리는)

S# 지형

서연 (들어와 방 가운데 서서)……

F.O

S# 어느 스튜디오

[웨딩 촬영 중인 지형과 향기. 도우미가 있건만 현아 도우미 떼어내고
적극적인 간섭 중. 향기 얼굴 각도 고치기 / 물러나다가 다시 드레스 자
락 정리하기 / 물러나는듯 하다가 향기 얼굴 작게 보이기 위해 지형을
조금 앞으로 끌어내기 등등‥ 끝이 없고 / 사진사는 싫증 나고 지쳐 포기
상태]

향기 엄마아아 (작게 / 이제 그만 좀 해애애)

현아 웨딩 촬영 허니문하구 같아. 단 한번이야.

향기 엄마 프로 아니잖아아. 프로 선생님한테 맡기라니까 엄마 진짜
이거 굉장한 실례야아아(발 구르는 심정)

현아 실례는 잠깐이구 사진은 영원해. 괜찮죠 최실장.

최실장 (포기) 허허허허 네에 사모님 다 되셨습니까?

수정 (그냥 보고 섰다가 오버랩) 애들 지쳐 그만해애.

향기 (화났다 오버랩) 아줌마 엄마 좀 데리고 어디 까페라도 가주세요.
엄마 때매 좋은 사진 한 장도 안나오겠어.

현아 뭐?

향기 이러다간 밤새겠다구우. 다리 아파 죽겠는데 그냥

현아 고생안하고 공짜가 어딨어 참아. 엄마는 힘이 남아돌아 이러구 있는 줄 알아?

수정 (팔 잡아끌며) 나가자. 나가서 차 마시자 바깥바람 좀 쐬자구. (현아 핸드백 들고 있었다 / 백 안기듯 하며) 우리 촬영 끝났는데 답답하게 더 필요없잖아.

현아 (끌려 나가며) 다리는 너만 아퍼? 나는 좋아서 그래?

수정 아이구(오버랩) 사모니임..(끌고 나가고)

향기 미안해 오빠.

지형 (쓴웃음)…가죠.

최 예에에 허허허허허..(촬영 시작 폼으로)….(몇 가지 지시하고 촬영 시작 /)

　　[온갖 포즈로 커트 / 커트 / 커트 / 커트 /]

S# 지형의 사무실 앞(오후 다섯 시쯤)

　　[들어오는 향기의 자동차….멎고 /]

S# 차 안

지형 (벨트 풀며) 들어가라.

향기 피곤하지 (미안해)

지형 (잠깐 웃으며) 보통일 아니다.

향기 뺑좀 튀겨서 엄마가 두 시간은 잡아 먹었어. 오늘따라 왜 다음 촬영이 없는 거야아아..디게 바쁜 스튜디온데에..

지형 나이제 더 끌려다닐 일 없다아.

향기 야외촬영은 싫다면서.

지형 들어가 더운 물에 다리 좀 풀어주고 쉬어.

향기 오빠두 사우나라도 들르지? 그냥 퇴근하면 안돼? 얼마 안남 았는데.

지형 알아서 할게‥(내리고)

 [향기 차 뜨고]

지형 (보며 웃음기 사라지고 돌아서 현관으로)

S# 어느 병원 신경과(내과 외과 중 내과) 대기실

서연 (뒤로 두 사람쯤 대기자 / 의자에 앉아서 병원 비치용 소책자 보고 있는)‥‥

 [환자 하나 나오면서]

간호사 이서연 환자 들어오세요.

서연 네에.(일어나 책자 든 채 진찰실로)…

S# 진찰실

서연 (들어와) 안녕하세요 선생님.

의사 (삼십 대 후반 용모 단정 남자) 예에 앉으십시오‥

서연 (앉으면서 책자 들고 들어온 것 의식‥웃으며) 나갈 때 꽂아 놀께요.

의사 ?? (했다가) 아 네에.(웃는)…

S# 지형의 사무실

손대표 (친구 / 편안하게 기대앉아서 혼자 만난 건축주 상담 브리핑) 별 장겸 작업실로 쓴대. 투자 목적으로 산 땅이 십수년 땅값도 안 오 르고 하니까 화가 부인이 별장이나 짓자고 졸랐대.

지형 화가야?

손 부인이. 시골에서 그림이나 그리며 살고 싶다는 게 부인 소망 이고 남편도 부인 작업실에 중점을 둬 달라더라. 서울하고 반반 살게 될 거라고. 부인 보통 아주머니 아닌 것 같아. 위시 리스트까지 들고 왔어.

송이　(냉음료 내주고)

손　(음료에 손대면서) 첫째 자기 작업공간 크게 빼고 작업실에서 나가는 데크가 필요하대. 데크도 널찍하게..

지형　(마시며 보고)

손　부엌 채광창도 커야하고 거실은 바닥부터 천장까지 통창.

지형　그건 건물 향 먼저 결정이 돼야지.

손　얘기 했지이..

지형　몇평짜리 생각한대.

손　지하 포함 백 삼십평 정도. 지하에 노래방 와인 바도 넣어 달라구.

지형　그레이드는.

손　신경 안쓰더라. 판교 우회장네 가봤대. 친구래. 라이벌인가 봐. 하하 그 집 보다 잘 짓기 원해. 그거 우리 첫작품이랬더니 놀라더라.

지형　현장 조건은 어때.

손　아 별 신경쓸 거 없겠어. 사진 올려놨어. 봐.

지형　(음료 들고 일어나 테이블로 가는데)

하영　(픽픽픽 들어오며) 아으으으으/

모두　(놀라 돌아보고)

하영　이태원요. 주방 도배 다시 하재요오오오

송이　또요오오?

하영　자기가 좋다구 골라놓구 바로 어제까지 좋다구 손벽치더니 마

무리 청소 하는데 나타나서는 룸싸롱 같다구 다시 하재요오오오
오오오(울 거 같다)

S# 진찰실

서연 아니 기억력…오히려 좋은 편이었어요..기억력이 나쁘다는 생
각 해본 적 없어요. 그런데 언제부턴가…정확할 자신은 없는데..작
년가을 아니면 겨울..암튼 핸드폰 챙기는 거/자동차 키 찾느라 고
생…전화한다 그러고 까맣게 잊어버리는 일..티비 보다 배우 이름..
갑자기 생각 안나는 거…

의사 최근들어 더 심해지는 것 같구요.

서연 네.. 피곤하구요.

의사 근래에 혹시 교통사고로 머리를 다쳤거나

서연 아뇨.

의사 스트레스가 심한 편이라 생각하나요?

서연 스트레스는… 스트레스 아니라 생각하자 주의인데요 선생님.

의사 (조금 웃고) 잠은 어떻게 수면 시간은 얼마나 / 숙면하는 편입
니까?

서연 아뇨..잘 못 / 깊이 못자요..잠드는데 좀 걸리는 편이구요.

의사 식욕은요.

서연 그냥…마악 맛있는 건 아니고 그냥 먹기는 먹어요.

의사 두통이 일에서 십까지 났을때..몇이나 되는 거 같습니까..제일
심하게 아플때

서연 글쎄요..막연하지만 한 육 칠쯤? 약 안먹고 참기는 어려워요.

의사 빈도는요..일주일에 며칠정도죠?

서연 사흘? 나흘?…한번 시작하면 하루 종일이에요..

의사　약을 먹으면 가라 앉나요?

서연　깨끗하지는 않지만 네‥

의사　지금 몇 년도죠?

서연　???저 치맨가요? 아니면 치매로가는 중간 / 경도인지 장애 그건
　　　가요?

의사　(빙긋이 웃는) 공부 많이 하셨군요‥

서연　인터넷 검색…불안해서…

의사　네‥우선 (종이 한 장 내놓아 주면서) 여기 질문에 오엑스로 체크
　　　하시고 가끔 / 자주 / 메모하세요

서연　‥‥(의사 보며)‥(종이 당긴다)

S# 시간 경과 / 테스트

　　[테스트 받고 있는 서연]

의사　오늘 무슨 요일이죠?

서연　수요일.

의사　칠십칠 더하기 십이는 몇이죠?

서연　팔십팔 / 아니 구. 팔십구.

S# 테스트 중

서연　팔십팔 팔십칠 팔십육 팔십 사.

의사　(지켜보고 있는)

서연　E 팔십삼 팔십이 팔십‥‥‥(계속하는)

S# 테스트

서연　콩나물 배추 가지 오이 호박 감자 ‥‥‥‥부추…고추…취취나물‥
　　　(의사 보는)

의사　…(기다려주는)

S# 테스트

[테이블에 동전 / 시계 / 안경 / 펜 / 명함 늘어놓고]

서연 ....(보고 있다)

의사 ....(지켜보고 있다가)....(흰 타월로 물건들 완전히 가리게 덮고) 이 안에 어떤 물건들이 들어있죠?

서연 펜..안경..시계..동전....동전.. 이거 / (손으로 사이즈 그리며).....

의사 사람들이 처음 만나서 주고 받는 거죠..

서연 ....(보며)

의사 자기 이름하고 연락처

서연 명함.

의사 맞았어요 명함이죠.(웃으며) 피곤하시죠.

서연 네 아뇨..

S# 테스트 /

[신경 심리 검사]

[그림 그리기 / 글자 배치 /]

S# 병원 현관을 나서고 있는 서연

서연 E 약속을 잊어버리고 무슨 약속? 그럼 치매고 아 그래 약속했었어 그럼 건망증이라 그러던데요..

의사 E 경도인지장애와 치매는 공통된 부분이 많아서 신경심리검사만으로는 구분이 힘듭니다. 뇌 자기공명영상촬영(MRI)과 양전자방출단층촬영(PET)을 해봐야겠는데. / 영상검사로도 경도인지장애와 치 매 구분이 어려울 수도 있고 그런 경우에는 일이년에 걸쳐 추적검살 해야 할 수도 있어요.

서연 (걸으며).....

S# 보험회사 근처 카페

　　[탁자에 흰 봉투]

재민　(시선 봉투에)....이게 뭐냐.

지형　(탁자에 시선) 나는...서연이가 자기 글을 써야한다고 생각한다..

재민　(보며)....

지형　자격없는 사람 자서전 대필 / 남의 원고 리라이팅이나 하면서
　　....늘 한심해했었어.

재민　....

지형　내가 할 일이 / 해줄수 있는 일이 없다...나는 빼고 니가 도와준
　　다 그리고 지글쓰라구 ...

재민　(보며)....

지형　생활비 책임져줄테니 그러라고

재민　(오버랩) 간단하게 위로금이냐?

지형　(보며) 그런 의미 아냐. 몇차례나 얘기했었어. 자기 글 쓰라고

재민　(오버랩) 그런데 왜 이제야 이걸 내밀어.

지형　잘못 / 마음 다치게 할까봐 못했다.

재민　....(보며)

지형　우선 일년정도는 충분할 거야. 계속 / 서연이 소설로 밥 먹을 수
　　있을 때까지 내가 후원할게.

재민　(오버랩) 집어너라.

지형　재민아

재민　(오버랩) 지금까지 걔한테 내가 후원자 될테니 니글 쓰라는 말
　　단 한번도 해본 적없고 그랬던 적 있대도 그 제안 받아들일 애도
　　아냐. 너 아직 그애 제대로 모르는구나.

지형   ·····(보며)

재민   이걸로 털고 가자구. 날 뚜쟁이 할멈 써먹듯 하고 싶냐? 내가 반 떼어 먹고 반 건네줄까?

지형   ····(보며 눈물이 돈다)·····

재민   (보며)····(심했다)

지형   (고개 옆으로 돌리는)

재민   그래 내가 아는 너는(시선 내리며)···그런 놈 아니다. 그런데 이건 그 자식 너한테 주었던 감정에 대한 모욕이야. 돈으로 수습할 수 있는 애 아니야.

지형   (오버랩) 그래 니가 맞다. 내가 짧았어.····니가 도와주면 했었어.

재민   ····(보며)

지형   (봉투 집어 안 주머니에 넣으며 안 보는 채) 어떻게 지내고 있니.

재민   잘 지내··씩씩하게··걘 힘들수록 씩씩한 척 하는 애야.

지형   알아··

재민   너는 어떤 거냐.

지형   (안 보는 채) 그냥···끌려가고 있어··

재민   (보며) ··· (있다가) 일어나자··

지형   그래··(여전히 안 보는 채)

S# 카페 밖

　　[나오는 두 남자]

지형   미안하다.

재민   차 어디 뒀어··

지형   저기···저쪽 주차장에··좀 가야 해··

재민   그래 그럼··

118

지형   ·····(돌아서 터벅터벅 맥없이 걸어가는)

재민   ····(보며)

S# 명희 빵집

명희   (손님 세워놓고 계산기 찍어) 만팔천 사백원이에요.(돈 주고받고로)

서연   (들어선다)

명희   (문소리에 보고) 어 오니?

문권   (빵판들 정리하다가) 누나..

서연   (웃으며) 저녁하기 귀찮아서. 라면도 물렸고.

동철   (안에서 설거지하다 내다보며) 처제 왔어?

서연   네 형부.

동철   처제 좋아하는 팥 도너츠는 없는 거 같던데.

서연   아무거나 괜찮아요.

동철   여보 골고루 한 열 개 담아 내가 계산해 엉? (벌써 담고 있는) 쏘 세지는 왜 건너 뛰냐 당신.

명희   별 참견을 다해. 진짜. 좁쌀. 치과집 아직 안 왔단 말야.

동철   그러다 치과집 안 오면 어쩔래. 선착순이야 선착순으로 내보내 란 말야.

명희   어으 정마아아알? (동철 쏙 들어가고) 넌 장난으로라도 하루 종 일 같이 있는 남편 꿈꾸지 마라. 연탄리어카 앞에서 끌고 뒤에서 밀고 세상에서 제일 아름다운 부부모습 어쩌구에 넘어가서 내가 아이고오오 내 팔짜.(빵 봉지 주고)

서연   (웃으며 받고) 고마워 언니. 가아.

명희   어엉.

서연   형부 가요오오

동철 (내다보며) 잘가 처제에 (하는데)

명희 (부르르르) 안 내다봐두 돼 안내다봐두우우 (쏘옥)

문권 (웃으며 서연 따라 나가는)

S# 빵집 앞

서연 왜 나와.

문권 그냥. 바깥 공기 그리워서.

서연 쉰다 그러더니 언제 불려왔어?

문권 세시. 알바가 펑크내구 사흘 동안 메꾸래.

서연 편의점은.

문권 주인 아저씨가 본대.

서연 됐네 들어가.(움직이는데)

문권 누나 집에 들어갔다 나왔어?

서연 아니?

문권 그럼 차는‥

서연 ??

문권 누구 병문안 가야 한다구 차 갖구 나갔잖어.

서연 (보며) 엉

문권 에에 갑자기 기름값 배아파 회사 두구 지하철 버스 탔나부다.

서연 아냐 문권아‥나 그냥 들어왔어 택시 탔어.

문권 ??? 차는 어떡하구.

서연 몰라.

문권 아 왜 그래애애!! 마지막으로 간데가 어디야!!

서연 병원!!

문권 하아 진짜 이해가 난망이네‥차놓구 택시 타구 들어오는 사람

120

이 어덨어. 병문안 다닐게 아니라 누나가 병원신세 져야는 거 아 냐? 진짜 머리에 뭐 생기구 있는 거 아냐?

서연   …(보며)

문권   내 갖구 들어오께. 어느 병원야..

S# 서연의 거실

서연   (불안으로 거실을 왔다 갔다 하고 있는 중)….아아….아아…아아…. 아아악…..(멈추고 두 주먹으로 제 머리 마구 때리면서) 아아아아아아 아악……

제3회

S# 서연의 아파트 외경(출근 전 아침)

S# 서연 거실

서연 (우유에 탄 시리얼 먹고 있는데 골똘한 생각 / 그냥 아작아작 아작아
작)··(출근 차림)

지형 E 날짜 잡혔어.

서연 ??···

지형 E 어제 ··어머니 / 향기 어머니하구 같이 어디 가셔서 뽑아 오
셨대.

서연 E ··언제.

S# 첫 회에서

지형 다음 달 마지막 토요일.

서연 ····(보며)

지형 향기네 광릉 별장에서.

서연 알았어··

지형 ···(보며)

서연 (찻잔 들며) 이런 때 축하한다 그럼 거짓말이지. 축하 안해. (한 모금 마시고 찻잔 내리며 보는) 그럼 우리 오늘이 끝나는 날이었네?

지형 .....(보며)

서연 안타깝다. 그런 줄 미리 알았으면 정신 줄 안 놨을텐데 아까운 시간 길에 다 써버렸지. (웃으며) 성질 필만 했다. 뭔지 이상하다 그랬어.

지형 (보며).....

서연 이 순간 / 이불 뒤집어쓰고 큭큭 울면서 너어무 많이 연습했거든. 상상 연습도 꽤 효과있네?

서연 E 진작에 이 가을 넘길 수 없겠다 그랬잖아. 괜찮아. 생각보다 너어무 괜찮다 뭐.

서연 마침내 올 날이 왔구나 뭐 그런 기분?

S# 현재의 서연 거실

서연 (아작아작아작) ....(멍하니)

지형 E 너는 좋겠다‥그렇게 괜찮아서....(잠시 사이 두었다가)....

의사 E 경도인지장애와 치매는 공통된 부분이 많아서 신경심리검사만으로는 구분이 힘듭니다. 뇌 자기공명영상촬영(MRI)과 양전자방출단층촬영(PET)을 해봐야겠는데 / 영상검사로도 경도인지장애와 치매 구분이 어려울 수도 있고 그런 경우에는 일이년에 걸쳐 추적검살 해야 할 수도 있어요.

서연 (표정 없이)....

S# 욕실

서연 (제 얼굴 보며 가벼운 칫솔질)....

S# 거실

서연　(나와서 핸드백 챙겨들고 문권의 방 앞으로 가 살며시 방문 열어보는)

S# 문권의 방

문권　(팬티 바람으로 하체 다 내놓고 옆으로 다리 꼬고 베개 다리 사이 /
깊은 잠 들어 있는)….

서연　(방문 닫는데)

문권　출근해요?

서연　어..어엉. 깨웠어?

문권　(일어나며) 깨 있었어.. 아으흐 정신 차려야지. 아으으으으으(기
지개)

서연　더 자..세시까지 불켜져 있는 거 같던데

문권　그때까지 안자구 뭐했어?

서연　(아니) 잠깐 깼었어. 몇시야?

문권　열시.

서연　그럼 더 자.

문권　(침대 내려서 나가며) 촌음을 아껴쓰라며

S# 거실

서연　(문권 나오게 조금 비켜주고 욕실로 들어가는 동생 보는데)

　　　[전화벨]

서연　(보고 받는다) 네에 고모.

고모　F 아직 출근 안했지?

서연　지금 나가는 참이에요.

S# 고모 마당 마루

　　　[명희 / 아침 밥상 마루에 차리고 있는 중 / 지민은 푸푸거리며 세수하
는 중]

고모   (막 보자기에 싼 사각 김치통 만지며) 얘 그럼 집 비니? ….어 그럼
됐다. (왜요) 아니 고모부 출근하시는 길에 김치 들여놔 주라 그럴
려구. (남은 거 있어요) 얘 얘 그거 찌개 해먹고 새 김치 먹어. 으흐흐
흐흐 난 잘 생긴 배추만 보면 돌잖니. 얘 니 고모부가 몇날며칠 닭
똥꼬마냥 입내밀고 있었던 이유가 글쎄 내가 자기 좋아하는 코다
리 조림 밥상에 올라온지 하안참 돼서

S# 안방

고모부   ??(신문 펴들고 고개 마루로)

고모   E 이 마누라 두고 보자아아 별르느라 그런 거였단다 이히히히
히히.(고모부 별 시답잖은 소리한다는 듯 / 신문으로)

S# 마루

고모   그래서 고모부 코다리 사러 나갔다가 잘생긴 배추에 그만 또
휘까닥 / 얘 나 새벽 두시에 김치 버무려 담았다. 얘 얘 알지? 냉장
고 금방 넣지 말고 한 이틀 밖에 뒀다 넣는 거. 안 그럼 김치 미친다
알지? 얘 얘 근데 니 고모부 깔깔 진짜 이상성격 아니니? 아니 그
렇거든 코다리 / 아니 거기까지도 필요없다 그냥 코만 해두 내가
영점 오초안에 득달같이 대령할텐데 엉?

명희   (세수하고 수건으로 닦으며 오는 아들) 귀뒤까지 제대로 닦았어?

지민   (싫증 나서) 닦았어요오오

고모   (오버랩) 오냐오냐오냐..출근해출근해. 어어엉. 끊는다아아..
(끊고) 밥 먹자아아..재민아아아..

재민   E 네에에에..

S# 고모의 안방(방문 열어놓고)

고모   (배추 겉절이 손으로 주욱 찢어 남편 밥숟가락에 얹어주고) 밥 떠.

(아들에게)

재민 제가 먹어요.

고모 떠어.(할 수 없이 밥 뜨는 재민에게 나머지 반쪽 휘이 돌리듯 얹어주며) 겉절이 맛이 변하거든 나 죽을 날 얼마 안남은 걸로 알아. 으흐흐흐 아직은 수십년 끄떡없다. 환상이야환상.

명희 아으아으 암튼 자뺵왕비

고모 (코다리 조림 갖고 가는 남편 보며) 아이고 당신 닭똥꼬 입이 벌써 들어갔네 응? 으하하하하.(고모부 무반응)

고모 지민이 코다리 좀 발라줘라.

명희 저는 손 없어?

고모 아 가시 걸려 아침부터 병원으루 오백미터 달리기 할 일 있어?

(코다리 토막 집어 가며)

지민 제가 먹을 수 있어요 할머니.

고모 기다려 할머니 해줄께·· (잠시 사이 / 식욕 좋은 가족들 식사) ······ 뜨거운 밥에 겉절이 차서방 허발하는데··

명희 으흐흐흐 (먹으며) 너무 좋아서 눈동자 두 개 제각각 딴 방향으로 굴리며 먹을텐데··

고모 도시락 통을 싸고또싸고싸고또싸고 해서 갖다 줘라 밥 안 식게. 아니아니 쥐방울 밥통 그거 갖구 나가 점빵에서 새밥 해줘.(가시 바른 코다리 지민에게 놓아주며) 왜 있잖어. 늬들 신접 살림 차릴 때 뭐냐 여행용 요만한 거 재민이 신문기자 시절 일본 가서

명희 (오버랩) 아이구 엄마. 어디 처박혀 있는 줄 알구우우.

고모 어디 처박혀 있나 나는 알거든?

명희 아 귀찮아아아아 밥을 뭐 또해애애··

고모   (오버랩) 그런데 재민아‥

재민   ??(보는)

고모   너 어떻게 뭐하구 있는 거야아아 서연이한테 늬 회사 제법 똘똘하구 장래성있는 놈하나 쩜매주라니까 왜 꿩궈먹은 소식이야 아아

재민   (그냥 피식 웃고)

명희   (엄마에 연결) 글쎄 (아 왜 못 알아듣구 또 해) 그런 놈 서연이 차지까지 안 온다니까? 그런 놈을 여자들이 그냥 구경만하구 있냐? 요즘 여자들이 얼마나 이악스러운데. 쓸만하다 그럼 벌써 누군가 침 발라 양념까지 발라 잡수셨을텐데‥

고모   ??(딸 보는)

명희   왜애.

고모   너무 천스럽잖아아

명희   아이고 고상해두 천스러두 욧점은 같으네. 그리구 엄마 재민이한테 자꾸 서연이 들이대지 마. 얘 괴로워.

고모   왜.

명희   알면서 그래 진짜 몰라서 그래. 엄마 쌍지팡이 휘둘를까봐 입 닫고 있었는데 얻어터질 작정하고 말 나온김에 해야겠네. 아 난 왜 이렇게 그냥 넘어가질 못할까‥ 우리 다 알다시피 서연이 개 이거 다 내놓게 뭐가 있어. 뭐 대학 졸업한 거? 요새 운전면허증만도 못한 게 대학 졸업장이랍니다. 조실부모에 혹은 하나 매달고 돈도 없어 집도 없어

고모   (오버랩 / 열 받아) 인물이 좋잖아 인물이. 여자는 너 인물이 좋으면 백가지 흉이 다 덮어지는 거야. 인물 하나로 나이트 클럽 댄서

하다 세계적 재벌 회장님 안방 마님 된 여자도 수두룩해.

명희 누가. 우리나라에서?

고모 세계적이랬잖아..미국 호텔왕 누구 마누라도 그렇고 또 중국 어떤 재벌한테 뽑힌 여자두 있다 그러구

명희 (오버랩) 엄마 제발 착각하지 마. 서연이 걔 그렇게까지 출중난 인물 아냐아..

고모 오냐 너 또 대패들고 나섰다.

명희 그정도 쌔구쌨다니까? 청담동 한번 나가봐 기막히게 이쁜 애들이 얼마나 많은데에에..물론 대부분 성형외과 작품이지만. 내가 대패질이 아니라 서연이 그냥 보통 / 평범해애애.

고모 그래서 니가 서연이보다 낫다구?

명희 내가 서연이만 못한 게 뭔데.

고모 어이그 그래 자뻑두 내력이다.

명희 으하하하 (입에 들었던 밥알이 튀고)

지민 아 엄마아아아

S# 고모 대문 앞 골목

   [집에서 나오는 부자. 고모부 김치 보자기 들고]

재민 주세요..

고모부 놔둬..

   [부자 그냥 얼마 동안 묵묵히 걷는]

고부 니 엄마…(땅 보고 조용한 뚝뚝한) 눈치만 보면서…답답해 죽을 지경인가보더라..

재민 (돌아보는 / 무슨 말씀이세요) …

고부 (여전히 땅으로) 벌써 꽤 됐는데…영영…다시는…뭐 그런 결심인

128

건 아니겠지..

재민 ......

고부 (돌아보는)

재민 아니에요.(그대로)

고부 .....(잠시 보다가 고개 앞으로)

재민 .....(땅)

고부 그만 용서해..(땅)

재민 ....(땅)

고부 그래야 잊어져.(땅)

재민 ....(땅)

고부 응?(잠깐 돌아보며)

재민 그런지 오래에요 아버지.(잠깐 돌아보며)

고부 ....(보며 걷는)

재민 .....(땅)

고부 그럼 됐구..(땅으로)

재민 (그대로).....

지형 E 오늘 하루 이 순간만이라도 제발 쿨한 척하지 말고 무너져 봐.

S# 버스에 타고 있는 서연 / 아니면 지하철?

서연 ....(위에)

지형 E 너 내 앞에서 무너져본 적 없잖아.

서연 E 얼마나 더 무너져야 하는 건데.

S# 호텔 객실. 첫 회분에서

서연 결혼할 사람 있는 남자 / 그래도 상관없다 결혼할 때까지만 도
둑질 좀 하자 / 잠자는 시간 빼고 나머지 몽땅 대기 상태 / 단 한 순간

도 머릿 속에서 쫓아내질 못하고 여기 (머리) 반쪽 아니 통째로 다 저당잡혀 논 꼴이었는데

지형 (오버랩) 말로만.

서연 ……(서늘해서 보는)

지형 항상 / 언제나 두 발짝은 떨어져 있었잖아. 집착없는 감정도 사랑이냐? 소유욕 없는 감정도 사랑인 거야?

서연 ……(보며)

지형 너한테 그런 거 없잖아…… 대답해봐.

서연 그래 없어.

S# 버스 아니면 지하철의 서연

지형 E 지금까지 너 뭐한 거야. 나 데리고 논 거야?

서연 ……

S# 지형의 아침

이모 (쟁반에 커피 네 개 / 하나는 에스프레소 잔 / 창주에게 내면서) 형부 자판기 커피 / 언니(수정에게)마일드 / 지형이 노말 / …(제 의자로) 나는 에스프레소 / (앉으며) 새로 개봉해서 특히 맛있을 거에요. 이번 원두는 하와이안 코나 팬시에요.

　　　[양식 아침상 차림]

수정 샐러드 소스 새로 만들었어?

이모 아 플레인 요구르트에 유자 청 넣고 (남아 있는)

수정 (오버랩) 맛있으면 됐어 알고 싶지 않아. 머리 아파 (웃으며)

이모 호호홋

창주 (오버랩) 그래서 참 신혼여행은 어떻게 됐냐.

지형 (잠깐 보고)

수정 (대신 / 아무렇지도 않게) 북해도 4박 5일로 결정했대요.

창주 ?? 어디?

수정 북해도요. 호카이도.

창주 (오버랩) 보름은 그만두고 열흘도 못 빼서 겨우 북해도 사박 오일이야?

수정 즈들 의논해서 결정본 일이에요. 그런가부다 하구 있어요.(부드러운)

창주 월급쟁이 결혼 휴가도 그보다는 넉넉히 받는데 월급쟁이도 아니면서 신혼여행을 그렇게 허둥지둥 그럴 거 뭐 있어.

수정 월급쟁이 아니구 월급을 줘야하는 애니까요··

창주 쯧 / (먹으며) 향기 어머니 애들 따로 안 내보내는 것도 불만인가 보던데

수정 노이사장이 뭐라 그래요?

창주 ····(먹으며)

수정 불만인가보던데가 아니라 불만이죠. 그러거나 말거나 시작을 처가에서 주는 집에서 하는 건 아니에요.

창주 아파트 있잖아.

수정 (아)백평 빌라 들어가 살라는 사람한테 우리 서른 평 아파트 들여보낸다 그래요? 일이년 데리고 있으면서 묶어논 거 기한되면 풀어 보태든지 판교 땅을 팔든지/적어도 집 만큼은 우리가 만들어 줘야지 멀쩡한 애 등신 만들 일 있어요? (하다 남편과 눈 마주치고 바꾸는) 당장 두 식구에 그렇게 큰 집이 무슨 필요가 있어요.

창주 모두 허황해져 그렇지 삼십평 아파트면 홀륭해.

수정 당신 사부인 드레스룸이 그만해요.

창주 (입맛 쓰고 / 그만두는)

이모 어쨌든 객관적으로 처가덕 본다 소리는 이미 듣게 돼 있는데 언니 그냥 빌라 들어가 살라 그러지이.

수정 그러구 나 사부인 눈치 슬슬 보며 살라구?

이모 그렇잖아도 언니 향기엄마 눈치 보는데 뭘.

수정 내가 언제.

이모 에이 향기 아버지 계급이 형부보다 높잖아요. 군대에서도 남편 계급이 대장이면 마누라계급은 원순건데

수정 (오버랩) 여기가 군대야?

이모 비유법도 몰라요? 비유를 하자면

수정 (오버랩) 커피 더 줘요?

창주 (냅킨 구겨 놓으면서 오버랩) 뭐 / 데리고 있으면서 가르칠 거 가르쳐 내보내는 것도 나쁠 거 없겠지.(일어나는)

　　[모두 적당히 일어선다 / 지형도 다 먹었고 /]

수정 (남편 가방 들고 현관으로 따라나가 / 구둣주걱 주고)

창주 (나가고)

수정 수고하세요.

이모 다녀오세요 형부.(동시)

지형 (현관까지는 안 나가고 적당히 서 있다가 아버지 나가자 돌아서는데)

　　[집 전화벨 울린다]

　　[지형은 그냥 계단으로]

이모 (냉큼 달려와 전화받는) 네에 구기동입니다아아..아아 향기야. (수정 도로 식탁으로 움직이다 보고) 아니 있어 잠깐마아아안? 지형

아아..

지형 (돌아보며) 제가 건다 그래주세요 이모.

이모 어 그래 향기야 지형이가 금방 건댄다··웅 금방 건대. 지금 올라가는 중이거든 웅 웅 그래··(지형 그냥 올라가는)

S# 지형의 방

지형 (들어와 입고 나갈 옷 챙겨놓아진 것 / 와이셔츠 집어 훅 털어놓고 입고 있던 옷 벗고 팔 꿰고 단추 채우면서)···

서연 E 몰랐어?

지형 E 몰랐어.

S# 어느 낚싯터

[텐트 쳐 있고 호수에 뜬 좌대··햇빛 가리는 파라솔이 있는]

서연 (낚싯대 같이 드리우고 옆에 앉아 고개 틀고 보며) 그러면서 가끔 가다 일년에 두 번? 세번? 꼭 / 한밤중에 전화했었어?

지형 그래.

서연 왜?

지형 글쎄··그냥 한번씩 이 자식 잘하고 있나 어떻게 하고 있나 궁금했었어.

서연 왜 / 왜 내가 궁금했는데?

지형 (돌아보며) 드문드문 니 생각이 났다니까··

서연 왜.

지형 ····

서연 웅? 왜.

지형 그 왜를 몰랐다니까 짜식아. 뭔지 모르게 신경쓰이는 친구 여동생 그렇게 생각했던 거 같아.

서연 왜 신경이 쓰였는데? 내가 안됐어서?

지형 .....

서연 응? 내가 불쌍해서?

지형 (고개 앞으로) 솔직해도 돼?

서연 엉 솔직한 소릴 듣고 싶어.

지형 (돌아보며) 때때로 뭐냐 그 감정이‥그래. 둔한 통증같은 / 그리움이랄까 그런 거였었어‥그런데 그걸 그저 신경쓰이는 친구 사촌동생으로 치부해 버렸던 걸 거야. 여러 가지 상황이나 조건으로 볼 때‥너는 아니었으니까.

서연 움‥솔직하네. 맘에 들어. 근데 그러면서 왜 가만있는 애 한번씩 건드려놨어? 건드린다는 생각은 안해봤어?

지형 (무슨 소리야) 너 반가와도 좋아도 않으면서 너무 별일 아닌것처럼 굴었잖아. 잘 지내니? 잘 지내요 다음에 너 꼭 왜요? 그랬어. 군대서 전화했을 때도 그러더니 미국에서 건 전화에도 두마디째는 반드시 왜요 / 왜요라니. 그건 열두겹 바리케이트같았어 이 자식아. 아 그저 너 잘 지내나 궁금해서 그럼 너 또 왜요 /

서연 우후후후후

지형 이 사람 귀찮게 왜자꾸 전화질이야로 느껴질 수도 있었어.

서연 나도 박지형은 내 차지 될 사람 아니었으니까‥내 마음 들키기 싫었으니까.

　　　[지형 전화벨 오버랩]

S# 빌라 주차장을 빠져나오고 있는 지형의 자동차

　　　[울리는 전화벨]

S# 차 안

134

지형   (운전하면서 한 손으로 전화받을 준비) 어 그래.

향기   F 오빠 지금 통화 할수 있어? 아니이

S# 향기네 거실

향기   금방 걸어준다 그래 놓고 조용해서

홍길   (신문 보고 있고)

현아   (찻잔 들고 향기 보고 있는 / 선글라스는 벗었고)

향기   E (연결) 혹시 딴일 보는데 전화했나그래서 (현아 저런 등신) 바쁘면 다시 걸게.

향기   응...응 그럼 얘기해두 되지? 저기 오늘 오빠 쭈욱 회사 일 많아? 아니이이 내 친구들이 밥 한끼도 안사고 결혼하는 법이 어딨냐구 시끄러워서어. 그건 그렇잖아 오빠. 우리 내가 마지막인데 내 앞에 친구들 / 결혼 전에 신랑 구경 다 시켜줬단 말야.

향기   E 구경만 시켜줬나? 밥도 최소한 두 번 이상은 샀구 오페라 / 발레 초대도 한 사람있는데 오빠만 모른 척하구 있거든.

향기   ...(듣다가) 아니이 꼭 오늘이래야 하는 건 아니야. 그냥 오늘 우리 모이는 날이니까 괜찮으면 잠깐 나와서 밥만 먹구 계산해주고 가는 걸로 간단하게 때우면 어떨까 그래서 한번 알아보는 거야아.

현아   (더 못 참고) 얘.

향기   (엄마 가만있으라고 손 휘저으며 재빨리) 알았어 오빠 오늘은 내가 알아서 할게. 그 대신 수일내로 점심도 좋고 저녁도 좋고 시간 좀 만들어줘 응? 그럴 수 있지?

현아   (오버랩) 향기야

향기   (오버랩) 응 오빠 끊어어어. 사랑해(작게)

현아   구리구리 멍텅구리이이

향기 (그냥 웃고 / 해쭉 / 찻잔 집는)

현아 한번 갔다왔어? 애업고 시집가?!!

홍길 (신문 페이지 넘기다 힐끗 보고)

현아 (연결) 뭐 떳떳치 못한 게 있어서 / 왜 당당하게 똑 부러지게 못하구 설설설설 / 너 사람치구 뺑소니라두 쳤어? 그거 지형이가 입 닫아주구 있는 거야?

향기 아으 엄만

홍길 (향기와 함께) 말 조심해. 까딱 잘못 와전되면 향기 뺑소니범돼. (움직이고 있는 가사 도우미 두 사람 쪽 신경 쓰여)

현아 (오버랩) 뭘 그렇게 오빠오빠 구구하게 설명이 길어. 오늘 내 친구들 하고 식사할 수 있어 없어. 그럼 언제 돼. 날짜 시간 내놔. 깔끔하게 못해? 찌그러진 양재기 들고 밥 한술 주세요야?

홍길 어허어어 왜 또 시작이신가아아. 모처럼 편안하게 신문 좀 보게 그만 진정하고 들어가 요가나 하지 그래.

현아 너 하는 꼴 보면 딱 애 하나 들쳐업고 시집가는 기집애거나 아니면 돈 목적으로 들러붙어 작정하고 비위맞추는 밑바닥 출신 여우같아. 알아?

홍길 (오버랩) 어허어어어

현아 (남편 보는) 시대극 찍어요?

홍길 자식한테 못하는 소리가 없어.

현아 (상관없이 딸에게) 뭐 그렇게 대단한 녀석이라구 제에발 자존심 좀 챙겨 붙잡고 있어 이 맹추야.

향기 (찻잔 내려놓으며 방긋) 진짜 나 오빠한텐 자존심이라는 게 아예 없는 거 같아. 그런데 엄마가 그렇게 낳아 놓구 활 내면 나 어떡해.

현아　버러지야? 자존심이 없게.

향기　아아 나 버러진가부다 그럼.

현아　뭐야?

향기　으흐흐흐흐훗, (발딱 일어나며) 아홉시부터 필라테스 열시 스
포츠 댄스 샤워하고 열두시 친구들 모임. 두시 요리 교실 다섯시
클리닉이에요. (아빠 등 뒤에서 목 감고 뺨에 입 쪽) 아빠는?

홍길　엉 아빠 스을슬 준비하구 나가야 해. 라운딩 잡혀 있어. 여주까
지 갔다 올려면 (마누라 눈치 잠깐 보며) 아홉시나 돼야 들어올 걸?

향기　엄마 같이 안 가요?

현아　(일어나며) 정수엄마. 레몬 티 좀 만들어요.(침실로)

여인　네에 사모님.

S# 병원 진찰실 앞

서연　(대기 중)…(핸드백 무릎에 놓고 / 옆 휠체어에 구겨진 것처럼 앉아
있는 중풍 환자와 촌부 아내를 가만히 보고 있는 / 아내는 남편 한 손을
주무르고 있고)…

간호사　(나와서) 이서연환자 들어오시겠습니다..

서연　?? (일어난다)

S# 병원 진찰실

서연　(들어온다)

[컴퓨터에서 몇 장의 뇌 팻 시티와 뇌 엠알아이 사진 차례로 넘겨보면
서 / 알츠하이머 뇌 위축이 시작되고 있는]

[내과의와 영상의학과 닥터 내과의 사진 보며 얘기가 끝나고 있는
상황]

간호사 선생님..

내과 (서연 보고) 아.. 이서연씨..(영상과 닥터 눈인사하고 옆방으로 아웃되며)

서연 안녕하세요..

영상의 안녕하세요..

내과 에 저기 보호자 분 같이 오시라는 연락 드렸을텐데 …

서연 제가 보호잔데요 선생님..

내과 가족이..

서연 없어요…..정말이에요…그냥 괜찮아요.선생님..

내고 에 그럼.. 앉으세요..앉으시죠..

서연 (앉고)….(의사 보며)..

내과 (화면 보며) 에에에…지금 여기 이쪽이 정상적인 노인의 뇌사진이고 이쪽이 이서연씨 뇌사진입니다..

서연 (오버랩) (긴장으로 어색하게 좀 웃는 듯) 선생님 전 노인이 아닌데요.

내과 …(서연 보는)

서연 병명이….나왔나요? …뭐죠?

내과 예에에 당황스럽습니다만……알츠하이머형 치매가 시작됐다는 소견입니다.

서연 ……(보며) ….서설마요 저는 이제 서른인데요 선생님 (웃으며)

내과 (보며)….

서연 ….(보며 / 그럴 수도 있어요 네?)

내과 네에. 이 질환은 고령자에게 압도적으로많죠. 그러나 30,40대에 알츠하이머형치매에 걸린 사람도 상당수가 있고 희귀사례로

20대 발병 케이스도 있다고 합니다. 그렇게 보면 어느 누구도 치매의 안전지대에 있는 것은 아니에요.

서연 .....(보며)

내과 E (에코를 좀 넣는 게 어떨까요) 아직은 / 신경과 신경 세포 사이에 자극을 전달하는 역할을 하는 신경 전달 물질의 대사 장애가 주 원인이라는 것 정도만 밝혀져 있는 질환이죠.

내과 E 이 병은 아밀로이드와 같은 신경 독성물질의 축적으로 인한 양측 측두엽의 기능 저하로 시작돼서,

내과 비정상적으로 뭉쳐 있는 특징적인 단백질 덩어리와 신경섬유 농축체(신경세포 안에 비정상적인 타우단백질이 실타래처럼 꼬여 있음) 등이 전반적인 뇌의 피질부로 확산되면서 점차 진행이 됩니다..

내과 E 병리조직학적으로는 뇌의 전반적인 위축, 뇌실 확장, 신경 섬유의 다발성 병변(neurofibrillary tangle)과 초로성 반점(neuritic plaque) 등의 특징을

서연 (오버랩) 치료법 없구요.(그렇게 알고 있어요)

내과 (에코 아웃) 근본적인 치료법이 없죠. 그러나 진행을 늦출 수는 있습니다.

서연 (오버랩) 설마요 선생님.(억지로 웃으려 하며) 최악의 경우 어쩌면 혹시나 그러기도 했지만 그렇지만 설마요 받아들일 수가 / 받아들일 수가 / 저 이제 서른 / 서른이라구요. (가만히 보는 의사)

서연 E (좀 적극적 / 뒤집어보려는) 두통이 심해요. 혹시 과로탓 아닐까요? 직장일에 아르바이트에 쭈욱 일이 너무 많아 지친 상태에요..

서연 스트레스도 / 한가지 결정적인 스트레스는 계속 일년이나 갖구 살았구요.

내과   ·····(그저 보며)

서연   영상검사로도 구분이 힘들 수 있다 그러셨잖아요. 그런 경우
       추적검살해야할 수도 / ···(멈추고 보다가) 다른 병원 다른 선생님한
       테 다시 진단 받아보면 / ···쓸데없는 일인가요?

내과   그래보셔도 괜찮습니다만 결과는 동일할 겁니다.

서연   ······(좀 웃으며) 선생님 저 지금···(잠깐 고개 좀 돌려 있다가 다시
       의사 보며) 최고로 악질적인 농담··농담을 들은 것 같아요.

내과   (끄덕이며) 그러실 겁니다···뭐라··할 말이 없습니다.

서연   ····(멍하니 보다가 나직이) 그러니까 저는 이제부터 약을 먹어도
       별볼일없이 말라가는 호두 속알처럼 뇌가 쪼그라들어··나는 어처
       구니없는 바보가 됐다가 오륙년 안에 죽는다는 얘기죠.

내과   치매로 사망하는 것이 아니라 모든 기능의 약화 내지는 정지로
       인해서····심장마비 / 뇌졸중, 폐렴 등이 직접사인이 되는 악성질환
       중에 하나죠. 기억소실만 문제가 되는 건 아니에요··그러나 그건 그
       저 평균치일 뿐이에요. 더 오래 살 수도

서연   (오버랩) 얼마나 길게 사느냐가 문제 아니죠 선생님. 모든 기억
       이 사라져 가면서 나도 함께 사라져간다는 거죠. 그럼 나는 뭐가 되
       는 건가요. 나는 어디로 가나요. 어디 가 있나요 어디서 찾을 수 있
       나요.

내과   ······(보면서)

S# 병원 로비를 나오고 있는 서연···스펀지를 밟고 있는 듯한····

내과   E 기억만 갖고 얘기하면 한번 사라진 기억은 결코 되돌릴 수
       없어요. 병이 진전되면서 최근 기억만이 아니라 과거 기억까지 점
       차 소멸되어 갈 거구요. 글씨 가득 쓰여진 칠판이 최근부분부터 조

140

금씩 지워지기 시작해서 어느날엔가 완전히 다 지워져 아무 글씨도 남지 않는 거라 생각하면 됩니다.(사이 좀 두었다가)……

내과　E 그렇지만 이서연씨를 알고 있는 / 친구들이라든지 사랑하는 사람 기억 속에는 여전히 지금 이전의 이서연씨로 남겨져 있죠….(사이 좀 두었다가)

내과　보호자와 같이 오세요……그럼 가까운 친척이든지 친한 친구분이라도……

서연　E 없어요 아무도 없어요.

서연　…(그냥 현관을 향해서)

S#　병원 현관 앞

서연　(나오다가 슬그머니 멈추어 서는)….

서연　E 정신차려 정신차려…… 정신차려야 해…… 괜찮을 거야 그래 괜찮아 나는 괜찮아

　　[그리고 서 있는 동안 피해 들어가는 사람 살짝 건드리고 지나가는 사람 등등….]

　　[문득 정신 차리고 움직이기 시작하는 서연……넋은 반 빠져나가고…]

S#　빌라 공사가 진행 중인 어느 단지

　　[손대표와 함께 공사 진행 둘러보면서 체크하고 의논하고 움직이고 있는 지형]

S#　병원 앞 길을 건너는 서연

　　[어느 순간 시작되는 조관우 〈울게 하소서〉]

서연　(무표정 무감동 / 백지상태)….

S#　병원 휴게 공원으로 들어오고 있는 서연

서연　……(공원으로 들어와 아무 벤치에나 앉는) ……(고개 아래로 하고 잠

시/있다가 들어서 주변을 둘러보는) ……(풍경이 포커스가 맞았다가 안

맞았다가 뭐 그러지 않을까) ……(충분한 시간이 필요할 것 같습니다) ……

S# 강변을 달리는 / 이산병원이라 치고 / 차량들…

S# 택시 안

서연 (기대어 앉아서 시선은 앞쪽 등받이쯤에 고정되어 있으면서 그저 휑

한)……(눈물은 없도록)

　　E 서연 전화벨

서연 (못 듣고)………(좀 두었다가)

기사 손님 전화 왔는데요 (돌아보며)

서연 ??(기사 보고 / 전화 꺼내 보는)

　　[전화 화면 / 문권의 사진과 글자 / 슈퍼맨]

서연 ….(사진 보며 잠시 있다가 아무 일 없이 오히려 가볍게) 응 왜애애?

문권 F 치과갔어? 그런 말 안했잖아

서연 ??안했나? 근데 어떻게 알았어?

S# 빵집 앞

문권 재민이 형 누나 전화번호 바뀐 거 모르든데?

서연 F 어 따로는 안했어. 고모한테만.

문권 회사에서 치과갔다 출근한다 그러드래. 바뀐 번호 챙기러 전화

하셨더라구.

서연 F 으응 그랬어?

문권 치과는 왜‥또 잇몸 병 났어?

서연 F 응 쫌 기분이 나빠서.(하는데 가게로 들어가는 손님 하나)

문권 아 누나 끊어. 손님.(끊고 가게로 후다닥)

S# 빵 가게 뒤꼍 골목

명희 E 그럼왜 못하냐구 왜 못하냔 말얏!!

동철 E (명희에 연결) 어젯밤에 이빨 딱딱 부대면서 열렬히 해줬잖아아아. 무슨 여자가 그렇게 밝히냐.

명희 (남편 귀 잡아당겨 입 맞춰보려고 하는)

동철 (이 여자 미쳤어로 뿌리치며 피하는)

명희 (포기 안 하고)

동철 (밀쳐버리고)

명희 (거의 자빠질듯)???

동철 ???(저도 놀라서)

명희 쳤어어? 쳤어어어?

동철 치긴 누가 쳐 말 똑바로 해. 왕년 국가대표 미들급 챔피언이 마누라 한테 주먹 휘둘러 이력서 더럽힐 일 있냐?

명희 야 이 뻥쟁아 챔피언 근처도 못간 주제에 도대체 그 뻥을 언제까지 칠래 엉?

문권 아 또 왜요오오 누님. 주제가 뭐에요 주제

명희 (오버랩/그렇다!!) 그래 너는 알고 있었지. 이 인간 또 담배 피는 거!!

문권 히이익 담배 다시 시작했어요?

동철 (오버랩) 말도 안되는 / 누가 뭘 시작해애애. 그거 끊기가 얼마나 힘든 건데 아버지 엄마 하나님 부처님 찾아가며 간신히 끊은 걸 도로 시작하냐 내가 뽕했냐?

명희 (오버랩) 우기면 장땡이야? / 화장실 간다구 나갔다 들어온 차동철 쓰윽 지나가자마자 담배냄새 혹 내 콧구멍으로 빨려 들어왔는데에!!

동철 글쎄 아니라니까 당신 틀렸다니까아아

명희 빵 만드는 사람이 담밸피면 어떡해애애. 온 세상이 다 금연인데/담배냄샐 변소냄새보다 더들 싫어하는데 빵에 담배냄새 배면 어떡할라구우우. 비디오 말아먹구 피씨방 말아 먹구 이거까지 말아드실래?

동철 아아 시이 (성질나기 시작) 그 코 고장났으니까 당장 병원가 수선하구 와!! 내가 폈으면 당신 손자다손자 / 왜 이래 이 여편네에

명희 여편네? 여편네?

동철 여편네 아니면 남편네냐? 성전환했냐?

명희 너어 차동철 점점 버릇 망가지면서 마구 기어 오르는데에에

동철 (오버랩) 아 그래 할머니 마누라였지 참. 나두 늙나봐아아 깜빡깜빡한단 말야아아

명희 (뭔가 던질 것 부르르르 잡아 치켜드는데)

동철 (후다닥 튀고)

명희 어이구우우 저 웬수우우

S# 서연 출판사

서연 (들어오면서)…(돌아보는 직원들과 적당히 눈인사 손 인사. 제 테이블로)

편집장 (자기 일 하면서) 치료가 쫌 걸렸나부지? 심각해요?

서연 아니 그렇진 않아요..저기 / 앞에 환자 치료가 늦어져서…

편집 …(자기 일)

서연 (의자 빼서 앉으며 컴퓨터 화면에 붙어 있는 메모 떼어 보는데)

소희 팀장님 거기 전화 메모요(제 자리에서)

서연 응 봤어요 고마워요..(도로 붙이고 서랍 열고 일 준비하는)

[메모 / 명성 출판사 / 서초동 자서전 / 민중사 / 재민오빠 /]

서연　(일 준비하는데)

[메시지 들어오는 소리]

서연　(전화 꺼내 보면)

[재민의 메시지 / 조작 /]

재민　E 딴 일 없으면 점심먹자.

서연　…(메시지 보며)……

S# 어느 레스토랑

서연　(메뉴 웨이터에게) 생선으로요.

웨이터　네 알겠습니다.

재민　와인 한잔 할래?

서연　웬 낮술?

재민　한잔쯤 뭐 괜찮잖아.

서연　싫어.

재민　아 치과 갔었지 참.(기다리고 있는 웨이터) 됐어요.

웨이터　네 알겠습니다 / (아웃)

재민　뭐 충치야? 아팠어?

서연　그냥 좀‥잇몸…쫌 고단했나봐.

재민　…(잠시 보다가) 전활 바꿨으면 바꿨다고 신골해야지 임마.

서연　고모가 아시면 다 아는 거 아닌가? 그럴 줄 알았지 뭐.

재민　(물컵 들며) 괜찮은 거지?

서연　안 괜찮아 보여?

재민　(아니) 너무 괜찮아 보이는 게 오히려 미덥지가 않아서.

서연　(웃으며) 실망스러운가보네‥눈 밑에 주먹만한 주머니라도 생

겨야해? 아니면 표백해 논 거 처럼 허애져있든지 / 아니 거무죽죽
해져야 하는 건가?

재민 (물 마시고 내리면서) 안간힘쓸 거 없단 뜻이야..

서연 그런 거 안해..흐흐훗 하긴 데리구 놀았냐 그러드라 그 사람.

재민 ....(보며)

서연 오빠 괜찮냐는 질문이 바본 거지 전혀 괜찮기야 하겠어? 돌뎅
이가 아닌데...괜찮기로 했으니까 괜찮아야 하구 그럴려고 하는
거지..

재민 월 생활비 얼마나 쓰니.(보며)

서연 왜? 그게 왜 궁금해.

재민 문권이는 평균 얼마나 벌구

서연 상관안해. 잘 몰라. 한달에 이십씩 식비만 받어. 세무서에서 나
왔어? 왜 그러는 건데?

재민 니 글 쓰고 싶지 않아?

서연 ....(보는)

재민 출판사랑 잡일 다 걷어치우고 이삼년 집중하면 한 두 작품 만
들어지지 않을까?

서연 ....(보며)

재민 작가가 자기 글을 써야지..신춘문예 뒤에 단편 두편 내놓은 게
다잖아. 장편 쓰고 싶다면서.

서연 (오버랩) 그 사람이 뭐라 그래?

재민 ??누구...지형이? 아니 그게 무슨 소리야..그녀석도 비슷한 얘
기 했었냐?

서연 (물컵 집으며) 아니면 됐구.(마시려)

재민　백오십 정도면 카버 안되냐? 그거 내가 줄게··

서연　(마시던 컵 멈췄다 내리며) ?

재민　대신 약정서 쓰고. 시한 삼년··베스트셀러되면 인세수입 반은 내꺼. 이를테면 투자야.

서연　(웃어버리며 컵 놓는) 오빤 베스트셀러가 누워 떡먹긴줄 알아? 재판 못들어가는 책이 거의 대부분이야. 그랬다가 초판도 반 이상 반품으로 되돌아오면 어떡할려구? 나를 누가 알아서.

재민　작품 자체로 승부하면 돼. 잘쓴 작품은 독자가 알아봐.

서연　우후후후후 오빠 웃겨. 날 뭘 믿구.(한편 수프가 나와 놓여지고)

재민　(냅킨 집어 펴며) 나 니 글 좋아해. 빈말 아니었어··정말야. 니글 에는 뭔가가 / 영혼을 건드리는 바이올린 소리 같다고 할까?

서연　으흐흐흐 어지럽다.

재민　(안 보는 채 냅킨 무릎에) 한번 해보자구 응?(보며)

서연　(오버랩) 오빠 고마워. 그런데 나… 못해.

재민　괜찮아 자식아 신세진다는 생각 할 거 없어. 투자라니까.

서연　(가볍게) 투자금 건지게 해줄 자신 없어.

재민　그냥 날려도 빚쟁이 안돼. 그게 투자야. 내 안목을 믿구 너자신 을 믿어. 용길 내.

서연　(오버랩) 안돼 나 못해.

재민　서연아.

서연　(오버랩) 나 싻글이나 쓰는 사람이야 그걸 칠년이나 했어. 머리 는 굳어버렸구 상상력도 다 날아가 버리고 나는 / (웃으며 말하다가 울컥)나는 내 글 같은 거 다시는 절대로 못쓸만큼 망가졌어. 어림 없어.

재민 (오버랩) 다 놓고 한 일년 탕탕 비우고 흔들거리면서 놀아 원래
　　　의 너로 되돌아가는데 그쯤이면 충분할 거야.

서연 (오버랩) 오빠 나는 되돌아갈 수 없어.(울음 터질 듯) 고마워‥뜻
　　　만 받을게‥나 자신 없어‥미안해‥(냅킨 집으며) 딴 얘기하자‥‥‥(냅
　　　킨 무릎에)

재민 (보다가 스푼 집으며) 그래. 지금 당장 오케이 안해두 돼. 충분히
　　　생각하라구.

서연 어이 / (떨어지는 눈물 냅킨 귀퉁이로 찍어내며) 사람 왜 감동시키
　　　구 그래. 신경질 나. 밥 먹으면서 짤리는 여잔 줄 알 거 아냐. 아니에
　　　요 오빠에요 오빠 그럴수도 없고

재민 흠흠흠…ㅎㅎㅎㅎㅎㅎ 하하하 / (수프 뜨는)

서연 …(가만히 보며)‥‥‥

지형 E 뭐라구?

서연 E 박지혀어엉.

S# 사무실 복도

지형 (화장실로 움직이는)

서연 E 아니면 미스터 바악 / 아니면 지형아? /

S# 과거 / 호텔 방 침대 위 / 두 사람

지형 ???

서연 (마주 앉아 아이스크림 떠먹으면서) 으해해해해 / 너무 한가? 아니
　　　면 지혀엉? 그거나 그거나 / 아니면 그대? 그대애애애 / 이상해 / 여
　　　보? 여보오오오

지형 왜 바꿔야 하는데.

서연 지형씨? 아냐 나한테 서연아 너너 하는데 왜 자기만 씨야. 씨는

148

무슨 씨. 수박씨 오이씨 고추씨 호박씨 박씨? 으하하하 박씨라 그럴까? 박씨이이이.

지형 부르던대로 부르셔어 /

서연 아냐. 오빠오빠 그러면서 이상한 짓하는 거 근친상간같아. 찝찝해. 뭐가 좋을까··(한 스푼 떠 지형에게)

지형 (받아먹는데)

서연 어떻게 부르는 게 좋을까 엉? 협조 좀 해. 뭐가 좋겠어. 여보세요? 핼로우? 모시모시?

지형 (덤벼드는)

서연 우 으ㅎㅎㅎㅎ (쓰러트려지고 / 한 손에 아이스크림 그릇 띄워들고 입맞춤 받는)

S# 화장실

지형 (손 닦으면서)

서연 E 사랑해좋아해사랑해좋아해사랑해. 떼먹지 마. 답이 있어야지 빨리··사랑해좋아해사랑해좋아해.

지형 E 나도나도나도

S# 다른 날 호텔 욕실

[지형 뒤에서 안고 목에 얼굴/샤워 끝]

서연 (팔 풀어내려 하며) 안돼 애애. 똑바로오오오.

지형 (안 풀리면서 더 얽어 안으며) 사랑해····

서연 ·····(가만)

지형 좋아해··

서연 (고개 뒤로 돌리고 감미로운 / 입맞춤으로 / 붙였다 뗐다 붙였다 뗏다····붙은 채)

S# 화장실

지형 (종이 타월 뽑아 손 닦는)·····

S# 출판사

서연 (문서 작업하고 있는)·····

S# 지형 사무실 복도

지형 (화장실에서 나와 사무실 쪽으로)···

　　[메시지 들어오는 /]

지형 (걸으면서 전화기 보면)

　　[입술 쭉 내밀고 뽀뽀 보내는 향기의 셀카]

지형 (닫고 계속 걷는데 곧장 다시 들어오는 사진 /)

　　[/ 요리 교실 실습 중 / 요리한 접시 들어 보이며 찍힌 향기 사진 / 그리

　　고 바로 다시 메시지]

향기　E 오빠. 난 진짜 요리천잰가봐. 오늘도 칭찬 받았어 ㅎㅎㅎㅎㅎ

지형 (잠시 멈추고 답장으로 /)

지형　E 축하해. 회의 중. (전송하는)

S# 어느 멤버십 클럽

현아 (승강기에서 내려 인사 받으며 클럽으로)

남자 어서 오십시오 사모님.

현아 내 친구

남자 아 네, 기다리고 계십니다.(안내하려는 손짓)

현아 언제왔어요?

남자 한 이십분 전 쯤··

현아 ···(그냥 걷고)

남자 (앞서 안내)

150

S# 수정 기다리고 있는 곳/

수정　(신문 보고 있는)

남자　E 노크 / 오셨습니다.

수정　네에‥(신문 접어 미는)

현아　(들어오며) 좀 늦었다.

수정　안 늦으면 오현아가 아니지.

현아　가시 빼. 너한테 가는 예단 결정보느라 그랬어.

수정　(웃으며) 언제나 이유는 있고.

현아　가시 빼애애? (앉으며) 서울에서 일이십분 정돈 충분히 익스
　　　큐즈 되는 일야. 우리 차만 마시고 일어날 거예요. 여기 리필 해주
　　　고 난 레모네이드 줘요.

남자　네 사모님.

수정　리필 안해도 돼요‥

남자　(나가다) 알겠습니다.(아웃)

현아　(남자와 상관없이) 얘 그거 치워.(신문)

수정　??어어‥(신문 집어 옆 의자로 치우는)

현아　코트로 할까 쇼올로 할까 한참 고민하다가 아무래도 코트는
　　　너한테는 안 어울릴 거 같아 쇼올로 결정 봤다.

수정　그래?

현아　긴털 퍼는 일단 키가 좀 있어야 용서가 되지 작은 사람은 겨울
　　　산에 할미 곰되기 십상이거든. 더구나 넌 오센티 이상은 절대 안신
　　　는 애구. 알아서 했어.

수정　알아서 했겠지‥

현아　(오버랩의 기분) 어이구 싫다 소린 안하네. 친구 사이에 예단은

무슨 예단이냐 말로만이라도 그러는 게 아름다운 우정 아니야?

수정 아들이 둘도 아니고 딱 하난데 이때 대목 안 보고 언제 보자구 그런 어리석은 소릴해. 시원찮은 거면 향기 시집살이 각오해애?

현아 어…고상한 척 독판하면서.

수정 으흐흐 왜 나오란 거야..읽던 책이나 끝낼 참이었는데.

현아 (응) 그림 좋은 게 나왔다 그래서 보러 가자구. 괜찮은 거 나오면 연락해달라고 해뒀었거든요. 타이밍 절묘하게 맞춰 이십호짜리 하나 나왔대. 니가 복이 많다.

수정 ???

현아 예단 명목이다아? 우리 애 건드리기만 해 너.

수정 얘 나 그림 알지도 못하고 나 때문에 살 건 없어. 괜찮아 하지 마.

현아 한창 좋을 때 옥션에서 호당 이천까지도 갔던 화가 꺼야. 좀 싸게 나왔어.

수정 …(보는)

현아 대목 보는 김에 크게 보라구..대신 애들 못살고 갈라설 땐 딴 건 다 포기해도 그건 도로 회수할 거야. 너 각서써야 해.(레모네이드 들어오고 / 상관없이)

수정 낼 모레 식올리는 애들 / 축복대신 그게 무슨 흉한 소리야.

현아 나 어때..표 안나지 감쪽 같지..(눈 아래 손끝으로 만지며) 아직 노란 멍 쫌 남아있어. 화장으로 감춰 그렇지..괜찮지 않니? 뭔지 모르게 표 안나게 젊어졌지.

수정 그래..너 병원 두 번만 더 들어갔다 나오면 니가 내 며느리냐구 하게 생겼어.

현아 오홋 호호호호 하하하하하 하하하하하. 저녁 먹구 들어가자..

먼저 그 집 괜찮았지.

S# 출판사 복도

서연 (전화 들고 편집실에서 나오는) 네··말씀하세요……아네….아….
네…그런데요 저 당분간 좀 쉴 참인데요 사장님…아니 너무 계에속
쉴 새없이 회사 밖에 일을 해서 쫌 피곤하기도 하구 회사에도 미안
하고…(웃으며) 번번이 쉽게 할 수 있는 일이라 그러셨어요. 쉬웠던
적 한 번도 없어요. 리라이팅 더 골빠져요 으흐흐흐…아니아니에
요 이번 일은 다른 사람한테…고료문제가 아니라 ……네··네··네 그
럴께요··네에에에.연락드릴께요.(끊으며)…..

S# 빵집 앞(어두워지고 있다)

　　[정신없이 바쁜 빵집 앞 풍경]

S# 빵집 안

　　[계산 대기 대여섯 명 / 빵 고르는 대여섯 명 / 동철 빠른 솜씨로 샌드
　　위치 만들고 있고 / 문권은 비어 있는 빵판 바꿔가며 진열 손질 / 자유
　　롭게]

명희 (계산 전담. 계산기 찍고 돈 받고)

지민 (튀어들어 오며) 엄마아아.

명희 어엉 아들 왔어?

지민 할아버지 친목계 가시고 할머니 파마 세분이나 하시구 피곤해
서 밥하기 싫다구 빵으로 때우자 그러세요.

명희 알았어 갖구가.

동철 지민아지민아. (내다보며) 아빠 밥은? 아빠는 밥 먹어야 하는
데 아빠 밥은?

지민 (빵 고르며 / 네 개 이상 안 됩니다) 안 그래도 제가요 아빠 밥은요

했는데 할머니 어이구 웬수우우 어쩌다 한끼 사먹어도 안죽는다 그래애애!!!(버럭버럭)

손님들   (웃는데)

S# 고모의 마루

고모   (마루에 파마 손님 받은 / 도구들 / 아직 안 치워진 채 모아져만 있고 / 씻다가 마루 전화받은 / 뚝뚝 떨어지는 얼굴의 물 한 손으로 훔쳐 뿌리면서 /) 에이이이 그 대목에서 아깝네에에에...아깝지이이이. 세 손가락은 못돼두 최소한 다섯 손가락 안에는 들어야지 그래 갖구는 애한테 운 못떼에....아 물론 그게 꼭 결정적으로 중요한 거 아니라는 건 나두 아네 이 사람아. 그렇기는 한데 우리 조카딸이 보오통 야무지고 똑똑한 애가 아닌데 에에이....(머리는 좋대요) 아 머리 존 놈이 왜 듣도보도 못한 대학이야 / ....공부할 때 공부 안하고 놀아제낀 놈 뭐에 써.... 암만 살림이 든든해도 그건 아냐......아 글쎄 건물이 열채라도 소용없어. 내 조카딸이 건물 한 채 보고 솔깃할 애 아니라니까? 아 작가야작가. 소설가라구. 만만하게 보지 말라구 엉?

S# 서연의 아파트 거실

S# 침실

서연   (퇴근해 들어온 차림 / 침대 옆구리 쪽 바닥에 두 다리 뻗어 앉아 소주병 들고)............(있다가 / 뻗은 두 다리가 좀 벌어져 있을 것 같음)

서연   E (입은 움직이지 말고 / 빛나는 눈 / 조용히) 여기까지? ....이거까지? ....모자랐어? 그래서 아쉬웠어? ...섭섭했어? 그냥 지나칠 수는 없었어? 그쯤으로 끝내면 안됐어? 이럴 거면 그때 죽여 데려가지 왜!! 장난쳐? 희롱해?

154

서연　E 내가 잘못한 게 뭔데 / 무슨 죄를 졌는데 이렇게까지 잔인할 게 뭐야이게 무슨 짓이야! (조금 오르며) / 남의 남자 새치기해서? 죄 책감없이 훔쳐서? 그 벌 내린 거야? 맞아? <u>으흐흐흐</u> (한 모금 마시고 내리며) 웃기지 마. 그 남자는 열여섯살때부터 내 남자였어. (이 갈 듯) 내 처지가 거지같아 사양했을 뿐이야. 내 몫이 아니라고 생각했을 뿐이야.....(슬프게) 잊으려고 했었어. (조금 더 마시고… 내리며) 아니야아니야 그딴 노력 안했어. 거짓말이야. (울음 터질 듯) 그래 그게 그렇게 큰 잘못이야? 그럼 차라리 벼락을 때려. 차라리 심장을 터트리라구!!!……(눈이 빛나며 다시) 질줄 알아? 무릎꿇을 줄 알아? 항복할줄 알아? 아니이이!!! (상체 구부리면서) 반항 할 거야. 안 쓰러질 거야!! 이 저주를 튕겨내 시궁창에 처박아 버릴 거야!!! 엿먹어라 그럴 거야!!

서연　(밖으로 악쓰는) 침뱉어 줄 거야아아아!!!!!

S# 침대 위

서연　(여름 이불로 꽁꽁 싸고 앉아 부들부들 떨고 있는)…..<u>으으으으으으</u><u>으으으으</u> 아아아악 아아아아아아악…아악 아아아악악 아아아아아아악…(비명으로 울음 터지면서 옆으로 쓰러져 몸이 동그랗게 오그라지면서)……………

S# 지형 사무실(밤)

향기　(혼자 남아 설계 도면 그리다가 향기가 나타난 바람에 테이블 정리하는 참인 지형의 허리를 뒤에서 껴안고 등에 얼굴 붙이고 있는)….

지형　……(잠시 그대로 있어주었다가 / 팔 떼어내며 돌아서 보는) 차암 말 안 듣는다..

향기　<u>으흐흐흐흐</u>…

지형 (도로 테이블로 / 정리)그냥 들어가라는데 왜 기어이 나타나 방해해.

향기 보고 싶어서..너무너무 보고 싶어서 (다시 등으로 붙는)

지형 (그냥 둔 채 움직이며) 바쁘다면 바쁜 줄 알고 일할 때는 일하게 가만 내버려둬.(작업대에서 책상 쪽으로 움직이는 /)

향기 (약간 부어서) 항상 그러는데 뭘..항상 내버려두는데. / 방해한 적 별로 없는데 꼭 날마다 방해만 하는 것처럼 그런 말 / 너무 분해.

지형 (그냥 움직이고)....

향기 엄마는 나 칠뜨기라 그러는데..네네네네네 네네네네네 뭐든지 다 네에 오케이/속없는 깡통 같아 열터져 기절하겠다는데...

지형 ...(그냥 상의 챙기는)

향기 엄마는 깡통 오빠는 방해꾼 / 내가 설자린 어디야?

지형 ....

향기 집에 들어가다가 갑자기 맞아 이건 아니다 그래서 처들어온 거야. 내가 결혼 한번 했다 깻박내고 두 번짼 것 두 아니구 애 하나 업구 오빠한테 가는 거두 아니거든?

지형 ???(보는)

향기 개르르르르르. 엄마가 그래. 내가 너무 비굴하대.봐줄수가 없대..

지형 (오버랩) 나가자..배고프다.

향기 ??? 저녁 먹었다 그랬잖아.

지형 나가자구.

향기 (쪼르르 옆에 달라붙으면서) 아직 안 먹은 거야? 어쩜 얼마나 배가 고파..몇신데에에..(지형 그냥 움직이는)

S# 복도

향기 (팔에 매달려 나오면서) 일할 땐 배고픈 것도 못느끼나부다. 쪼
르륵 소리 안 났어?

지형 (잠깐 돌아보며) 배고프다 그랬잖아.

향기 난 절대 못 참는데..먹어야할 때 안 먹어주면 내가 기름 떨어져
가는 자동차처럼 불안 초조한데..아 그래야겠다. 사무실에 커다란
냉장고 하나 사다 놓고 쿠키랑 과일이랑 케익이랑 마실 거랑 간식
꺼리 가득가득 채워놔 줘야겠다. 사무실 사람들 다 같이 먹께 /

지형 그럴 거 없어..간단한 간식은 다 알아서 해.

향기 오빠 대표잖아.

지형 (피식) 공동.

향기 나는 대표 사모님.

지형 야 너보다 어린 사람 하나밖에 없어. 사모님은 무슨.

향기 우훗 그래도 사모님은 사모님 아닌가?

S# 서연의 거실

서연 (식탁에서 벌겋게 비빈 열무 비빔밥 볼이 미어지게 먹고 있다)......
(김도 한 장씩 얹어가면서)....

[식탁에 에이포 이면지에 중간 매직펜 큰 글씨로 메모 /]

[1. 설거지 /

2. 콩나물국 끓이고 /

3. 아침밥 타이머 작동시켜 놓을 것 /

4. 탁상시계 인터넷 주문.

5. 메모지 만들기 /

6. 채사장 출판사 전집 리라이팅 오케이할 것. 내일.

7. 장편 구상에 착수.

8. 핸드폰에 스케줄 담아놓을 것. 한 시간 전 알람 세팅.]

S# 거실

[콩나물국 끓고 있고 / 쌀 안친 밥솥 물 맞춰 닫고 타이머 거는 서연 /]

[인터넷 탁상시계 사이트에 들어가 훑어보고 있는 서연]

[에이포 이면지 겹쳐놓고 사 등분 점 찍어 플라스틱 자 대고 그어 자르는 중]

S# 침실

서연 (잘라 만든 메모지와 볼펜 들고 들어와 침대 사이드 테이블 서랍에 넣고 나가는 /)

S# 거실

서연 (나와서 식탁에 남겨진 자른 메모지 간추려 한옆에 놓고 물 마시려 컵 들다 보면 물이 없고 물 가지러 움직이는데)

[열어놓은 창문 바람 / 휘익 메모지 몇 장이 날고]

서연 ……(돌아보고 서서)……… (잠시 있다가 찬장에서 밥공기 하나 갖다 엎어 눌러놓는다)….

[끓으면서 푸푸거리는 양은 냄비 뚜껑/]

서연 (문득 국 냄비로 가 열어보고 낭패)……(물이 너무 많이 줄어 있는)……… (낭패했다가 아무렇지도 않은 얼굴로 냄비에 물 더 붓고 팔짱 끼고 지키고 서 있는)……

S# 스시바

향기 (제 잔에 따라지는 와인 보고 있다가 글라스 들고) 으으응 / (부딪혀야지이이)

지형 (보고 부딪혀주고)

[같이 마시는 두 사람]

지형 (아예 잔을 비워버리고 술병 집는)

향기 ???

지형 (따르는 / 좀 많이)

향기 술 고팠었나부다.

지형 ?? (돌아보는)

향기 술 먹고 싶었나 보다구.

지형 어 응…

향기 (한 모금 마시고 내리며 / 좋아서) 대리 부르자 오빠. 나두 마실테야.
      (하고 또 마시고 내리는데)

    [초밥 두 쪽 먼저 지형에게 놓아지는]

향기 감사합니다아‥ (제 것 집어 내미는) 오빠.

지형 먹어‥(젓가락 드는)

향기 으으웅(싫어어어 / 하는데 향기가 집어 든 초밥의 밥 부서져 떨어지
      는 / 보는 지형) 어머나. 죄송해요.

주방 하하 괜찮습니다 다시 만들어 올리죠.(다른 종업원 재빠르게 와
      치워주는)

향기 (원망으로 지형 보며)

지형 (묵묵히 우물거리고 있다)

향기 챙피해?(작은 소리로)

지형 응‥

향기 (살짝 흘기고)

지형 먹어.

향기 난 먹었는데 뭐. 와인만 마실래.

지형 한 두 개는 먹을 수 있잖아.

향기   살찌면 싫어. 저기요 주방장님. 제꺼는 만들지 마시고 나중에 우리 일어나기 직전에 따로 이인분 만들어주시면 좋겠는데/

지형   (돌아보고)

향기   E 우리 아줌마들 갖다 드리게요 / 그래두 되죠?

주방   아 그럼요. 그렇게 준비해 올리겠습니다 향기 아가씨.

향기   ?? 제 이름 어떻게 아세요?

주방   하하 알죠오‥

향기   우후후 우리 결혼해요‥며칠 안남았어요.

주방   아 하시는군요. 그러실줄 알았습니다. 축하드립니다아아

향기   감사합니다아아‥(하고) 오빠아 (찌르며 답례해애애)

지형   (잠깐 향기 보고 주방에게) 예에‥(애매한 목례)

S# 서연 주방

문권   (막 들어온 / 셔츠 벗어 의자에 적당히 걸치며) 뭐하는 거에요?

서연   (국 냄비 앞에서 돌아서 보는 상태) 내일 아침 국 끓여.

문권   (냉장고로) 콩나물 국.

서연   엉

문권   (물 꺼내 따라 벌컥벌컥) 설마 당뇨는 아니겠지.

서연   ??

문권   (힐끗 보고) 하하 아냐 / (국 냄비로 다가드는) 저녁으로 먹은 비빔 냉면이 너무 짜더라구.

서연   언니가 큰맘 썼네? 외식을 다 시켜주고?

문권   고모가 저녁을 안 내보내셨거든. 귀찮으시다구. 빵으로 때우라는 걸 자형 왜액왝 토하는 시늉까지 하며 애걸복걸 / 난 옆에서 베이스 넣고 냉면으로 돌렸지. 명희 누나 부들부들부들 떨면서 돈

160

내더라.(하며 냄비 뚜껑 열어보는)

서연 (동생에게 시선 고정하고) 그래애..(그랬어어)

문권 순수 콩나물 국이네

서연 응

문권 신김치 콩나물 국 좀 더 있어야 먹는 건가? 그거 찬바람 불어야
맛있는 거지.

서연 시비걸 사람 없어? 김치 넣자

문권 (뚜껑 닫으며) 아냐..국 다 됐는데 뭘. 그만 끓여도 될 거 같은데?

서연 응..됐을 거야.

문권 꺼?

서연 어.

문권 (쿠커 불 끄다가)응? 아니다 (도로 켜며) 파 마늘 아직 안 들어간
거 같다.(뚜껑 열어보고 돌아보며) 고춧가루도. 이럼 다 된 게 아니지
누나.

서연 (움직이며) 이제 넣을려던 참이야..(움직이다가 문득) 그건 낼
아침에 넣어두 상관없는데 뭘.

문권 그렇기는 해..그럼 낼 아침에 해

서연 아냐 (냉장고 파 담은 밀폐 용기 꺼내고 눈으로 더듬는)....

문권 마늘 / 냉동실 /

서연 (그렇지 / 얼른 냉장실 닫으며) 너 쓰고 여기 그냥 둘 때 많잖아.

문권 저번에 된통 욕먹고 안하는데..

서연 (납작한 도시락 사이즈 용기 마늘 그릇 꺼내 싱크대 국 가까이 놓고
마늘 그릇 열어 스테인리스 스푼으로 마늘 한 칸 떼어 냄비에)

문권 (옆에 와 마늘 용기 집어 도로 냉동칸에 넣어주고)

서연 (파 두 가닥 집어 들고)....(서랍 여닫으며 뭔가 찾는다)…

문권 뭐 찾아..

서연 너 그거 어디 뒀어.

문권 칼 개수대 아래

서연 (오버랩)아니 말고 그거 / (손가락 두 개로 써는 시늉)

문권 하하 가위이?

서연 (잡아채듯) 가위.

문권 그건 도마 닦기 귀찮은 꾀쟁이 내가 하는 짓인데 하하. (서랍 두
어 개 여닫다가 가위 꺼내주며) 여 네..

서연 (받아들고 냄비로 가는)

문권 근데 누나 노화현상이 너무 빠른 거 같다.

서연 ??(돌아보는)

문권 아니 어느새 가위를 그거 / (손가락 썰기 하며) 이거 그럼 어떡해.
나이들면 단어 생각 빨리 안나

문권 E 그거 저거 그런다면서.

서연 (오버랩) 그래서 너 지금 내가 벌써 늙었다는 거야?

문권 ??

서연 머리 속으로 딴 생각하다가 전환할려면 순간 금방 안 나올 수도
있지 넌 모든 걸 다 기억해? 까먹는 거 없어? 어제 뭐 했는지 그저께
뭐 했는지 다 기억해?

문권 어어 왜 그렇게 화를 내요오. 그냥 농담인데··누나 접때 형광펜
도 깜박해서

서연 (오버랩) 노화현상이라니 / (들고 있던 가위 냅다 던져버리는)

문권 (발께로 오는 가위 / 펄쩍 뛰고)????(보는)

162

서연　(침실로 / 문 꽝)

문권　????(얼떨떨해 있다가 누나 방 앞으로 와 귀 기울이고)……

S# 서연 침실

서연　(침대 옆구리에 걸터앉아)……(두 주먹 꽉 쥐어 옆 허벅다리에 놓고)
　　　………

문권　E 누나……누나아아……누니임……

서연　(문 돌아보는)

문권　E 잘못했어요…실언했다구….다시는 안 그럴께요….

서연　(눈물 고이기 시작)…(우그러지는)

S# 방 밖

문권　늙는 거에 대해서 누나가 그렇게까지 예민한지 몰랐네. 흐흐. 진짜 안 어울린다……(기다리다가) 그러니까 우리가 아무리 가까운 사이라고 해서 누군가를 다 안다고 할 수는 없는 거네 응?……(기다리다) 이만 하면 진정성있는 사과는 충분히 한 거 같으니까 나 씻어요…(대답 없자 그냥 욕실로 / 들어가려다가 되돌아 나와 벗어놓았던 티셔츠 집어 들고 욕실로) 뭐 하는 중인가아??(중얼거리는)

S# 침실

서연　(휴지 대고 코 패앵팽 푸는 / ….몇 갠가 휴지 뭉치 침대에 / ….호흡 정리 눈물 ….후우우 숨 내쉬면서 침대에 쓰러지듯 하다 메모지와 볼펜 보고 벌떡 일어나 나간다)

S# 거실

서연　(빠르게 나와 탁자 위 메모지 낚아채듯 들고 도로 침실로 움직이며 / 작게) 가위 가위 가위 가위

S# 침실

서연 (들어오며) 형광펜 형광펜 형광펜 (하다가 화악 치밀어 올라 멈추고)형광페엔!!! 가위이이이!!!(발 구를 듯 / 주먹 올라가고)…

S# 아파트 풍경 인서트(밤)

S# 서연의 침실(시간 경과)

문권 (식탁 / 공부하고 있는)………(문득 잠깐 누나가 걸려 방문 봤다가 다시 공부)…

S# 24, 5년 전 어느 늦은 가을/빈촌 골목 어느 보잘것없는 구멍가게(밤)

[바람 좀 휘이이이 불고]

구멍가게 여편네 (40대 초반 / 부부 싸움 중 / 머리끄덩이 잡히다 빠져나온 / 맨발로 우르르르 뛰어나와 가게 안을 향해) 저런 여엄병을 앓다 땀 못내 죽을 인간 /

서연 (6살 / 조금 떨어진 자리에서 구멍가게 보면서)……(서 있는)

구멍 E 목구멍 풀칠두 숨넘어가는데 허구헌날 노름판 아니면 술타령 그두 아니면 썩은 내 나는 갈보년한테 엎어져 세월아네월아 / 베락 눈깔 멀었냐아?!! 귀신 다 뭐 먹구 살어어 저런 개아들놈 안 잡어가구우우!!!

[후다닥 뛰어나오는 서방과 동시에]

구멍 아아아아악(비명 올리며 냅다 뛰는)

[쫓고 쫓기는 남녀 구부러진 골목으로 사라지고]

서연 (그쪽 보고 있다가 고개가 가게로 돌아가고)………(한동안 보다가 주춤 주춤 가게 앞으로 다가 들어 가게 물건들 보는)

[제법 구색 갖춰져 있는 과일이며 과자며 등등등 /]

서연 (시선이 움직이며)

[서연의 시선이 닿은 곳은 라면 무더기 / 옆에 국수 다발 ……라면도

24, 5년 전 포장입니다 / 과자도 모두 다 /]

서연 ……(하염없이 보며)……(한참 동안 그 상태로 있다가 돌아서 타달 타달 걷기 시작하는)……

S# 단칸 셋방 24, 5년 전

문권 (서연이 들이대는 물 양재기 밀어내며) 싫어어..밥 아니야..밥 줘어 어어..

서연 이거 먹어 문권아. 이거 먹으면 내일 누나가 밥주께..

문권 (피시시 쓰러지듯) 싫어.. 엄마오면 밥 먹을 거야..불고기랑 밥 먹 을 거야..

서연 (일으켜 앉히려 하면서) 그래 엄마오면 불고기랑 밥 먹어..엄마 가 불고기랑 쌀이랑 라면이랑 자안뜩 사갖구 지금 오고 있을 거 야..그러니까 이거 물 먹어. 물 먹구 엄마 기다려 문권아..

문권 엄마아..엄마아아아아 엄마아아아아아 (이미 허기 있는 대로 져 지렁이 소리로 울기 시작하는)….

S# 침실(현재)

서연 (무릎 세워 두 팔로 껴안고 / 얇은 이불 무릎 덮여 있고 고개 조금 아 래 옆으로 / 머엉하니)….

문권 E 엄마아아아아 엄마아아아아…

서연 (우그러지다가 두 손이 얼굴을 덮고)….

고모 E 아이구 죽일녀어어언..

S# 골목길 / 구멍가게 앞길

[늘어진 서연을 고부가 업고 문권은 표백 안 된 누런 광목 길게 찢어 급 조한 포대기로 고모가 업고 /]

고모 (연결 / 양손에는 애들 옷 보따리 대충 꾸린 것 / 징징 울며) 아이구 아이구 처죽일녀어어언. 내 처엄부터 이럴줄 알았다니까.. 핼끈핼끈 눈깔 굴리는 거 하며 손으로 입 가리고 웃는 꼴하며 여엉 내 맘에 안 들었다니까아 어이구우우우 정신나간 녀석..그걸 천하에 없는 여편네라구 으드드드드 모시구 구린 입두 못띠게 그러구 살더니 어이구어이구 말 못하는 짐승두 지 새끼는 알아보는구먼 천하에 웨엔 똥보다 더 드런년.

고부 (오버랩) 그만해.

고모 내 이년 내손에 걸리기만 해 그걸 살려두면 내가 이필숙이가 아냐. 어 그래애애. 나 콩밥 먹다 깜방에서 운명할란다. 너 주욱었어. 각오해 이 잡년아

고부 (오버랩) 감방가기 전에 정신병원 끌려가겠어..미친 사람인줄 알어.

고모 ......

고부 그만해 무슨 소용이야…

고모 (입 다물고 걷다가) 고마워요 명희 아버지…

고부 ……아이구 불쌍한 것들 아이구아이구 기막힌 것드으을..(하는데 툭툭 굵은 빗방울 떨어지기 시작하다 소나기로) 늬 애비가 하늘에서 운다 ‥ 응?

S# 서연의 방(현재)

고모 E (연결) 니 애비가 울어어어 운다 울어어어어어 징징징징

서연 (엎어져 큭큭 소리 죽여 울고 있는)…

[거실에서 울리는 서연 전화벨]

S# 거실

[울리는 전화벨]

문권   (보면)

　[고모 문자 메시지 / 서연아. 김치 어떠냐 둘이 먹다 하나 죽어도 모르겠지?]

문권   (전화 든 채 누나 방 한번 보고 제가 답 쓰는)

서연   E 네에 고모 둘이 먹다 하나 먼저 죽고 그 담 하나도 마저 죽게 맛있어요….(전송)

S# 고모의 방

고모   (돋보기 쓰고 전화 들고 답장 기다리는)

　[답장 오는 신호음]

고모   (열어보고) <u>으흐흐흐흐</u> 하하하하하 / (무의식중에 안경 벗어놓고 시시덕거리며 일어나 나가는)

S# 마루

고모   (나와서 대뜸) 야 이 빵집 홍해 재벌될 기집애야 너 나 문자 메시지못할 거라구 포기 하랬지? (마당에 남편 씻는 옆에서 손빨래하는 중 명희 돌아보고) 읽어주까? 주까? (화면 보면 글자가 안 보인다. 거리 조절 시도 하다 포기)암튼 김치 맛있냐구 보냈더니 답장이 뭐라 왔는지 알어? 네에 둘이 먹다 둘다 죽어도 모르게 맛있단다. 으하하하.

명희   한 글자 만드는데 오분씩 걸려서 그렇지 암튼 엄마 그렇게 행복하면 됐어요오

동철   오분은 뻥이구 한 일분 씩은 걸리죠 장모님.

고모   누군 태어날 때 핸드폰 들고 나오냐? 건방진 것들.

재민   (화장실 가려고 나오는)

고모   (달려들며) 얘 얘 너 쟤들한테 이것좀 읽어줘라. 서연이한테서

온 거야. 저기 아침에 늬 아버지 갖다준 김치 있지 내가 맛괜찮냐
구 메시지 보냈었거든.

재민　(핸드폰 보며) 네에 고모 둘이 먹다 하나 먼저 죽고 그 담 하나
도 마저 죽게 맛있어요··

고모　들었지? 들었지?

동철　장모님 출세하셨어요 하하

고모　그래 나 출세했어 으흐흐흐

명희　(오버랩) 별게 다 수선이야(중얼)

고모　어디 가?

재민　(내려서며) 화장실요··

명희　큰 거 작은거.

고모　그건 무슨 상관야.

명희　엄마 궁금한 거 대신 물은 건데 뭐어?

고모　으하하하하 그래서 너랑 내가 천상모녀다

명희　하하하하

S#　**지형의 거실**

지형　(현관 들어오며 잠깐 비틀)

수정　??(잡아주려)

지형　괜찮아요.

수정　?? 웬걸 이렇게 마셨어? (지형 그냥 움직이는)(따르며) 향기랑 있
었다면서

지형　네에에··

수정　·····(올라가는 것 보며)

S#　**지형 침실**

지형 (들어와 옷 아무렇게나 벗어 던지고 침대 옆구리에 앉아 고개 꺾고)
……(그리고 한동안 있다가 바닥의 상의 집어 주머니에서 핸드폰 꺼내 단
축 버튼 누른다)

  [결번 안내 음성 나오는]

지형 ??……

  [다시 시도 / 똑같은 음성…]

지형 ….(다시 시도 똑같은 응답 / ….전화 내리며)

S# 서연 욕실

서연 (얼굴에 물 끼얹고 있는)….(얼굴에 물기 손바닥으로 닦고 칫솔 집
어 들고) 칫솔 / 칫솔 / (치약 집어 짜면서) 치약‥치약…(입 헹구는 물컵
들고)컵 / 비누 / 하나씩 들어보면서 스킨 / 로션 / 나이트 크림 / 바
디 로션 / (다음 립글로스 들고)……(생각하다가) 립 그로스 립그로스
……(칫솔 올려 넣으려다가 제 얼굴 보며) ….이서연 서른살‥도서출판 스
페이스 제 일 팀장. 이천 오년 / 육년 문화신문 신춘문예 소설부문
당선….작가…엿먹어라 알츠하이머….

제4회

S# **서연의 거실**

　　[라디오 에프엠 음악 방송 조용히]

서연　(간단한 반찬 / 콩나물국 두 그릇 / 이미 차려져 있고 밥 뜨고 있는 중 / 밥공기 두 개 집어다 식탁에 놓고 빠진 것 없나 검열하듯 살펴보는)‥‥(문권 방으로 고개 돌리고) 안나와?!! (화가 좀 나 있는 것처럼 뚝뚝한)

문권　E 나가요오!!

서연　(아! 물/컵 두 개 갖다놓고 냉장고 물병 꺼내 물 따르는) ‥‥(정신 바싹 차리고 있는 상태) ‥‥(물 갖다놓으며) 뭐하는데에에…

문권　(나오며 티셔츠 끌어내리는) 나왔다구요오오

서연　식잖아.

문권　(의자 빼면서 잠깐 눈치 보고) 일찍 나가야 해요?

서연　아니

문권　(앉으며) 그런데 왜그렇게 서둘러.

서연　너랑 얘기할 시간 좀 벌려구.(앉으며)

문권 ??(수저 들며 무슨 얘기?)

서연 알바 그만둬.

문권 ?? 알아서 자알 하고 있으니까 걱정마요 누나. 엉?

서연 …

문권 학점이 약간 그렇지만 대신 토익 토플 좀 더 끌어올려 보충하면 되구

서연 (오버랩) 목표하는 회사가 워낙 쎈데라 그래. 딴 덴 안간다면서. 시험만 치다 늙을까봐.

문권 알바 그만둬봤자 그 시간 다 빈둥빈둥으로 날아가요. 빈둥빈둥 / 돈벌이로 대체하는 건데 뭐. 얼마나 건설적이야.

서연 피곤하면 아무래도 집중력 떨어져.

문권 아 내 나이 몇인데. 샤워한판 하구 나면 다시 쌩쌩/ 호랑이 때려잡게 기운 넘치니까 괜한 걱정 하지 말어요 글쎄.

서연 (안 보며 먹는)….

문권 돈 벌어 누나 시집 보내야지이이흐흐. 제대하구 벌써 거금 육백오십 그게 어디야. 나가서 안 뛰면 십원도 없는 거잖아.

서연 (안 보는 채) 돈 버는 재미에 빠져 두 번 세 번 네 번 실패할까봐 그래.

문권 두세 번까지는 뭐 운 없으면 각오해야하는 거구 설마 네 번까지야 갈라구? 그건 아닐 거에요.

서연 뭘 믿구.(보며)

문권 글쎄 괜히 그렇게 믿어지네‥흐흐

서연 결혼은 언제 해?

문권 에? 뭔 말씀?

서연   안해?

문권   누나 결혼해? 하기로 했어? 언제하는데?

서연   ?? 무슨 소리야?

문권   더 이상 잡아 떼지 마요. 믿어주는 척 했던 거니까··

서연   (보며)···

문권   하재? 뭐하는 사람이야?

서연   그런 사람 없어. 니 얘기중이야.

문권   아 무슨 / 뜬금없잖아. 뭔가 누나한테 변화가 있을 테니까 그
       러는 거 아냐?

서연   (시선 피하며 국 뜨는 / 오버랩) 취직되면 회사 간판 덕 좀 볼 거야.
       덕 볼 건 그거 밖에 없지 뭐. 그런데··마음에 괜찮다 싶은 상대면 다
       얘기하고 시작해.

문권   물론야. 난 여자랑 얽혀 속 다치고 골 아프고 그런 거 진짜 싫
       어요.

서연   그럼 됐어

문권   왜 비밀인데··설마 불륜은 아니겠지. 누나 성격에 그건 아닐 거
       구. 백그라운드 차이? 그 사람 집에서 절대 안된대?

서연   둘 다. 그래서 끝냈어.

문권   ???

서연   (쓴웃음) 됐어?

문권   에이 누나. 에이에이 누나가 불륜? 하하하 하하하하하

서연   (물 마시는)···

S# 서연의 방

서연   (출근 원피스 옷걸이 옷장에서 꺼내면서 / 무표정)

172

서연 E 문권이가 에이에이 누나가 불륜? 하며 하하하 웃었다. 에이
에이 내가 알츠하이머? 하하하하하 (옷 침대에) 그렇게 웃을 수 있었
으면 좋겠다..(핸드백 침대로 옮기며) 그럴 수 있었으면 좋겠다.

S# 버스? 지하철?

서연 E 자고 일어나 이 시간까지 실수한 것 없다. (손에 쥐어진 휴대
폰 내려다보며) 메모도 옮겼고 전화도 갖고 나왔고 나는 지금 회사
로 가고 있는 중이다……(잠시 있다가 가방에서 문고판 책 꺼내 펴들고
읽기 시작하는)……여전한 속도로 책도 읽을 수 있고 모르는 단어가
튀어나오지도 않고 이해 안되는 문장들도 없다. 나는 괜찮다…멀쩡
하다.

S# 지하철? 버스?에서 내려 움직이는 서연

서연 E 가 / 가을 / …을밀대 / 대천 / 천지 / 지연 / 연분홍 / 홍길동
/ 동해 / 해돋이 / 이..이천쌀 / 쌀눈 / 눈..눈 사람 / 람보 / 보물 / …
물건 / …건축…건축…축대

S# 지형의 빌라 주차장

지형 (주차장으로 나오고 있는)……(차 문 열고 오르고 시동 걸어놓고)….
(잠시 있다가 핸드폰 단축 버튼 누른다)

   [결번 안내 음성 나오는]

지형 (끊어서 잠시 내려다보다가 옆자리에 던지듯 하고 출발하려다 말고
다시 집어 단축 뒷번호 하나 누른다)….

   E 신호 가는 소리 (두 번)

S# 보험회사 근처 카페

   [전화벨 넘어오고]

재민 (테이크아웃 커피 나올 때 기다리던 중 / 앞에 두엇 대기자 / 전화 보

고 받는다) 여보세요.

지형 F 나야.

재민 그래.

지형 F ….

재민 말해‥니가 걸었잖아.

지형 F 서연이 / 전화 끊겼더라‥

재민 응 그랬더라.

S# 지형의 차 안

지형 한번은… 꼭 통화하고 싶은데…

재민 F ….

지형 사실 나는…‥제대로 끝내지도 못했어.

재민 F 제대로가 어떤 건데‥

지형 하고 싶은 말‥해야할 말을 못했어‥

S# 카페

재민 (앞에 손님 없고 뒤에만 서너 사람 / 재민의 커피가 뽑히고 있는)

지형 F (그래서) 몇 번이나 통화시도했는데 안 받아줬어‥

재민 (커피 받으며) 들었어.

S# 지형의 차 안

지형 한번만 통화하자고‥전화 기다린다고…아니 새번호 그거 나한테 줄수 없니?

재민 F (오버랩) 너 때문에 바꾼 건데 그럴 순 없겠다 지형아.

지형 …‥

S# 카페

재민 (카페 나서면서) 꼭 할말이 있는 건 니 사정이지 그게 그녀석한테

174

무슨 도움이 되는 건지 생각해‥(걸으며) 너 미진한거 해소하자고 아이 건드리는 건 하지 마라. 아닌척하면서 그 자식 죽을 힘 다하고 있어. 결혼 파기하고 부모자식 연 끊고 뛰쳐나왔다면 모를까 난 도와줄수 없다.

S# 지형의 차 안

지형 ‥‥‥

재민 F 그만 끊자‥

지형 ‥

재민 F 건드리지 마.

지형 ‥‥‥

　　　E 전화 끊어지고

지형 ‥‥(전화 내리고)‥‥‥

S# 서연 사무실

서연 (빈 사무실. 제일 먼저 출근 / 커피포트에 물 붓고 스위치 누르고 제
　　자리로 움직이는데)

소희 (들어오다 보고) 어머 오늘 팀장님이 일등이세요?

서연 굿모닝.(산뜻)

소희 왜 이렇게 일찍 나오셨어요?

서연 어쩌다 보니까 그렇게 됐어요

소희 내가 일등일줄 알았는데‥일등 먹었다구 큰소리칠라 그랬
　　는데.

서연 황인영씨 때문에?

소희 진짜 열받아 회사 다니기 싫어요.

서연 (그냥 웃어버리고 모르는 척)

소희 며칠 모르는 척 하더니 도저히 못 참겠는지 어젠 글쎄 그러는 거 있죠? 혹시 출근시간 땡 맞출려구 문 앞에서 기다렸다 들어와?

서연 (웃고)

소희 저엉말 신기해애애..어떻게 집이 십분 거리면서 매일 땡 / 짜자 안이야? 빽 있어서 그러는 거야? 그래 나 빽있다 어쩔래 깐족아 그럴래다 어금니 부서져라 참았죠.(아니) 지각만 아니면 되잖아요. (고개는 서연 쪽으로 / 커피포트 쪽으로 움직여 커피 따르려다 보면 쭈룩쭈룩 내려지고 있는 게 맹물이다) ??어머나. 깔깔깔깔 팀장님 우리 커피 떨어졌어요?

서연 ??(돌아보는)

소희 (커피포트 스위치 끄면서) 물만 부어놓고 그냥 스위치 넣는거 울 엄마 한번씩 그러는데..

서연 으/..(엉거주춤 일어나는) <u>ㅎㅎㅎ홋</u> 바보. 딴 생각하다 건너 뛰었나봐.

소희 흐흐 세개면 되죠? (가루 커피 깡통 열며)

S# 사무실 밖 복도

서연 (사무실에서 나와 빠른 걸음으로 화장실 쪽으로)

S# 화장실

서연 E (빠르게 들어와 물 틀어놓고 손 빡빡 씻으며 / 화나서) 아냐 괜찮아. 이건 다른 사람 누구한테도 있을 수 있는 일이야. 잠깐 한번씩 깜빡은 대수론 일 아냐. 괜찮아..신경쓰지 마. 별일 아냐.(거울 속에 제 얼굴 보며) 별일 아냐..(제 얼굴 보며) 끝말 이어가기도 너무 잘하는데 뭐. 화이팅..이서연 화이팅. 화이팅화이팅(하며 얼굴이 좀 우그러지고).....(종이 타월 뽑아 손 닦고 나가는데)

[틀어놓아져 있는 수전]

서연　(잠시 후 되돌아와 보고 수전 잠그며) 별거 아냐 누구나 다 할수 있는 짓야. 건망증 단순한 건망증이야…

S#　회사 근처 식당

선주　운명아 비켜라 내가 간다 과부아지매 길길이 뛰어 년매출 얼마 성공사례까지는 그래 긍정 메시지로 봐준다구. 그런데 거기다 군침 넘어가게 잘생긴 재벌 외아들까지 엮어줘야겠냐구.

소희　거기다 여자들 자지러지는 식스팩까지죠 흐흐홋

인영　뭐 그럴 수도 있죠.

선주　연하 재벌상속남이 돌았냐? 연상 / 이혼녀 과부 캔디한테 핀이 가게?

인영　(그냥) 아무 생각없이 보고 즐기면 되잖아요

선주　(오버랩) 무뇌아야? 어떻게 아아무 생각없이 즐길수가 있냐 말야.

인영　여자들 대리만족 환타지니까요

선주　환타지를 빙자한 사기라니까? 재벌상속남 구경이라도 해봤어? (서연에게) 재벌남 구경했어요?

서연　냄새도 못 맡았어요.

선주　변소희씨는?

소희　재벌 상속남(손가락 꼽아가며) 다섯 글자 떼면 모두 토나오게 못 생기지 않았어요?

인영　과연 동문서답에 지존이다

선주　아하하하

서연　(물 마시다 뿜으며 소리 내어 웃는데)

[나오는 음식 쟁반]

서연 (얼른 손으로 가리키며) 순두부 된장 오징어 덮밥 나는 콩나물 밥. 맞지?

대답들 맞아요 / 네에 / (각각 먹을 준비하는)

서연 .....(보면서 비비려고 젓가락 드는)

S# **어느 고급 가구점 안**

[침대 코너에서]

현아 몰취향이기는(암튼) 같은 값주고 왜 싸구려같은 게 좋아 글쎄.

향기 (좀 부어서) 싸구려같지 않아요. 로맨틱하잖아. 엄마가 하라는 건 너무 노인네들 거같단 말야.

현아 유치한 게 로맨틱이라면 그래 충분히 유치하고 넘치게 로맨틱 하다.

향기 엄마아아

현아 안목 없는 티내지 말고 그냥 내말 들어. 금방 싫증날 거 뻔해. 한 두푼짜리도 아니고 엉? 말들어어어?

향기 (뿌우우우)

현아 싫어? 싫다구?

향기 싫어요.

현아 (째려보는)...

향기 내 침댄데 엄마 내 맘에 들어야지 엄마꺼 아니잖아요오오(좀 어 리광스럽게)

현아 (뻔히 보며) 그래애애 내가 또 스님 머리에 꽃핀 꽂으려 들었다. 니 마암대로 해. 매트리스 도착 착오없는 거죠?

직원 내일 통관하면 바로 입고됩니다 사모님. 염려 마십시오.

178

현아　이녀석 확실히 온댔니?

향기　오고 있다구 전화했잖아. 고걸 못 참아서.

현아　나 약속 있다니까… 결제먼저 하죠.

직원　알겠습니다 사모님.(하는데 / 안내받아 들어오는 지형)

직원2　(오버랩) 고객님 오셨습니다

직원　아. 어서 오십시오. 안녕하십니까.(향기 / 활짝 / 아 오빠 하며 지형 옆에 들러붙어 팔 끼고)

향기　생각보다 빠르네?(직원과 함께 겹쳐서)

지형　어 안 막혔어.안녕하세요‥ (보고 있는 현아) 저 왔어요 어머님.

현아　(나이스하게) 어서 와라. 우리가 말이다 따로따로 골라놓고 옥신각신하는 중인데 니 선택 한번 보자.

향기　어 오빠.

현아　(오버랩) 너 가만 있어. 아무 정보없이 니 맘에 드는 거 골라봐 어디 한번. 이쪽 이거하고? 저기 오른 쪽 코너에 있는 거하고‥

지형　(침대 두 개 보고) 저쪽 코너 것이 좋은데요?

향기　??(엄마가 선택한 것)

현아　(향기 보며) 지형이 너무 빨리 늙었다 얘.

향기　(오버랩) 오빠가 원래 보수적이잖아. 알았어 뭐. 오빠가 좋은 걸로 할래. (직원에게) 이거 아니구 저쪽 걸로 결정할께요.

현아　??

직원　E 알겠습니다.

S#　어느 레스토랑

향기　(고기 썰면서) 있지 오빠 나 그림이 좀 있거든?

지형　(보는)

향기 E 옛날옛날 나 어렸을 때부터 엄마가

향기 생일 선물로 한 점 씩 사준 건데 어제 세어보니까 열일곱 점.(반 썰어낸 고기 지형 접시로)

지형 내걸로 충분해.

향기 그동안은 엄마꺼랑 다 합쳐서 바꿔걸었는데 결혼하니까 몽땅 갖고 가야지?

지형 그거 보관 잘 해야 하는 거 아냐?

향기 응 그래서 엄마는 갖고 가야 제대로 관리도 못할 거 그냥 뒀다 가 우리 분가하면 갖고 가래‥

지형 ‥‥(그냥 먹는)

향기 어떡하는 게 좋겠어?

지형 어머니 말씀이 맞는데 뭘.

향기 변덕 나서 내돈주고 산 내꺼다 그럴까봐.

지형 (조금 웃을 듯 말 듯)

향기 몇번이나 뺏겼다 도로 찾았다 그랬는데 뭐.

지형 그래서 아예 챙겨둘라구?

향기 응‥내꺼니까‥전부다 좋은 거래.

지형 엄마한테 관리하시라 그래.

향기 그림을 위해서 아무래도 그래야겠지? 내가 그림 뒤에 노향기 노향기 전부다 써놨으니까 엄마 나중에 딴소리 못할 거야.

지형 (오버랩의 기분) 작은 아버지댁 고모님댁 초대 결혼 후로 미루 면 안될까?

향기 ?? 왜애애.

지형 친구들 초대도 해야한다면서. 요리실습에도 잠깐 나가야 하고.

스케줄 소화하기 너무 벅찬 느낌이라서. 일에 집중할 시간이 없어. 오늘 점심도 손대표 혼자 나갔어 중요한 약속인데··

향기 그럼 요리 빼줄까?

지형 아니 그건 잠깐 한시간이면 된다니까 놔두고 작은 아버지랑 고모님댁 중에 한군데만 미뤄주면 좋겠다.

향기 알았어 엄마한테 부탁할께··

지형 (시계 보며) 두시까지 건축주 만나 설계안 확정지어야 해.

향기 (오버랩) 알았어 알았어 빨리 먹을께··(하며 활짝 웃고)

지형 ···(보며 착잡한 채 마주 웃어주는)···

향기 아 오빠·· 내일 플로리스트 미팅 잡혀있는데. 세시.

지형 ····(보는)

향기 알았어··엄마랑 하께.

S# **서연 사무실**

　[비어 있는 자리도 더러 있고 각각 자기 할 일 하고 있는 상태]

서연 (두통 때문에 머리 싸쥐고 앉아서)······(결국은 가방 뒤져 약 꺼내들고 일어나는데)

　[메시지 들어오는 소리]

서연 (열고 보면)

사장 E 원고 보냈어요. 이서연씨가 맡아줬다니까 허교수가 좋아해. 땡큐.

서연 (답장 찍는) 네에 사장님 원고료나 많이 주세요.(전송하고 정수기 쪽으로 가 물 받아 약 넘기는)······(물컵 내리며 훼엥한)····

S# **백화점 에스컬레이터를 타고 올라가는 중**

서연 E 에스컬레이터 에스컬레이터 에스컬레이터 엘리베이터 엘

리베이터 엘리베이터

S# 부인복 매장

　　[부인복 매장 앞을 훑어보고 있는 서연 / 마네킹에 다가가 소재 만져보

　　기도 하고……퇴근 후. 바쁘지 않게…옆 코너로 옮기는 /]

S# 커피숍

서연　(음료 잔 들고 앉아 메뉴판에 음료 이름 입술만으로 읽어내려가고

　　있다.)

S# 백화점에서 나오고 있는

서연　E (걸어 나오면서) 엘리케이터 엘리게이터 / 엘 파소 / 엘 그레코

　　/ 엘레나 게르하르트 / 엘레나 마우티 눈치아타 / ⋯⋯엘레지

S# 고모의 골목

S# 대문 앞(7시경)

서연　(생각에 빠져 걸어오는)

S# 대문 앞

서연　(대문으로 다가드는데)

고모　E 다녀와요‥(서연 멈추고)

고부　(나오며 서연 보는)

고모　E (연결)과식하지 말구우‥

고부　왔냐?

서연　네 나가세요?

고부　응 친구들이 나오래서‥ 돼지갈비 먹여준단다‥

서연　네에에.(좀 웃으며)

고모　E 누구우 / 서연이냐?

서연　네에에 / 다녀오세요 고모부.

고부   (그냥)….

S# 마당

고모   (수돗가 물청소 / 마지막으로 물 채운 양푼 좌악좍 / 들어오는 서연 /

안 보며) 반찬 통 챙겨왔어?

서연   아니

고모   (보며 양푼 놓으며 / 오버랩) 퇴근길이구나.

서연   네.

고모   (오버랩 / 쭈그리고 손 씻으며 / 반가와서) 잘 됐다. 청국장생채나물

비벼 밥 먹자.

서연   청국장 벌써 하셨어요?

고모   (손 씻고 일어나 에이프런에 손 닦으며) 낼 고모부 출근길에 갖다

주라 그럴 참인데 이참저참 잘 왔다 웅? 고모부 밥 찬밥 안만들어

두 되구 으흐흐흐흐 / (핸드백 빼내 마루로) 손 씻어 내 얼른 차려내

올테니까 어?

서연   네에..

고모   (부지런히 부엌으로 가다가 문득 돌아보며) 주말도 아닌데?

서연   그냥…들어가 밥 챙겨 먹기 귀찮아서요.

고모   흥할 것 / 고모 보고 싶어 왔다 그럼 어디 덧나?

서연   고모 보고 싶어서요

고모   깔깔깔깔깔 옆구리 찔러 절 받았다 그래 으흐흐흐(부엌으로)

서연   …(잠시 보다가 샘으로 / 손 씻으려 쭈그리고 앉으려는데)

[마루 핸드백에서 전화벨 소리 (돌아보고 마루로 / 꺼내어 보고 받는다)]

서연   응 그래.

문권   F 나 차좀 몇시간 써도 돼요?

서연 어디 가는데.

S# 서연 문권의 방

문권 (침대에 앉아 양말 신으며 / 전화 끼고) 재룡이 누나 심하게 아프다 구 했지 왜 누나....어 ‥오늘 갔대‥이 자식 전화붙잡고 완전 통곡이야 통곡 가봐야할 거 같아서요‥ 천안...어 조심하게 걱정마요‥웅 근데 키 어디 뒀어요? 항아리에 없든데?…알았어요. 엉 ‥엉 (끊고 / 상의 집 어 들고 문으로)

S# 거실

문권 (통과해서 서연 방으로)

S# 서연의 방

문권 (들어오면서 곧장 침대 왼쪽 사이드 테이블 서랍 열고 열쇠 집어내 고 닫다가 다시 열고 삼십여 장 이면지 자른 메모지 맨 위 것 꺼내 본다)

[끝말 이어가기 / (문권 피식 / 이게 뭐야)

덧셈 뺄셈 곱셈 나눗셈

잠자기 전 한 시간 책읽고 기억하기.

메모메모메모메모 확인확인확인]

(픽픽 웃는 / 되게 신경 쓰네 / 못말려 이 아줌마 / 메모 제자리에 넣다 가 접혀 있는 종이 꺼내 펴면 /)

[서연이 받아온 처방전]

문권 (약 이름이 생소하다)‥(이게 무슨 약이지?)….(핸드폰 꺼내 검색으로 들어간다 / 아리셉트 / 검색된 내용을 보면서) ???? (눈으로 읽어가면서) …..(다시 검색 / 에나폰 / 역시 읽어가면서)…..(시선이 조금 옆 위로 움직 여서)…..(그러고 있다가 서둘러 나가는)

S# 거실

문권　(누나 책상으로 / 노트북 켜며 앉는다)··

S# 고모의 마루

고모　(고모 상 들고 나오고 서연 / 작은 스테인리스 양푼에 김 나는 밥 이
　　인분과 물 놓인 쟁반 들고 뒤따라 / 고모 밥상 / 마루에 놓으며) 끄으응 /
　　아이고 또 그러네··쯔쯔쯔 (마루 오르며) 나 이상한 버릇 붙었다 서
　　연아··괜히 끙끙거려. 무겁지두 않구 힘들지두 않은데 괘앤히 끄응
　　/ 끄으응 갑자기 왜 이러는지 모르겠어 (서연도 마루로) 으흐흐흐
　　흐 고모부 늙은 티 나는 거라는데 (서연 밥상 앞에 앉는데 벌써 앉은
　　고모/쟁반 바닥에 놓여지기도 전에 양푼 집으며) 솔직히 얘기해서 내
　　가 뭐 벌써 그럴 정도로 늙은 건 아니잖아. 비빈다아?

서연　네에··

고모　(밥에 청국장 퍼넣으면서 오버랩) 깔깔깔깔깔 숫캐 불알앓는 소
　　리 하지 말랜다. 너 그 소리 들어본 적 있냐?

서연　아뇨 고모.

고모　시집도 안간 애 붙잡고 내가 별 소리 다한다. 으흐흐흐흐.

서연　생채 맛있어요? (젓가락으로 생채 집으며)

고모　생채 맛있으려면 아직 쫌 더 있어야지··무는 찬바람 돌아야 맛
　　있거든··참아. 기똥차지는 않지만 그래두 괜찮아.

서연　(씹으며) 맛있는데요 머.

S# 같은 거실 / 시간 경과 /

　　[알츠하이머에 대한 검색 페이지 인서트]

문권　(굳어서 거의 부릅뜬 것 같은 눈 / 눈동자만 좌우로 움직이는)······

S# 시간 경과 거실/여전히 검색 중 문권

S# 마루

고모   (입이 찢어지게 먹으면서) 맛있다 맛있지 응.

서연   고모 솜씬데요 뭘.

고모   (숟가락 든 손으로 갑자기 춤추는 시늉/)아짜자짜짠 아짜자짜
짜짠 칭찬은 고래도 춤추게 한다 나 고래다 고래 아하하하하

서연   (소리 내어 웃고)‥‥

S# 같은 거실

문권   (앉은뱅이 책상 앞에 앉아 후들거리는)‥‥‥‥‥‥

S# 고모의 마루

고모   (다 먹은 밥상 한옆으로 치워놓고 쭈그리고 앉아 걸레질하는)

서연   (부엌에서 커피 컵에 담은 녹차 쟁반에 들고 나와 놓고 걸터앉으며)
고모

고모   응 그래.(걸레 치우고 다가드는) 커피 못 찾았냐? (내가 찾아줄게)

서연   아니 저녁 시간에 커피 이제 안 마실려구요.

고모   뭐야 너두 벌써 저녁 커피 밤 새는 거 시작이야?

서연   조금‥깊은 잠이 안자져요

고모   벌써 그럼 안되는 거잖아아‥난 쉰 넘으면서부턴데에에‥

서연   제가 좀 일찍 늙나부죠 머.

고모   뎃끼!! 쯧 / (흘기는) 어디서 건방이야.

서연   으흐흐흐흐

고모   차 마시자아아아아아

서연   네에‥(찻잔 드는)

S# 서연의 거실

문권   ‥‥(그 상태대로 있다가 주머니에서 전화 꺼내 내려다보며)‥‥

S# 고모 마루

고모   시집 안가?

서연   고모 갑자기

고모   (오버랩) 얘 실은 한군데서 말이 들어왔는데

서연   (오버랩) 있잖아요 고모··우리 엄마는··

서연   E (멈춘 고모) 엄마라는 이는···

서연   어떤 사람이었어요?

고모   갑자기 / ··갑자기 왜 궁금해··어디서 무슨 소리 들었어?

서연   그런 거 아니구··고모 나 이런 말 생전 첨인 거 아시죠.

고모   그래··

서연   어떻게 생긴···얼굴 생김새도 몰라요.

고모   사진 몇장 있는 거 내가 발기발기 찢어 퉤퉤 침뱉어 태워버렸으니까··

서연   ····

고모   ··보고 싶어?

서연   그냥 요며칠···(보며) 어떻게 하면 어떤 마음이면 그럴 수 있는 건지···모르겠다···그래서요.

고모   미치면 그렇게 된다. 돌아버리면. 돌지 않구서야 자식새끼 두구 그런 짓을 어떻게 해··아 옛적부터 말이 있잖어. 과부가 바람들어 눈 뒤집히면 자식새끼가 움켜쥐고 자는 옷고름 가위로 자르구 뛰쳐나간다구. 돈 거지··환장을 한 거지.

서연   (보며) 어디서 어떻게 사는지 혹시 아세요?

고모   내가?···얘 나 몰라··알고 싶지도 않고 몰라··전혀 몰라.

서연   (쓴웃음) 네에··

고모   (괜히 상에 물컵 집어 벌컥벌컥)

서연　고모 아니었으면 문권이랑 저…죽었죠?..

고모　죽긴 왜 죽어..내 눈이 시퍼런데 늬들 그렇게 죽여 보내?

서연　고모네도 어려웠었잖아요.

고모　우리 밥 세숟가락씩만 덜어내면 늬들 멕일 수 있었어..

서연　…(가만히 보며)

고모　늬들 들어오면서 고모부 가게두 자리가 잡히구 내 손님두 점점 늘어나구 늬들이 복덩어리였어.

서연　고모부가 먼저 우리 키우자 그러신 거 사실이에요?

고모　얘는 새삼스럽게 내가 오실을 사실로 둔갑시켰을까봐? 내가 지금도 그 순간을 아주 똑똑히 기억해 이것아. 너무 억장이 무너져 덜덜덜덜 걸음은 술취한 꼴에 우리가 키워야지 어떡해소리 차마 못 내놓구 죽을 힘 다해 목구멍 안으로 쑤셔 넣는데 / 이는 으득으득 갈리고 눈물은 비오듯 쏟아지고 / (울먹울먹) 그러다가 내 신발 한짝이 벗겨졌는데 그거 주워다 놔주면서 후우우우우 아이고 숨차. 니 고모부가 우리가 데려오면 돼. 걱정마 그러더라 (비죽비죽) 그때 하느님같았던 니 고모부한테 내가 이렇게 잘못하구 살면 안되는데 딴 살림을 열군데를 차려두 상관없다 그때 내맘은 그랬었는데 잘은 커녕 그눔으 미장원때매 밥도 자기가 찾아 먹게 만들구 암걸려 걱정시키구 돈 털어먹구 ….

서연　….(보며) 고모 (그러지 마세요)

고모　(저편에 놓인 두루마리 휴지 집어 찢어 눈물 훔치다가)….으하하하 하 돈 아까워 한 집두 못차릴 사람인줄 뻔히 아니까 그냥 객기 부린 거지이이 애 무슨 딴살림을 열집이나아. 깔깔깔

서연　(웃으며) 그래서요 고모, (핸드백 당겨 상품권 봉투 하나 꺼내 마루

에 밀어놓으며) 지금까지 고모랑 고모부한테 선물다운 선물 한번 못드렸어요··

고모　？？

서연　E 백화점 갔었어요··뭘 사야 할지 결정을 못하겠어서 그냥 상품권 만들었어요.

고모　서연아

서연　(오버랩) 고모부랑 한 장씩 나눠 가지세요.

고모　(오버랩) 얘너나 잘 살아 이런 거 필요없어 이것아.

서연　약소해요

고모　(오버랩 연결) 눈빠지게 컴퓨터 쳐서 버는 거 왜 이렇게 헛돈을 써어어 하지 마 필요없어. 너 옷이나 사 입어 됐어.(밀어내며)

서연　(오버랩) 아니에요 고모.(도로 밀며) 이제 빚 없어요. 괜찮아요

고모　(도로 밀며) 아 글쎄 이런 거(하는데)

　　　[징징징 우는 지민과 함께 들어오는 명희 부부 /]

명희　(오버랩) 울어? 왜 울어 뭐 잘했다구 울어 아앙?

고모　(명희 들어오자 냉큼 봉투 무릎 아래로)

명희　(연결)도대체 몇시간이나 놀고 있었던 거야. 약속했잖아 딱 한 시간 만 한다구.

지민　(징징거리면서) 그게 그렇게 되지가 않는다구요 엄마아아. 하다 보면 시간 가는 줄 모르구 쪼꼼만 더 쪼꼼만 더 그러다가 (한편 차서 방 서연과 적당히 알은척하고)

명희　그래애!! 노름쟁이 도박쟁이 징조 소름끼친다니까아아 /

동철　(오버랩) 애한테 별 저주를 다 퍼붜 암튼 / 이제 그만 하라니까 아아!!

명희　당신 가만있어? 당신 이러니까 애한테 내말이 안 먹힌단
　　　말야.

동철　어려 한때야..아 저 나이에 응 엄마랑 한시간 약속했지 좋았어
　　　땡 한 시간 / 집에 가야지 그럼 그거 정상 아냐아아.

명희　이 사람이 진짜아아??

고모　(오버랩 / 그동안 마루 내려서 있다가 오버랩) 그건 차서방이 맞
　　　다.(부엌으로)

명희　(오버랩/발 구르며) 엄마아아

고모　(오버랩) 서연이 안 보여? 서연이 왔잖어.

명희　뭐어 / 왔으면 온 거지 암행어사 출두라도 돼?!!

S#　편의점 / 앞 야외 테이블 / 문권 알바하던 곳 /

재민　(캔 맥주 대여섯 개 든 봉지 들고 나와 의자 빼고 앉으며 캔 하나 꺼내
　　　열어 마시며 한 손으로 봉지 옆의자에 놓는데)

　　　[서연의 자동차 들어와 도로 가에 멎고]

문권　(내려서 재민 쪽으로)....

재민　(보고)맥주 한캔씩 할까 했는데 안되겠구나. 어디 나가냐?

문권　네..(의자 빼는)

재민　나가야하는 녀석이 난 왜 보재.

문권　.....(보며)

재민　무슨 일야 얘기해.

문권　(시선 내리며) 형님 밖에는…형님이랑 먼저 얘기해야겠어서요.

재민　하라구..

문권　…(그대로)

재민　(맥주 캔 잡으며) 뭐 사고 쳤냐? 괜찮아 얘기해.(마시는)

문권 …(보며)

재민 (마시고 내리며 웃는) 진부하지만 애기 생겼어? 책임지래?

문권 (오버랩) 누나한테……(아직 떨리고 있는 속) 무슨 일이 벌어지고 있는 거 같아요.

재민 ??(잠깐 보고).. 누나도 사생활이 있고 사생활은 보호해줘야하는 거다..(지형이 얘긴 줄 알고) 스스로 털어놓기 전엔 그냥 모른 척 하는 게 기본이야….뭐 어쩌는데..왜 무슨 일 있었는데..

문권 누나가 …치…치매 같아요.

재민 ??….뭐?

문권 (주머니에서 메모한 것 꺼내 펴서 탁자에)..치과간다 그랬던 날 발행된 거에요..

재민 (메모 종이 들고 보며) 그런데.(약 이름에 병원 이름과 의사 이름도)….

문권 약 이름이 생소해서 / 그런데다 서랍에 누나 메모가 좀 이상했고

재민 (오버랩) 무슨 메모 /

문권 단어 새김질. 덧셈 뺄셈 곱셈 나눗셈 / 끝말 이어가기 / 메모메모메모메모 확인확인확인

재민 (보며)…..

문권 요즘 누나가 한번 씩 깜박깜박 / (울먹해지며) 두통약 먹는지 꽤 됐어요. 전화 놓고 나가는 일 일년에 한두번 있을까 말까였는데 요즘 꽤 자주 그랬어요..자동차 키 가지러 다시 올라오기도 하고 저번엔 형광펜이 생각 안나 더듬더니 며칠전엔 가위찾으면서 가위소릴 못하고 그거 그거 이거 (가위질하는 시늉) 그래서 노화현상 아니냐 장난으로 그랬는데 얼마나 화를 내는지…. 하나는 알츠하이머에 먹는 약이고 하나는 우울증 약이에요.

재민 ……(보다가 시선 메모로) 그런데 이거 말 되니? 치매는 노인질환인데 있을 수 없는 일이잖아.

문권 (오버랩) 그러니까요오 그런데 분명 누나 앞으로 발행된 처방전이었어요. 어떻게 생각해야해요‥

재민 ‥‥(보며)

문권 (보며)……

S# 고모네 골목(밤)

서연 (모퉁이에서 나타나 돌계단 쪽으로 오며 중얼중얼) 백십칠 백십육 백 십오 백 사 (하다가 멈춰서 보는)

　　[집으로 올라가는 계단을 천천히 올라오고 있는 / 돌과 시멘트로 만들어진 다소 울퉁불퉁한]

재민 ‥‥‥(한 손에 비닐봉지 들고 고개 아래로 하고 저 아래서 돌계단을 올라오고 있는)‥‥

서연 (기다리고 섰는)……

재민 ‥‥

서연 ……

재민 ‥‥

서연 ‥‥‥(기다리다가 두어 계단 남겨놓고)‥(바로 재민에 밟게 돼 있는 지점으로 폴짝 옮겨선다)

재민 (시야에 들어온 발 보고 무심히 올려다보고)아‥

서연 (웃으며)뭐 누가 돈 떨어트린 거 없나?

재민 집에 왔었니?

서연 어 잠깐‥뭐야? (봉지)

재민 (봉지 들어 보이며) 맥주‥배고파 잠 안 올때 어머니 귀찮게 안해

192

드리고 해결하는 방법.

서연   으응. 난 저녁 벌고 가는 길이야. 청국장 맛있더라. 생채나물하
고 비벼 먹어 환상이야‥

재민   그래‥

서연   (한 손바닥 펴 조금 올려 흔들며) 갈게‥

재민   (오버랩) 아침에 지형이 전화했더라‥

서연   (보며)‥‥

재민   꼭 하고싶은 말 있다고 한번만 통화하게 해 달라구.

서연   무슨 말.

재민   안 물어봤어. 물어다 주까?

서연   아니? 뭐랬어.

재민   건드리지 말라구‥너 나한테도 건드리지 말랬잖아.

서연   (웃으며) 잘했어. / 하고 싶은 말뭐 미안하다겠지. 직접 안들어
도 알아.

재민   미안하다 소리도 안했어?

서연   했을 거야. 했겠지‥아직 불편한가부다 다시 한번더 하고 편해
지고 싶은 거겠지 또 연락오거든 말해줘. 불편하지 않아도 된다 통
화 안해도 괜찮다구.

재민   ‥‥(보며)

서연   가아‥

재민   그래‥

서연   (웃어 보이고 계단 내려가기 시작)

재민   (잠시 보다가 따라 내려가 잡아주는)

서연   왜애?

재민 어기적거리는 거 볼썽 사나와서.

서연 으ㅎㅎㅎㅎㅎ

[잠시 말없이 잡고 잡혀서 내려가는 /]

재민 정말 진심이던데…통화 한번 쯤 해줘도 상관없잖냐?

서연 뭐어…필요없어.

재민 모질다..

서연 마무리했는데 실밥 너덜거리는 거 싫어.

재민 나한테 여자는 너 하나뿐이다소리 할지도 모르잖아.

서연 으ㅎㅎㅎ..

재민 그 자식한테서 난 그게 전달돼 오던데..

서연 후후 그런 게 있기는 있나?

재민 왜 없어..

서연 그러면서 딴 여자랑 자식낳아 키우며 살고?

재민 그럴 수도..

서연 ....몰라..

재민 그럼 넌 쭈욱 언제까지나 이러고 있을 거야?

서연 (멈추고) 오빠 내가 언제 하나뿐이다 그런 말 했어?

재민 그런 거 아니야?

서연 억울해서 못하지이이..몇년 뒤 까맣게 다 잊어버려 길에서 만나도 누구? 그럴 건데?

재민 ....(보며)

서연 실망했나부다.

재민 그래 실망이다.

서연 으ㅎㅎㅎㅎ. 오빠는 고인돌이니까.(보며 웃는)

재민 뭐?

서연 개르르르 개르르르르 (턱 조금 들고 웃는)

재민 (보며).....

서연 가아.

재민 그래..

서연 (등 보이며 움직이는)

재민 ....(서서 보며)

서연 (문득 돌아보고 손 흔드는) 들어가아아.

재민 (손 들어 보이며) 가라구../

서연 돌아서..뒷모습 보이는 거 싫어.

재민 왜 싫어.

서연 그냥 싫어..싫어하는 거 알잖아..

재민 알았어 그래. 알았다구..(하며 돌아서 계단으로)

서연 (보며 웃던 얼굴에서 웃음 사라지며 돌아서는)....(걷기 시작)

재민 (계단 오르며).......

서연 .....(걸으며)...

S# 서연의 동네 큰길가에 세워지는 지형의 자동차(밤) 과거 /

S# 차 안

지형 (기어 빼고 사이드 채우며) 어디 주차장 없나?

서연 (벨트 풀며) 왜?

지형 (돌아보며) 밤길 불안해서. 너무 늦었고.

서연 괜찮아..으흐흐 죽어도 갖고 다니라는 가스 총 있잖아. 죽어도
  갖고 다녀. 보여줘?

지형 가방에서 꺼낼 틈 없을 지도 모르니까 이런 한밤중에는아예 꺼

내 들고 움직여

서연 으흐흐 알았어..가..

지형 그래 가..

서연 (제 입술에 손바닥 끝 잠깐 댔다가 지형 입에 붙였다 떼며) 안녕..

지형 안녕..

서연 (내리고 문 닫고 잠깐 보다가 유리 똑똑)

지형 (유리 내리고)

서연 왜 안가? (들여다보며)

지형 가아(너 가)..갈 거야..

서연 뒷모습 보이기 싫다니까? 빨리 출발해.

지형 이유나 알자 그게 왜 그렇게 싫은지..

서연 ....(보며)

지형 그럼 내려놓자 마자 그냥 핑하니 가는 게 좋아? 좀 지켜봐주는 게
괜찮지 않아?

서연 난 아냐..뒷모습 보이는 거 뭔가 초라하고 창피한 느낌.

지형 이상한 성격이야.

서연 응 나 이상성격이야..

지형 알았다..가스총 꺼내 들어.

서연 오케이.(가방에서 가스총 꺼내 흔들며) 됐지?

S# 걷고 있는 서연(현재)

S# 지형 사무실 건물 앞(밤 / 현재)

지형 (건물에서 빠르게 나오면서)

[동시에 현아 차 와서 멎고]

지형 (차 문 열면)

196

현아   (내리면서) 저 쪽으로 가 있어.(자동차 빠지려 움직이는 것과 상관 없이 대뜸) 너는 결혼이 뭐라고 생각하니 엉?

지형   ??

현아   친척이라고 작은 집 하고 고모 밖에 없는데 그 초대도 미루자 그 랬다면서.

지형   네 그게

현아   (오버랩) 조카 사위 얼굴을 그래 결혼식날 식장에서 처음 봐야 겠어? 대충대충 사는 집안도 아니고 너 어떻게 이런 무례가 있어. 내가 뭐라 그러래. 내 사위 지구 구하러 우주결사대 갔다 그래 뭐라 그래.

현아   E 다른 집 자식들 결혼 땐 진작에 혼인 결정 나면서 바로 인사 보내고 결혼 전에도 늬장인 / 내생일까지 챙겼는데 지금도 챙겨. 우리가 큰집이야‥분가도 싫다 신혼여행 길게 못한다 모자란 우리 향기 조종해 초치고 이제 친척 혼전 초대도 싫대?

지형   (오버랩) 며칠 안남은 동안에

현아   (오버랩) 그러니까 며칠 안 남을 때까지 너 뭐했어. 결혼 날짜 잡자마자 하나씩 둘씩 할 일 했으면 이렇게 몰리질 않았잖아. 이제 와 그런 소리가 가당해? 그렇게 만든 게 누군데.

지형   알겠습니다.

현아   (오버랩) 예복 가봉 해야한다 반지 맞춰야한다 스튜디오 촬영 해야 한다 그때마다 향기 애걸복걸 / 애 나는 이런 치사한 결혼을 왜 해야하는지를 도대체가 모르겠다 응?

지형   알겠어요 어머니 인사여쭐께요 /

현아   (오버랩) 니 엄마 무슨 대수론 일이냐 느물거리지 나 뚜껑 날아

가 도오저히 참을 수가 없어 스파있다 뛰어온 거야.(향기 자동차 총
알같이 와서 멎고 향기 뛰어내리는) 너 아니면 처녀로 늙혀죽일까봐?
애 향기 탐내는 집안 손가락 열 개 모자라.

향기   (오버랩) 엄마아아

현아   (연결) 왜 이래 애가

향기   엄마엄마

현아   (상관없다 / 내친김이다) 결혼 그만둬 / (향기 ??) 깨./하지 마.

향기   엄마 왜 이래애애애 (엄마 잡아끌며 엄마 차 부르고 / 차 움직여 오는
          것 상관없이)

현아   (상관없음) 너 거만 떠는 꼴 내 새끼 비두발괄하는 꼴 도오저히
          더는 못 봐주겠다. (향기 기사가 열어주려 오는 차 문 제가 열고 엄마 밀
          어넣으려 / 차 문 꽉 잡아 버티며) 아니꼽구 치사하구 자존심 상해 더는
          못해. 결혼하지 마.

향기   엄마 엄마엄마

현아   못해. 없었던 일로 해. 너 결혼 하지 마.

향기   (오버랩) 그럼 나죽어 엄마아아아 (울음 터뜨리며)

현아   ??

향기   죽어 죽을 거야 죽는다구우우우 / (두 손 얼굴 가리며 주저앉는) 아
          아앙앙앙아앙

지형   (다가들어 일으켜 세워 안아주는)

현아   .....(한심하게 보는)

향기   오빠 미안해 미안해미안해.

지형   내가 미안해..내 잘못이야..됐어..울지 마 울거 없어

현아   그런데 저 물건이 어느 별에서 왔을까 응? 내가 뭘 잘못 먹었

198

을까‥

둘 …

현아 아우우우우우 (차로 올라 문 탕 닫고)

홍기사 (후닥닥 운전대로)

　　[떠나는 현아]

향기 쿨쩍쿨쩍‥내가 너무 피곤하다구 내 생각으로 얘기했는데 안믿
　　어어.

지형 금방 나올께 잠깐 있어. 커피 마시고 들어가자.

S# **지형 거실**

　　[이모 김치 속 버무리는 중 / 수정 옆에서 통깨 솔솔 뿌려주는데]

　　E 거실 탁자에 놓인 수정 전화 울리는

수정 (잠깐 돌아보고 얇은 비닐장갑 벗으며 탁자로 / 전화 보고 싫증 잠깐
　　나지만) 분 아직 안풀렸어?

현아 F 참 여유만만이구나응? 그게 아들 유세란 거야?

수정 (웃으며) 우리 애 잘못이라구 했잖어. 사과도 했고 / 들어오면 나무
　　란다니까?

현아 F (오버랩) 얘 니 아들한테 나 결혼 깨자 그랬다.

수정 ??

현아 F (연결) 근석 멀쩡한 허우대 보니까 순간 피가 거꾸로 치받잖아.

수정 진짜 애한테 쳐들어갔단 거야?

현아 F 갔지 그럼 간다 그랬잖아.

수정 그냥 뒤두라니까아. 내가 나무란다니까. 친척 인사 돌게 한다
　　니까 왜애.

S# **이동 중 현아 차 안**

현아 이거 봐 강수정아. 이런 취급을 받고도 가만 있으면 내가 버러
지냐? 우리 집 죽어늘어진 해삼이야?

수정 F 그렇다고 장모재목이 나서 예식 며칠 남겨두고 결혼 깨자는
소릴 해? 경솔하게 그런 막말까지 하는 법이 어딨어.

현아 나 한계 넘으면 히스테리로 터지잖아. (알면서 뭘 그래) 얼마나
약이 오르면 거기까지 했겠나 이해 못해?

S# 수정 거실

수정 내 이해가 문제가 아니라 아무리 / 할소리 안할 소리 구분은 있
어야지.

현아 F (오버랩) 아 훈계 필요없어 누가 훈계든재? 누구만 못해서 훈
계들어야 해?

수정 ....

현아 F 붙잡고 확실하게 일러둬. 그러는 법은 없다고. 내가 펄펄 뛰
는 게 당연한 거라고. 알았어?

수정 사부인이 안 가르쳐주면 나 그 말도 못할 사람이야? 누구야말
로 별걸 다 가르치네.

현아 F 부탁해.(하고 끊는)

수정 (전화기 내려놓고 주방 쪽으로)

이모 (다 만든 김치 / 배추 오므려 통에 넣으며 돌아보는) 아직도 화 안 풀
렸어요?

수정 (손 씻으러 싱크대로) 안 풀렸네.

이모 지형이한테 가 퍼봤대요?

수정 ...

이모 결혼 깨재요?

수정 못할 소리 없는 사람이잖아.(손 젓으며)

이모 까르르르르르르르

수정 ??(돌아보는)

이모 어느 기자가 버나드쇼한테 금요일에 결혼하면 불행하다는 말을 믿으십니까 물었대요. 버나드쇼 대답이 뭐였게요? 물론이죠 금요일만 예외일 순 없죠 으흐흐흐흐

S# 서연의 거실

서연 (무겁게 들어와 제 방으로)

S# 서연의 방

서연 (들어오면서 곧장 침대로 쓰러지듯)....(눈 감고).....(너무 피곤하다)

S# 샤워 맞고 있는 서연

서연 E 나는 샤워를 하고 있다. 샤워하고 나면 기분이 좋아진다. 문권이는 재룡이 누나 초상집에..성환...아니 안성...아니아니...천안에 갔다..

S# 거실

서연 E (샤워 직후 / 컴퓨터 자판 두드리고 있다) 명성 출판사 전집 허광호 교수님 원고 리라이팅 맡기로. 백화점 들러 상품권 백만원어치 사서 고모 드리고 왔다. 버리지 않고 키워주셔서 감사합니다. 폐 많이 끼쳤습니다 하고 싶었는데 안했다....(잠깐 쉬었다가) 말 안해도 고모는 아신다. 고모네서 나오다 퇴근해 들어가는 재민오빠 잠깐 보았다. 그 사람이 통화 원한다고. 오빠는 거절했고 나는 필요없다 그랬다..(잠시 쉬었다가 다시 두드리는).. 걱정없다 나는 말짱하다.

S# 재민의 방

재민　....(컴퓨터 검색하고 있는 중...알츠하이머에 대해서).....

　　　[노크]

재민　.....

고모　뭐해애?

재민　(노트북 닫는) 네에(돌아보는)

고모　(상품권 봉투 들고 들어오며) 서연이가 말이다...자랑할려구.

재민　네(서연이가요)

고모　아파트 잔금 빚 갚더니 날아갈 거 같은 가봐··글쎄 아까 이걸 만 들어갖구 왔더라? (내밀고)

재민　(받아서 알맹이 꺼내보는)

고모　니 아버지하구 한 장씩 나눠 쓰래··

재민　큰 돈 썼네요 좋으시겠어요.(도로 넣는)

고모　근데 오늘 애가 좀 이상하더라?

재민　?/ 왜요.

고모　내가 지 엄마 소식 알고 있나 묻던데? 새앵전 첨야 개 입에서 지 엄마 얘기 나온 거··

재민　어머니 아세요? (봉투 내밀며)

고모　(받으며) 알기는 얘 내가 어떻게 아나아 나 몰라. 저언혀 몰라아··

재민　궁금할 수도 있죠 뭐··

고모　말은 안했어도 쭈욱 엉?

재민　네··

고모　니 아버지가 먼저 지들 거두자구 한 거 정말이냐 소리도 하더 라··골천번도 더 말했는데 그래도 확실하게 믿어지지는 않았던 모 양이야.

재민 사실은 그냥 어머니가 그러시는 건지 진짠지 저도 아직 그러거
든요.

고모 아이구 이래서 늬 아버지가 억울한 인생이다. 자식두 제대로
알아보질 못하니 원‥

재민 아버지가 그러시잖아요. 쭈욱 무덤덤 일관이시니까 눈칫밥 서
연이 그럴수 있어요.

고모 눈칫밥이라니?

재민 애들 스스로 눈칫밥요‥

고모 명희년이 종종 까칠하게 굴었지 늬 아버지도 나도

재민 (오버랩) 그런 얘기 아니라니까요.

고모 서연이 대문 나서자마자 내가 눈물이 쏟아져 호온 났다. 그것
도 에미라구 에미 생각을 하기는 하는구나싶으니까 그냥 어쩌나
가슴이 애리구 시린지 미치겠더라.

재민 평생 갖고 살 상천데 어떤 의미로든 어떻게 생각을 안하겠어요.

고모 그래 그렇겠지?

S# 거실

서연 (봉지 녹차 담긴 찻잔 들고 마시며 / 컴퓨터에서 뽑은 프린트 용지 한
장 띄워들고 서서 읽고 대답하고 / 식탁 옆에) 며칠 전에 나누었던 대화
내용을 기억하는 것은 어떻습니까? 완벽하지는 않지만 양호합니
다. 최근에 했던 약속을 기억하는 것은 어떻습니까? 잊은 적도 있
지만 심각한 수준은 아닙니다. 가스불이나 전깃불을 켜놓고 끄는
것을 잊어버리는 것은 어떻습니까? 수없이 많은 사람들이 수없이
저지르는 실숩니다 네. 새로 마련한 가전제품이나 기구의 사용법
을 익히는 능력은 어떻습니까? 최근에 마련한 것이 없을뿐더러 현

재 아무 지장 없습니다. 자신의 개인위생을 관리하는데 애로를 느끼지는 않습니까. 전혀.

[전화벨]

서연 (식탁 전화 집어 보고) 벌써 도착했어? ··글쎄 그런데 왜 전화해. 운전하면서 전화하지 마 위험해···어 그럼 됐어··집이지 그럼····저녁 고모네서 얻어먹구 왔어··응 갔었어.

S# 고속도로 휴게소 천안 가는 중간 지점

문권 (화장실 들러 커피 뽑아 들고) 뭐하구 먹었어?··맛있었겠다. 침넘어가네··(말은 아무 일 없는 듯이 하지만) 아직 안 먹었어 도착해서 먹지 뭐···배 안고파 아까 김밥 한줄 먹었어····응 ··누나 지금 뭐해? ···아니 뭐하구 있었던 중이냐구.

S# 서연의 거실

서연 녹차 마시구 일할려구····어 리라이팅 일거리 들어왔어.

S# 휴게소 마당

문권 ??? 일거리 맡았어?···좀 쉬지 왜 당분간··아니 이 휴가도 없이 계속 일했잖아·· 너무 고단한 거 안좋아과로가 쌓이면 병되는 거 아냐? 그러다 크게 병나면 어떡할려구 나 아직 아무 능력없는데····별걱정이 아니라 걱정되지 그럼 남매는 단둘인데··난 별볼일없이 누나 혼자 너무 애썼는데 그런 걱정도 안되면 싸가지지···누나 사랑해. 많이많이 사랑해··

S# 서연 거실

서연 얘 적응안돼 갑자기 왜 그러는 거야. 친구 누나 죽은 거에 충격 먹었어? ··그래 그런 거 같다··응···운전 조심해··속도 지키구···그래·· 안 기다리고 잘게·· 응··으응(끊고)····

S# 휴게소 마당

문권 (끊은 전화 주머니에 넣고 음료 마시면서 먼 데로 시선/)·····

S# 서연 거실

서연 (계속) 거스름돈을 계산하거나, 돈을 정확히 세서 지불하는 것
은 어떻습니까? 대체로 카드 써서요. 이야기 도중에 머뭇거리거나
말문이 막히는 것은 어떻습니까? 별로요. 이야기 도중에 물건의
이름을 정확히 대는 정도는 어떻습니까? 두세번요 가까운 사람 이
름을 기억하는 것은 어떻습니까? 누구 놀려요? (하며 / 종이 들고 책
상 쪽으로 / 파쇄기에 종이 넣고 스위치 누르고 찻잔 비우며 작업하려 책
상 앞에 앉는)·····

S# 수정 거실

수정 (책 보다 놓고 소파에서 일어나 나가 현관 보며)

지형 (들어와) 다녀왔습니다.

수정 향기엄마 쫓아갔었다면서.

지형 죄송합니다.

수정 전화했더라 흥분해서 안할 소리했다구 전하라구.

지형 네··(움직이려)

수정 (지형 멈추고) 친척초대는 무슨 일이 있어도 토달지 말았어야
지. 당연히 지켜야할 예의잖아.

지형 (돌아서며) 사이사이 시간 부서뜨리는 일이 너무 많아요. 일이
연속이 안돼요··공모전 출품 마감도 코 앞인데 사무실일은 일대로
자꾸 태클 걸리죠 손대표한테만 맡겨두고 결혼 때문에 들락거리
는 거 민망하고 (남아 있는데)

수정 (오버랩 조용히) 하고 싶은 결혼이어도 그럴까?

지형 ….(보는)

수정 원하는 일이 아니니까 모든 게 성가스럽고 귀찮고 피하고 싶은 거잖아.

지형 …(고개 잠깐 옆으로 / 인정하는)

수정 아직도 정리가 안된 거야?‥아직도 뭔가 빠져나갈 구멍없나 그러는 거야?

지형 아니에요

수정 그럼 니 할 일 제대로 해. 결혼 앞두고 어수선한 거 누구나 양해해주는 일이야. 향기 엄마 무리 아냐. 내가 그 입장이면 나도 불쾌해.

지형 알았어요‥잘못했어요.

수정 결혼은 일생에서 제일 아름다운 대목이야. 도살장 끌려갈 날 받아논 것같은 폼새로 드나드는 너보기 힘들어 죽겠어.

지형 …(시선 내린 채)

수정 넌 향기 꺼야. 옴치고 뛸수 없어. 그게 니 몫이야. 어차피 피할 수 없는 일이면 눈딱감고 깨끗하게 받아들이는 거야.

지형 …(보는)

수정 더 이상 향기한테 죄짓지 마. 천진난만한 향기 보면서 내 마음 어떤지 알아? 나 너하구 공범자같아. 알까봐 조마조마/ 모르고 있는 거 가엾구 미안해 죽겠어. 나좀 안심하게 해줄수 없는 거야?

지형 제가 못나서 그래요 알았어요 걱정마세요. 이제 그만할게요‥ 안심하세요.

수정 이쁜 아이야.

지형 알아요.

수정　그런 아이가 어딨어..

지형　안다구요.

수정　....(보는)

지형　올라가요..

수정　그래..

지형　(천천히 계단 올라가고)

수정　(보고 섰는데)

창주　(가벼운 차림으로 나오며) 가볍게 한잔 할까?

수정　머리 말렸어요?

창주　움..처제 어디 갔어?

수정　(주방으로) 가긴요..뭐 책보고 있겠죠. 오늘 융 전집 택배 왔든데.

창주　융? 칼 구스타프융? (따르며)

수정　왜 비웃어요?

창주　비웃긴 누가..허허..

S# 주방

수정　(들어와 와인 셀러 쪽으로) 뭐 마실래요.

창주　아무거나..그림 안왔어? (수정 돌아보고) 아니 향기 혼수로 보낸
다는 거 말야.

수정　아직요.

창주　싸게 얼마 줬는지 안 물어봤어?

수정　구차하게 그걸 뭐하러.

이모　(들어오며) 어 몰랐어요. 언제 들어오셨어요?

창주　좀 전에. 우리 한잔 할 참인데

이모　(오버랩) 좋지요오오오오 티 만들러 나왔는데 치즈 꺼낼까?

수정 응

창주 처제 용 전집 시작했다면서?

이모 아직요 고흐 마저 봐치우고요.

창주 (오버랩) 어어 전화 충전해야해 참 (일어나며) 깜박했네.

수정 미리 얘기했으면 디켄터에 옮겨 놓잖아.

창주 상관없어(돌아서는)‥어 노이사장네 디켄터 참 멋있더라. 뭔
지 알아서 우리도 하나 마련하지 여보. 향기엄마가 안목은 뛰어나
암튼.

S# 향기 거실

　　[부부 와인 마시는 중]

현아 (디켄터 와인 제 글라스에 따르려다 탁 놓으며) 뭐가 남자는 그럴
수 있어. 뭐가 남자는야. 남자가 뭔데‥남자가 뭐길래!!

홍길 아 일하는 남자 시시콜콜 여자 꽁무니 쫓아다니며 비위 맞출
새가 어딨어. (언성 높일 필요 없음. 마누라가 시끄럽고 부담스러운 / 가
능하면 비위 안 건드리려는)

현아 그래애 그건 못하면서 딴살림은 차리더라 그게 남자더라.

홍길 껄껄껄 지형이가 딴살림 차렸대?

현아 따로 불러 따끔하게 한번 얘기하라는데 남자는 그럴 수가 있
다니 누구 편이야. 누구 아빠야 엉? 녀석이 우릴 얼마나 깔보면

홍길 (오버랩) 죽을라구 환장했어? 누굴 깔봐 우릴 깔본대?

현아 깔보니까 그렇게 뻐덩뻐덩하게 굴지이.

홍길 거 말 안되는 소리 마. 그놈 기어다닐 때부터 본 녀석이잖아. 원
래부터 서글서글 부침성있는 놈 아니잖아조용한 놈아냐.(달래는)

현아 아무리 그래도 이건 도가 지나쳐.어디서 누구한테 그따위로

굴어. 꼭 결혼하기 싫어 주우우욱겠는데 마아지 못해 끌려오는 놈
처럼. 내가 결혼 깨자구 했어.

홍길 ?? 이 여자 정신 꼬였어? 누구한테. 닥터 강한테?

현아 지형이한테.

홍길 ??? 아 자식들한테 관심없는 사람이 왜 갑자기 이 난린줄 모
르겠네 참. 그게 무슨 터무니없는 깽판이야. 뭐야 조울증이 깽판병
으로 진화한 거야? 왜그래 당신.

현아 조도 아니고 울도 아니고 완전 정상이야.

홍길 나참‥사위자식 그렇게 건드리는 거 아냐아. 그녀석이야 말로
당신이 절 얼마나 깔보면 그런 말을 내던지나 그러겠구면. 꼬옹
치부하고 있다가 향기한테 복수하면 어쩔려 그래. 내가 유경험자
아냐.

현아 그 복수로 딴살림 열두번 차렸으면 됐어.

홍길 그건 아니구우우

현아 본인 입으로 그랬잖아아아!!!

S# 향기의 방

향기 E (문자 보내고 있는) 엄마 때문에 오빠가 나를 싫어하게 되는 건
아닐까 겁나.(전송해 놓고 기다리는) ‥‥(답신 들어온다)

지형 F 걱정 말라니까.(향기 다시 두드리는)

S# 지형의 방

지형 (와인 잔 비우는데)

　　　[메시지 들어오는 / 보면]

향기 E 나는 오빠를 사랑하기 위해 태어난 거 같아.

지형 E ‥‥(전화 내려다보며 잠시 있다가 글자 찍는) 고맙다‥이제 굿나

잇하자.(보내고 술 다시 따르는)

　[답신 다시 오는 / 전화 다시 집어 보는]

향기　E 사랑해 오빠‥정말 / 진심 / 진짜 / 죽도록 사랑해.

지형　(전화 놓고 술잔 한꺼번에 비우고 다시 가득 따르는)‥‥

S# 재민의 방

재민　(침대 옆구리에 고개 꺾고 앉아 있는 위에)

명희　E (따따부따) 본병 도졌어본병도졌어어‥왜 그래 왜 그러는 거
야 어디 젯밥에 꽂혀

S# 마당

명희　(연결) 정신 출타시키구 그러는 거야 또오.

동철　(물 퍼 담으며) 아 그런거 아냐 시끄러.

명희　야자 끝난 아이들 나올 시간도 안돼 빵판 허옇게 비게 만들어
놔 없어서 못팔게 만드는 게 감이냐?

동철　(오버랩) 이 사람 귓구멍 틀어막구 사나. 한번씩은 먹고 싶은 빵
일쩍 떨어져 다른 거 먹게 하는 것도 긍정적인 비즈니스 테크닉이
라니까아?

명희　어으어으(놀고 있네) 영어만 쓰면 통할 줄 아냐? 그 수작도 이젠
안 통한다 야.

고모　(나오며 오버랩) 왜 이렇게 길어 아버지 주무시는데에에‥

명희　(소리 반으로 줄여) 뒤판 더 만들어라 더 만들어라 들은 척두 안
하구 결국 없어 못팔았단 말야‥

동철　(고모 무슨 말인가 하려는데) 저는요 장모님.(마루로 좀 다가들며)

명희　아 시끄러. 친구들 만나러 나간다는 거 못나가게 했더니 심통
부린 거잖아.

동철　나는 제빵 기사야 제빵기사 퇴근은 다섯시야.

명희　제빵기사면서 점주 남편이야. 불만이면 사표내고 딴 가게 취직해 꼬박꼬박 다섯시 퇴근하시라니까?

동철　어이 씨이 내가 목줄 묶인 개서방이야?

명희　나가야 돈만 쓰잖아아‥그렇게 써내버릴 돈이 어딨니.

동철　아 그게 남자란(하는데)

고모　(오버랩) 얘들이 그런데 아 아버지 주무신다니까아!!!

명희　엄마소리가 더 커.

고모　동네 다 알게 시끄럽게 굴지 말구어이들어가 이불뒤집어쓰구 마저해. (지민 자다 깨서 눈 비비며 나오는) 저봐 저저 전석 자다 깼잖어.

명희　(지민이 쪽으로) 빨리 씻구 들어와. 나 아직 안 끝났어‥ 왜 나와아 들어가들어가.

지민　시끄러워 잘 수가 있어야죠오오오

명희　엄마아빠한테 시끄런 게 뭐야. 버릇없이.(아들 밀어 넣듯 하며)

지민　(들어가며) 아으으 우리 집은 너무 시끄러워어.

명희　E (따라 들어가며) 뭐야?

고모　쯔쯔쯔쯔

S#　재민의 방

재민　……(그대로)

고모　E (연결) 쯔쯔쯔쯔즈/

재민　(고개 조금 들어 천장으로) ……(만약 사실이라면) …‥

S#　서연의 거실

　　[음악 조용히 틀어놓고 열심히 자판 두드리고 있는]

서연　……(옆에 젓가락으로 뚜껑 눌러놓은 컵라면 하나)…… (멈추고 두드려 놓은 화면의 글들 시선으로 빠르게 훑고 나서 / 됐어 오늘은 여기까지 / 저장하고 노트북 끄고 일어나며 찻잔 집어 올리다 컵라면 보고) ??…(생각하는)…(생각나지 않는다)…(젓가락 집고 뚜껑 열어보면 완전히 다 불어 꽉찬 면발 / 어금니 꾸욱 물며)

서연　E (라면 집어 올려 싱크대로) 됐어 신경쓰지 마··고도로 집중했었다는 증거야. 한가지 일에 집중하면 다른 건 까먹을 수 있잖아. 다른 사람들도 마찬가지야.

　　　[개수대 서랍에서 비닐봉지 꺼내 라면 쏟아붓고 봉지 여미면서]

서연　……(입 꾸욱 다문 채)…

S#　서연 침실

서연　(불 끄고 옆으로 누운 채 눈 뜨고 중얼거리는) 푸른 초원 들판에 양이 한 마리 두 마리 세 마리 네 마리 다섯 마리 여섯 마리 일곱 마리…

　　　　　　　　　　　　　　　　　　　　　　F.O

S#　병원 전경(낮)

S#　신경과 진찰실

　　　[면담 중 재민과 닥터]

　　　[서연의 뇌 사진]

재민　…(시선 내리고 앉아)…

닥터　……(보며)

재민　…(그대로) 오진일 수는··없는 건가요 선생님.(하며 보는)

닥터　재검을 원하신다면 그렇게 하셔도 무방합니다만 다른 진단이 나올 가능성은 없다고 생각합니다.

재민 받아들이기가 …드물게 젊은 나이 발병도 있다고 합니다만…
그래도 서른살에 알츠하이머라는 게 /

닥터 극히 희귀하게는 아동 알츠하이머도 있어요.

재민 …(보며)

닥터 설마 가족이 아무도 없을까 했는데 다행입니다‥환자와 의논
하셔서 다른 병원 재검이 필요하시면 제가 연결해 드리죠.

재민 ‥‥(시선 내리고 가만히)‥‥

S# 출판사 현관 안

서연 (기다리고 있는 여편집장에게 빠르게 다가들며 / 자서전 관계 전화
했던 여자 /) 안녕하세요 무슨 일이에요? 전달할 게 뭐에요?

여편집장 (손에 들고 있던 봉투 내밀며) 서초동 회장님 사모님 이팀장
한테 전화하셨는데 연결 안됐다구요.

서연 ??

여편 받으세요.

서연 뭐에요?(어정쩡 받으며)

여편 아침에 받았는데 다른 볼일하고 함께 보려구요‥자서전 잘 써
줬다고 사모님 특별 보너스래요. 거의 원고료던데요?

서연 ??어머 정말요??(좋아서) 그렇게 많이요? 좋아라. 오호호 살다
보니 이런 일도 다 있네?

여편 나도 기분 엄청 좋아요. 우리 편집실 밥한번 거하게 쏴요‥

서연 그럼요 호호 그럼요. 시간 주세요. 언제라도요

여편 그럼‥

서연 감사합니다. 연락 주세요.

여편 이번 주는 바쁘고 다음주 쯤‥

서연　(오버랩) 네. 저기 그런데 (여편 돌아보고) 너무 지겨워하면서 한
　　　　일인데 좀 미안하네요.

여편　잠깐 반성해요 그럼 돼요.

서연　네에..

여편　(아웃되고)

서연　…(잠시 보다가 돌아서며 움직이는 / 알맹이 수표 꺼내 보며)

서연　E 죄송합니다 반성합니다. 죄송합니다.

S#　병원 주차장으로 들어오고 있는 문권과 재민

문권　……(고개 꺾고)

재민　……(마찬가지)…

　　　　[충분한 사이]

재민　(자동차 문 열고 보면)

문권　(조수석으로 오른다)

재민　(보다가)……(운전대로)

S#　차 안

재민　……(앞 보고 있다가 문권 돌아보면)

문권　(줄줄줄줄 울고 있다)……

재민　……(보며)

문권　……

재민　(보며 눈이 붉어지고)…(한 손 문권의 어깨에)

문권　(한 주먹으로 입 막듯이하고 우욱 터진다)……으으윽윽윽 아아아
　　　　악… 아아아아아아!!!(두 손 떼고 기대듯 하며 통곡처럼) 이게 뭐야 누
　　　　나!!! 이게 뭐야 이게 뭐냐구 등신아아아!!!! 엉엉엉엉 엉엉엉엉

재민　…(그냥 봐주면서)……

S# 주차장에 그대로 서 있는 채 재민의 자동차

S# 차 안

문권 ……(울음은 그치고 감정도 어느 정도 추슬러지고)……(뒷머리 기댄 채)……(그래도 눈물은 계속 흐르고 있는 상태)

재민 (똑같이 기대고)……

문권 ……어떡해요.

재민 ……

문권 약도 안 탔어요‥

재민 ‥‥

문권 모르는 척 해야해요?……

재민 좀‥기다려 주자‥지금만으로도 감당하기 힘들 텐데…여기서 당장 우리까지 나서는 거 ‥아닌 거 같다‥

문권 약 먹어야하잖아요.

재민 마음 정리되면 얘기하겠지‥

문권 끝까지 말 안하면요‥약도 안 먹고 점점 악화되면요.

재민 암튼 지금은 아냐…

문권 우리 연극해야죠‥

재민 ‥‥

문권 누나도 연극 / 나도 연극……우리…이렇게까지 재수가 없어야해요?

재민 (돌아보는)…

문권 참 더어럽게 재수없네요……없어요.

재민 ……(보며)

S# 요리학원 / 학원이라기보다 선생의 주방

　　[향기 지형과 다른 예비 신랑 신부 두 팀이 더 있고 / 결혼 전 신랑 참석

하는 실습 시식회 같은 형식. 신랑들 모두 선생의 지시에 따라 움직이
는 / 신부들 행복하고 /]

지형   (비교적 편안해진 모양새로 참가하고 있는)

[디테일은 요리 선생에게 부탁 / 쿠키 만드는 과정이 어떨까]

S# 빵 가게 앞(밤)

S# 빵 가게 안

문권   (빈 트레이 걷어내 다른 알바에게 겹쳐 놓아주며 빵들 정리하는 중)····

동철   (들어오며) 처남 밥 먹었어? (밥 먹고 나오는 중)

문권   네에.(안 보는 채)

동철   뭐 먹었어.

문권   샌드위치요.

동철   잘했군, (설거지하러 주방으로) 난 기똥찬 육개장 배에 금가게
먹었다. 누나가 그집 국 들고 나올 거야.

문권   (오버랩) 저기요 자형..

동철   어.

문권   편의점 사장님 사정사정하시는데

동철   (오버랩) 아 그양반 참. 편의점은 남 / 우린 친척 / 우선순위가 누
구야.

문권   누나가 알바 그만두고 공부에 집중하래요. 편의점은 틈틈이 책
도 볼수 있는데 여기는 너무 바빠서

동철   (오버랩) 아 난 몰라. 누나한테 얘기해 점주랑 얘기하라구. 난 일
개 제빵기사일 뿐이야. 결재권자는 장명희여사잖아 엉? (하고 들어
가고)

문권   ····(잠시 보다가 다시 움직이는데)···(아무래도 무겁다)

S# 어느 고기집

[편집실 식구들 / 여자들끼리]

선주 (고기 구으며) 공짜라 그런가? 지글지글지글 고기 구워지는 소리가 아주 귀에 즐겁네 그렇지?

모두 (조금씩 웃고)

소희 그런데 이 고기 구워지는 소리가 누에 뽕닢 먹는 소리하구 같은 거 아세요들? 물론 볼륨은 더 크지만.

인영 그 소리 어디서 들어봤길래?

소희 외갓집이 누에 많이 쳤었어요. 방학 때 외가가면 열 개가 넘는 방에서 누에들이 신나게 뽕닢 먹고 있는 게 디게 신기했어요.

선주 누에 뽕닢 갉아 먹는 소리 빗소리 같다는 건 들어본 적 있는데 고기 구워지는 소리 같다는 건 첨 들어.

인영 비도 비나름이죠. 소나기냐 장대비냐 부슬비냐 안개비냐 청승비냐.

소희 청승비요?

인영 주룩주룩 질질질질 오는 비.

소희 아니아니 그런 거 아니고 그냥 바람없는 날 조용히 촉촉이 내리는 비요. 빗소리같기도 해요

선주 뭐해요? (모두 구워지는 고기 보고 있는 서연에게)

서연 …

소희 팀장님.

서연 ??

인영 몇인분이나 먹어치울까 계산 얼마나 나올까 졸밋졸밋하구 있는 거 같다.

서연 하하 설마아아. 아닌데에..

인영 사인분 초과면 다같이 보낼께요.

서연 빗소리가 월등 싯적이야.

인영 봐. 변소희씨는 시심이란 게 도통 없다는 증명이야.

선주 또 갈군다 또.

서연 어 미안 소희씨 갈구는 뜻 아니었어.

인영 나한테하는 소리에요 왜 그러세요 하하하

서연 아..그래..난줄 알았어요 으ㅎㅎㅎㅎ 우리 소주 한잔씩 할까요?

모두 (대환영 / 박수 치고 / 좋죠오오 좋아요 등등 멋대로)

S# 재민의 방

재민 (밥상 건드리지도 않고 놓여 있고 / 침대에 등 기대고 두 다리 뻗고 앉아)·····

고모 (과일 들고 들어오다 보고)?? 뭐하구 있어?

재민 (얼른 다리 오므리며) 별로 생각이 없네요.

고모 왜애..어디 시원찮어? 고단해? 신경쓰는 일 있어? (옆에 쭈그리고 이마 만지려) 열나?

재민 (머리 좀 비키며) 열없어요.

고모 그럼 왜 밥 생각이 없어.

재민 아버지도 좋아하시죠 (안 보는 채) 서연이 상품권.

고모 겉으로 쓰다달다 내 놓는 양반이니? 표시나게 당신이 다써 끄을.

재민 (쓴웃음으로 수저 드는데)

　　　[재민 전화벨]

고모 에이그 밥 먹어야 하는데..(일어나 전화 집어다 아들 주며) 요럴 때 맞춰 전화하는 사람 안 반갑더라.

218

재민 (받아서 잠깐 보고) 여보세요‥들어왔어‥그래 알았어. (끊으며)

　　상 치우세요. 나가봐야해요.

고모 왜애 누군데에에.

S# 재민 집 앞

재민 (집에서 나온다)‥‥‥(나오다 멈추고 보는)

지형 (저만큼에서 보고 있는)‥‥‥

재민 ‥‥(지형에게 다가서고)

지형 미안하다‥‥‥한시간만 줘‥‥다시는 귀찮게 안한다마지막이야‥

재민 ‥‥(보며)

지형 결국에는 너까지 잃는 거 아닌가 ‥생각 안했던 거 아냐‥그러

　　면서 한편 ‥어쩌면 너는 이해해줄거라는 맘이 있었던 것도 사실

　　이야.

재민 ‥‥‥(보며)

지형 이해못해도 괜찮아. 어쨌든 ‥‥한 시간만 나한테 할애해줘‥ 부

　　탁한다‥

재민 (오버랩)그래‥‥나가자‥‥한잔 하자‥‥(걸음 옮기며)

지형 ‥‥(보는)‥‥

재민 (움직이다 돌아보는)

S# 어느 노래방

　　[요즘 노래 부르며 펄쩍펄쩍 뛰고 난리도 아닌 서연 동료들]

서연 (그 소음 속에서 한 번씩 웃으며 조용히 술잔 비우고 따르고 또 비우는)

제5회

S# **중간 규모 포차거나 동네 술집? 외경(밤)**

S# **술집 안**

지형   (재민에게 소주 따르는) ....

재민   (그냥 보며).....

지형   (제 잔에 따르고 술병 놓고)....(안 보는 채)

재민   .....(보다가 시선 내리며 술잔 집어 마시고 술병 들고 지형 보는)....

지형   ...(안 보는 채 있다가 마시고 잔 내리고)

재민   (따라주고 제 잔에 채우고 술병 놓고)...

　　　　　[둘 서로 안 보는 채 충분한 사이]

지형   (다시 술잔 비우고 내려놓고)

재민   (지형이 내려놓자 제 잔 비운다)

지형   (재민의 빈 잔 채워주고 제 잔에 채우고)...

　　　　　[둘 다 탁자 내려다보며 침묵]

재민   (시선 들어 보는).....

지형   (시선 내린 채).....

재민 (조용히)…전달은 했다‥

지형 (보는)……

재민 괜찮으니까 불편할 필요없다 그러더라.

지형 ‥‥

재민 만날 생각 없구…

지형 후회해……

재민 ‥‥(보며)

지형 부모님 실망시키는 거 두려웠고 날 기다려준 사람 외면할 엄두가 안났어. 내 입장, 상처받기 싫다는 서연이 고집 / 그런 것들 뒤에 숨어서 비겁하게 / ‥ 결국은 니 말대로 내 우유부단의 변명이었을 뿐이었어.

재민 (보며)……

지형 실망시키지 않는 자식을 포기했으면 됐고 좋아하는 사람 따로 두고 사기치는 일 하지 말았어야했어. 서연이가 받을 상처는 내가‥ 치유시키면 될 일이었구.

재민 지금 그런 생각들이 무슨 의미가 있는데‥

지형 서연이가 알았으면 해서‥(시선 내리며) 내가‥ 후회한다는 거…

재민 ‥‥(보며)

지형 뭐라고 할 수 없을만큼…미안하다구‥

재민 (보며) 알았다‥들은대로 전할게…전해는 준다‥

지형 ……(술잔 집어 단숨에 비우고 다시 따라 단숨에 비우는)

재민 ……(보며)

지형 (따르면서) 내 욕심보다는 도리를 우선하는 게 옳을 것 같아서였다구‥ 절대로 덜 사랑해서가 아니라구‥

재민   …(보며)

지형   나는‥ 내가 얼마나 한심한 놈인지 이미 알고 있다구‥평생 한심해하면서 살게 될 거라구‥(술잔 드는)

재민   천천히 해라.

지형   (그냥 마시고 내리면서 안 보는 채) 제발 …나같이 찌질한 놈 빨리 잊고‥잊으라구‥빠르면 빠를수록 좋다구.

재민   (술잔 집어 들며) 너 그 걱정 우습다. (털어 넣고 잔 내려놓으며) 어차피 이제 너는 너대로 그 자식은 그 자식대로야‥너덜거리는 마무리 싫다더라. 너도 그만 마무리 해.

지형   (잔 집어 들며) 그래…서연이는 너덜거리는 거 질색이지‥(홀짝 마시고 내리며) 알아 알고있어. 그런데 재민아.(보며) 난 평생을 너덜거릴 거 같다‥

재민   그러면서 주제넘게 무슨 그 자식 걱정이야.

지형   (쓰디쓴 피시식) 그렇다‥ 주제에 걱정이 돼 견딜 수가 없다.

재민   ….(보며)

지형   이제…(한 손으로 넥타이 좀 느슨하게 만들며 여전히 안 보는 채) 너하고라도 이러고 있으니까‥바늘 구멍만큼은 숨구멍이 생긴 거 같다‥

재민   …(보는)

지형   고맙다‥ (보며) 두번 다시 안본다 그럴수도 있는데 이렇게…. 상대해줘서…(눈물 글썽해지며)

재민   ….(보며)

지형   서연이…(울컥) 보고싶어 죽겠다….

서연   E (노래) 사랑이란 길지가 않더라

S# 노래방

서연 (마이크 잡고 가사 보며 노래 부르는 중) 영원하지도 않더라. 아침에 피었다가 저녁에 지고마는 나팔꽃보다 짧은 사랑아 속절없는 사랑아

S# 빵집(늦은 밤)

[문권과 동철. 폐점 준비하는 중 / 빵판들은 완전히 비어 있고 /]

동철 (휘파람 신나게 불어젖히면서)

문권 (묵묵히)…

동철 (힐끗 보며 지나치는) 내 뭐랬어 안통할 거라 그랬잖아

문권 …

동철 알바 아예 때려치우고 공부에만 매진한다기 전엔 씨알 안 먹힐 거라니까? 처남 때문에 여학생 손님 꼬인다구 얼마나 신나하는데에에..

문권 ….(그냥 움직이는)

[여학생 둘 들어오며]

학생1 케익 찾으러 왔는데요.

동철 아, 안오는 줄 알았네‥처나암.(문권, 케이크 진열장으로 가서 포장된 케이크 꺼낸다)

학생2 초 들어갔어요 오빠?

문권 어 여유있게 넣었어. 그런데 이 시간에 파티할 거니?

학생1 네에.

[케이크 줄 준비하는]

학생1 (쿠키 한 통 집어 들며) 나 혼자 먹을래.

학생2 어어 그래 혼자 먹고 똥돼지돼라.

학생1 아으 야아아!!!

   [우리 돈 냈어요 오빠 안녕히계세요 아저씨 감사합니다아 떠들며 여학
   생들 나가고 동철 답례 나이스하게 하고]

동철 쟤들 처남 손님이라니까?

문권 들어가세요 제가 마저할게요.

동철 아냐아냐. 같이 유종에 미를 거두자구. (치우며) 이 아줌씨는 어
   떻게 좀 가라 앉았나아아아..

S# 명희의 방

명희 (등 홀랑 내놓고 지민 두 손바닥으로 찰싹찰싹 때리고 있다) 골고루
   골고루우우 때리는데만 때리지 말구 골고루우우우

지민 두두러기 안난데두요?

명희 안난데는 놔두구우우우

지민 골고루 하라면서요오오

명희 난데만 골고루루루

지민 그렇게 하고 있는 거라니까요?

고모 (오버랩) (양푼에 얼음 띄운 물 손타월 담가 들고 들어오며) 뭐 먹었
   나 생각 안나?

명희 친구기집애 평수 늘려 강남으로 이사했다는 전화 끊자마자 열
   이 화악 치받으면서 시작됐다니까?

고모 (오버랩) 벌받아 싸!! 친구 좋은 일에 열을 왜 받아.

명희 누군 다 들어먹구 친정살이에 발바닥 닳게 빵팔구 있는데 나
   보다 날 거 하나두 없는 기집애가 벌써 강남사십평대 아파트라는
   데 눈 안튀어나와?

고모 (타월 짜면서) 맘씨가 너보다 이쁜가보지. 맘씨 이쁜 축복받았

224

나부지.

명희 어으 이제겨우 약먹은 게 듣나봐‥지민아 다리미 스위치 너.

지민 네.

고모 뭐할라구.

명희 나처럼 돈을 하나님 모시듯하는데 왜 돈이 이렇게 안 따라올까 엄마.

고모 은행 빚 꺼나가며 밥 먹구 살면 됐어. 더운 거 비각인 두드러기에 무슨 다리미질이야. 선풍기 꺼내 바람쐬.수건 짜줘 지민이한테 갈아 대라그러구‥가라앉는길에 아예 끝을 내.(일어나며)

명희 (올려다보며) 밤마다 돈 다리는게 내 유일한 취민데에에‥

고모 글쎄 밤마다 세종대왕님다리미로 지져 화상 입히는 취미 / 그거때매 돈이 오다가두 도망치지나 말었음 좋겠다구.

명희 (오버랩) 서연이 우리한테 뭐 오기난 거 있나?

고모 ??(나가려다 돌아보는)?

명희 문권이 알바에 너무 기운쓴다구 뭐라 그랬대. 녀석 우리 가게 일 너무 힘들다구 편의점 일하면서 틈틈이 공부하겠다는데 뭔지 단순히 그것만은 아닌 거 같아.

고모 아니면

명희 몰라 종일 뚜웅하니 히히덕거리지도 않고 묻는 말에나 겨우 대답하고 / 그런 애가 아니잖아.

고모 지 누나한테 오방 욕터졌나부지 뭐. 서연이 그게 작정하면 모질잖어. 헐렁헐렁한 꼴 못마땅해 한바탕 들었다 논 거 아냐?

명희 내 직감으로는 아무래도 서연이가 지 동생 붙잡구 뭔가 우리 얘길 안 좋게/같은 알바값 받으면서 우리 도와줄 필요없다 뭐 그런 거 아닌가 싶어.

고모   서연이가 너냐? 뒷구멍으루 뒷소리하게?

명희   엄마는 엄마 딸 때려잡는 게 그렇게 재미있어요? 그럴 수도 있는 거지 아니 뭐 걔는 사람 아니구 부처야? 그 기집애는 덮어놓구 부처에 관셈보살이구 엄마 딸은 덮어놓구 아귀축생이야?

고모   걔들이 우리한테 오기날 게 뭐가 있어. 제대루 알지두 못하면서 공여언스리 애 때려잡으니까 그렇지

명희   엄마가 나 때려잡는 거에 비하면 이빨두 안났네 머!!

고모   무슨 일 있냐구 안 물어봤어?

명희   아 난 잘난 척 하는 것들한텐 관심 끄잖어. 지가 뭔데 어디서 종일 뿌우우우 주둥이 내밀구 있어. 엄연한 직장이구 엄연한 주인인데 건방지게!!

고모   그래놓고 너혼자 상상에 날개 맘껏 펼쳤다구.

명희   내가 서연이 씹는 소릴 이 자식이 들었나아?

고모   뭐어?

명희   아 지민 애비가 잡지 보다가 가당치두 않은 탈랜트를 서연이 딱 닮았다 그러잖아.

고모   ....(보는 / 안 봐도 비디오다)

명희   눈에 창호지 붙였냐 옥신각신하다 보니까 문권이가 들어오구 있더라구.

고모   그거네!!

명희   그걸까?

고모   그거지 그럼!!!

S#   집으로 가는 길

226

문권   (고개 땅으로 / 바지 주머니에 두 손 넣고 걷고 있는).....

S# 아파트 거실

문권   (키로 문 여는 소리 들리고 / 들어와 오르면서)나 들어왔어요…(대답 없고)…..(누나 방문 열어보고 / 주방으로 / 냉장고에서 물병 꺼내 따라 벌컥벌컥 마시고 컵 놓고 전화 꺼내 문자 찍는)

문권   E 많이 안 늦을 거라더니‥재밌어요? 나 들어왔어요.(전송하고)‥‥‥

S# 노래방

[다같이 펄쩍거리고 뛰며 노래하고 춤추는 속에 서연 /]

S# 포차 안

지형   (술잔 내려다보며 침울) 너한테 깨났어야했어‥널 피하지 말았어야했는데‥

재민   (보며)....

지형   니가 했던 말도 있었고 / …떳떳칠 못했어.

재민   지나가는 여자여야 했으니까였겠지‥(보며)

지형   ....(보며)

재민   (보며)그만 내려놔라.

지형   (보는)…

재민   내려놓고 잊어. 세상에 없는 녀석으로 치부해버려.

지형   그건 가능한 일이 아니야.

재민   죽었다 생각하렴‥죽어 이 세상 버리고 떠났다구.

지형   ....(보며)

재민   니가 할 수 있는 일이 없어. 너는 …너대로 충실하게‥열심히 살아‥

지형 (울먹해지는 느낌 고개 좀 옆으로 돌리며) 그게…자신이 없다.

재민 (보며) 나 붙잡고 징징거려봤자 소용없는 일이야. 그 녀석은 두번 다시 너 안 보고 싶어한다구.

지형 (끄덕이며 고개 앞으로 / 시선 내린 채) 알았어..알아들었어…(보며)그저…내 마음..절대 덜 사랑해서가 아니라는 내 마음만전해줘. 믿어달라구.

재민 ….(보며)

지형 한없이..끝없이…미안하면서 그렇게 살 거라구. 날 잊는데 도움이 된다면 미워해도 상관없다구 전해줘.

재민 그만 일어나자..(보며 조용히)

지형 (끄덕끄덕) 그래…알았어…일어나자..(하며 먼저 일어나려는데 조금은 휘청 /)

재민 (일어나다 보고)…

지형 (의자 벗어나며 지갑 꺼내려)

재민 놔둬.

지형 아냐아냐 내가 해

재민 놔두라니까.(말려놓고 지갑 꺼내며 아줌마 있는 곳으로 가는데)

　　　[신경과 닥터 들어오면서]

닥터 안녕하세요 아주머니.

여자 아이구구구구우박사님 / 장모님 생신저녁 드시러 오셨죠?

재민 (닥터 보며)??

닥터 ? 아주머니 그거 어떻게 아세요..

여자 우리 어머님 제사 담날이 박사님 장모님 생신이거든요 호호.. 안 그래두 오늘 안 들리실래나 그랬죠오.

닥터 하하 네에‥오늘은 식구가 많아요 아주머니. 좀 넉넉하게 부탁
     해요.

여자 예에 알아서 해드릴께요. 흐흐

닥터 아 (문득 의식하고 기다리는 재민 돌아보며 조금 물러나듯 / 볼일 보
     라는)‥(하다가)??

재민 (목례하는)

닥터 (손 내밀며 / 맞구나) 어 이서연씨 보호자 박 / 박선생이었죠.

재민 (손잡으며) 네 (지형이 때문에 긴장) 선생님.

지형 (지갑에서 돈 꺼내다가?? 잠깐 재민 보고 시선 닥터 쪽으로)

닥터 (지형 잠깐 보며) 댁이 이 근처신가보죠?

재민 예.

닥터 환자하고 대화해보셨나요?

지형 ??

재민 (오버랩) 아니 아직

재민 E (보는 지형 위에) 아직입니다 선생님.

닥터 E 치료 시작해야해요 방치해두면 더 빠르게 악화돼요.

지형 (닥터 보고 있던 시선 재민에게)??

재민 네‥저 그럼 저 친구가 있어서요‥

닥터 아‥예‥가보세요‥

재민 (목례하고 돈 내는)‥

지형 ‥(재민 보며)

S# 포차 밖

지형 ‥(나와 서 있고)

재민 (나오며) 대리 불러야는 거 아냐?

지형　차 안 갖고 왔어.

재민　(그럼) 택시 잡자..와..(앞서 움직이며)

지형　(앞서는 재민 보며 따르는)·····

S# 포차에서 조금 떨어진 곳 /

지형　(한 걸음 떨어져 걸어오다 앞으로 서 멈추며) 뭐야.서연이가 아파?

재민　별일 아냐..저쪽으로 가자

지형　(오버랩) 나 안취했어. 별일 아닌걸로 의사가 환자 보호자 따로
　　　만날 일 없다는 거 상식이야. 너 서연이 보호자로 저 닥터 만났고 저
　　　양반 서연이 걱정하는 거 맞잖아.

재민　·····(보며)

지형　말해 빨리. 어디가 어떻게 얼마나 아픈 거야.

재민　늬들 끝낸 관계야. 너 할 일 없어.(차분하게)

지형　그건 내 판단이고 내 결정이야.

재민　됐다.

지형　(오버랩) 캔서냐?

재민　······(보다가) 아냐..

지형　그럼.

재민　(오버랩 / 달래듯) 널 위해서 또 서연이 위해서 더 알려 들지말고
　　　여기서 끝내고 들어가. 나중에…좀 시간이 지난 뒤라면 혹시…모르
　　　겠다..지금은 때가 아니야..

지형　(오버랩) 캔서 맞지.

재민　····(보며)

지형　뭐야 위야 폐야 간이야 머리야 어디야.

재민　아니야

지형　어느 만큼이야..조기발견이야 늦은 거야.

재민　지형아.

지형　말해 이 자식아. 뭐냔 말야!!

재민　(오버랩 같이 좀 오르며) 너 알 필요 없다구!! 알아도 니가 할 일 아무 것도 없고!!

지형　니가 나라면 임마 / 지금 여기서 아무 말도 못들은 척 그냥 끝내는 게 가능해애??!!

재민　....(보며)

지형　내가 뇌반쪽 없는 놈이야? 예사롭지 않은 일 벌어지고 있는 거 확실한데 그냥 뭉개버리라는 게 너 말돼?

재민　(오버랩 / 낮게 딱딱한) 길게 끌지 말고 그냥 돌아서 니갈길 가. 니가 아는 거 그 자식 원치않을 거 뻔하구 나도 마찬가지야 /

지형　(오버랩) 야아!!

재민　(연결 / 좀 올라) 너랑 상관없는 우리 집 우리 일이야. 넌 그냥 니 스케줄대로 식 치르고 허니문 다녀오면 돼!!다시 한번 못박는데 니가 할 일이 없단 말야 이 자식아.그러니까 너 끼어들 필요없다구.

지형　어느 병원이야. 닥터 이름 뭐야.

재민　가라.(움직이려 하며)

지형　(팔 움켜잡고)

재민　(홱 심할 정도 뿌리치고)

지형　???

재민　우리한테도 아직 입 다물고 있는데 / 나도 어떻게 언제쯤 아는 척해야하는 건가 결론이 안나구 있는데 여기 너까지 끼어들게 만들어 그 자식 처참하게 만들 수 없다.

지형 ....(보며)

재민 너는 / 니가 아는 거 서연이가 원할 거 같니? 그것도 나에 의해서?

지형 ....(보며)

재민 가라..(저 갈 길로 뚜벅뚜벅).......

지형 .....(보며)

재민 ....

지형 .....(보며)....(있다가 휙 돌아선다)

S# 포차 안으로 휙 들어서는 지형

　　[닥터는 이미 없고]

지형 저기..저기 아주머니 잠깐만요.

S# 땅 보며 걸어오고 있는 재민 / ....

S# 좀 나은 주택가 길을 뛰어오고 있는 지형

S# 다른 길

닥터 (안주거리 봉투 들고 걸어오고 있는 중)

　　[그 뒤로 지형이 나타나며 뛰어온다..닥터는 무심하게 걸어오고]

지형 (뛰어오면서) 선생님..의사 선생님 잠깐만요.

닥터 ?? (돌아보고 멈춰 선다)...(잠시 기다려주고)...

지형 (다가서면서) 조금 전에 포장마차에서 왔습니다. 박재민 친굽니
　　다 선생님.

닥터 아 예..(그런데 무슨 일)

지형 이 서연 병명이 뭔지 어떤 상탠지 알고 싶습니다 선생님

닥터 (오버랩) 아 그건 환자의 비밀사항이기 때문에

지형 (오버랩) 선생님, 전 이서연 / 그 사람 남자친굽니다.

닥터 ...(보는)

지형 저도 보호자에요. 아니 제가 보호잡니다..

닥터 친구분한테 알아보세요.

지형 절 따돌리고 있어요 선생님.

닥터 ....(보며)

지형 선생님.

닥터 환자와 가족이 알기를 원치 않으면 나도 얘기해줄수가 없습니다. 미안합니다.

지형 (오버랩) 암이죠.

닥터 (보며)....

지형 알아야겠습니다 선생님.

닥터 .....

지형 선생님…

닥터 (보며).....

지형 선생님.

닥터 내일 오후 세시에 환자와 함께 병원으로 오세요. 그럼 자세하게 알려 드리죠.

지형 …(보는)

닥터 이 서연 환자…꼭 나한테가 아니더라도 치료받아야해요 /

지형 ....(보며)

S# 한적한 동네 골목길(밤)

재민 (고개 숙이고 걸어오고 있는).....(그러다가 무심히 고개 들면)

서연 (저만큼 앞에서 약간 비틀거리면서 걸어가고 있는 뒷모습)…

재민 ???

서연 (끈이 달린 구두 두 짝 벗어 한 손에 걸고 맨발로 걸으며 주기도문 영어로)And lead us not into temptation, but deliver as from evil. For thine is the kingdom, and power, and glory, forever. Amen…(쓸쓸히 웃으며) 아멘…아멘…아멘…

재민 (빠른 걸음으로 등 뒤에서 다가오는) 서연아..

서연 ?? (멈추고 돌아보는)

재민 (다가오며) 뭐야 얼마나 마셨길래 신 신고 못걸을 지경이야 너.

서연 으흐흐흐 응..엎어져 코깰까봐..좀 마셨어..생각지도 못했던 공돈이 생겼거든. 많이 아주 많이. 원고료보다 더 많이.

서연 E (보는 재민) 이게 웬 횡재냐 편집부 여자들끼리 뭉쳐서 밥먹고 술 먹고 춤추고 노래하고 폼나게 한번 쐈지..

서연 (한 손으로 신발 든 손으로 머리 끌어올리며) 아무도 없잖아 ··그래서 맨발 됐지. 뭐 어때..내맘이지 엉?

재민 (신발 잡아 빼내면서) 데려다주께 신어.(무릎 굽히고 앉는)

서연 오빠 나 이게 좋은데..

재민 발다쳐. 신어··(신기면서) 문권이 부르지 왜. 날 찾든지.

서연 (신으며) 왜 나와 있어? 옷 보니까 집에 있다 나온 거 같은데?

재민 바람쐬러.

서연 (신 신기는 오빠 내려다보며) 응.. 나도 찬 공기 마시며 걷고 싶어서 택시 내려 걷는 중이었어 .. 아아아 진짜 쓸쓸해애애애 딱 그 기온이잖아.

재민 …(그냥 신 신기고 일어서는)

서연 (웃으며 한 팔 끼고 붙는) 우리 연애하는 사이로 보이겠다.

재민 가방 줘.

서연 괜찮아.

재민 줘‥(가방 건네지고 / 어깨에 매고 움직이기 시작)

서연 ‥‥(잠시 말없다가) 오빠 고마워.

재민 흐흥‥술김에 인사치례.

서연 응…호호 그런데 진심이거든? 고모 고모부 명희언니 형부 다 고마워. 다 고마운데 그중에서도 오빠가 제일 많이 고마워. 왜냐‥ 오빠가 날 참 많이 / 조용히 챙겨줬으니까.

재민 ‥‥

서연 상처준 적도 눈치보게 한 적도 없어‥나한테는 ‥오빠가 …오빠가 …제일 큰 백그라운드였어‥

재민 왜 과거형이야‥

서연 (돌아보며) 응?‥어 응 그랬네‥(고개 앞으로) 아냐 현재진행 플러스 미래까지‥오빠 나 지켜줘야 해‥

재민 (돌아보며 걷는)‥‥‥

서연 (돌아보며) 여자 만들지 마‥여자 만들어 나한테 관심없어지면 김새‥

재민 그건 굉장히 이기적인 소리야 너.

서연 맞어 나 그래‥나 이기적이야 이기적일 거야‥

재민 ‥‥(보며)

서연 후우우우우‥‥약간 숨이 찬 느낌…후우우우우…(사실은 답답해서)…

재민 (보며)

S# 지형의 빌라 동네로 들어오고 있는 택시

S# 택시 안

닥터 E 이산대학병원 동관 이층 신경과 김현민입니다.

지형 ‥‥‥(가만히 앉아서)‥‥‥

[전화벨 울리고]

지형　(꺼내서 보는 / 향기 / …망설이다가 그냥 끊어버리고)

S#　향기의 방

향기　(침대로 올라가다가 끊긴 전화 보고) 엥?….뭔가 디게 중요한 일 보
고 있나부다. 알았어 오빠..(하고 베개 등 뒤에 대려고 옮기고 기대앉으
며 문자 보내려는데)

[들어오는 메시지 음]

지형　E　통화불가능. 나중에..

향기　알았어요오오오 그런 거 같아서 문자 치려던 중이랍니다아아
아..(문자 찍기 시작)

S#　택시에서 내려 빌라 현관으로 들어가고 있는 지형 위에

향기　E　작은 아버지 댁 모레 점심 열두시..고모님 댁 모레 저녁 오후
여섯시. 선물은 전복 주문 끝. 사랑해 오빠..

S#　서연 아파트 현관 앞

재민　들어가라.

서연　응..가아..

재민　잘 자라.

서연　응 그럴께.

[웃어 보이고 서연 현관으로 들어가고]

재민　(잠시 보다가 돌아서 걷기 시작하는)….(터덜터덜)

[메시지 들어오는 소리]

재민　(움직이면서 꺼내보는)

지형　E　이산병원 동관 이층 신경과 김현민 선생.

재민　(걸음 멈추고)?

지형 E 내일 오후 3시 약속했다··

재민 ·····(전화 내려다보며 한동안 있다가 통화로)

    [벨 한 번 울리고 바로 튀어나오는]

지형 F 어차피 내일이면 알게 돼. 얘기해. 뭐야.

재민 지형아.

S# 빌라 로비

지형 (소파에 엉덩이만 걸치고 앉아서 오버랩) 내일 그 시간까지 날 고문해서 니가 얻는 게 뭐냐. 예사롭지 않은 일인 건 이미 알아. 그러니 이제 그만 버티고 말해. 서연이한테 생긴 게 뭐야. 신경과 중에서도 뭐야. 난치야 불치야 병명이 뭐야 이 자식아.

재민 F (오버랩) 너 그거 어떻게 알아냈어.

지형 너는 지금 고작 그게 중요한 거야?

재민 ···

지형 포차에서 의사 처가 알아내 대문 앞에서 잡았다 됐니?

S# 서연 아파트 앞

재민 ····

지형 F ····(기다리다 와악) 말해 이 자식아!! 지금하고 내일하고 무슨 차이가 있는 건데!! 너한테 듣는 거하고 의사한테 듣는 거하고 뭐가 다른 건데!!!

재민 ·····

지형 F 야아아

재민 (오버랩) 서연이한테··· 아는 척 안한다는 약속하면 말해줄게 /

지형 F ····그래 알았어 약속할게··

재민 ·····그럼 // 충격받을 준비해.

S# 빌라 로비

지형   준비됐어. 말해.

재민   F ....

지형   재민아.

재민   F (오버랩) 알츠하이머란다.

지형   ??....뭐 / 뭐?

재민   F 알츠하이머. 간단하게 퇴행성 노인질환. 뇌가 쪼그라들어 모
든 기억을 잃어가며 무너져가는 치매.

지형   ????.......

S# 아파트 앞

재민   (시선 옆으로 저 멀리 / 억제하지만 차오르는) 녀석이..그거란다......

지형   F ...

재민   시작된지 이미 이년 쯤 됐을 거라구...동생 놈 얘기로는 두통약
먹은지 꽤 됐고 최근 들어서는 건망증 증세도 잦아졌대.

지형   F 그게 가능한 얘기냐?

재민   드물지만 아동들서부터 십대 이십대한테서도 발병되는 예가 꽤
있다더라..

S# 빌라 로비

지형   .....

재민   F 죽은 아이로 생각하고 잊으라고 했지..공교롭게 늬들 끝낸 직
후에 벌어진 일이라 너 죄책감 느낄 수도 있는데 그럴 건 없다..늬들
만나기도 전부터 시작된 병일 거구..그 자식 ..뭐래야할까 그 자식
운명으로 생각할 수 밖에 없다..

지형   (오버랩) 확실한 거야? 딴 병원 가보자. 엉뚱하게 잘못 짚었을

238

수도

재민 　F (오버랩) 그 생각 안한 거 아냐‥

S# **아파트 앞**

재민 　재검해봐도 상관없지만 결과 달라질 가능성 없다 그러더라. 그리고 알아봤는데 아까 그 양반 그 쪽으로는 알아주는 닥터야.

지형 　‥‥‥

S# **빌라 로비**

지형 　(한 손 이마에 올리고)‥‥‥‥

재민 　F 왜 너 할 일 없다 그랬는지 알겠지‥‥‥결혼 일주일도 안 남겨 놓고 니가 뭘 할 수 있겠니. 내가 지켜보면서 감당할 테니까 나한 테 맡기고 넌 니 할 일이나 해나가. 다시한번 얘기하는데 약속지키 고 끼어들지 마.

지형 　‥‥‥

재민 　F 생각해봐‥서연이 자식…너 알게 하구 싶겠니?

지형 　‥‥‥

재민 　끊자‥(전화 끊기는)

지형 　‥‥‥(그대로 한동안 있다가 전화 든 손 내려지면서)‥‥‥‥

S# **아파트 앞**

재민 　(서연의 집 쪽 올려다보며 서서)‥‥‥‥

S# **서연의 거실**

서연 　(욕실에서 잠옷 위에 젖은 머리 닦으며 나오는) 아우·우·우·우 시원해 ‥그 침침한데서 있는대로 펄쩍펄쩍 먼지 일으키고 악쓰고 노래하고 술 쏟고 떠들고 나중엔 정신이 휘이잉 나갔다 들어왔다 그러드라. 저녁 뭐 먹었어?

문권   (공부하는 자세로 안 돌아보면서) 어 잘 먹었어.

서연   너무 늦어서 낼 아침 준비 꾀난다. 우리 그거 먹으면 안될까?
그거.

문권   (돌아보고)

서연   그거 / 그거 시리얼.

문권   아무 거나 난 상관없어요. 토스트하구 우유 마셔도 되고.

서연   대신 내일 퇴근하면서 소고기 사다가 크으게 썰어넣고 모레아
침 미역국 끓여줄게..

문권   (안 보는 채) 좋아요 기대합니다..

서연   나 오늘 일 못해. 피곤해. 잘 거야..

문권   .....

서연   (제 방으로 가다 돌아보며) 알바 그만 안돼?

문권   그만둘 수는 없고 시간 좀 벌려구 편의점 갔댔더니 명희 누나
들은 척도 안해요. 며칠만 봐주는 걸로 알았는데 아예 짱박게 만드
네..그 누나 기운 씨구 목청 커서 길게 말하기 싫어 운만 떼다 말았
는데 옮길 거에요. 시간도 좀 줄이구.

서연   꼭 그렇게 해.

문권   자형은 아예 알바를 스톱한다 그럼 모를까 어려울 거라 그러
든데..

서연   내가 얘기해줘?

문권   아냐아아..내가 뭐 앤가?

서연   떡 좀 꺼내놔 줄까?

문권   내가 하께..들어가 쉬어요.

서연   그래 낼 봐.

문권 네에에..

서연 (방문 여는데)

문권 웬 술은..(혼잣말처럼)

서연 (돌아보고)

문권 내일 힘들게. (하다 보면 누나가 보고 있다 / 좀 웃으며) 아니 잔소
리 아니구 누나 요즘 피곤해 보이는데 걱정돼서..

서연 너나 잘하세요 네?

문권 알았어요.

서연 (동생 보며) 화이팅.(하는데 과장 말고 그냥)

문권 (한 주먹 올려 보이며 안 보는 채 그냥) 화이팅.

S# 서연의 침실

서연 (들어오면서 곧장 침대로 엎드려 늘어지는).....(눈 뜨고 중얼중얼)
십삼 더하기 십이 이십오 십칠 더하기 팔 이십오 오십구 빼기 사십
일......칠...아니 십칠..

S# 지형의 침실

지형 (침대에 등 기대 두 다리 뻗고 앉아서 / 외출복인 채)......

서연 E 진짜? 진짜 안 간지러?

지형 E 정말.

S# 과거 어느 날. 오피스텔 침대 위

서연 (앉아 있고 / 지형은 기대어 앉아 있고) 진짜야? 참는 거 아니구?

지형 안간지럽다니까?

서연 어떻게 그럴 수가 있어? 어디 내가 해봐야지. (아래 덮여 있던 시
트 젖히며)

지형 야야야 뭘 해보기까지 됐어어어.(도로 덮으려)

서연 아니라면서어어..

지형 아냐 글쎄 아냐.. (덮으려 하며) 그냥 믿어 믿으면 돼.

서연 안 믿어지니까 그렇지. 발바닥이 안간지럽다는 게 말이 돼? 아무리 간지럽혀도 소용없다는 게 말 되냐구.

지형 아 난 특이 체질야. 그냥 그렇게 알어. 손톱에 피부 비늘 들어가야 하지 마 하지 마 하지 말라니까?

서연 (아예 두 다리 위에 엎어지며 한 다리 부여잡는) 가만 있어어어 잠깐이면 돼 애애애.(하며 손 가까이 가는데 벌써)

지형 으아아아하하하하 하하하하하 (옆으로하며 두 다리 굽혀 붙이고 발 싸쥐며)

서연 ????

지형 됐어..항복. 간지러워. 거짓말이야. 간지러워. <u>으흐흐흐흐</u>

서연 그런 거짓말을 왜 하는 거지? (진짜 이상해)

지형 너한테 존경받을려구.

서연 엥?

지형 아냐 하하..그냥 좀 달라보일려구 헛소리 한번 해봤어.

서연 심심하구나.

지형 ??

서연 내가 심심하게 만드는구나..(걱정스레)

지형 어 아냐 그런 거 아닌데 왜 그쪽으로 튀냐?

서연 (오버랩) 나 어렸을 때 중 이까지 참외 배꼽이었다?

지형 엉?

서연 살구 반쪽만 하게 튀어나와서 비키니 죽어도 못입겠다 얼마나 고민했는데.

지형　지금 아니잖아‥(배꼽 헤치려들며)

서연　언젠가 없어지더라구‥그런데 지금도 힘 빡 주면 도로 튀어 나와.

지형　?? 그래?

서연　어.

지형　그거 재밌겠다. 한번 해봐.

서연　그럴까?

지형　엉‥

서연　이리 가까이 와‥

지형　응 그래‥ (다가드는데)

서연　(손가락으로 이마 탁 튕기면서) 어이그 힘주면 튀어나오는 배꼽이 어딨냐‥

지형　이러언 어으 어으 (껴안고 넘어뜨리며 간질이고)

서연　아하하하하 하하하하하 하하하하하

수정　E 얘‥‥

S#　지형의 방

수정　‥‥(보고 섰다가 / 음료 쟁반) 지형아‥

지형　(멍하니 보고 일어나는 / 시선 피하며)

수정　무슨 뭐하구 있어. 여태 옷도 안 갈아입고‥

지형　(그냥 상의 벗고 타이 풀어내는)‥‥

수정　‥‥‥(컵 적당히 들어내고 쟁반만 들고 돌아보는)‥‥

지형　‥‥‥

수정　그 아이 만나구 들어왔어?

지형　??‥‥아니에요‥

수정　그런데 왜 그렇게 수상쩍어?

지형 ……

수정 정리됐다는 거 정말 믿어도 되는 거야?

지형 ….

수정 지형아.

지형 (오버랩) 피곤해요 어머니‥모르는 척 둬 주세요‥

수정 ……(보며)

지형 (드레스 셔츠 팔목 풀고 단추 풀어가는)….

수정 알었어… 쉬렴…(나가고)

지형 (엄마 나가자 벗던 손 떨어트리고)……

S# 과거 어느 화랑 입구(귀국 후 첫 만남)

지형 (입구 들어서서 팸플릿 매대로 / 입장료 내고 전시실로)

S# 전시실 안

지형 (들어오면서 보면)

서연 (뒷모습 보이면서 멈춰 서서 그림 하나 보고 있는 중이다.)……

지형 (무심하게 그림 보며 옆으로 움직이기 시작하는)

서연 (그림 벽에 시선 둔 채 지형 쪽으로 걸어오는 / 좀 전에 보았던 그림 다시 보려고)

지형 (발소리에 돌아보는)……(그러다)???

서연 (무심하게 다가와서 잠깐 보며 미소와 함께 가벼운 목례하다가 멈추는)……

지형 너…

서연 지형오빠‥

지형 ….(보며)

서연 (고개 잠깐 돌리는 듯하면서 잠깐 웃고 돌아보며) 영화같네요‥

지형 그래···(보며)

서연 귀국한지 좀 되죠?··오빠한테 들었는데··

지형 거의 반년?

서연 (끄덕이는 / 보며)

지형 너는 아직 출판사 다니고 있다면서··

서연 아직요.

지형 쉬는 날이야?

서연 아뇨··필자 계약서 싸인 받으러···좀 일찍 도착해서요.

지형 (오버랩) 나는 / 난 교수님 뵈러··댁이 수리 중이라 여기 레스토
랑에서··한 이십분 늦으시겠대서.

서연 네에··(끄덕이며 그림 쪽으로 고개가 돌아가는데)

지형 커피 마실까?

서연 ??···(돌아보는)···

S# 화랑 밖 야외 테라스로 나오는 두 사람

지형 (의자 빼내주며) 너는 그대로구나··

서연 (앉으며 잠깐 올려다보며) 오빠는 늙었네요.

지형 뭐?

서연 우흐흐 (작게 웃는)

지형 (앉으며) 오랜만이다··

서연 팔년 하고도 반년.

지형 삼년째 일주일 들어왔을 때 재민이하구 같이 봤지 왜··

서연 아 그랬다··여의도 63층에서 저녁 먹었다··

지형 ·····(보며)

서연 ···왜요.

지형 여전한 게 신기해서‥뭐 특별히 혼자쓰는 화장품 같은 거 있니?

서연 우후후후 난 늙었다 그래줬는데‥

지형 글은‥계속 칼갈고 있어?

서연 으으음. (고개 흔들며) 목구멍이 포도청이라요.

지형 재민이 기대하고 있던데‥아직 발견되지 않은 혜성이라고.

서연 하하 오빤 나한테 눈먼 사람이니까‥

지형 동생 잘 있구?

서연 아 군복무중 사개월 남았어요‥

　　　[안에서 커피가 나오고 있는‥‥커피 놓여지며 잠시 사이 / 그동안 서연

　　　지형 모르게 잠깐 보고 / 지형도 마찬가지로 잠깐 서연 보고 / 웨이터

　　　빠지면서 동시에 찻잔 집어 드는]

지형 ?? 설탕 안 넣어? (넣었었잖아)

서연 해롭다 그래서‥오래 살아야하거든요‥ (마시는)

지형 (피식 / 마시는)

서연 (잔 내려놓으며) 예뻐요?

지형 ??

서연 결혼할 사람.

지형 응 괜찮아.

서연 언제 해요?

지형 지금은 여유가 없어‥ 일년쯤 뒤?

서연 그렇게 기다려주는 거 보면 착한 사람인가봐‥ (찻잔 집어 들며)

지형 ‥(마시는 서연 보는)‥‥

서연 (찻잔 내리며 보는) 운동 열심히 하나봐요.

지형 (오버랩) 남자 친구는‥

246

서연 ….(잠깐 멈췄다가) 아 남자 친구….우훗 희망자 오백 팔십 두명.

황금 양털 구하러 모두 떠나 있어요.

지형 (오버랩) 점심 먹을까?

서연 ….(보는)

지형 교수님하고 한시간이면 충분한데..

서연 ….(보며)

S# 시간 경과 / 화랑 레스토랑 실내

[점심 먹고 있는 두 사람]

지형 …(묵묵히 먹고 있는)

서연 ….(먹으면서 보는)…

지형 (와인 병 들며) 한잔 더 어때.

서연 (얼른 안 본 척하면서 글라스 좀 밀어내 주는) 그래요.

지형 (따라주면서 보고)….

서연 (따라지는 것 보며)…(오른 손가락 끝 하나로 이마 잠깐 긁는)…

지형 (혼자 피식 웃고 제 잔에 술 따르고 놓고 글라스 든다)

서연 (글라스 들고 내미는)

지형 반갑다..

서연 (그냥 잠깐 웃어주고)

[글라스 가볍게 부딪히고 서연 마시는데]

지형 E 저녁 먹을까? (웃음기 없이)

서연 ?? (마시다 보는)

지형 다른 일 없으면..

서연 다른 일…있어요

지형 아아

서연　그래야 비싸질텐데 난 싸구려예요. 없어요.

지형　그래 그럼..(전화 꺼내 내놓으며 / 일 년 전 모델이어야 합니다) 전화할께..

서연　....(잠깐 보고 집어서 제 전화번호 찍어 밀어주는데)...

S# 지형의 침대(현재)

지형　(한 팔 이마에 올려놓고 눈 감고).....

지형　E 이상하다..이게 뭘까...

S# 한강 둔치(밤 / 과거)

[한 손 잡고 강을 향해 걸으며 얘기하던 중]

서연　뭐가요..

지형　꼭...아득한 옛날부터..태어나기도 전부터 천년도 전부터 오늘을 기다렸었던 느낌이야.

서연　....(멈추고 보며)

지형　하나도 어색하질 않아..

서연　나는/

지형　......너는..

서연　아니 말 안할래요..(걸으려 하며)

지형　(잡으며) 뭔데..말해봐아. 나만 말하게 해 놓고 셈이 안 맞잖아.

서연　누가 말하랬나? 난 가만 있는데 혼자 말해놓구 뭐.

지형　너어어 (잡은 손 올려 주먹 만들어 쥐어박으려는 시늉)

서연　으흐흐흐 (얼굴 피하면서)

[다시 걷기 시작하는 두 사람]

[시간 약간 경과 강물을 바라보면서.....적당히 떨어져 서서 / 사이 두었다가]

서연 오빠가 그말 하는 순간 나는 (돌아보며) 어..언젠가 여기서 이렇게 우리 지금이랑 똑같은 상황에 있었는데 그랬었어요.

지형 데자뷰.(강물 보며)

서연 의학적으로는 전생의 기억 같은 건 웃기는 소리고 일종의 기억장애. 착각 또는 망상.

지형 나는 전생의 기억에 한표 던진다. 내것도 니 것도…(그대로)

서연 ….(고개 돌려 보는)……

S# 지형의 침대(현재)

지형 (벌떡 일어나 앉으며)……(눈물로 흥건한 얼굴)….

F.O

S# 이산병원 전경(오후 3시)

S# 현관에서 나오고 있는 지형

지형 ….(나와서 차도를 보며 우두커니 서서)……..

S# 운전 중인 지형

서연 E 해피버스데이 투유 해피 버스데이 투유우우우 (낮고 느린 노래 / 마릴린 먼로 케네디한테 불러준 노래 흉내)

S# 지형 오피스텔(과거)

서연 (라인 드러나는 차르르 원피스 입고 지형에게 한 팔로 안겨 몸 붙이고) 해피버어스 데이 나의 숨겨둔 남자아아아 (지형 돌아보며) 해피 버스스데이 (하는데)

지형 (그 입을 막아버리고)

서연 (함께 안고 응답하고)…..(얼굴 떼어 어깨로 옮기며 눈물겨운) 죽고 싶어..(작게)

지형 ….

서연 이쯤에서그만 / 죽어버렸음 좋겠어….

지형 (눈 질끈 감으며 더 꽉 안는)

S# 운전 중 지형(현재)

지형 ……(앞만 노려보듯 하면서)……

S# 달리는 지형의 자동차

S# 서연 출판사

서연 (자리 앉아 전화 들고 받기 기다리는) ….아 안녕하세요? 네에. 이
서연입니다. 계속 날씨 너무좋아 원고 막 술술 나오시죠? 으흐흐흐
/ 아직 날짜 많이 남았으니 천천히 쓰셔도 돼요. 요즘 영화 좋은 거
많이 나왔던데 영화라도 보시고 한 템포 쉬어가세요. 네, 네에 그럼
다시 인사전화드리겠습니다아. 네에 (끊고 다시 핸드폰 조작)….(기다
렸다가) 응, 진욱씨 나야. 아직 안 일어난거야? 또 밤샜구나? 응 그
래 내가 늘 너무 급하게 부탁하지? 미안해 미안해. 그래 내가 술 한
잔 살게. 응…. 아무래도 청소년 타겟이라 젊은 층이 좋아할 수 있는
유머러스한 그림을 생각하고 있어. 진욱씨 그런거 특기잖아. / 알았
어. 날짜만 잡아. 마감날짜만 맞춰주고 응? 흐흐흐흐 그래. 정신
차리구 뭐 좀 먹어. 응 으응. (끊고 좀 기대는 듯하며 한 손으로 이마 싸
쥐고 조였다 풀었다 두통이 시작되고 있다)

소희 (커피 뽑아다 놓아주며) 피곤하세요?

서연 어 땡큐. 모두들 진짜 기운 쎄‥ 다들 멀쩡한데 나만 비실이야.

소희 (옆 의자에 앉으며) 술을 좀 과하게 하시더라구요.

서연 응 그래 그랬어.

소희 그런데 팀장님 나팔꽃 사랑 하셨어요?

서연 ??

소희 아니면 지금 현재 하고 있는 거에요?

서연 뭐 내가 그 노래해서?

소희 감정이 너어무 리얼했거든요. 너어무 애절해서 우리 다 거의 울 뻔했거든요‥

서연 까르르르 별소릴 다 듣겠네‥그럼 소희씨는 / (하다가) 무슨 노래 불렀었지?

소희 다섯곡 이상 불렀는데요. 백지영 껄루만

서연 아 총맞은 거처럼. 그럼 소희씨 어떤 남자한테 총맞은 거처럼 그렇게 끔찍하게 당했었어?

소희 에에이 팀장니이임.

서연 (오버랩) 애절하던데? 창자가 끊어지던데?

인영 (디자인 청년한테 자료 넘겨주면서) 뭐얼 백지영 노래 다 베리구 있던데 / 괴로워 죽을 뻔했구먼.

선주 (저쪽에서) 또 시작이다. 들을만 하던데 왜 그래요. 우리가 뭐 카수야?

소희 그렇죠? 비슷하게 괜찮았죠?

인영 믿으면 바보다.(하는데)

소희 아아 진짜‥우리 이모 상계동에 죽이는 무당 있다던데 선배 나랑 거기 가 살풀이 한번 해요.(서연, 선주 가볍게 웃는)

인영 ??지금 모태신앙 크리스천한테 무당집 가자는 거야?

소희 어머 그러네 참.(하는데) 취소해요.(하는데)

   [서연 테이블 전화벨 /]

서연 (웃으며 받는) 네에‥이서연입니다……????…(전화 끊고) 나 잠깐.

소희 금방 기획 회읜데요?

지형   (서둘러 나가는)

S#   편집실 밖

서연   (나오며 보는)

지형   ....(서서 보고 있는)

서연   (다가서서) 오빠가 말 안해요? 이러지 않아도 괜찮다구.

지형   다시 들어가 퇴근하고 나와.

서연   ??

지형   여섯시부터 아버지 병원에 검사예약 잡아놨어.

서연   ????

지형   김현민 박사한테 있는 자료 이미 넘겨졌고 처음부터 모든 검사
　　　　다시 할 거야..

서연   (저도 모르게 두 주먹이 쥐어져 있고) 어떻게 알았어요.

지형   그건 중요하지 않아.

서연   (오버랩) 나는 중요해요. 아무도 모르는데 어디서 누구한테 알
　　　　았냐구요. 김현민 선생은 어떻게 알아요. 나한테 미행 부쳐놨어요?
　　　　도대체 이게 무슨 / 어떻게 된 거냐구요.

지형   재민이.

서연   ???? 오빠는 어떻게 / 오빠가 어떻게/

지형   .....

서연   ....(보며)

S#   근처 카페 별실

서연   ....(탁자에 시선 / 움켜쥔 두 주먹 무릎에).........

지형   ......(보며)

재민   .....(보며)

서연 ……

지형 ……

재민 ……

서연 (떨리는 두 주먹 올려 이마에 대고 팔꿈치 테이블에 올리며) 나는…
나는 아직 환자아니야. 아직까지는‥

재민 서연아

서연 내가 나는 환자다 그러기 전엔 난 정상이야.

재민 그래 그러니까 재검에서 다른 결과가 나올수도 있으니까

서연 (오버랩) 그런 기대나 희망 / 구차해. 뒤져볼만큼 뒤져 최고 권위
로 꼽히는 선생 찾아가 받은 결과야.

지형 그래도 한군데 진단만으로

서연 (오버랩) 상관말아요‥

지형 ‥‥

서연 오빠도 상관마.

재민 이 자식아 어떻게 그런 소릴 해.

서연 상관하면 뭘 어떻게 무슨 일을 해 줄수가 있는데.

재민 너 약도 시작 안했잖아. 재검 받아 같은 결과 받으면 바로 치료
에 들어가야하잖아. 그대로 방치하면

서연 (오버랩) 어차피 악화돼 가다가 죽어 오빠. 치료가 아니야.

재민 진행 늦추는 것도 치료야 이 자식아.

서연 오빠 난 멍청이 돼가면서 느리게 죽어가는 것보다 빨리빨리 /
빨리빨리 끝내고 싶어. 주변 사람들한테 폐끼치면서 동정받으면
서 물에 젖은 솜뭉치처럼 / 그렇게 무거운 보따리로 길게 기일게
끌고 싶은 생각 / 눈꼽만큼도 없어.

재민 약 먹으면서 의지 단단히 붙잡고 있는 동안 획기적인 치료약
    개발될 수도 있어.

서연 한달후? 두달 있으면? 얼마나 많은 환자 / 얼마나 많은 환자 가
    족들을 절망시켰을까.

지형 (오버랩) 오기 부릴 일이 따로 있어 서연아.

서연 …(물끄러미 보는) ….

지형 시한부하고는 달라. 관리잘하면 경우에 따라서/십년 훨씬 이
    상도

서연 (오버랩) 그게 무슨 의미가 있는데요. 텅텅빈 껍데기로 사고나
    치면서 가까운 사람 아까운 시간 갉아먹으면서 오래살면 / 영웅칭
    호라도 받아요?

지형 강제로 끌려갈래 순하게 따라갈래.

서연 착한 남자 흉내 그만내고 꺼져.

재민 ??

지형 ….(미동 없이 보며)

서연 병원 끌고 가 재검시키고 똑같은 소리 듣게하고 / 그리고 마음
    좀 아프고 한숨 몇 번 쉬고 할만큼 했다 어쩔 수 없구나 그러구 싶
    어서?

지형 …..(노려보듯 하는데 / 핑글핑글 돌아나는 눈물)…..

서연 ….(보면서 저도 목이 메며) 내 문제가 너무 커서 그거 해줄 여유
    가 없어.(일어나 나가려)

지형 (불끈 일어나 막아서며) 서연아.

서연 (오버랩) 지금 나는 완전 정상이야. 책읽어내는 거 원고 수정작업
    / 미팅 / 기획회의 / 아이디어 제출 아무 문제 없어. 누구도 아무 것도

몰라.(재민.. 탁자 보며 앉은 채)

지형　그래 그러니까 진단 다시 받고

서연　(오버랩) 강요하지 마.(좀 사정하듯) 지금 이대로 난 아니다 우
기면서 있게 놔둬. 재검 받고 똑같은 소리 듣고나면 / 더 우길 의욕
떨어져 그냥 주저앉아 맥놓아 버릴 거야.

지형　....(보며)

서연　(잠깐 재민 돌아보며) 당분간 / 내가 큰사고 치기 전엔 (지형으로
시선) 누구도 모르기 바랬어. 자존심....너무 아프다...나는...내 인생
은 이렇게 마지막까지 남루해야 하는 거니?

지형　(안으려)

서연　(피하듯 하며 문으로 가 도어록 잡고 비틀려다가 멈추고 푹 쪼그리
고 주저앉는다)

지형　(달려들고)

재민　(벌떡 일어나고)

서연　(양 어깨 잡은 지형 한 팔 두 손으로 움켜 잡고 울음 터뜨린다 재민 쪽
으로) 오빠아아아 / 나 좀 나좀 데려다 줘. 나좀 집에 데려다 줘어어
어어어...

재민　(지형과 자리 바꿔 일으켜 세우고)

서연　(달려들 듯 목 안으며 대성통곡)

재민　(안고)....

지형　.....(보며 찢어지고)....

S#　**카페 앞**

　　[주차 요원에 의해 나오는 재민의 자동차]

재민　(안듯이 하고 있던 서연 운전석 옆자리에 태우고 운전대로 들어가는)

[안전띠 매주는 재민 보이고]

[곧장 출발하는 자동차]

지형　……(보며)……

S# 지형의 거실

수정　(현관문 열고 있는 / 그 문으로 들어오는 현아) 예고도 없이 웬일야?

현아　(제 집 들어오듯 하면서) 우리 사이에 뭐 꼭 예고가 있어야 해? 문 열어놔. 향기 들어와야 해.

수정　어 그래.(문 핸들 키 돌려 문 안 닫히게 하는)

이모　(화집 보고 있던 참이다 / 탁자에 화집 서너 권 간추리면서) 어서오 세요 언니…

현아　(제 집인 듯 소파로 움직이며) 안녕? 여전히 열공에 매진 중이야?

이모　호호호 네에.

수정　(다가오며) 그게 무슨 소리야?

이모　열심히 공부하고 있냐예요. 열공.

수정　(원) 멀쩡한 말을 왜 전부다 주름을 잡는지 못마땅해 죽겠어. 뭐 줄까.(앉으며)

현아　냉 녹차 한잔 마시자.

이모　얼음 띄울까요 말까요. 미리 뽑아서 냉장고 둔 거 있는데.

현아　그냥. 얼음 필요없어.

이모　네에‥

수정　지나가다 들를 데는 아니구 무슨 바람야?

현아　그냥 시간 좀 비어서 왔어.(현관문 잠깐 돌아보며) 향기 들어오기 전에 / 니 아들 어떠니.

수정　?? 무슨 소리‥

현아 눈치가 어떠냐구.

수정 눈치라니?

현아 여전하냐구.

수정 그럼..

현아 지금 세상에 뭐 사위 백년 손이란 말은 해당 안되지만 그래두 사위는 사위다 애.너무 심하게 들이받았나 은근히 신경쓰여.

수정 (피식) 그 신경 쓰인다는 거 보니까 장모는 틀림없는 장모네.

현아 내일 하루에 점심 저녁 나눠 두 집 다 돌기로 했다더라.

수정 그렇대?

현아 모르구 있어?

수정 아들은 딸처럼 그렇게 시시콜콜 얘기 안해.

현아 그래도 니가 물어봤어야지 니가 데믄데믄한 거지. 결혼을 깨느니 마느니까지 난리 났었는데. (냉녹차 나오고)

수정 난리는 오여사 혼자 쳤지. 니 잘못이다 알았습니다 그리고 저 알아 할 일이지 뭐. 그런데 애들 빈손으로 보내면 안되는 거잖아. 어떡할까.

현아 전복이랑 도자기 하나씩 준비해 뒀어.

수정 어어..친구가 부자사돈이니까 좋다.

이모 (화집들 챙겨 껴안으면서) 좋기만 금맥 찾았지.

향기 (오버랩 / 와인 한 병 봉투에 넣은 것 들고 들어오며) 저 왔어요 아줌마아아..안녕하세요 이모님.

수정 어서 온?

이모 (동시) 안녀엉? 그건 뭐야?

향기 와인이에요 (주방으로)

현아 지 아빠두 아까워 못 여는 와인 훔쳐들구 왔단다.

이모 어머 그래? 뭔데 (화집 껴안고 앞서 주방으로) 노회장님두 아까와 하시나 어디 한번 보자.

향기 흐흐홋 네에에.(따르며)

수정 그런 걸 뭐하러어‥우리는 아무 거나 마시는데‥

현아 (오버랩) 얘 / 지형이 차 바꿔줄라 그러는데‥

수정 ?개 차 일년 남짓 된 거야. 무스은 그럴 필요 없어. 그림두 보낸다면서 그만해 과해.

현아 그럼 너 바꿀래?

수정 ?? 왜 그러는 건데‥

현아 누구네는 딸 시집 보내면서 차 석대 보냈다더라.

수정 머리 두 개 달린 딸이래?

현아 사위가 장차 못돼두 검찰총장 감이래. 대통령감으로 키운다 그런데 두 집안 합심해서.

수정 (기막혀 웃으며) 그런 집안에서 배출한 검찰총장 대통령 나오면 나라의 비극이다.

현아 웃기지.

수정 돈은 눈이 멀었다더라.

현아 우리 노풍이 바로 눈먼 돈 표본아냐.

수정 으흐흐흐

현아 그런데 지형이 약 좀 해 먹여야겠더라.

수정 무슨 약?

현아 (일어나며 시계 보며) 무슨 젊은 놈이 그렇게 의욕이 없니. 우리 향기 소 닭보듯한단다 (수정 따라 일어나고) 내가 물어볼 순 없고

수정 아으아으 정말. 별..벼얼..

현아 (오버랩) 향기야아아

향기 E 네에에에..(뛰어나오고)

현아 체크해 봐. 향기 생과부 만드는 거 아닌가 걱정돼 그래.

향기 (질색) 엄마아아아아 / (그런 말을 하면 어떡해애애)

S# 서연의 아파트 현관 앞

　　　[와서 멎는 재민의 차]

　　　[둘 내린다]

서연 회사 들어가야지..

재민 들어가..(데리고 들어가려)

서연 (오버랩) 괜찮아졌어..가아..

재민 (보며).....

서연 정말 응?..

재민 그래 그럼.....올라가 쉬어라..

서연 응...

재민 (자동차로)

서연 오빠...

재민 (돌아보고)

서연 고모 걱정시켜드리고 싶지 않아..

재민 ....(보며)

서연 언니 시끄러운 것도 싫고...나중에...나 멍청이 된 뒤에 털어놔
　　.....응?

재민 그래 알아들었어..

서연 (현관으로 들어가는 / 천천히).....

재민　(보며)…

S# 서연의 거실

서연　(잠긴 문 열고 들어서 천천히 침실로)

S# 침실

서연　(들어와서 방바닥에 두 다리 뻗고 기대어 앉아)……(멍하니)……

S# 빵 가게

　　　[명희 카운터 뒤편 커피머신에서 커피 뽑고 있고 / 차서방 반으로 잘라 놓는 바게트 샌드위치 두 개씩 포장 중 / 주문받은 것]

문권　(손님 서너 사람. 계산해주고 있는)··***원입니다.

손님　(지갑 꺼내 돈 건네주고)

문권　할인카드 없으세요?

손님　네, 그냥 해 주세요

문권　네에 ***원 받았습니다. (포스 조작 / 돈통 열리고 / 잔돈 꺼내 건 네주며) 거스름 ***원입니다. (하고 다음 손님 계산으로 / 체크하며 찍기 시작)

명희　(커피 플라스틱 뚜껑 닫으며 빵 고르는 손님에게 / 목소리 크게) 커피 나왔습니다아아아.(손님 알아듣고 움직이는데)

　　　[문권 전화 들어오는/발신자 확인하고]

문권　누나 잠깐만요.

명희　(커피 두 개 손님에게 내주면서) 나중에 해애.

문권　죄송합니다. (계산대에서 빠지는)

명희　너 진짜아아 (커피 들고 나가는 손님에게) 안녕히 가세요오오.(계산 기다리는 손님한테 웃으며) 제가 해 드릴게요

S# 빵 가게 앞

문권 (나오며) 네 형님.

재민 F 어디야 전화 받기 괜찮으냐?

문권 네 괜찮아요.

S# 서연의 아파트 입구를 총알처럼 달려 들어오고 있는 문권

S# 승강기 앞 /

문권 (뛰어들어 승강기 표시 보고 한참 기다려야 하게 생겨 보이자 곧장 계단으로 뛰어오르는)

S# 계단 오르는 문권 /

S# 계단 오르는 문권

S# 현관 안 거실

문권 (숨차 헐떡거리며 벌컥 고꾸라질 듯 들어와 상체 굽혀 두 손 허벅지께 붙이고 호흡 고르는)……(그러다가 시선 누나 침실로 / 줄줄 흐르는 눈물‥아냐 이럼 안 돼‥추스르고 빠르게 냉장고로 / 물병 꺼내 벌컥벌컥 / 아이처럼 손으로 쓰윽 눈물 훔치고 또 마시고 또 눈물 훔치고)……(물병 싱크대에 넣고 누나 방 보며 잠시 있다가 방 앞으로)…(잠시 망설이다 노크)…

S# 서연의 방

서연 (기대어 앉은 채 눈 감고)…(잠든 듯)…

    [다시 노크]

서연 (눈 떠 문 쪽 보는)…

문권 (자나 싶어 문 열어보고)…

서연 …(보며)

문권 자는 줄 알았어요.

서연 (싸늘하게) 왜 남에 서랍 뒤져 (몸 일으키며)

문권 누나.

서연 끔찍하게 싫어하는 거 뻔히 알면서 너 왜 (침대 아래로 두 다리)

문권 (오버랩) 뒈진 게 아냐 누나. 재룡이 누나네 가는 날 자동차 키 꺼내는데

서연 (벌떡 일어나며 오버랩) 키만 들고 나갔으면 됐잖아!! 상관없는 건 왜 건드려!!

문권 ....(보며)

서연 (두어 걸음 앞으로 두 주먹) 그리구 나하고 먼저 얘기해야지 사내자식이 왜 그렇게 입이 싸 오빠한텐 왜 말해 내 허락도 없이 건방지게 니 멋대로!!

문권 (오버랩 울음 터질 듯하면서) 너무 엄청난 일이라 혼자 감당할 수가 없었어!! 너무 무서워서어!!

서연 그래서 어떡할 거야. 내 대신 아파주기라도 할 거야? 내 머리랑 니 머리 바꿔달아? 너 그럴 수 있어?

문권 (오버랩) 그럴수 있는 일이면 지금 당장 그러겠어. / 내가 죽어 누나 그게 사라진다면 지금 곧장 여기서 뛰어내려 죽을 수 있다구!!

서연 멍청한 소리 다시 해봐. 너 맞구 싶어?!!!

문권 언제까지 감출수 있었다구 생각해? 감춰야할 일이 뭐야. 내가 남이야? 누나가 아픈데 나 같이 아파야지 / 누난 / 나 아픈데 누난 아무 것도 모르는 채 휘파람 불고 싶어?

서연 (오버랩 / 이 갈 듯) 나는 아직 / 아직 준비가 안됐단 말야. 인정할 수가 없다구. 일찌감치 부모한테도 버려진 거지같은 내 팔짜 / 무슨 재수가 있겠냐 그런데두 난 싫다구.

문권 (오버랩) 아버진 아냐 누나!!

서연 (오버랩) 어린 자식두고 죽은 것도 버린 거야. 그게 사고였든 병

262

이었든!! (방문으로)

문권 약 먹어 누나.

서연 (열려 있는 문으로 휙 나가는)

문권 약 먹어. 먹어야 한다구!!

S# 거실

서연 (나와서 문권이 마시다 놓고 들어간 물병 집어 벌컥벌컥) ···(후들거리는 손) ··· (물병 놓고 식탁 쪽으로 가 수첩 집어 뒤적이는)

문권 (나와서 보는)

서연 (수첩 펴놓고 돌아보며) 내 가방에 전화 갖고 나와.

문권 ····

서연 배고파 만둣국 시켜 먹을 거야.

문권 누나 핸드백 / 회사에 두고 왔대··

서연 ····(보며 표는 안 나지만 멈칫)

문권 형이 퀵으로 보내달라 그런댔어··위경련이라 그러구··

서연 (오버랩/손 내밀며) 니 전화 내놔.

문권 (전화 꺼내며 다가와) 내가 해주께··

서연 (전화 채뜰어가며) 바보 취급 하지 마. 아직 아냐·····(수첩 보며 전화 번호 찍는) ···여보세요

문권 ····(보는)

서연 여기 동촌 *동 **혼데요.

S# 피부 관리실

[향기 모녀 얼굴에 고무 팩 완전 덮고 나란히 누워/ 두 사람만]

향기 아 엄마 이제 그만하세요.

현아 걱정돼 그래 이것아. 한창 나이에 무슨 금욕생활하는 수도사

도 아니고 말이 돼?

향기 일이 바쁘잖아. 그럴 시간이 어딨어.

현아 그짓할 시간 없다는 게 말이 돼?

향기 이제 금방 결혼하잖어어

현아 결혼했는데 완전 한심한 케이스면 어떡해. 요즘 그런 애들 많다든데..

향기 그거 아니라니까?…난 존중해서 그러는 거야.

현아 뭐? (고개 돌리며)

향기 장소도 문제잖아. 그렇게는 대접하기 싫은 거지 뭐. 젠틀맨이니까..

현아 애 사실여부는 모르겠다만 앙드레 지드가 자기 와이프 너무 사랑한 나머지 사랑하는 여자한테 차마 동물적 욕구 해소 할 수 없다면서 매춘부 찾아다녔다던데 / 그거 젠틀맨이라 그래야 해?

향기 그 사람이 누군데?

현아 물개두 골치꺼리지만 끄으으응..

S# 건축 사무실 복도 계단 코너든지

재민 F 자극해서 좋을 게 없겠어. 지금 그애 심정도 이해해 줘야 하고….시간이 좀 지나면..제 문젤 정면으로 마주할 단계가 와주겠지..

지형 (한 손 올려 손가락 끝으로 이마 훑으면서) 병원하고 (끈끈한 침 삼키듯 하고) 통화했는데 재민아…이산에서 넘겨받은 자료에 대한 소견 / 마찬가지라고 / …김박사 그쪽으로 가장 유능한 분이니까..거기서 치료받게 하라구….

재민 F ….그래.

지형 나때문인 거 같아 돌 거 같아…

264

재민   F 터무니없는 생각 집어치워.

지형   ......

재민   F 그만 끊자.

지형   잠깐‥서연이 번호 재민아

재민   F ...

지형   재민아.

재민   F 나한테 맡기고 그만 물러서‥너 그래야 해.

지형   그냥 갖고만 있을게.

재민   F 끊는다.

지형   재민아‥(끊겨버리는)

지형   (끊긴 전화 툭 내리는)…‥(그대로 석상이 된 듯)…

S# 서울 시내 야경

S# 사무실 옥상에서 내려다보이는 야경

S# 사무실 옥상

지형   ....

서연   E 사랑해좋아해사랑해좋아해사랑해좋아해…‥

지형   .....

서연   E 사실은 솔직하게 고백을 하자면 / 맨 첨 우리 집 왔을 때 / 내가
          문권이 책 태운다고 길길이 뛸때그때 / 당신보자마자 빠지직 전기
          먹었었어. <u>으흐흐흐흐</u>. 왜 그랬을까 별로 뭐 근사하지도 않았었는
          데 왜 그랬을까‥

지형   .....

S# 언제까지나 그대로일 것 같은 지형 /

제6회

S# 빵집 앞(오후 3시쯤)

명희   다른 알바생보다 니가 더 믿음직하고 편안해서 그러는 건데 아무 상관없는 남에 집 알바 뛰겠다고 빠져나간다는 게 말이 돼? 너 이럴 수 있어? (빵 차 서 있고 재료들 내려 가게로 들어가는 중)

문권   (오버랩) 누나.

명희   (상관없이 연결) 유감있으면 말을 하라잖아아.

문권   (오버랩) 무슨 그런 게 어딨어요 말했잖아요. 하늘이 두조각 나두 절대로 미끄러지면 안돼요. 죽어도 취직 돼야한단 말이에요. 시간 좀 유용하게 쓰자는 것 뿐이에요 우리누나 도끼눈됐어요 아예 때려치라는데 돈 아쉬워 그럴 수는 없고

명희   (오버랩) 야아!! 니덕 좀 보자는데 너 어떻게 니 생각만 하냔 말야!

문권   누나 혼자 죽자사자 하는데 나 일년 이년 취직 못하구 질척거리면 누날 무슨 낯으로 봐요.

명희   안떨어지면 되잖아아.

동철   (문 열고 내다보며 오버랩) 하나 잡았어 여보. 그만 놔줘. 우리 모두

따로따로 인생 따로따로 사정이 있는 거지 당신 우격다짐 나한테 만 해. 됐어. 처남 가 / 가가가 가봐

명희　(오버랩) 잡았어?

동철　잡았어.

명희　누구.

동철　성식이.

명희　왜 걔야아아 느려터져 펄펄 뛰게 하는데에에.

동철　(오버랩) 우선 당장 전화받는 놈이 그놈인 걸 어떡해.

명희　(오버랩) 몰라아!! 이래서 머리 검은 짐승은 거두는 게 아니랬지. (동철 ??)

명희　E (동철 위에) 친척이구 나발이구 다 필요없다 엉? 다 필요없어!!

문권　....(그냥 보며)

동철　(자기 앞으로 들어가는 아내) 그런 소릴하면 어떡해애..

명희　E (문권 위에) 뭐 틀린 말 했어? (부부 아웃)

문권　(빵 가게 보면서 서서).......

　　　[이러는 동안 배달 빵 차 일 끝내고 자리 뜨는 /]

　　　[알바들 앞치마 모자 착용]

문권　(돌아서서 땅 보고 걷기 시작하는)....

　　　[전화벨]

문권　(걸으면서 꺼내보는)..네 ..출근했어요...한마디도 안해요 아는 척 절대 안하구요..화 엄청 났어요.

S# 보험회사 자판기 앞

재민　(음료 뽑아내면서) 너한테 화나있는 거 아냐. 신경쓸 거 없다....그래...그냥 놔둬.. (움직이며) 출근했으면 됐다...너 병원 갔다 와야지..

S# 빵집에서 큰길로 나가는

문권 네 지금 버스타러 나가는 중이에요..예..예..

S# 사내 미팅실(뒤편엔 책이 가득 꽂혀 있는)

[작가와의 인터뷰 잡지사나 인터넷 뉴스사의 취재 / 준비 상황]

서연 (테이블 위에 화병 갖다놓고 매무새 만지는 / 책상 다른 쪽엔 책 몇 권과 브로마이드 말아놓은 것)

작가 E 안녕하세요

서연 (돌아보면 미팅실 입구에 작가로 보이는 사람 문 열고 들여다보며) 와아 일찍 오셨네요. 들어오세요.(여전한)

작가 (30대 후반 남자 / 수수한 차림)막힐 줄 알고 일찍 출발했는데 안 막히더라구요..

서연 흐흐 그럴 때 있어요. 촬영팀보다도 일찍 오셨어요. 음료수 한 잔하면서 잠깐 기다리시면 올 거예요.

소희 (같이 돕고 있던 중) 제가 갖다 드릴게요. 뭐 시원한 거 드릴까요?

작가 아, 커피 한잔/믹스라도 상관없어요.

소희 네에에(아웃)

서연 앉으세요. 작가님. 이 쪽 자리에 앉으셔서 인터뷰 하실 겁니다.

작가 (앉는다)

서연 (같이 앉고) 바쁘시죠?

작가 (웃으며) 갑자기 인터뷰가 많이 들어와서요. 오후에 다른 인터뷰 또 있어요.

서연 참,(책상 위에 말려 있던 브로마이드 집으며) 브로마이드 몇 장 준비해뒀어요. 가실 때 잊지 않도록 책이랑 챙겨드릴게요.

작가 감사합니다.

268

서연 작가님 강의경험이 많으시니까 인터뷰 걱정은 안되네요.

작가 흐흐 제 책내주신 덕분에 저도 좋은 경험해요. 학생들한테 인기도 더 많아졌구요.

서연 좋은 일이네요.

소희 (커피 들고 들어오고)

서연 (받아 작가 앞에 놔주고)

소희 팀장님 저는

서연 어 일 봐요..(소희 아웃과 상관없이) 커피 많이 하세요?

S# 지형 사무실 미팅실

　　　[의뢰인 부부 (설계 전 상담 / 제법 사는 사람들)]

손 창을 크게내면 겨울철엔 좋지만 여름에는 아무리 단열을 한다고 해도 햇빛 때문에 커튼을 하루종일 내리고 있어야할 수도 있거든요.

지형 (앉아는 있는데 / 딴생각 / 탁자에 시선)

손 (연결) 집의 어디를 정면으로 할 것인지를 정하고 계절별로 일조량을 체크해 보고 어떻게 창을 낼 것인가 결정해야 할 것 같습니다.

남자 그게 그렇군요 참.

여자 지금 집도 햇빛이 너무 들어서 차단필름 시공을 했는데도 차이가 날까말까 / 여름마다 아주 고역이에요.

손 예에 그게 (하다가 지형 돌아보는)

지형 (느끼고 손 돌아보며 자세 좀 바꾸고)

손 그게 도시열섬효과 때문에 도심은 여름밤에 더 뜨겁게 느껴지죠. 시골은 주변이 모두 숲이라 열대야는 별로 걱정안하셔도 되지만 한낮 햇빛은 피하기가 힘들죠.

남자　저희는 살아 보기나했지 집을 지어본 적이 없어서 뭘 알아야죠. 하하 / 무조건 알아서 해주시죠.

손　E (역시 자기 생각에 빠진 지형 위에) 네. 일단 그런 것에 개의치 마시고 두 분이 원하시는 걸 가능한 많이 말씀해 주시는 것이 좋습니다.

손　새로 지을 집에 대해 가지고 계신 이미지를 그려주셔도 좋고 사진도 괜찮구요.

S# 계단 위

　[손과 지형 적당히 의뢰인 배웅하는 인사…의뢰인들 모습 계단 아래로 감춰지자]

지형　(돌아서 사무실 쪽으로)

손　뭐야 너.

지형　(돌아보는)

손　결정했으면 털어. 털구 일은 제대로 하란 말야.

지형　사무실 비운다.(움직이는)

손　자살 폭탄 질머진 눔두 니 쌍통보다는 낫겠다. 그 따위 결혼 집어치지 왜 해.

S# 어느 골프장

　[홀 아웃하고 그늘집으로 달려 들어오는 카트/양가 부모]

　[카트에서 내리면서 그늘집으로 움직이면서]

홍길　여기 감자전하고 막걸리가 유우명한데 수정씨 막걸리 한잔 안할래요? (수정 웃으며 남편 돌아보는데)

현아　시금털털 냄새풍길라구 막걸리는 왜 먹어어.

홍길 우리 키스할 일 없잖아. 박원장 어떠냐.

창주 맥주로 하지.

현아 (앞서 들어가며) 지금까지 오비가 몇갠지 모르는데 술까지 먹고 공을 어떻게 칠려구 그래. 멀리건이 몇 개야. 그게 무슨 골프야.

홍길 누가 취하도록 먹어? 들어가세요 (수정에게)

수정 (웃고 현아 따라 들어가고)

창주 들어가들어가.

S# 그늘집 안

　　[자리 잡고 앉는 현아 / 수정은 서서 기다려주고 / 동시 진행 창주 홍길 들어오는]

홍길 (소리 죽여 / 창주에게 중얼거리는) 다른 사람들하구 라운딩엔 멀쩡한데 저 여자만 있으면 오비야.

창주 ㅎㅎㅎㅎㅎ

홍길 앉으세요 앉아요 닥터 강.

수정 네 앉으세요.(세 사람 앉으며)

홍길 우리 막걸리하구 감자전 좀 엉?

직원 네에 회장님.

홍길 뭐/ 뭐하실래요 사부인.

수정 커피 마시고 싶네요.

홍길 커피/당신은/

현아 (직원에게) 감주스.

직원 네 회원님

현아 (오버랩) 호칭 좀 통일하지? 강박/사부인/수정씨 원 번번이 그렇게 바꿔부르기도 힘들겠네.

홍길 껄껄껄껄. 나한테는 미세스 박이 그 옛날 수정씨로 보였다 병원에 있던 강박으로 보였다 우리 향기 시어머니로 보였다 그러거든. 그러니까 보이는대로 그때마다 호칭이 달라지는 거지.

현아 통일하라구/정신없으니까.

홍길 별걸 다 구박이야 여기 정신없어 못알아들을 사람 있어?

현아 박원장은 내가 박박 박원장 창주씨 사돈 그렇게 마구잡이로 섞어 부르면 어떻겠어요. 어지럽지 않겠어요?

창주 하하 사부인은 박원장으로 불러주는지 좀 되죠.

현아 창주씨는 아득한 옛날 호칭이구 그 다음 박박사됐다가 병원 맡는 날부터 나는 딱 박원장이죠오. 왜 그 교통정리도 안돼.

홍길 알았어알았어알았어. 거기까지만해.

현아 그리구 매너가 그게 뭐야. 왜 슬쩍슬쩍 공은 건드려. 망신스럽구 창피해 죽겠어 그냥.

홍길 야 디봇자리에서는

　　　　[음식과 음료 나오는 것 상관없이 진행 / 음식 놓여지면 자연스럽게 다음으로 동작들 연결하면서]

현아 (오버랩) 디봇 상관없이 그러니까 말이지. 같이 운동하는 사람 얼마나 불쾌한데에.

홍길 아 하루 이틀 버릇 아닌데 번번이 그렇게 타박해야해? 배냇병이다 그러구 잊어. 내가 그렇게 좋아? 나한테 관심을꺼‥날 보질 말라구‥수정씨는 어떻게 회춘하세요? 빵빵 잘 때려요. 훨씬 좋아졌어요오오

수정 아우 무슨.

창주 어쩌다 나오니까 무슨 / 마지못해 한번씩 끌려나오니까

272

홍길 아니 임팩이 아주 좋아졌던데?

현아 뻔한 립서비스 그만둬. 드라이버 백도 안나가는 애한테 임팩은.

홍길 이사람이 왜 입을 못벌리게 해애애..

수정 (오버랩) 사기 올려주셔서 감사합니다 이사장님.(현아에게) 사부인은 그렇게 콕 찝어 지적해야 하십니까?

S# 향기의 방

향기 (침대에 신혼여행 트렁크 / 명품으로 / 벌려놓고 커플 잠옷, 슬리퍼 두 켤레 / 얇은 셀로판 봉투에 깔끔하게 넣어진 속옷 종류들 몇 개 차례로 집어넣고 / 반은 비어 있는 가방 일단 끈 묶어 닫아 한옆으로 치워 놓고 화장대 / 여행 화장품 주머니에 작은 병들로 만들어져 있는 화장품들 끼워넣는 / 그러다가 문득 생각나 한옆에 있는 전기 고데기 주머니도) .....

　　[전화벨]

향기 (화들짝 놀라서 전화 보고) 어 오빠..향기이 (나 향기야)....여행 가방 싸는 중야. 옷은 미리 싸두면 구겨지니까 빼 놓구 이것저것 / 잠옷 / 화장품 그런 것들...어 진짜? 무슨 바람? 근처 왔었어? 아아 공사 현장 들렸구나. 알았어. 빛의 속도로 날아갈게. 오빠 끊어. 나 바빠..

S# 집에서 뛰어나오는 향기

S# 거의 뛰듯이 동네 카페 쪽으로

S# 카페 안

　　[들이닥치듯 들어오는 향기]

종업원 아 저쪽 ** 실에 계세요.

향기 감사합니다아아

S# 카페 룸

　　[어디 중정이 보이는 카페 룸이 없을까]

지형 (유리 통해서 중정으로 향해 서 있는)……(바지 주머니에 손 찌를까? 이런 경우?)

　[문 열리는 소리]

지형 (돌아보고)

향기 (톡 튀어들듯 하며) 오빠 안녀어엉(손 흔들며)

지형 점심 먹었지?

향기 (무슨 소리야)지금 다섯시 다 돼 가오빠. 저녁 먹을 시간이야.

지형 ….앉어.(의자 빼주며)

향기 (앉으며 뒤로 올려다보듯) 에에에 저녁 먹을 시간은 없나보구나.

지형 (제 자리로 가 마주 앉는데)

향기 괜찮아. 어차피 요새 나 저녁 계속 우유 한잔에 샐러드로 때우는데 뭐 ‥ 찔까봐 / 배고파 죽겠어..여행가 아침 점심 저녁 한끼도 안 빼고 계속 먹을 거야. 실컨 먹을 거야.

지형 …..(봐주다 말 끝나자 맞은편 자리로)

향기 으흐 걱정마. 좀 쪄도 와서 죽자사자 운동하면 금방 제자리 돌아와.

지형 왜 아무도 아는 척을 안하니(선 채 의자에 손대고 출입구 돌아보며)

향기 (일어나려 하며) 내가 부를게.

지형 내가 할께 (움직이려 하는데)

　[노크]

지형 향기 (동시에) 네에‥

　[종업원 들어오고]

향기 난 페퍼민트 티 주시구요 오빠는?

지형 탄산수 주세요. (종업원 적당히 대답하고 나가고 / 앉는데)

향기 오빠 회사 괜찮아?

지형 (보는)

향기 그쪽 일 힘들다구 아빠 걱정하시든데…아빠 운동 친구 아들도 백명이던 직원 스무명으로 줄였다 그런대.

지형 우리도 반 줄였어 지난 달에.

향기 ??? 그랬어? 나 몰랐네?

지형 그런 얘기 할 거 없잖아.

향기 그렇지만 오빠 일인데 나도 알아야지이이..나 바보같잖아..

지형 …(테이블 내려다보며)

향기 오빠 그래서그렇게 시간이 안났구나..싫었겠다..나 / 암거두 모르구 투정부려서.

지형 (시선 들어 보는)…

향기 미안해..이제 안 그럴께..

지형 (오버랩) 향기야.

향기 ? 엉?

지형 ….(보며)

향기 왜애?..

지형 (시선 잠깐 내렸다 들며) 지금부터 (하는데 노크 / 대답해주고 / 투명 티 포트와 티 데우는 불 / 그리고 탄산수 들어와 놓여지고)

   [그러는 동안 향기는 움직이는 종업원 손길 따라 아무 생각 없이 / 지형은 그런 향기 보며]

   [종업원 아웃]

향기 (찻잔 조금 더 제 앞으로 당겨놓으며) 조금 더 우려야 해..

지형 (잠깐 보고 탄산수 조금 마시고 놓는다)

향기	왜애?
지형	....
향기	말해··
지형	향기야.
향기	응.
지형	지금부터 나···너 상상할 수도 없었던··· 악몽이 될 얘길 해야해.
향기	??? ···회사 문 닫아야해?
지형	그런 거 아냐.
향기	그럼···.
지형	(시선 내리는)
향기	그럼?
지형	(시선 들어 보며) 나도 이게 말안되는 소릴 줄 아는데···있을 수 없는 일인줄 아는데··그래도 어쩔 수가 없다··너는 맑고 착하고··긍정적이고··또 든든한 부모님이 계시니까
향기	(오버랩) 뭔데 오빠··(약간의 불안)
지형	····(보며)
향기	혹시···연기하고 싶어?
지형	···(보는)
향기	(그치만) 회사가 아무리 어려워도 오빠 우리 결혼은 더 이상
지형	(오버랩) 결혼을···못하겠다.
수정	???·····
지형	미안해. 미안하다소리 백만번으로도 어림없다는 거 알지만
향기	(오버랩) 무슨 그런 말이 / (웃으며) 오빠 왜 그래. 회사문제는 결혼하고 나서 풀면 돼. 엄마 모르게 내가 아빠한테 에스오에스 치면

지형 (오버랩) 그런 문제가 아니야.

향기 ……?? 그그럼 무슨 …결혼할 수 없는 무슨 다른 문제가 생겼단 거야?

지형 그래.

향기 (오버랩) 우리 엄마 때문에? 엄마가 오빠한테 마구 아무 말이나 그래서?

지형 (오버랩) 그거 아니구 너를…사랑하지 않아..

향기 ………

지형 너를 좋아해. 그런데 그건 사랑하고는 다른 감정이야..

향기 오…오빠 우리는…우리는

지형 (오버랩) 알아. 그런데 일찍부터 / ..오랫동안 익숙해진 편안함 / 나 그걸 / 아둔하게 그게 사랑인줄 알았었어..

향기 ……(보며)

지형 널 사랑하지 않아.

향기 (덜덜덜 떨리며) 벌써 오빠 유학 사년째 여름부터 내가 미국가 같이 밥해먹고 여행다니고 연주회 / 뮤지컬보러다니구 그러면서 우리 잠도 잤는데. 우리 오년을 여름마다 그렇게 지냈는데 이제 와 그런 말이 어딨어. 그런 어이없는 말이 / 오늘 내일 두 밤 자면 결혼 식이야.

지형 ….(보며)

향기 그런 생각이었으면 일찍 훨씬 일찍 말해줬어야지. 그랬어도 믿 을 수 없긴 마찬가지였겠지만 그렇지만 / (울컥) 주변 사람 다 알고 준비 완벽하게 끝내놓고 / 어떻게 수습하라고 오빠 어떻게 나한테 / 어떻게 이런 짓을 해.

지형   향기야.

향기   이거 꿈이야? 나 꿈꾸고 있는 거야? 기절해야하는데 / 기절하
      고 싶은데 나 왜 기절도 안해. 나 왜 기절도 안해 오빠아아아 / (결국
      소리 내어 큰 울음이 터지면서 두 손 얼굴 가려버리는)…

지형   ….(잠시 보다 일어나 향기 옆자리로 가 안아주는)

향기   (마주 껴안으며) 말도 안돼..말도 안돼..아냐 아냐 오빠아아..아
      니야 오빠아아아<u>으흐흐흐흐흐흐흐</u>

지형   .....

S# 출판사

서연   (컴퓨터 켜놓고 들여다보며 교정 보고 있는데)

편집장   (들어오며) 이팀장 아까준 원고 읽었어요?

서연   네 읽었어요.

편집   (자기 자리로) 느낌 어때요.

서연   쉽게 읽히고 힘든 상황도 엄살없이 유머러스하게 풀어낸 게
      기분 좋아요. 믿을 수 없을만큼 초지일관 당당함도 신선하구요.

편집   (자기 테이블 정리 시작하며) 서른 두 살에 그 정도 연봉 / 부러워야
      하는 거야 비관해야 하는 거야.

서연   유전인자가 다른거죠 머.

편집   어이 디자인 최 / 아이디어 떠올랐어요?

유정   뭐 그렇게 어려운 기분은 안들어요. 이팀장하구두 얘기했는데
      당장에 컨셉맞춰 만들어내면 될 것 같은데요.

편집   야근하면서 입 내밀지 말고 자아 정시 퇴근들 합시다.

      [적당히 대답들]

편집   참 이팀장

278

서연   네 편집장님.

편집   얼굴에 노랑꽃 핀 게 여엉 컨디션 별론 거 같으니까 내일부터 사흘 내리 쉬고 월요일에 산뜻하게 출근해요. 일도 별로 없으니 응?

서연   아니에요. 괜찮아요 편집장님.

선주   (퇴근 준비하며) 편집장님 인심쓸때 냉큼 받아요오오. 위 다쳤을 땐 쉬어주면서 달래는 거 이상 없어요.

소희   네에. 편집장님 로또 만 오천원 건지고 기분 좋아 주시는 보너슨데요··

서연   으흐흐흐 낼 아침에 일어나보고 결정할께요··

S#   출판사 화장실

서연   (핸드백 옆에 놓고 칫솔질하며 제 얼굴 보는)···

서연   E 헤르만헤세 / 유진오닐 / 도리스 레싱 / 존 쿠체 / 프랑수아 모리악 / 가브리엘 가르시아··가브리엘 가르시아···(생각 안 난다) 가브리엘 가르시아····(칫솔질 멈추며 입이 꽉 다물어지는)

S#   편집실

서연   (빠르게 들어와 컴퓨터 켜는 / 핸드백 안 들고 빈 손)··

유정   퇴근안했어요?

서연   (못 듣고 부팅 기다리는) ······ (의자에 앉아 기다렸다가 글자 쳐넣는다) 가브리엘 가르시아 (까지 치면 곧장 가브리엘 가르시아 마르케스가 뜬다)··(제 머리 툭툭 치면서 중얼거리는) 마르케스마르케스마르케스··

S#   지하철 계단을 빈손으로 내려오고 있는 서연

S#   개찰구로 와서 카드도 안 내고 통과하려다 막히고

서연   ？？？···(핸드백을 안 갖고 나왔다)····(어금니 꽉 물면서 돌아서 계단

쪽으로 서둘러 움직이는)

S# 편집실

서연　(문 열고 제 테이블 잠시 보고 아웃)

유정　(작업하다 돌아보는)

S# 화장실

서연　(들어오는)

　　　[세면대 옆에 얌전히 놓여져 있는 핸드백 /]

서연　(화난 얼굴로 들어와 핸드백 채듯 집는)

S# 카페 /

　　　[지형 / 향기 지형 향기 옆자리 그대로]

향기　(지형 손수건 눈에 대고 노상 흐느끼고 있고)·····

지형　····(가만히 보면서)·······

향기　······

지형　향기야··

향기　(손수건 내리면서) 싫어오빠··말하지 마.

지형　·····

향기　가만있어···

지형　····

향기　(안 보는 채) 저쪽으로 가·····저기 가 앉아··

지형　····

향기　얼굴 보고 얘기할 거야······

지형　·····(잠시 있다가 맞은편 자리로 가 앉으면서) 향기야.

향기　(오버랩) 아냐 내가 말한다니까···········

지형　(기다려주다가) 니 일생에 가장 최악의 인간이다 생각해.

280

향기 ······(안 보는 채)

지형 나를 많이 아주 많이 좋아해줘서··고맙고···고마운 만큼 미안한데···이런 결혼은 널 위해서도

향기 (오버랩) 나 위해주지 마. 안 위해줘도 돼.

지형 ···(보며)

향기 ····(안 보는 채)

지형 너한테 먼저 얘기하는 게 순서라고 생각했어. 오늘 아버지 어머니께 말씀드리고 내일 니 부모님께 사죄드릴게.

향기 오빠는 이게 얼마나 큰 일인지 제대로 모르는 거야?(보며 / 여전히 간간이 흐느끼면서 / 눈물은 계속)

지형 알고 있어.

향기 (오버랩) 나는 아냐··(보며) 그럴 수 없어 난 결혼해.

지형 ??

향기 웨딩드레스 입구 광릉가 기다릴 거야.

지형 향기야

향기 오빠는 와야해··아니 올 거야··올 거야.

지형 나···다른 사람이 있어 향기야··

향기 ???!!!

지형 너한테 얘기할 수 없었어. 우리 결혼해야하니까····정리하고 하려고 했어··

향기 ····

지형 그런데 도저히 안되겠다··그럴 수가 없어.

향기 누군데··

지형 옛날부터 아는 사람···일년전부터 만나왔어····나 형편없는 놈이야.

향기　……

지형　나쁜 놈 벼락맞아라 그러고 받아들여주라.

향기　나쁜 놈 벼락 맞아라….난 오빠 딴 여자 못줘.

지형　향기야

향기　난 오빠 밖에는 몰라. 나한테 오빠가 없는 삶은 있을 수 없어 불가능해. 절대 안돼.

지형　….(보며)

향기　오빠가 원하는 거 뭐든지 다 해줄수 있는데..(다시 울음 터지며) 그것만은 못해줘. 안돼..날 죽여. 죽이고 오빠마음대로 해..그럼 돼 나 죽이면 / 으윽 / 으으윽 / (토하기 시작)

지형　(놀라서 옆으로 와 챙기고)

향기　(눈물 닦던 손수건으로 틀어막고) 으윽 으윽 으으윽/

지형　(식사 세팅돼 있던 냅킨 집어 대어주면서) …..(참담한)…

S# 집으로 가는 지하철 안 /

서연　(침울하게)…..(앉아서)…..(핸드백 무릎에 움켜쥐고)……

서연　E 착한 남자 흉내 그만내고 꺼져….병원 끌고 가 재검시키고 똑같은 소리 듣게하고 / 그리고 마음 좀 아프고 한숨 몇 번 쉬고 할 만큼 했다 어쩔 수 없구나 그러구 싶어서?

서연　(멍하니 저도 모르게 소리 내어 중얼거리는) 참 못돼먹었다..

옆자리 남자　(신문 보다가 흘낏 보는)

서연　…(무감각하고)…..

S# 향기의 집 앞

　　[지형의 차가 와서 멎고 /]

지형　(내려 문 열어주려)

향기　(먼저 문 열고 내리는)‥‥

지형　(잡아주는)

향기　(내리며) 내일 열두시 여섯시 서초동 청파동 잊어버리지 마‥

지형　‥‥(보며)

향기　(대문으로 / 벨 누르고 열어주는 문으로 들어가는)‥‥

지형　‥‥‥(보고 선 채)‥‥‥

S#　향기 정원

향기　(천천히 허탈하게 들어오고 있는)‥‥‥‥

S#　거실

향기　(들어오는)

정모　(가구 먼지 닦아내고 있다가) 들어오시네‥샐러드 드시죠?

향기　네에‥(하고 계단 오르다가 갑자기 구역질 치밀어 입 틀어막고 도로 달려 내려와 아래층 게스트 화장실로 뛰어 들어간다)

정모　??

향기　E　왜액 왜애애액 /

정모　?? (화장실 앞으로 가 / 조금 열린 화장실 문)

S#　화장실

향기　(변기에 물만 좌악좌악 토하는중) 왜애애액 왜애애액 / (눈물 콧물)‥‥

S#　거실

도우미　(양념 묻은 비닐장갑 끼고 나타나며) 아주머니 간 좀 (봐주세요 / 하다)??

정모　(손 휘저으며 / 임신으로 추측한) 별일 아냐‥아가씨 나가서 뭘 먹었는지(왜애애액 / 잠깐 돌아보고) 잘못 됐나봐. 금방 갈께‥(하고 노크/대답 없고)

S# 화장실

정모 (문 조금 더 열고 들여다보는)???

향기 (변기 옆에 쪼그리고 누워 있다)

정모 ?? 아이구 아가씨.. (달려들어 일으켜 앉히고 / 물 따라 입에 대주고)

향기 (입 헹궈 변기에 뱉는)....(두어 차례)…엄마한테 아무 말 하지 마세요.

정모 아으 그럼요..무스은…걱정말어요…(타월 주며)

향기 (입 닦아내며 일어나려는데 힘 빠져 다시 주저앉을 듯하다 변기 붙잡고 일어나 천천히 문으로)

S# 거실/화장실 밖

향기 (나와서 제 방 쪽으로)

정모 (따라나와 보다가) 속 가라앉히는데는 따끈한 물이 좋아요. 금방 올려줄께요..

향기 ….(그냥)

정모 (주방으로 움직이며 중얼거리는) 손주 혼수는 안 갖구 가는 줄 알았더니 크크

S# 향기의 방

향기 (들어와서 흔들흔들 침대로 가 나무토막 쓰러지듯 엎어지고 만다)…..

S# 차들 속의 이동 중인 지형의 자동차

지형 E ……(잠시 사이 두었다가) 퇴근했냐?…통화 괜찮아?

S# 보험회사

재민 (퇴근 준비하면서) 너 빠지랬지…

지형 F 어떡하구 있어.

재민 …… 출근했다 그러더라. 통화 안하구 그냥 둬뒀어…… 문권이 병

284

원가 처방전 다시 받아 약 타오기로 했구.

지형 F 그래.. 알았어.

재민 우리한테 맡겨.. 약 먹기 시작하면 알려줄게..

지형 F 그래 고맙다 재민아..

재민 ....

지형 F 끊는다.

재민 그래..

S# 지형의 차 안

지형 (전화 끊는).....

S# 빵 가게 안

명희 (손님 대여섯 명 / 계산해주느라 바쁜데)

서연 (밖의 유리로 다가오는 것 보이고 / 문 밀고) 언니 바쁘네..

명희 (힐끗 보고)

동철 (컴퓨터 들여다보고 있다가) 어 처제 (손 흔들어주고) 들어와.

  [손님들이 있을 때는 손님 의식해주세요]

명희 (오버랩) 뭐해. 벌떡 일어나지 않구.(계산대 떨어지며)

동철 ??뭐야 당신 / 당신이 부른 거야? 뭐라 그럴려구.

명희 아 상관마..물어볼 거 있어 그런 단 말야.

동철 취직준비 이유 충분한데 또 왜애애.

명희 기다리시잖아아아 빨리 해애애애?

동철 아 죄송합니다. 흐흐흐흐

S# 가게 앞

명희 (문 퍽 밀고 나와 서연 앞으로 다가들며) 너 문권이 그만두라 그
  랬니?

서연 어..어 공부하라구.

명희 편의점 간다든데?

서연 그녀석이 돈 맛 알아서 그래 언니.

명희 우린 공짜로 부려먹어?

서연 편의점 쪽이 여기보다 덜 고단한가봐‥틈새 시간도 쓸 수 있고 ‥그것도 그만두라 그럴 거야.

명희 (오버랩) 공부 시간 더 필요하면 우리하구 조정할수두 있는 문제아냐. 걔 진짜 이상하게 굴더라? 말도 못붙이게해. 너혹시걔 우리 일 하는 거 못마땅해 빠지라 그런 거 아냐?

서연 (그냥 보는 / 이런 식 한두 번 아니다)‥‥

명희 나 잘못한 거 없다. 다른 알바생들 사천원짜리 점심먹이면서 문권이는 니 형부랑 냉면에 갈비탕 먹이구 걔 티셔츠두 내가 두장이나 사주구 운동화두 한 켤레 사줘야겠구나 그러구 있는 참인데 알던 정 보던 정 없이 싹둑 자르고 이렇게 배신을 때릴 수가 있는 거냐구.

서연 (오버랩) 걔 점점 꺼칠해지면서 졸음 참느라 몇 번씩 머리감으며 그래. 알바 뛰는 거 나 첨부터 반대했었어 한번 실패하면 일년이 날아가.

명희 (뒤로 계산 마친 손님들 빵 봉지 들고 차례로 나와 빠지면서) 딴 이유있는 거 아니지.

서연 아이구 참 언니 왜 그래.

명희 찜찜하니까아. 난 찜찜한 거 못참거든.

서연 (웃으며) 들어가 봐.

명희 시장 봤니? (서연 시장 가방)

286

서연 엉‥간단하게‥

명희 아 오셨어요? 안녕하세요? 들어오세요.(냉큼 가게 문 열어주고 그냥 가게 안으로)

서연 ‥‥ (보고 있다가 씁쓸하게 돌아서는)

S# 집으로 오는 길

서연 E (빠르지도 느리지도 않게 걸어오면서) ‥자꾸 가라 앉는다. 진흙 뻘 밭에 두 다리가 빠져 조금씩 조금씩 뻘 속으로 끌려들어가는 것 같다‥‥ 한번씩 머리는 깨질 듯 아프고 실수하지 않기 위해 긴장하고 있다보면 어느 순간 털썩 쓰러져 물이 돼버릴 것처럼 피곤하다‥‥‥

S# 집으로 오는 길

서연 E ‥얼마나 더 우길 수 있을까…얼마나 더 버틸수 있을까…

S# 서연의 거실

[싱크대에 메모지 한 장 붙어 있는 / 서연 출근 차림/]

[메모 글씨. 문권 / 약속 / 소고기 미역국]

서연 (도마에 미역국에 넣을 쇠고기 썰고 있는 / 사태살 / 엄지손가락만 하게 /)‥‥‥(골똘하게 고기 써는 / 칼질도 약간 어줍다. 잠깐 칼 놓고 볼펜 집어 메모에 덧쓰는 글씨)

[문권이 칼 갈아. 쓰다가 ?? 놓고 개수대 아래서 칼갈이 꺼내 칼 갈기 시작하는…]

S# 같은 거실

[미역국이 뚜껑 반쯤 덮인 채 부글부글]

문권 (들어온다 / 약봉지 / 삼 개월치 사이즈) ‥‥(식탁 의자에 걸려 있는 핸드백 보고 쿠커로 가서 냄비 뚜껑 열어보고 불 끄고 핸드백 떼어들고

침실로) 뭐해요..(대답 없고) ....(노크하고 / 대답 없고).. (문 연다)

S# 서연의 방

서연　(출근 차림 옷으로 옆으로 꼬부라져 누워 잠들어 있는)....

문권　(들어와 핸드백 적당히/약 봉투는 어쩔까 하다 도로 들고 나간다)

S# 거실

문권　(나와서 핸드폰 꺼내/문자)

문권　E 약타왔어요. 누나 들어와 자고 있어요.(전송)

S# 고모의 마당(저녁 때 / 9월 말 7시 반쯤)

재민　(얼굴은 씻었고 대야 물에 발 씻고 있는 중)

　　　[명희 쟁반에 반찬 그릇들 마루 상에 놓는 중 /]

　　　[재민의 방에서 메시지 들어오는 소리 아주 작게]

명희　너 문자 들어온다.

재민　네에..

고모　(부엌에서 된장 뚝배기 행주로 싸들고 마루로) 물 안 식었어?

재민　괜찮아요.

명희　어이구 엄동설한이네. 차서방은 아아무 상관없으면서.

고모　너 놓구 내가 왜 차서방까지 챙겨.

명희　그렇게만 해봐.

고모　뭐 벼르다 에미 한강으루 끌구 나갈래? 차서방아아아.

동철　E 예에에.

고모　상들구 들어가아.

동철　네에에.. (문 열고)

　　　[이 즈음은 방문은 열어놓지 않았을 겁니다.]

명희　이런 때만 차서방이지.

고모 (도로 부엌으로) 그래 내 아들 애끼느라 그런다 왜.

　　[동철 상 들고 방으로 /]

재민 (마루에 걸터앉으며 수건으로 발 닦는)

명희 저렇게 노골적인 거두 학대에 들어간다 너.(재민에게 / 물컵 /

　　숭늉 주전자 / 수저 놓인 쟁반 들려 하며 / 재민 / 그저 피식 웃는)

　　[오버랩 / 메시지 들어왔다는 신호 다시]

명희 (쟁반 도로 놓으며) 저거 먼저 해결하자 신경쓰여. 이거 갖구 들

　　어가..

재민 (누나 돌아보고)

고모 (전기 밥솥 통째로 들고 다른 손에 뭔가 다른 반찬 하나 들고 나오는)

　　늬 아버지 배고프시겠다 얼른 시작하자 얼른.

재민 (마루로) 네에에..

명희 (재민 방에서 전화 들고 나오며) 문권이다.

재민 네..(쟁반 들고 방으로)

S# 안방

　　[들어오는 세 가족 / 적당히 자리 잡고 앉는 / 핸드폰 재민에게 넘어가고

　　/ 재민 보고]

재민 먼저 드시지 그러셨어요 (아버지에게)

고부 많이 늦는 거 아니라는데 뭐.

고모 (벌써 밥 뜨기 시작하면서 오버랩) 밥은 될수있는대로 온식구가

　　다같이 한상에서 먹는 게 좋은 법야. 밥 먹으며 정이 그게 어딘데.

　　그러니까 뭐니뭐니해두 가족이 으뜸인 거 아니냐? 한상 밥 제일 많

　　이 먹는 게 가족이니까..(엄마가 뜬 밥 받아 명희 / 아버지 / 차서방 / 재

　　민 순서로)

명희   (그러면서) 서연이 어디 아프니?

재민   (보고)

고모   아퍼?(펄쩍)

재민   아니에요.

명희   약타왔다 소리가 뭐야. 서연이 잔다 그러구. 걔 아프다 소리 아니구 뭐야?

재민   몸살이 좀 났나봐요.

명희   몸살난 아이 아니던데‥가게 잠깐 들렀었어. 여보 몸살난 애같았어?

동철   나 잠깐 / 처제왔어? 네에만 해서 모르겠는데?

고모   (밥 뜨는 것 끝내고 뚜껑 닫으며 오버랩) 몸살두 나지 그럼 그렇구 말구. 삼백육십오일 출근하지 삼백육십오일 샀글쓰느라 밤잠 제대로 못자지

명희   (오버랩) 삼백육십오일 아니거든 엄마? 주말하구 공휴일 놀고 휴가 찾아 먹고 이거 빼구 저거 빼면 뭐.이백날정도 밖에 안될걸?

고모   (오버랩) 아버지 시작하신다. 밥 먹자. 지민아 먹자.(식사 시작하는)

명희   아냐 여보?

동철   이백 사오십날 정도 되겠지. 일단 토일만 계산해도 백일쯤 될거구 거기다 신정 /서얼 사흘씩 삼일절/초파일/크리스마스 아니 그런데 이걸 왜 뽑아야하는 건데.

고모   몰라서 묻나? 서연이 깎아내리느라 대패들구 나선 거지 뭐.

명희   (오버랩) 그런데‥서연이 감기 몸살만 나두 너한테 보고 들어오니? (여태 그랬었니?)

재민 그게 아니라…문권이랑 낮에 잠깐 딴일로 통화하다가..서연이
　　　 몸살약지러 간다구..

명희 약지어오면 보고하라 그랬어?

동철 아참 별걸 다갖구 길게 하네 이 사람.

고모 열은 안난대?

재민 모르겠어요.

고모 저녁 먹구 잠깐 들여다 봐야겠다.(혼잣소리처럼)

명희 어이구우 무슨 중병 났나. 가게 나가면서 내가 잠깐 들여다보
　　　 께. 노인네가 뭐 애 몸살에까지 쫓아다녀.

고모 (쩨지게 눈총 쏘고)

명희 유난떨지 말라구요 어? 엄마 개들한테 유난떠는 거 그거두 뒤
　　　 집으면 차별대우라구. 어이구우우우 불쌍한 내 조카새끼드으을.
　　　 <u>으드드드드</u>

고모 (버럭) 너 몸살나면 에미 마당에서 춤추대?

고부 아 (시끄러워서) 거 차암..

고모 ..(입 다물고)

명희 (입 다무는)

동철 그럴줄 알았다그럴줄 알었어.(입 모양만으로)

S# 서연의 빌라 전경(어두워졌다)

S# 빌라 거실

문권 (옷 갈아입었고 / 식탁에서 열심히 공부 중)…..(문득 배가 고프다)….(누
　　　 나 방 잠깐 보고 / 할 수 없다 혼자라도 먹어야지 일어나 국 냄비에 불 켜
　　　 놓고 밥공기 꺼내 밥솥 옆에 놓다 보면 / 밥솥에 표시등이 안 켜져 있다
　　　 /)??(보면 전기 코드 빠져 있는 채 / 뚜껑 열어보면 쌀은 얌전히 들어 있

고)....(우울하게 코드 꽂는)...

S# 서연의 방

서연   (아까 그 자세 그대로 누워 있는데 눈 뜨고).....(고개 틀어 시계 보면 8시가 넘어가는 중).....(부시시 일어나 나가는)......

S# 거실

서연   (나오고)

문권   (다시 공부 중이다 보는) 깼어요?

서연   (싱크대로 / 뚝뚝하게 안 보는 채) 아직 안 먹었어?

문권   배 안고파서..

서연   (냉장고 물 꺼내 컵에 따르면서 밥솥 보는)....왜 밥이 아직 저래..

문권   지금 꽂았어요(안 보는 채)

서연   (돌아보는) ...... (안 꽂았단 말야?)

문권   .....

서연   (고개 국 냄비로) .... (그쪽으로 가 냄비 열어보고 뚜껑 닫으며) 피곤했어..많이

문권   네에 (안 보는 채)

서연   일이 많거든. 잠깐 졸고 일어나자 그랬는데

문권   (오버랩) 잘 했어요..옷 갈아 입어요..

서연   (제 옷 보고 / 더 뚝뚝하게) 그럴 거야. 밥되면 먼저 먹어.

문권   누나는.

서연   명희 언니랑 얘기했어.

문권   애 아니니까 내가 해결한다 그랬잖아요.(좀 성내는)

서연   불려갔어. 알지도 못하고 왜 그래?

문권   ....뭐래요..

서연 오해…오해한 거 같더라.

문권 늘 오해하는 사람인데 뭘.

서연 ….(잠시 보다가 방 쪽으로)

문권 편의점 / 다섯 시간만 하기로 했어요.

서연 (잠깐 멈췄다가 방으로)

문권 …(보며)

S# 향기네 집 앞. 9시경

[홍길의 자동차 와서 멎고 / 기사 문 열어주러 내리는]

S# 차 안

현아 (문 쪽에 대고) 내린다.

수정 응. 쉬어.

현아 매트 깔아놓고 퍼팅 연습이라도 좀 해라.

수정 이대로 살다 죽을 거야.

현아 말 좀 들으면 죽니? 어떻게 승부욕이 눈꼽만큼도 없어. 자존심
상하지 않아?

수정 아니 난 아아무렇지도 않아.

현아 얘 내가 자존심 상해··

수정 으ㅎㅎㅎㅎ

현아 가.

수정 어엉.

현아 (기사 / 열어놓고 기다리는 / 내려서) 모셔다 드리고 회장님한테.

기사 네 사모님.

현아 마담한테 열한시 땡이라고 전달해.

기사 네.

현아   (열려 있는 문으로 들어가고 문 닫히고)

S# 정원

정모   다녀오셨어요 사모님..(핸드백 받아들고)

현아   향기는요.

정모   종일 집에 있다가..아까 잠깐 나갔다 들어왔어요..(따르며) 그런
　　　　데 나가서 뭘 먹었는지 아니면 점심 먹은 게 얹혔었는지 다 토하구..

현아   ?? 토해?

정모   네..

현아   드응신..뭐얼 스트레스 받을 게 있어. 드레스 뼈쳐 입구 방싯방
　　　　싯 웃기만 하면 되는데…(서둘 필요 없음)

　　　　[또 한 가정부도 나와 있다가 목례하고]

현아   (상관없이 현관으로) 소나기 왔다 그러든데..

정모   여긴 말짱했어요 사모님.

현아   ……

S# 거실

현아   (들어와 상의 벗어 정모에게 넘기고 향기 방으로 계단 올라가는)

S# 향기의 방 /

현아   (들어오는 / 방문 닫으며) 어이그 모자란 것.(이불 머리까지 뒤집
　　　　어쓴 딸 쪽으로 움직이며) 뭐얼 엄청난 일이라구 속탈까지 나. 훌륭
　　　　한 아빠랑 더 훌륭한 엄마 덕에 그냥 이쁘게 꾸미구 (하며 침대 걸터
　　　　앉아 이불 끌어내리는)……??

향기   (눈 감고 똑바로 누워 울고 있는)……

현아   ?? 왜 울어?…

향기   ……(눈 뜨고 보는)

현아 응?…뭐 늬들 싸웠어?

향기 엄마‥

현아 싸웠어?

향기 내가…(일어나 구겨져 흩어져 있는 휴지들 중 하나 집어 눈물 닦으며) 미안해요 엄마 내가‥내가 결혼 안한다 그랬어어웅웅웅‥

현아 ??? (서늘해지는)

향기 웅웅웅웅

현아 무슨 소리야 이게. 뭐 뭐라구? (오히려 언성 눌러지며)

향기 안할래. 하면 안될 거 같아‥하기 싫어졌어. /

현아 내일 스케줄 취소하재?

향기 그런 거 아냐.

현아 그러다 다퉜어? 그러다 그 녀석이 그만두쟀어?

향기 그런 거 아니라니까아아‥

현아 아니면 / 확확 말해. 속터져 죽게 만들지 말고 다 말해 빨리.

향기 (오버랩) 오빠가…오빠가…

현아 그놈이 깨자 그런 거지 그래.

향기 (강력하게) 아냐 그건 아냐. 내가 그랬어. 내가 깨자 그랬어.

현아 ‥‥(보며)

향기 아무리 생각해도 오빠가 (침 꼴깍) 날 사랑하는 거 같질 않아‥오빤 아니라 그러는데‥ 그게 안 믿어져. 아닌 거 같아‥그리구 그건‥‥그건 나두 마찬가진 거 같아…나두 그냥 오빨 좋아하는 거지 사랑의 감정은 아닌 거 같아‥우리 둘다…(울음 좀 터지면서) 엄마아빠들 때문에 착각하고 여기까지 온 거 같아.

현아 너 그거 그 녀석 말이지.

향기 아냐 엄마 내가 말이야 내 생각이야.

현아 니 주제에 그런 생각을 어떻게 해. 무슨 똘똘해지는 레이저라도 맞았어?

향기 (반발하듯) 갑자기 깨달았어. 이건 아니다 갑자기 알아졌단 말야. 날 사랑하는 게 아닌 사람 / 나도 사랑은 아닌 것 같은 / 그런 결혼은 하는 게 아니다

현아 (오버랩) 그래서 그 놈은 뭐래.

향기 (시선 내리고) 절대 안된대. 해야된대‥그런데 내가 싫댔어. 절대로 싫댔어.

현아 너 날 천치로 알아?

향기 // (보는)

현아 천치는 내가 아니라 너야. 낳아 놨을 때부터 천치 / 너 쭈욱 천치였어.(끊어주고) 여자가 그렇게 너무 목매면 깔보인다구 대접 못받는다구 / 더 난 상대 얼마든지 있으니까 시얄 넓게 가지라구 내가 얼마나 답답해했어. 하다아하다 포기하게 해 놓구는 뭐? 결국은 이 꼴을 당해?

향기 당한 거 아냐 엄마 / (적극)내가 그런 거라니까아?

현아 (뺨따귀 후려갈기는)

향기 ??? 엄마.

현아 내가 널 몰라? 어디서 헛소리야.

향기 (울음 푹 터지고)

현아 (불끈 일어나는) 내 이눔자식 가만두나 봐 어디/

향기 (부여잡으며) 엄마 엄마엄마

현아 (모질게 뿌리치고 나가려)

296

향기   (뛰어내려 잡고 막는) 아냐 엄마 내말 믿어. 진짜야 내가 싫어 내
　　　가 싫댔단 말야 진짜야 진짜라니까아아 /

현아   (벌컥 떠밀어 저만큼으로 해놓고) 너 나 못말려. 꼼짝말고 있어 나
　　　오지 마.(바람같이 나가는)

향기   (방문 보며 / 밀쳐져 주저앉은 채로)⋯⋯

S# 거실 계단

현아   (급하게 내려오며) 정수 엄마아아

정모   (뛰어나오는) 네에에 사모님.

현아   키 찾다가 향기 방문 잠궈요(하며 침실로)

정모   ??⋯(잠깐 있다가 따르듯 하며) 아우 저기 사모님 요새 세상에 흉
　　　도 아닌데 너무

현아   (휙 돌아보며) 하라면 하는 거지 무슨 말이 많/(하다 문득)????(냅
　　　다 도로 이 층으로)

S# 향기의 방

향기   (방바닥에 느슨한 양반다리로 퍼질러 앉은 채 고개 천장으로 들고
　　　앞뒤로 흔들면서 흐느끼는데)

현아   (문 벌컥 열고 들어서며) ⋯⋯너 임신했어? 임신인 거야?

향기   ⋯.(돌아 올려다보는)

현아   그거까지 하고 이꼴 당하는 거야?

향기   (애달프게) 그런 거 아냐 엄마아아아아

현아   ⋯⋯(보며)

S# 현아의 침실

현아   (분노로 떨면서 옷 갈아입고 있는)⋯⋯

S# 현아의 주방

현아 (벌컥벌컥 물 마시는)‥‥‥(컵 탁 놓고 바람처럼 도로 침실로)

S# 지형 빌라 앞에 와서 멎는 노회장의 차

수정 (기사 문 열어주러 움직여 오는데 / 벌써 내리면서) 고마워요‥윤
기사.

기사 안녕히 계십시오 박사님.

수정 잘가요‥(하고 돌아서는데)

　　[핸드폰 울리는]

수정 (움직이면서 전화기 꺼내서 보고) 어. 방금 도착하구 차 보냈어.

현아 F (오버랩) 너 전혀 아무 것도 모르고 있었니?

수정 ??뭐를?

현아 F 너 무슨 자식을 그따위로 키웠니.

수정 (멈추고 살짝 언짢으며) 무슨 그런 막말야 (남아 있는데)

현아 F 그 새끼가 결혼 엎자 그랬단다.

수정 (멈추며)????

현아 F 나한테서 막말 안나가게 생겼어?

수정 (오버랩) 아니 얘 향기야.

현아 F (오버랩) 대애단한 니 아들놈이 결혼 그만두잔대. 부모 때문
에 엮어진 관계는 사랑이 아니라구 사랑없는 결혼 못하겠다구.(악
나서) 애 토하구 싸구 초죽음이야.

수정 ‥‥

현아 F 너 죽었니? 왜 가만 있어.

수정 (오버랩)너무 / 너무 말 안되는 소리라 기가 막혀서

현아 F (오버랩)그 자식 끌구 이리 올래 내가 갈까.

수정 (오버랩)가만 / 우선 이녀석 어디서 뭐하구 있나 불러들일게.

도대체 무슨 소린지 물어보구

현아 F (오버랩)이 지경에두 그렇게 침착해애?!!!

S# 현아의 침실

현아 이틀 전이야!! 석달전이 아니라구!! 깨자 그런대!!깬대!! 너 이게 보통일야? 피크닉 가자 그랬다가 그만두는 거냐구!!

수정 F (오버랩)알아들었어 진정해. 진정하라구/

현아 진정?!!

수정 F (오버랩)난 들은 소리가 없잖아. 나두 무슨 소린지 알아봐얄 거 아냐.

현아 향기가 정신병자니?

S# 빌라 앞

수정 (현아 소리 질러 수화기 잠깐 떼었다 붙이며) 왜 이렇게 소린 질러. 귀안먹었어 그만해. 나두 내 아들 말 들어봐야겠다구 그런 뒤에 얘기하잔 말야. 내가 연락할게 기다려. (끊고 곧장 아들 단축 번호 누르는)
[신호 가는]

지형 F 네 저요 어머니.

수정 너 어디 있어 지금.

지형 F 들어가는 중이에요··거의 다 왔어요.

수정 (오버랩) 너 결혼못한다 그랬다는 게 사실이야?

지형 ....

S# 이동 중 지형 / 집 근처

수정 F 지형아.

지형 들어가 말씀드릴께요··

수정 F ??사실이야?

지형 금방 들어가요 어머니..(하고 끊는)

S# 빌라 앞

수정 ……(황당한)

S# 어느 호화 룸살롱

　　[짱 부딪치는 얼음 술잔 /]

홍길 (둘 다 상의 벗어놓고 마시는 중이다 / 술잔 들고 보며) 비우는 거야.

창주 천천히 해. 난 내일 근무야 과음 안돼. /

홍길 엄살떨지 말구 석잔쩬데 뭘그래 피차 아는 실력에 엉?

창주 껄껄. 많이 안마시기로 약속하구 허락받은 거잖아. 천천히 조금만 하자구.

홍길 하하 그 사람 내 약속 믿지두 않어 괜찮아. 신경쓸 거 없어. 자 다시 한번 (다시 짱 부딪치고) 야아 마침내는 여기까지 왔다 박원장.

창주 음··여기까지 왔어.

홍길 우리 아버지한테 인사하러 온 장학생들에 섞여 시골티 줄줄 났던 자네 흐흐흐흐 그로부터 사십년이야.

창주 그래··

홍길 우리/마당 환영회 파티 중에 자네 엉덩이까고 앉아있는 화장실 문 내가 여는 바람에 낄낄 사과하는 뜻으로 계속 신경쓰면서 말걸고 거기서부터 우리 역사가 시작된 거잖아. 이 얘기 처음이다.

창주 집 사람 소개시키는 자리에서 했었어.

홍길 어어 그랬나? 하하하하하하

창주 장학금 주는 어르신께 인사여쭈러 가면서 전날부터 긴장해있었어. 그때문인지 갑자기 장이 불편해졌었지.

홍길 (밴드는 처음부터 잔잔한 음악 연주하고 있었고)

마담 (들어오면서 오버랩) 아직 시작 안하셨어요? 사모님 열한시엔 일어나시게 하라고 연락하셨던데 아홉시 넘었어요 회장니임.

홍길 어어 해야지 해야지. 마셔마셔 마시구 우리 노래하자구.(쭉 마시고 컵 탁 놓으며 일어나는) 오늘 밤 / 친구로 마지막 쿵짝쿵짝 / 다음에 왔을 때는 사돈으로 쿵짝쿵짝 / 나와나와 나오라구 / (창주 웃으며 한 모금 마시고 일어나고 / 마담은 웃으며 마이크 두 개 두 사람에게)

홍길 (받으면서) 메들리로 지칠 때까지이이!! 앗싸라비야아아!!(신호처럼 바로 시작되는) 사랑이 무어냐고 물으신다며어어언/

창주 눈물에 씨앗이라고 말하겠어요

홍길 먼훗날 다앙신이 나아를 버리지 않겠지요오오

창주 서로가 헤어지면 모두가 괴로워서 우울 테에 니까아아요.

홍길 옥경아아아아아아 (하면 반주 바로 따라 이어지고 둘 함께.) 희미한 불빛아래 마주앉은 당신은 언젠가 어디선가 본듯한 얼굴인데에에

마담 (자리에 앉아 있던 마담 탁자 위에 놓아두었던 홍길 전화 집어 들고 홍길에게 내밀며) 사모님이신데요 회장님. (노래 때문에 큰 소리로 악쓰듯)

홍길 잠깐잠깐잠깐 / (반주 이미 그쳤고 전화받아) 알았어 여보 열한시.알고 있어.(하다가) ???뭐? 다시 얘기해 뭐라구?....이게 무슨 가당찮은 소리야. 당신 잠꼬대해??....(현아 먼저 전화 끊고 / 내리며 창주 보는)

창주 무슨 일야.

홍길 니 아들놈이 결혼 안한다 그런단다‥

창주 ?????????

S# 지형의 거실

수정 ·····(서서 / 기막혀 노려보는)···

지형 (고개 꺾은 채)····

이모 (놀라서 지형 보고 있고)

수정 네 사실이에요? 네 결혼안합니다? 어떻게 이런/ 이런 끔찍한 일을 저질러. 어떡할려구. 어떻게 수습할려구.(소리 높이지 말고 감정만)

지형 죄송해요 어머니.

이모 (오버랩) 얘 지형아 이건 진짜 말도 안되는 짓이야아아

수정 (오버랩) 넌 빠져··그 아이가 죽겠다고 위협해? 도저히 정리못해주겠대?

지형 (보며) 그런 사람 아니에요.(엄마)

수정 그럼 이게 무슨 날벼락이야. 정리하라 그랬구 정리한다 그랬잖어. 어쩔 도리 없이 피할 수 없는 운명이면 받아들이는 게 순리라고 포기하라 그랬잖아 너 그런댔어. 그럼 약속 지켜야지 왜 언행일치 안해.

지형 구구하게 변명 안하겠어요. 향길 위해서도 여기서 멈춰야해요.

수정 비열한 소리 말어 그게 더 구구해.

지형 (오버랩) 제 머리 / ···심장이 온통 다 그 사람한테 가 있어요. 이러면서 결혼하는 건 향기한테 더 큰 죄악이에요.

수정 거짓포장하지 마. 결국 너하고싶은대로 하겠다는 니 이기심이잖아.

지형 ····네··

수정 너 고아야? 아버지랑 나 아무 상관없어? 청첩장 벌써 한참 전에

302

나갔어 하객이 오백이야.. 이게 무슨 미친 짓이야..어림반푼어치 없는소리. 그거 용납할 아버지가 아냐. 당장 향기네 가 무릎꿇고 취소해.

지형 엄마

수정 (오버랩) 아버지까지 아시기 전에 빨리!!(하는데)

  [집 전화벨]

이모 (쪼르르 전화로) 네에 **동입니다.

창주 F 집사람 빨리 바꿔요.

이모 (전화 막으며) 형부에요. 벌써 아시는 거같아. 화 잔뜩 나셨어요.

수정 후-우-우-우 (툭 떨어지며) 그래 가만있었을 사람이 아니지..(받는)
  나에요.

S# 이동 중 택시

창주 도대체 무슨 개떡같은 소리야...집안 쑥밭되게 생겼는데 침착하게 돼 있어? 아닌 밤중에 홍두깨두 유분수지 아니 이건 아닌 밤중 폭탄이야!! 이 자식 불러들여 빨리!!

S# 서연의 거실

서연 ....(시선 내리고 / 약 봉투 놓여져 있는)

재민 (보며).....

문권 (보며)

재민 고집세울 게 따로 있어...이건 병이야.. 그냥 놔두면 하루하루 진행돼가는 거 밖엔 좋을 게 없는 일이야.

서연 .....

재민 인정할 수 없으면 인정하지 마. 그런데 약은 먹어..그냥 소화제나 감기약이나 뭐 그런 거 먹는 거 처럼 그러면서 싸워. 그래도 되잖아.

서연　애쓰지 마 오빠..(보는)

재민　....(보며)

서연　먹어야겠다 싶을 때...먹을게..

문권　누나.

서연　(연결) 더 멍해지면...단순 건망증으로 우길 수 없을 만큼 멍청해
　　지기 시작하면

문권　(오버랩) 그럴 필요가 뭐 있어..뭣 때문에 그때까지 기다려.

서연　아직 약까지 먹을 정도는 아니란 말야 (발끈)

문권　그건 의사가 결정해. 처방이 나왔다는 건

서연　(오버랩) 내가 알아서 해. 오빠 가.. 나 잘 거야..(일어나고)

재민　(일어나고)

서연　(침실로 들어가고)

재민　...

문권　(재민 보고)...

S#　서연 침실

서연　(들어와서 침대로 기듯이 올라 옆으로 꼬부리고 누워 눈 감고).....

S#　현아의 거실

　　[홍길 들이닥치면서]

홍길　향기 어딨어 향기야.. 향기야아아!!

현아　(팔짱 끼고 현관 앞에 지키고 서서) 그게 들려어어?!! 내려오라 그
　　래요(정모 후다닥 이 층으로)

홍길　(소파로 옷 벗으며) 어디 자초지종을 듣자구. 도대체 어디서 사단
　　이 나 이 지경이 된거야. 뭐에 뒤집어져 깽판을 치는 거냐구. 이유

가 있을 거 아냐. 이유가 뭐래 엉?

현아   (소파로) 사랑하지를 않는대.

홍길   ??

현아   사랑으로 착각하구 있었대. 정신차려 보니 아니래.

홍길   미이친놈. 무슨 몇십년을 착각하구 있었단 거야..착각은 순간
적인 거야. 순간. 잠깐. 십년도 훨씬 넘게 쭈욱 계속되는 착각이 어
딨어. 냉수 한사발 줘.

현아   귀찮아.. 갖다 먹어.

홍길   이러언 젠장할.(주방으로)

현아   (전화 거는) …(기다렸다가) 그눔 찾았니?….그래 뭐래..(뒤틀려)
알았어 끊어줄테니까 간단하게 사실인가 아닌가만 말해. 그눔자식
정말 그랬대?….. 물어뜯어 씹어죽일 놈…내가 지금 그 욕두 못해?
우리가 당한 일이 뭔데!! 그 망할 자식이 우리 집안을 완전히 초토
화 시키구 있는데 그깐 욕이 대수야?

향기   (아줌마 뒤세우고 내려오고 있는)

현아   (힐끗 딸 보며) 그래서 너 지금 니 아들 붙잡고 뭐라 그러구 있는
거야. 이 결혼 진짜 엎어?

S# **수정의 주방**

수정   (컵에 얼음 넣다 멈추고) 장난해? 이 상황에 여기서 어떻게 엎어….
(현아 떠들고)

이모   (물컵에 따라주는)…

수정   그래 미안해. 너무너무 미안해..나도 내 자식이 저런 무책임한
녀석인지 미처 몰랐어..백배 사죄해..

S# **현아 거실**

현아 우리가 갈까 늬들이 올래.

홍길 가긴 어딜가 가긴 어딜가.(주방에서 나오며)

현아 결판을 내야지 이대로 잘 수 있어?

홍길 (전화 뺏어 소파 저쪽으로 던지며) 어차피 약먹고 자는 사람인데 뭘 그래. 이 판국에 잠자는 게 중요해?

현아 (째려보는)

홍길 이 상황에 (앉으며) 흥분해서 덤비는 건 끊어진 다리로 돌진하는 짝이야. 그럼 어떻게 돼 낭떨어지로 처박혀 죽어. 일단 숨을 고르고 끊어진 다리 보수공살 하는 거야. 원인분석을 하고 대화를 하고 해결책을 찾고 엉? 향기와..와서 아빠랑 얘기하자..와 빨리

향기 (소파로 / 앉고)

홍길 이유가 뭐라 그래.

현아 사랑하질 않는대. 착각이었대··

홍길 염병할 그따위 돼먹잖은 구실이 어딨어. 착각은 그런 게 아니라니까 /

현아 어쨌든 그거래. 그게 이유라 그런단 말야.

홍길 향기야 솔직해도 돼. 이 상황에 덮고 감추고 그럴 필요없어. 다아 얘기해. 다아 털어놔야 / 진상을 알아야 아빠가 곧바로 수습에 들어가지 음?

현아 (아) 기집애가 너어무휘감겨 매달리니까 싫증난 거지 뭐어.

홍길 오분만 입 다물고 있어.

현아 쥐뿔두 볼 거 없는 눔이 건방만 하늘을 찌르더니 결국은 사람 똥밭에 엎어뜨리네 어이구우우우 기막혀.

홍길 오분….(현아 남편 보고) 오분.

현아 아줌마 운동실 가 스톱워치 타이머 갖구 나와요.

정모 네에 (운동실로)

홍길 필요없어요. 들어가 쉬어요. (정모 목례하고 돌아서는데) 이 집안
에서 일어난 일 담장 밖으로 나가면 아주머니 퇴직금 없이 그날로
알죠?

정모 네 회장님‥알고 있습니다‥

홍길 *끄으응* (하며 시선 향기에게 / 정모 아웃) 향기야‥ 아빠 봐‥보라구‥

향기 (보는)

홍길 늬들 …니 엄마 때문에 동티난 거지.

현아 ??

홍길 니 엄마가 걸핏하면그녀석한테 할소리 못할소리/결정적으로
바로 며칠전 결혼깨자 소리소리 지른 거 때문에 그놈이 휘까닥 돈
거지.

현아 왜 날 때려잡아?

홍길 가만 있어. 당신 사내자식 오기 주머니 잘못 건드린 게 틀림없어.

현아 너 말해 그거야? 나때문이래? 그 자식이 그래?!!!

향기 아냐‥내가 싫어. 내가 하기 싫어졌단 말야‥

홍길 ??? 니가 깨자 그랬단 말야?

현아 개구리두 안 믿을 소릴 믿는 거야?!!!!

S# **수정의 거실**

창주 (아들 보고 서 있는)‥‥

지형 (실내복 / 아버지 앞에)‥‥(고개 꺾고)

창주 ‥‥(보며)

지형 (그대로)‥‥

창주 (나직이 / 그러나 결정적이다) 이유여하를 불문하고 용납 못해..네 엄마 나랑 같은 생각일 거고 있을 수 없는 일이라는 거 주지시켰을 거고 / 길게 말하고 싶지 않다.

지형 (보며) 아버지.

창주 네가 날 아버지라고 부르고 있는 이상 / 너 나한테 그런 짓 하면 안돼.

수정 (주방에서 얼음 냉수 들고 나오고)

창주 너한테 이런 일 당해도 할말 없을 만큼 애비로서 결격사유가 있다고는 생각 안한다. 네 엄마도 마찬가지고.(냉수 컵 집어 벌컥벌컥 마시고 컵 놓아주면서) 여자로 사랑하지 않는다고? 이미 늦었어. 너 이 결혼 피할 기회 얼마든지 있었어. 진작에 그앨 여자로 볼수 없다는 거 못박았으면 됐어. 결혼이라니 천부당만부당아닙니다 했으면 됐어.

지형 (오버랩 /) 제 실책 인정합니다. 그러나

창주 인정하면 군소리 덧붙치지 마.

지형 상황에 떠밀린 부분도 무시할 수 없어요 아버지. 어른들 너무 편안하게 기정사실이었기 때문에

창주 (오버랩) 구차해. 사내자식이 제 의지하나 제대로 못 세우고 어물거리다가 이제와서 상 뒤집어 엎어놓고 그걸 변명이라고 해? 너 로봇이야?

지형 ....

창주 어줍잖은 사랑타령 끝내. 아내는 / 결혼이라는 기인 여행을 손잡고 함께하는 동반자며 친구야..의리로 참아주고 우정으로 이해하고 연민으로 보듬어주는 그 전부를 다 합쳐서 그게 사랑인 거야.

엄마하고 향기네 가 꿇어앉아 정식으로 사죄해.

지형   그럴 수 없습니다.

수정   지형아.

지형   향기를 사랑하지 않아요. 제가 사랑하는 사람은 따로 있어요.

수정   (제가 사랑하는에서부터)?? 그말까지 하면 어떡해!!

창주   ???(아내 보는)

수정   당신 들어가요. 내가 할테니까 들어가요.

창주   (아들에게 고개)……(보며)

수정   (잡으며) 여보.

창주   (털어내며) 향기도 알아?!!!

지형   ··네 ··말했어요.

수정   ????(황당 그 자체)

창주   ?? (아내 보고) 당신 뭐 알고 있었던 거 같은데 일을 이 지경 만들
          때까지 뭐한 거야. /

수정   미쳤구나 엉? 너 돌았어. 향기한테 그 입을 벌리면 어떡해.

지형   포기시켜야 했어요.

수정   이렇게 잔인무도한 놈이…너 그게 향기한테 / 그 벌을 다 어떻게
          받을라구우우

지형   (엄마 보며) 벌 받을께요 엄마··벌받는 거 상관없어요.(아버지에게)
          용서하세요 아버지.

창주   ….(보며)

지형   용서하세요.

창주   날 똥친막대기 웃음거릴 만들겠다구? 자식이?…애비를???

지형   죄송합니다. 죄송해요 아버지.

창주　정신나간 놈. (하고 휙하니 침실로)

S# 주방

　[꽝 닫히는 문에]

이모　(찔끔)….

S# 거실

수정　(아들 한심하게 보며)

지형　….(바닥 내려다보며)….

S# 서연의 거실

서연　(컴퓨터 켜놨는데 / 역대 노벨문학상 수상자 명단 페이지….인쇄되는 중 / 두 장 뽑혀 나오고 / 인쇄된 종이 집어 들고 방으로)

문권　….(보고 있다가 서연 컴퓨터로 가 화면 보는)……(컴퓨터 로그아웃하는)

S# 서연의 방

서연　(방 서성거리며 종이 들고 중얼중얼) 마리오 바르가스 요사 / 페루 / 소설가 / 판탈레온과 특별 봉사대 / 녹색의 집 / 헤르타 밀러 독일 / 소설가 저지대 / 우울한 탱고 / 르 클레지오 프랑스 / 소설가 /

S# 수정 침실

창주　(의자에 앉아) 노이사장네 면목이 없군.

수정　(침대에 걸터앉아) 향기…지엄마 그 소리 안하는 거 보니 지형이눔 딴 궁리하구 있단 소린 안한 거 같네..

창주　(아내 보는) 그건..향기는 완전히 포기 안했다는 뜻이잖아.

수정　포기를 어떻게…걔가 어떻게 지형일 포기해.. 일편단심 이십년이 넘었는데..

창주　그럼 문제 자첼 만들지 말았어야지. 지집모르게 입다물고 죽자사자 매달려 반전시켰어야지.

S# 향기의 거실

[한동안 침묵]

현아   이거봐..뚝 떼어먹고 쥐죽은듯 조용한 거..

홍길   (일어나며) 이심전심으로 얘기하고 있는 거야. 밤 지내고 밝은 날 만나 합동작전으로 수습하자구.

현아   끝까지 버티면 어떡해.

홍길   지 부모 압박하구 내가 달래구 당신 사과하면 주저 앉을 거야.

현아   내가 사과할일이 뭐가 있어.

홍길   자식 일생이 걸렸어. 사과가 문제야? 밑이래두 닦아줘야지. 남 자랑 여자랑 누가 더 타격야 그거 하나만 생각해. 이대로 끝나면 향 기 오필리아 돼.

현아   ??

홍길   돌아서 맨발로 노래하며 돌아다닌다구.

현아   주책 할배 / 그게 무슨 악담이야!!

S# 향기의 방

향기   (침대에 펄썩 앉아 웨딩드레스 무릎에 펼쳐놓고 만지면서)‥‥‥(그러 고 한동안 있다가 전화 집어 들고 내려다보며)‥‥‥

S# 지형의 방

지형   (침대 옆에 등 붙이고 한 다리 세워 한 팔 올려놓고 고개 꺾고)‥‥‥

서연   E 강요하지 마.(좀 사정하듯) 지금 이대로 난 아니다 우기면서 있게 놔둬. 재검 받고 똑같은 소리 듣고나면 / 더 우길 의욕 떨어져 그냥 주저앉아 맥놓아 버릴 거야.

서연   E 당분간 / 내가 큰사고 치기 전엔 누구도 모르기 바랬어.

S# 5회 카페

서연　자존심....너무 아프다...나는...내 인생은 이렇게 마지막까지 남루해야 하는 거니?

지형　(안으려)

서연　(피하듯 하며 문으로 가 도어록 잡고 비틀려다가 멈추고 푹 쪼그리고 주저앉는다)

지형　(달려들고)

재민　(벌떡 일어나고)

서연　(양 어깨 잡은 지형 한 팔 두 손으로 움켜잡고 울음 터뜨린다 재민 쪽으로) 오빠아아아 / 나 좀 나좀 데려다 줘. 나좀 집에 데려다 줘어어 어어어...

S#　지형 침실(현재)

지형　(입 꾸욱 / 가슴 미어지며 고개 조금 위로)......

　　[메시지 들어오는 소리]

　　[메시지 시작 부분 뜬 방바닥의 전화]

향기　E 오빠한테 딴 사람 있다는 말은 안했으니까 오빠도 말하지마..(메시지 시작 부분에서 글자가 끊겨도 향기 소리는 계속) 나는 너무 창피해지고 오빠는 너무 나쁜 사람돼.

향기　E (젖힌 머리 / 눈 감고 있는 지형 위에) 그냥..우리가 사랑하는 게 아닌 거 같아 그만두자고 내가 먼저 말했고 오빠도 동의했다고 했어. 엄마는 안 믿지만 암튼 그렇게 주장하고 있어..진짜 오빠가 식장에 안나타면 그건 더 끔찍한 일이라서 터뜨렸어.....

지형　.....(그대로)

　　[다시 들어오는 메시지 음]

향기　E 오빠가 그동안 딴 짓했다는 거 기막히고 분하지만... 그래도 지금도 오빠를 원해..이 순간에도 나는 오빠 생각 바뀔 걸 바라고 있어..미련한 향기....모자란 향기..

S# 서연 거실

서연   (기대어 앉아서 종이 들고 중얼중얼) 카밀라 호세 세라 스페인 소설가 파스쿠알 두아르테 일기 / 나기브 마푸즈 이집트 / 소설가 / 도적과 개들…(그러다가 머엉해지는)….

서연   E (몸 일으키며)일해야지…일해야 해….게으름 피면 안돼..시간이…그렇게 많이 남아있지 않을지도 몰라…(침대 내려서는) 실수하면 안돼..그럼 안돼

S# 거실

서연   (나와서 냉장고로 가다 보고) 밤 샌 거야? (나무라는)

문권   ??(보는)

서연   벼락밤샘으로 되는 일야? 어리석기는..(냉장고에서 물병 꺼내 컵에 따르다가 문권 돌아본다)

문권   자다 깼어? 그럼 나도 잘 헷갈려요.

서연   (물 따라 마시고 컵 개수대 넣고 책상으로)

문권   뭐할려구.

서연   …(그냥 컴퓨터 켜고)….

문권   아직 밤이에요..열한시.

서연   (팩하니) 알아/시끄러워!!

문권   ….(보며)

서연   배고파. 만두 좀 삶아..

문권   알았어요..(일어나고)

서연   (구동되고 있는 컴퓨터 노려보듯 하면서)..

제7회

S# 서연 아파트 동네의 새벽

S# 서연 거실

서연　(일하다가 잠든 자세, 책상 앞 / 옆으로 아무렇게나 꼬부라져 잠들어 있는…)

　　　[열려 있는 침실 문 안에서 시계 알람 / 동시에 책상에 충전 중 핸드폰 알람 울린다]

서연　(책상 앞에 일하다 잠들어 있었다.. 꽤 시간 두었다가 잠이 깨면서 부스스 무겁게 일어나 핸드폰 알람 멈춰놓고 일어나 자동적으로 라디오 스위치 넣고 싱크대로 / 침실 알람은 계속 울리고 있고)···(커피포트에 스위치 넣고 컵 꺼내 커피 믹스 하나 털어 넣고 멍하니 컵 내려다보고 있는데)

　　　[현관 벨]

서연　···(잠시 못 들었다가 문득) ? ? (현관 본다) ···누구세요?

고모　E 엉 서연아 나야 나 고모오.

서연　(서둘러 현관문 열고)

고모　(보퉁이 들고 서둘러 들어오며) 내가 아주 바빴다 바빴어. / 출근

못할 정도는 아니래서 (싱크대로 움직이며) 나가기 전에 멕일라구 북어국‥ 아퍼서 비실비실하는 개새끼두 북어대가리 몇차례 삶아 먹이면 기운 차리잖니.(보따리 풀어내며 / 스테인리스 밀폐 그릇의 국 / 작은 사이즈 같은 그릇의 밥 / 반찬 너댓 가지 어른 주먹만 한 밀폐 용기 통에) 새벽녘 잠결에 느닷없이 그 생각이 나잖어 으하하하 옳다꾸나 북어국이다 /

서연 고모 전 개가 아니에요.

고모 (국 그릇 쿠커에 옮기며) 으하하하 그 소리할 줄 알았다 그래. 그런데 개한테 이로운게 사람한테 해롭지는 않을 거 아냐. 문권이랑 내일 아침까지 세끼거리는 돼. 출근준비 하는 동안 불 약하게 해뒀다 뜨겁게 먹어 뜨겁게. 뜨건 국에 뜨건 밥 말어 배 뜨듯웃하게 먹어주면 한결 개운할 거야. 이게 무슨 소리냐?

서연 ?? 글쎄요…(했다가) 아아 알았어요‥(빠르게 침실로 아웃)

고모 (반찬 그릇들로 움직이며) 너때매 아침에 오징어 채 새로 무쳤지. 코다리 조림 좀 하구 콩나물하구 (보자기 그릇들에서 빼내며) 아프지를 말어야지 그냥‥뭐니뭐니해두 건강이 제일이야. (보자기 접으면서) 억만장자두 건강 안 받쳐주면 말짱 도루묵 / 억만이 무슨 소용있어 안 그래?

서연 E 네에‥

고모 (방에 대고) 어떻게 어제보다 좀 나아진 거야 어떤 거야‥약발이 받어? 견딜만 해? 열은 없냐?

서연 (나오면서) 괜찮아졌어요 고모‥

고모 (보자기 적당히 놓고) 이리 와봐. (서연에게 조금 다가들며) 내가 한번 보자‥

서연   (피식 웃으며) 고모 또 그거 할려구.

고모   아 와 봐아아아..

서연   (고모에게 다가서고)

고모   (서연 눈 아래 까서 보고 / 이마 한번 만져보고) 아아..혀 내밀어.

서연   (내밀어주고)....

고모   (보면서) 너머 과로하지 말어 이것아. 모든 병이 과로랑 스트레스에서 시작되는 거야..건강에는 보증수표라는 게 없는 법야. 우리 몸은 내가 내 몸을 어떻게 대접했느냐 대접하느냐에 따라서 고대애로 나한테 되돌려줘. 나봐라 나. 날 보면 알 일이잖아 엉?

서연   네에..

고모   아프지 마라. 아프면 서럽다.

서연   ....(보며)

고모   (서연 옆얼굴 만져주면서) 이젠 빚도 다 껐구 천천히 / 천천히 해.. 내년부터는 문권이 지 앞가림할 거구 엉? 일 너어무 많이 하면 진빠져서 얼굴두 삭어.아 시집두 가얄 거 아냐.

서연   (웃으며 보는)

고모   안가? 안갈거야?

서연   가야지 왜요..갈 거에요.

고모   ??있어?

서연   으흐흐 이제부터 고를께요 고모.

고모   이제부터 이제부터하다가 마흔되지 말구우우..

서연   (웃으며 보는)

고모   아 진심 걱정돼 하는 소리야.(버럭) 허투루 넘기지 말어.

서연   안 그래요. (고모 한 손 잡으며) 허투루 안해요..

고모   으흐흐흐흐 (안고 궁둥이 두드리며) ..어이구 내 새끼이이이...

S# 향기의 방

현아   (향기 침대에 앉아서 / 홍길은 외출 차림으로 주머니에 손 집어넣고 서서 보고 있는 / 향기 침대에 일으켜 앉혀져서 안 보는 채) 얼마나 엄청난 일인지는 제대로 인식하고 있는 거야?

향기   ....

현아   낼 당장 하객들한테 망신살은 둘째문제야. 노회장네 딸 결혼식 취소됐다더라아아 대체 이유가 뭘까 어느 편 탓일까 알고보니 노씨네 딸이 호스트 바 다니면서 바람나 신나게 놀다 신랑네한테 들켜 아얏소리 못하고 당했다더라.

홍길   ??무슨 뚱딴지야.

현아   (연결) 아니면 / 알고보니 신랑 놈한테 자식까지 낳은 딴여자가 있는 게 들통났다더라. 어느 쪽도 개망신 마찬가지야. 입가진 사람 둘만 모이면 수근거릴 거구 얼마나 시끄러울 거야.

홍길   그거 겁날 건 없어. 까짓 남에 말 사흘이야 그건 상관하지 마.

현아   (빼액) 결혼식 전날 파혼했다가 어떻게 사흘이야 죽을 때까지 따라다닐 스캔들인데에!!

홍길   별거 아냐 대한민국이 다 아는 집 자식들두 별 흉측한 소문에 이혼에 시끄러웠어도 끄떡없이 멀쩡하게 잘들만 살어. 잠깐 지나가는 흙바람 정도 생각하면 그만이야.

현아   (비웃는) 우리가 그만큼 엄청난 집안이기나 해? 모든 걸 다 감싸 덮을만큼 엄청난 재벌이기나 하냐구.

홍길   스캔들이 중요한 게 아냐. 스캔들은 어디까지나 스캔들일 뿐야.

현아   남편이라는인간 평생 얼굴들구 다닐 수가 없게 뭐 싸놓구 돌

아다니듯 스캔들 본폰데

홍길　(오버랩) 어허!!! 애 듣는데 이 여자

현아　(연결) 거기다 딸년까지 거들어줘야겠어?

홍길　(오버랩) 지금 / 이 시점에 / 향기가 정말 원하는 게 뭔가 / 빌어먹을 놈 기어이 예식장에 끌어다 놓길 원하는가 아니면 이대로 끝낼 건가 그걸 확실하게 다짐받고 그리구 후속조치에 들어가자 그래서 올라온 거 아냐. 왜 쓸데없는 시간 낭비냐 말야 내 말은.

현아　이 지경에도 약속나가야한다는 사람이 당신이 아버지야?

홍길　야 그럼 장관하구 조찬약속을 당일 아침에 어떻게 펑클내냐. 그리구 내가 얼굴 못들구 다니게 한게 뭐가 있어. 내가 뭘 어쨌는데..

현아　? ? 뭐야?

홍길　우울증 핑계로 어쩌다 한두달 늘어졌을 때 빼구 허구헌날 카드 박박 긁어대며 밖으로만 도는 사람이

현아　(오버랩) 핑계? 핑계라구?

S#　지형의 방

수정　(들고 들어온 커피 놓아주며) 너 딴짓한 얘긴 안한 거 같더라..

지형　(침대에 잠옷 바람으로 걸터앉아서) ....(고개 숙이고)

수정　(돌아보며) 아직 널 포기 안했다는 의미기도 하고 그만큼 속이 깊은 아인 거야..

지형　....

수정　걔가 너한테 무조건 절대적인 건 너도 알아잖아. 너한테 잘못한 게 뭐가 있어서 왜 이런 가혹한 짓을 해..

지형　향기 잘못 없어요. 제가 나쁜 놈이에요.

수정　(오버랩) 나쁜 놈되지 말고 마음 돌려.

318

지형　.....

수정　이건 결혼식 중간에 뛰쳐나가는 것하고 마찬가지 날벼락이야
　　　너 빼고 우리 모두 한테.

지형　(오버랩) 제가요…제가 (엄마 보며) 아무 생각없이 저질렀다 생
　　　각하세요? 향기, 향기부모님 어머니 아버지께 타격‥좌절감‥두 집
　　　안 관계 악화‥그 외 부작용들. 제가 모르는채였다고 생각하세요?

수정　그걸 그런 것들을 알면서 / 알면서 전부다 무시해 치우고 반드
　　　시 꼭 그래야하는 이유가 뭐야‥향기에 대한 감정은 사랑이 아니고
　　　딴 아이를 사랑한다만 갖고는 부족해.

지형　그게 다에요.(일어나며 / 시선 피하며)

수정　가당찮은 일에 피차 기운 빼지 말자. 아버지 흠집내지 마. 아직
　　　한창 일할 수 있는 나이에 너한테 허리 꺾여 주저 앉아야 해?

지형　(오버랩) 아버지 가실 자리 많아요 엄마.(욕실 쪽으로)

수정　(올라서 / 불쾌해져서) 부르는데 없어 실업자될까봐 내가이래?

지형　‥(멈추고 엄마 쪽으로 몸 틀며) 향기한테 못할 짓 하는 게 죄라면
　　　그 사람 모른 척 하는 것도 죄에요. 향기는 모든 걸 다 충분히 가졌
　　　어요.

수정　지형아

지형　(오버랩) 그 사람은 아무 것도 없어요. 죄송해요. 이 말 밖에는
　　　더 이상 내 놓을 말이 없어요엄마 / 죄송해요. 정말 죄송합니다. 그
　　　럴만해서겠지 / 그래주세요‥

수정　개 약먹었니?

지형　…(보는)

수정　아니면 목맸어?

지형　그 사람 이일 몰라요.하늘이 무너져도요 엄마..절 설득하실 수 없어요. 그만하세요.

수정　....(보며)

지형　(욕실로 아웃)

수정　(욕실 문으로 붙으면서) 하늘이 무너져도 너 하구싶은대로 안돼.

S#　지형 욕실

지형　(입 꾸욱 물고 샤워하려 옷 벗는데)

수정　E (연결) 니가 접어. 이건 미친 짓이야!!

S#　향기의 방

홍길　(다툼의 연결) 여기서 우리가 중요하게 논의해야하는 건 어디까지나 우리가 부모로서 향기한테 무엇을 어떻게 해줘야 하느냐. 향기가 진심 원하는 게 뭐냐.엉? 핵심 벗어나지 말자구.

현아　(벌떡 일어나며) 그래 해봐 한번.

홍길　크으음...(바꿔지는) 아빠 나가야해 향기야.. 나 봐..(향기 눈물만 뚝뚝 / 안 보는 채 /) 야 이눔자식아. 울지 마. 울 거 없어 엉? 니가 진심으로 원하는 게 뭔가 얘기해. 그럼 아빠가 수단 방법 안가리고 니 원대로 만들어 줄 테니까! 예식장에 끌어다 놔라 그럼 그래줄 것이고 그 눔 사지를 꺾어놔라 그럼 그것도 아아무 문제 없어 엉?

향기　(오버랩) 아무 것도...필요없어 아빠.(쿨쩍쿨쩍) 우리 미성년들 아니야. 같은 생각으로 같이 결정한 거니까 오빠한테 강제 쓸 일도 폭력 쓸 일도 아니야.

현아　어어 그래 열녀났다 어엉? 이게 도대체 아이큐 몇 짜리야!!

향기　(오버랩) 오빠 괴롭히는 거 싫어..그냥 조용히...조용하게 놔둬 줘..오빠가 돈 떼어먹고 도망치는 빚쟁이는 아니잖아.

현아   돈 떼먹은 놈 보다 더 죽일 놈야!! 십년 가깝게 너랑 우릴 우롱
        했잖아.

향기   (오버랩 / 약간 반발 /) 우리가 모두 다 그렇게 만들어가고 몰아
        갔어. 아니라고 하지 마. 오빠도 나도 그게 그건 줄 알고 그렇게 한
        보트에 앉혀져 있었던 것 뿐이야. 그걸 우리 둘다 이제야 깨달았구.
        누구 잘못도 아니야..

현아   어이구 / 어이구우우 속터져 어이구어이구 어이구우우웃!!!
        (냅다 악쓰고 나가버린다)

홍길   ….(고개 틀고 아내 좀 멀어질 때 기다리다가) 엄마가 문제지?

향기   (아빠 보는)

홍길   아빠 다 알아. 엄마가 화근이지?

S# 지형 주방

   [이모와 수정..조용히 아침 준비 중..아메리칸 브렉퍼스트…식탁에는
   방울토마토 서너 개 아스파라거스 익힌 것 접시 /]

수정   (접시에 달걀 프라이 두 개 옮겨 담는)

이모   (토스터에서 튀어나오는 빵 두 쪽 접시에 담아 식탁에)….(눈치 보며)

수정   (달걀 접시 식탁에) ….(마른행주에 손 닦는데)

이모   어떡한대요

수정   …..

이모   재작년 어르신들 합장하느라 산소 건드린 게 이제 동티가 난 건
        가 원 이게 무슨 난리 / 못할 짓이야.

수정   (그냥 나가려)

이모   내 촉이 잡은 감은 / 안좋으네 언니.

수정   (돌아보고)

이모 경솔한 애두 아니구 결혼 이틀 앞두고 파혼통골 했을 땐 그만 큼 절실하고 절박했다는 얘긴데··그만큼 확고부동한 결심이라는 얘긴데 그걸 뒤집어 반전시킨다는 게 어디 될일이겠어요?

수정 (돌아서는)

이모 열흘 보름 전에 새로 만난 애 때문에 이런 사골 치는 건 아니겠 고 그럼 결국 쭈욱 양다리 걸치기였다는 얘긴데

수정 ?? (돌아보는)

이모 (연결) 참 우리 지형이같은 눔두 그런 짓을 하니 세상 믿어도 될 사내눔이

수정 (오버랩) 또 엿들었어? 그 버릇 안 고칠 거야 정말?

이모 내가 청력이 남다르잖아요. 그냥 여기 있는데 거실 소리가 내 귀속으로 들어왔어요. 엿듣는 건 몰래 가만히 / 몰래 가만히 듣는 거 에요.

수정 못들은 걸로 해. 잊어버려.

이모 쉽잖을 거에요. 저렇게 돌았을 땐 방법없는 거에요.

수정 혼자 아는 척 잘난척 그만하고 응?

창주 (들어온다 / 출근 차림)

수정 (커피포트 쪽으로)

이모 안녕히 주무 / 못 주무셨죠? 오늘 녹즙 재료는요 형부

창주 됐어 처제···

이모 ??

수정 (커피 한 잔 따라 식탁으로 놓으려) 앉아요.(앉지 왜 안 앉아요?)

창주 (손 내밀며) 줘.(커피 넘어가고) ····(마시려다 너무 뜨거워 그냥 내려 놓으며) 안 내려왔어?

수정 아직… 그냥 나가‥전화할께‥

창주 당신 나와 /

수정 아침 안 먹어?

창주 (그냥 나가고)

수정 (따라 나가고)

이모 (문 쪽으로 옮기며 귀 세우는)

S# 거실

창주 (거실 가운데로 / 따라 나오는 아내에게 돌아서서) 눈꼽만한 가능
성도 비치지 마. 이해라는 단어 절대 쓰지 마. 이건 이해할수 있는
일이 아냐.

수정 알았어‥출근해

창주 지금 제정신 아니라는 걸 주지시켜. 의리고 약속이고 신의고
효도고 그런 거 다 집어던진 놈이니까 그렇게 접근해봤자 씨알 안
먹힐 거야. 지금 그 감정 절대 영원할 수 없다는 걸 강조하고 향기
를 옆에 데려다 놈으로써 얻을 수 있는 게 얼마나 중요하고 큰 건가
/ 우회적으로 일깨워줘.

수정 ‥‥(보며)

창주 실제적인 얘기야. 유치한 감정놀음의 결과로 잃을 게 뭔지 짚어
주라구.

수정 알았어.(사랑이 감정놀음일 뿐인 이 남자)

창주 어불성설이야. 아냐?

수정 알아

창주 맡기고 나가.

수정 나가.

창주   (현관으로 움직이며) 말랑하면 안돼.

수정   그만해‥(창주 나가고)

  [수정 현관께서 돌아서며 이 층 올려다보는]

S# 서연의 거실 주방

  [컴퓨터에 일기 두드리고 있는]

서연   E ‥알람소리에 깨어보니 책상 앞에 누워 있었다. 몇시부터 자기 시작했는지 시계를 보았던 기억이 없다.

S# 욕실

  [세수한 얼굴에 화장수 바르고 있는 서연]

서연   E 허교수님 원고 수정 사십페이지까지 진행돼 있었다. 하루 밤 작업량으로는 너무 많다‥

  [머리 브러시질하는 서연]

서연   E 고모가 북어국 끓여 아침을 날라 오셨다‥아마 재민 오빠가 내가 몸살이라 그랬었나보다. 몸살인 척 했다.

S# 침실

서연   E (출근할 옷들 꺼내면서) 눈까보이고 혀내밀어 보이고 고모는 소아과 의사 선생님 흉내내기를 좋아하신다.

S# 동네 길

서연   E (출근하면서 / 느리지 않은 걸음) 마지막까지 처치곤란 짐보따리 / 어이없는 내 인생이 싫다. 만약 하루하루 망가져갈 수 밖에 없는 날들을 살아야하는 게 확실하다면 생각할 수 있고 결정할 수 있는 동안에 누구 인생에도 불필요한 나를 삭제해 버려야 한다. ……설마 문권이 취직은 제정신으로 기뻐할 수 있겠지‥

S# 버스 정류장에 서연‥무심하게 버스 기다리는 듯한

서연   E 그 사람은 나를 얼마나 이해하고 있을까. 고모네서 알고 회
사에서 출판계서 문단에서 알고 나를 아는 동네 사람들이 모두 다
알아도 그 사람만은 모르게 하고 싶었던 내 마음을 그 사람은 헤아
릴 수 있을까‥그걸 내 마지막 선물로 하고 싶었던 걸 이해할 수 있
을까‥

S# 지형의 방

지형   (와이셔츠 털어서 입으며) …

서연   E 이거 내꺼해야겠다‥

S# 지형 오피스텔(과거 어느 날)

지형   (피자 상자 열고 접시에 한 쪽씩 담고 있다가 돌아보며) 뭐.

서연   (화장실 쪽에서 지형 옅은 핑크 와이셔츠 맨 다리에 팔 걸으며 지형 쪽
으로 / 머리 틀어 올려 큰 핀 찌르고 / 아무렇게나) 이 거. 내가 입은 거. 안
입는 거라면서.

지형   탐나? (탐날 게 그렇게 없어?)

서연   탐나‥(의자에 앉으며) 자기 기분날 때 갑자기 수청들러 오라는
데 언제 부를지도 모르면서 날마다 싸들고 나올 수도 없고.

지형   난 그냥 아무 것도 안 입고 있는 게 더 좋은데.(접시 주며)

서연   (받으며) 이것저것 후지르지 말고 이거 한 장 내꺼로 정해놓자.

지형   그렇게 탐나면 그래 가져‥

서연   자기꺼 세탁소 보낼때 같이 보내 엉?

지형   그래.

서연   여긴 나 위해 있는 거 같아.(피자 먹으며) 호텔보다 편해‥호텔은
뭔가 내가 싸구려같은 기분? 불륜 주인공? 오다가다 관계? 그런데
여긴 당신 공간이라 좋아 괜찮아.

지형　난 진짜 암것도 안입고 왔다갔다하는 게 좋은데.(먹으며)

서연　여기 나혼자 오는 거 진짜지?

지형　무슨 소리야.

서연　만에 / 십만에 하나 혹시 딴 여자랑 같은 침대 쓰는 건 아닌가 싶어서.

지형　어림없다‥

서연　하늘에 맹세코?

지형　나 그렇게 잘난 놈 아냐.

서연　거짓말 걸리면 일초의 망설임도 없이 죽여버릴 거야.

지형　그걸 걸리게 하는 바보가 어딨냐.

서연　맛있다‥나 배 고팠나봐. 이게 원래 이렇게 맛있는 거였어?(콜라 벌컥벌컥)

지형　(그러는 서연 보며) ……

서연　(콜라 캔 놓으며 지형 보며) 그으윽 / (일부러)

지형　뭐 트림하는 것도 섹시하다 소리 듣고 싶어서?

서연　<u>으흐흐흐흐흐</u>

S#　지형의 방 /

서연　E 섹시했어?

지형　E 응‥넌 늘 언제나 섹시해.

서연　<u>으흐흐흐흐흐</u>

　　　E (오버랩) 노크 소리

지형　?? ‥(넥타이 목에 걸며 돌아보는데)

　　　[현아 들어오는 /]

지형　(아 하는 느낌 / 목례)

현아 출근할 참이었니? (부드럽다)

지형 지금 사죄드리러 갈 참이었습니다.

현아 아버진 조찬약속 때문에 새벽같이 나갔고 난 여기왔으니 여기서 우리 둘이 하자..(돌아보고 의자로 움직이며) 앉아서 하자....

지형 ....(보며)

현아 (앉으며) 와.. 와서 앉아..

지형 (다가와서 무릎 꿇고 앉으며) 죄송합니다.

현아 ...(보다가 더 편안하게 / 천천히) 얘.. 나 누구 무릎꿇려놓구 이런 거 안 좋아해..너도 니 엄마 아버지한테 우리 향기만큼이나 천금같은 자식이야. 쌍팔년도 홈드라마도 아니고 시대에 맞게 하자..일어나 응?

지형 .....

현아 그래 내가 그날 좀 심하긴 했어.

지형 ?? (고개는 안 든 채 이게 무슨 소린가)

현아 그렇지만 얘 우리가 한두해 본 처지도 아니고 ..왁하면 앞뒤 분간없이 우선 해치우고 마는 내 고약한 성격 너도 익히 알잖아.

지형 어머니 그건

현아 (오버랩) 나도 반성해 느을 반성해. 반성하면서도 타고난 성격은 배냇병이나 마찬가지라 고쳐지질 않는구나.

지형 (무슨 말인가 하려는데)

현아 (연결) 어쨌든 그날 니가 심정이 많이 상했을 거 짐작은 하구 있었어. 그리구 뭐 그날 아니래도 내가 먹은 맘 없이 그냥 너한테 틱틱거렸던 거 니가 오해를 할려면 할 수도 있었겠구나 싶은데 그건 얘 니가 자식처럼 편하니까 편하게

지형 (오버랩) 그런 거 아닙니다 어머니.

현아 ??..아니면

지형 두 사람 다 후회할 결혼은 안하는 게 옳은 일이라섭니다.

현아 (오르며) 내일 / 바로 내일이야 이 황당한 녀석아! (수정 물컵 들고 들어오는)

수정 (?? 할 건 없고 그냥 움직여 현아 앞에 물컵)

현아 (연결 벌떡 일어나며) 너 이건 살인보다 더 악랄한 짓이야. 당장 열두시 / 여섯시 / 숙모 고모 / 차례로 식사 초대 어떡할 거야. / 바로 내일이 예식인데 응? 뭐? 사랑없는 결혼을 못하겠어? 너 정신병자냐 이 악질 반동분자같은 자식아?

수정 …(시선 내린 채 있다가 현아 보는)

현아 E (연결) 사랑도 없이 너 향기한테 왜손댔어 이눔아.

현아 우릴 뭘로 본 거야. 그래도 된다구 누가 그랬어!! 너 혼인빙자 간음죄야!!

수정 그거 위헌이라는 판결

현아 E (오버랩) 닥쳐 / 닥쳐라 응?

수정 아무 말이나 나오는대로 쏟아놓지 말고 진정해.

현아 (두 주먹) 내가 제일 싫은 거 건드릴대로 건드려 놓고 진정하라는 충고야. 니 입장 내 입장 바꿔봐 어디 한번. 현명하고 고상하고 품위있는 강수정아 그래. 너 어떻게 자식을 이따위 괴물새끼로 키워놨냐 엉?

수정 향기 엄마

현아 너 결국 몽땅 다가 위선이었잖아. 아무 것도 아니었잖아.

수정 일을 되게 할려구 온 거야 망칠려고 온 거야.

현아   야 내 새끼는 이 지경에도 저 자식 쓸어덮느라 정신없어. 울며 불며 토하구 싸면서도 험한 소리 한 마디 안하고 다 지 잘못이래. 이 런 기통막혀 거품 물고 쓰러질 일이 있냐? 우리가 느이한테 잘못한 게 뭔데. 뭘 잘못했는데!!

지형   그런 거 없습니다 어머니. 그런 쪽으로는

수정   (오버랩) 조용해. 무슨 할말있어 입을 열어.

지형   ....

현아   (오버랩) 너어 / 꽝꽝 묶어 질질 끌고 가서라도 내 기어이 식장 에 세울테니까 포기하고 일단 식 올려. 식 올리고 일년만 살다 이 혼해.

수정   ?? 향기야

현아   (오버랩/수정 팩 돌아보며) 난장판으로 세상시끄럽게 망신 당하 느니 그게 나아. 이혼은 법적으로 조용히 할 수 있고 이혼 뒤 소문 나봤자 설마 지금만큼 끔찍할까. 내 말이 맞잖아.

수정   (아들 보며 단호하게) 더 이상 고집부리지 말고 오늘 약속 지키고 내일 결혼식 해. 아버지한테도 나한테도 절대 안 통해.

지형   ...

현아   (혹시나 수정 보고 지형 보는) ...

수정   / 초대장에 또렷하게 박힌 결혼합니다 약속 지켜

지형   (일어서며) 죄송해요 어머니

현아   ??

지형   (현아에게) 죄송합니다.

현아   (따귀 날리고)

수정   ...(그냥 보고)

지형 ....(맞은 채 그대로)

현아 (노려보다가) ....(부르르 달려들어 마구 두들겨 패면서 쥐어뜯는)

수정 ....(보다가 더는 못 참겠다) 그만해 / 정신 나갔어?

현아 ?? (돌아보는) 아까워?

수정 안 아까워. 맞아도 싸. 그런데 이러는 걸로 해결될 일이 뭐야. 두들겨 패서 될일 같으면 내가 했어.

현아 (오버랩) 박원장은 도대체 뭐하구 있는 건데!!!

S# 어느 호텔 현관 앞

[장관 차 대어지고 수행 비서 재빠르게 문 열어주고]

[장관과 홍길 악수 나누며 적당히 헤어지는 인사. 장관 차에 오르고]

홍길 (비서 인사 적당히 받아주고 / 장관 차가 뜨면서 돌아서는)

S# 호텔 커피숍

창주 (커피 잔 앞에 놓고 / 뿌우우우) ....

홍길 (나타나서 다가오는)

창주 (일어나 서는)

홍길 (자리에 와앉으며 / 다가오는 웨이터에게) 아 나 필요없어.(좀 딱딱한)

웨이터 알겠습니다 회장님.

홍길 크음 크으으음 / (주변 둘러보면서) 뭐 연락 받은 거 없어?

창주 아직..

홍길 수정씨는 뭐래.(언짢기는 하지만)

창주 뭐얼 말 안되는 소리 마찬가지지.

홍길 (오버랩) 이거 말야 아무리 납득을 할려해두 도저히 안되는 부분이 있어..지금이 무슨 조선시대도 아니구 부모들 뜻이 어쨌든 즈이들이 아니면 얼마든지 노우할 수 있었던 거 아냐.

창주 그래.

홍길 향기녀석 그러더라. 부모들 때문에 한배에 태워졌던 거라구. 그래 좋아 박원장네도 우리도 그런 작용 전혀 없었다고는 못할 거야. 아냐?

창주 .....(커피 잔 집어 들며)

홍길 그렇다 치더라도 여태까지 찍 소리없이 자알 있다가 왜 지금 뒤집어지는 거냐구.

창주 뭐라..할말이 없어.

홍길 지형이 눔이 혹시 딴짓하고 있었던 거 아냐?

창주 ???(뜨끔)(컵 든 채) 향기한테서 / 뭐 들은 소리라도 있어?(탐색)

홍길 (좀 기대면서) 아니이 별안간 사랑이 아니었다 / 그래서 합의했다가 다야. 무슨 도깨비 생밤 씹어먹는 소린지 알수가 없어서 말야..

창주 ...(마시고 내리며) 현아씨 난리났지.

홍길 이루 말을 다 어떻게 해. 완전 반은 돌았지.

창주 집사람이 수습할 거야. 녀석은 우리가 해결 볼 테니까 노회장네는 향기 진정시켜.

홍길 유학 중에라도 묶어버렸어야 하는 건데 공부하는 애 신경 분산시키면 안된다 어쩌구 손수건 한 장 빨아본 일 없는애 도우미로 파견할 일있나 어쩌구...여자들 말 듣는 게 아니었어

창주 (커피 잔 내려다보며) 그건 우리도 동의한 일이었어 노이사장.

홍길 .....(창주 보며 있다가 물 잔 집어 들며) 우리가 웬수되는 일은 없어야하는데...(혼잣소리처럼 / 벌컥벌컥)

창주 .....(보며)

　　　[홍길 전화벨]

홍길 (꺼내서 보고) 어떻게 됐어.

현아 E 조찬인지 뭔지 끝났으면 만사 제폐하구 들어와.

홍길 어떻게 됐냐구.

S# 이동 중 현아 차 안

현아 이 자식 요지부동이야. 돌아설 놈이 아니란 말얏!!

홍길 (벌떡 일어나며) 이눔 요지부동이란다 / (전화 내밀 듯) 수정씨가 설득할 거라면서!!

창주 ??(일어서는)

홍길 수신제가 치국평천하랬어. 집안하나 제대로 운전 못하면서 무스은 / (차마 다음 말은 못하고) 에에에에이 (휙 나가버리는)

창주 (전화 꺼내 걸면)

   E 통화 중이라는 안내 음성

S# 수정의 침실

수정 (통화 중) 아줌마 미안해 향기야. 말도 못하게 미안하다··

S# 향기의 방

향기 (침대에 두 다리 세워 한 팔로 끌어안고 웅크리듯 하고 눈물 계속 닦아내면서) 아니에요 아줌마. 제가 미련하고 부족해서 벌어진 일이에요··오빠가 저랑 다른 색깔 마음이라는 거 / 알아챘어야했어요. 그냥 오빠는 제가 오빠 좋아하는 만큼은 아닌 것 같다 한번씩 섭섭했으면서도

S# 수정의 방

향기 F 내가 이해해야지 점잖은 사람이니까 그랬었어요.

수정 (마음 아프면서) 어떡하니 그 녀석이 그렇게 실망스런 물건인지 나도 몰랐구나.

S# 호텔

[창주 전화 거는 위에]

수정 E 아줌마도 말도 못하게 당혹스러워.

[창주 전화 걸지만 통화 중이라는 안내 음성 나오고 / 창주 끓어올라 끊으면서 털썩 도로 앉는]

향기 E F 저요 아줌마..(울음 터지면서) 정말 진심으로 아줌마한테 귀염받는 이쁜 며느리 되고 싶었어요.

S# 수정의 방

수정 그래아줌마… 니 마음 너무 잘 알아..

S# 향기의 방

향기 (작게 울음 소리 / 입 막고) 우우우우 우우우우

수정 F ……(기다려 주었다가) 아직…되돌릴 시간 남았으니까 향기야 …..향기야?

향기 네..네 아줌마..

수정 F 부탁할께..지형이 다른 사람 얘기 / …..지금처럼 묻어놓고 기다려줄래?

향기 ??아줌마 아세요?

수정 F 니 엄마아빠 그 일 알면 정말 돌이킬수 없어져..알아듣지?

향기 (맥 빠지며) 네 아줌마..알아들어요..그런데..오빠가 아줌마한테 그 얘기까지 했다면..(침 꼴깍 넘기며 시선이 좀 위로 뜨면서) 저는 가망이 없네요..

수정 F 아냐 그렇게 생각해버릴 건 없어 향기야..나는 아직 그렇게 까지는 생각 안해.

향기 ….(입 꾹 다물고)…

S# 수정의 방

수정 향기야…향기야..

향기 F 네 아줌마…알았어요..걱정마세요..안해요..끊을께요 아줌마.

수정 그래..(전화 끊기고 / 전화기 내리면서) 나쁜 놈..

이모 E 언니이이 아침 먹어야지이이..

수정 (혼잣소리) 매정한 놈.

　　[전화벨]

수정 (받아서) 나에요.

창주 F 그래서 / 포기했단 거야?!!

S# 현아의 정원

현아 (남자 사용인들 인사 다 무시하고 입 꾹 다물고 본 채로 움직이는)

　　[집안 도우미 둘 현관 밖에 나와 있다 인사하고]

현아 뭣 좀 먹였어요?

정모 그냥 물만…물도 다 토하네요 사모님.

현아 (현관으로)

S# 거실

현아 (들어와 이 층으로 곧장)

S# 향기의 방

현아 (들어와서 보면)

　　[침대에 바닥에 휴지 구겨진 것들 /]

향기 (반듯하게 누워 한 팔로 눈 덮고)….

현아 (침대로 다가서 앉으며) (아) 니가 먼저 깨자 그랬다면서 울구짜
　　구 못먹구 토할일이 뭐야. 뭐 대단한 일이라고 이러구 늘어져 있어.

향기 (등 돌려대면서 이불 끌어 머리까지)

334

현아 (끌어내리면서) 그럴수록 이 악물고 독하게 대처해야지 못나빠지게 왜 이래.

향기 못났잖어.(우는 건 아니고 가만히)

현아 너 이렇게 매앵 / 멍처엉 답답하게 굴다가 싫증나게 만들어 까인 거야. 결국은 그거야 이 한심아야. 여자가 좀 공처럼 탁 치면 탁 튀어오르는 맛도 있고 한번씩은 튕기기도 하고 때로는 긴장도 시켜가면서 그렇게 핸들링을 했어야지 무슨 집안 삼대에 걸친 속죄하러 태어난 거 모양 네네네네네네네네 덮어놓고 네네네네네 오빠오빠오빠 십몇년 똑같은 유행가 매일 틀어대는 거 / 그거 싫증안나? 니 구덩이 니가 판거야 알아?

향기 맞어 모두가 내 잘못이야 내탓이야‥

현아 ……(보다가 열나서) 벌떡 일어나 밥 안 먹을 거야? 등신같이 굴다가 니 아빠 나 똥밭에 엎어지게 만들어 놓구 뭐 잘했다구 신경쓰게 만들어. 야 나같으면 염치없어서라도 쿠울한 척 별일 아닌 척 사실은 내가 더 싫증났었는데 하늘이 도왔다 / 살았다 그러겠다 엉?

향기 ……

현아 이러구 있어봤자 결국 니 손해구 나 바보 확실하다 밖에 아무것도 아냐. 도우미 아주머니들한테 창피하지도 않아? 내막이 어떻든 우리가 당한 걸로는 만들지 말아야잖아!!

향기 ……

S# 현아의 침실(시간 경과)

현아 (와인 마시고 있는)……(잔 비우고 컵 내려놓으며)

홍길 (들어와 보고 서 있던 참이다)……

현아 (다시 따르려)

홍길 (병 빼내 따라주면서) 요지가 뭐야.

현아 요지가 부동이라니까?

홍길 그 요지가 아니잖아

현아 못한대. 안한대. 죄송하대.

홍길 .....(보며)

현아 (마시고)

홍길 (상의 벗으며) 향기는

현아 죽을 날 받아논 기집애야.

홍길 (혼잣소리) 멍청한 자식. 결혼하면 바로 주식 좀 넘겨줄 참이었는데..

현아 머리가 두 개냐? 돈으로 사들이게.

홍길 결혼하면 / 결혼하면이라구 했어 /

현아 동서랑 고모한테 전화해 약속 취소시켜.

홍길 내가?

현아 아 나 싫어. 둘 다 빼다닥한 사람들 그냥 넘어갈 거 같아? 무슨 소리로 신경 건드려 사람 펄펄뛰게 할지 알게 뭐야.

홍길 뭐라 그래.

현아 결혼스트레스 토사곽란이라 그래.

홍길 ....(보며)

현아 꽤 심하다구. 아주 심하다구. 결혼식 제대로 치를지 모르겠다구. 그 정도라구.

홍길 그 정도면 벌써 입원시켜놨어야지이이.

현아 어우 분해. 아우우우우 이 자식 내가 아주 작살을 내버릴 거야 이대로 그냥 당하기만 하구 끝낼 줄 알아?

홍길 복수전은 나중에 생각하구‥예식은 어떡해‥ 박원장한테 기절 시켜 자루에 넣어 들구 오라 그래?

현아 오늘 취소나 내일 취소나 마찬가지야.

홍길 그래두 좀 더 기다려 보자‥어떻게 작살낼 건데‥

S# **지형 사무실**

[지형, 손대표, 직원 셋. 전망대 프로젝트 현상 설계건 첫 미팅]

[각자 앞에는 「지침서」 프린트물 놓여져 있고]

[벽면에 프로젝트 화면, 또는 벽에 달린 LCD 모니터든지에 화면 나타나고 / 현장 사진, 구글맵 등등의 사진 준비되어 있는 내용 / 다같이 화면에 시선 가고 / 현장 사진]

지형 잠깐.(손짓 / 직원 현철 / 화면 멈추고 / 일어나 화면 전체 손으로 가리키며) 이거야. 이게 내가 얘기했던 거야. (모두 보고)

[큰 부지 속에 동전만 하게 보이는 작은 건물 자리]

지형 우리가 계획해야 할 부분은 규모가 작지만 우린 바운더리를 여기에 국한시킬 게 아니라 이 30만평 전체와 주변바다, 강까지 전체를 하나의 사이트로 보자는 거야.

손대표 (끄덕) 응 무슨 뜻인지 알아. 김현철 전망대가 뭐라고 생각해?

현철 남산타워나 육삼빌딩요. 거기밖에 못가봐서 흐흐

손 전망대는 무언가를 보기위한 프로그램이기 때문에 실질적 내부 프로그램보다는 전망대에서 볼 수 있는 것들이 더 중요하다는 얘기야. 옵저베이션이라는 단어 그대로 '보 / 는 / 거'그래서 전체를 놓고 큰 스케일에서 작게 내려가자는 거지.

지형 일단 뷰포인트를 컨셉으로 해서 접근해보자.

손 오케이. 그리고 전망대도 중요하지만 추모공원도 상당히 중요

할 것 같다. 어떻게 보면 두 개가 상충되는데 (남아 있는)

지형 (오버랩) 응 맞어. 아까 얘기했던 라빌레뗴 공원의 폴리도 이벤트가 주요컨셉이었던 것처럼 우리도 상충되는 여러프로그램을 이벤트로 해석해 진행하는 게 좋을 것 같아.

손 이벤트를 묶어 주는 건 '뷰'라는 거고?

지형 그렇지.

손 자아 전망대는 박대표 신혼여행 다녀와 답사부터 하고 다시 얘기하고 (앞에 놓인 서류 치우고 옆에 놓여 있던 설계 계획 문서 펼치며) 김성수씨 주택 진행사항 간단히 끝냅시다 나 현장에서 퇴근한다.(지형에게)

   [손대표 전화벨]

손 아 잠깐 실례.(와이셔츠 주머니에서 전화 꺼내며 일어나는) 겸사 겸사 나 화장실 볼일 좀 보고 올게.. (움직이며) 네 손석홉니다아아… (지형 잠깐 힐끗 돌아보며) 네..

S# 사무실 밖

손 (나오며) 네 어머니 안녕하세요..찾아뵙지도 못하고 죄송합니다. ??…네…무슨..

S# 근처 카페

   [마주 앉아 있는 손석호 대표와 수정]

손 (난감해서 커피 잔 내려다보며)……

수정 ……(조용히 보며)……(있다가) 본적 있어?

손 아뇨 보지는 못했어요.

수정 뭐하는 아이야..

손 출판사 다니는 걸로 알고 있어요..신춘문예 당선작가구요..

수정　어느 출판산데....이름은...

손　어머니 지형이한테 제 입장이..

수정　내 자식이지만 무책임하기 짝이 없는 녀석이야. 사랑이 없어도 여자가 원하면 해야 해. 왜냐면 그동안 정혼자로 함께 보낸 세월이 있으니까. 이제와서 나는 아니다 발빼 저쪽에 치명적인 상철 주는 건 / 사람이 할짓이 아니야..

손　(시선 내리며)..

수정　손대표는 이게 온당한 짓이라고 생각해?

손　(보며 아니죠) 너무 늦었죠 어머니..

수정　그렇지?

손　(시선 내리며) 네..

수정　안 도와줄래?

손　....(시선 내린 채)

S# 서연의 사무실

　　[편집장 서연의 자리까지 와서 프린트된 30여 장 종이 흔들며 열 내는 중]

편집장　작년 여름 방학부터 지금까지 일년이 넘었는데 아직까지 번역을 못 끝냈다는 게 말이 돼? 10년씩이나 미국 유학 폼으로 한 거야? 그리고 (원고 뭉치 책상에 던지며) 번역은 이게 뭐야. 번역은 영어보다 더 중요한 게 한국말실력인데 한국어도 안되는 주제에 번역우습게 보고 덤빈 거잖아 이거. 박교수는 도대체 왜 이런 진상을 소개시켜준 거야.

서연　.....

편집　박교수 전화번호 나한테 좀 찍어줘요. (뒷목 잡고 나가는) 항의

해야겠어. 어으으으

서연   ....(던지고 간 번역 원고 가지런히)

선주   (제 자리에서) 번역이 어떻길래 그렇게 엉망이에요?

서연   (원고 한옆으로) 굿모니잉 하면 좋은 아치임으로밖에 번역이 안
되는 사람이에요.

소희   독자들이 다 바보등신들인 줄 아나부죠.

서연   1교 보는 중인데 거의 다시 쓰다시피하는 중이었어. 굿모닝을
좋은아침으로 했을 때부터 이건 아니다 싶었어. 디사이드의 과거
형같은 건 무조건 결정했다구. 그런 번역을 누가 못해. 이 사람은 책
도 안읽나봐. (하는데)

편집   (문 펄쩍 열며) 전화번호 빨리 안찍어주고 뭐해?

서연   (깜짝) 아 네 부장님. (핸드폰에서 번호 찾는)

편집   이 서연씨 번역 계약서 찾아 내 책상에 갖다 놔..번역일정 안지
키고 원서에 개칠한 책임 물어야지.이런 무책임한 인간들한텐 단
단히 손해 배상을 받아야해 (문 닫는)

인영   (제 자리에서) 오늘 하루 피곤하겠다아아.

소희   아참, 팀장님 아까 편집자서평 보냈냐고 전화왔던데요.

서연   (전화번호 전송 버튼 / 잊어버렸다) 아. 보냈어야 하는데. 마무리가
좀 필요해서....... 집 컴퓨터에.. 아 아니다... (뭔가 생각났다 / 수첩 메모
들춰 보면 / 편집자 서평 마무리 / USB 보관 / 유에스비 두 번째 포켓에 /)

서연   (핸드백 뒤져 USB 꺼내 컴퓨터에 꽂으며)…

S# 미팅실

지형   (들어서며) 뭐야..화장실 볼일 보러 나간채 어디로 샜던 거야.
무슨 일야

손   (먼저 들어가 있다가) 우리가 친구긴 한 거냐? 파트너긴 한 거야? 너 결혼 깽판쳤다면서. 그럴려구 그렇게 정신 반 나간 놈처럼 굴었던 거야? (조용히 / 성을 내는 건 아니고)

지형   어떻게 알았어

손   어머니 오셨었어. 서연씨 보셔야겠다 그러셔서 알려드렸어.

지형   그 사람 모르고 있는 일이야. 왜 니맘대로 알려드려. (낭패해서 좀 화내는)

손   너는 왜 단 오초짜리 예고편도 없이 엎었는데‥그래 놓고 이 시간까지 입다물고 있는 너는 뭐야. 우리 직원들 모두 헛걸음시킬 작정인 거야?

지형   퇴근 전에 얘기할 참이었어.

손   생각바꿔. 18세기냐? 연애와 결혼 분리도 못해? 처가 경제력 무시못하는 보너스야. 돈 벌어야한다는 압박 때문에 싫은 일도 해야하는 구차한 짓 안해도 되잖아. 결혼 앞두고 도살장 끌여들어갈 날 받아논 놈처럼 굴길래 그따위 결혼 왜 하냐소린 했지만 너 그거 때려치라 소리였는줄 알아?

지형   (오버랩) 됐다. 끝난 일이야 (나가려)

손   사랑에 목숨거는 거 촌스런 짓야 임마.

지형   (돌아보며) 사기꾼 보다는 촌스런 게 낫다‥

S# 편집실

서연   (서평 마무리하고 있는)…

    [구내 전화 울리는 /]

서연   ‥‥(미처 못 느끼고)‥‥‥

    [전화 좀 더 울리고]

모두 (한 번씩 돌아보는데)

소희 (와서 전화 들어 서연 귀에)

서연 ??

소희 (웃고 제 자리로)

서연 네 이서연입니다….(기다렸다가 듣고 굳어버리는)……

S# 화장실

서연 (언 감자 같은 얼굴로 들어와 휴대용 칫솔 치약 꺼내 칫솔질 시작하
며 거울 속에 제 얼굴 보는) ……

S# 지형 복도

소희 F 팀장님 자리 잠깐 비우셨는데요.. 누구시라고 전해드릴까요?

지형 아니 됐습니다. 감사합니다.(끊고 전화기 내려다보며)……

S# 로비

서연 (나오고 있다)

수정 (경비 근처에서 기다리고 있는….경비가 가리켜주는 쪽으로 돌아서
보고)

서연 ….(잠깐 걸음 멈추고 보는)

서연 ….(또박또박 수정 앞으로)

수정 ….(보며)….

서연 ….(수정 쪽으로)

수정 ….(보며)

서연 (다가와 목례하는)

수정 …(시선 떼지 못하면서) 나..한 삼십분쯤 시간 좀 줬으면

서연 네..

수정 ….(보며)

342

서연　제가 모실까요?

수정　그래줘요··난 여기 잘 모르니까···

S# 카페

　[서연 앞서고 수정 뒤따라 들어오는 /]

서연　(빈자리 옆에 멈춰 서고··안 보는 채)

수정　(조용히 앉으며 핸드백 옆자리에)····(놓고 서연 보는) 앉아요··

서연　(가볍게 목례하는 듯하며 앉는다)···

수정　·····(보며)····

서연　(시선 내리고 있다 들며 조금 웃는 듯) 차는···

수정　어 나는 에스프레소 더블. 서연씨는?

서연　??(이름 불리고 잠깐 보고 종업원에게) 아메리칸요.(대답하고 아
　웃되고)

수정　(서연에게 시선)

서연　(물컵 집으며) 사진으로 뵌적있어요··(보며) 그런데 어떻게···무슨
　일이신지.

수정　내일 지형이 결혼식인 거··아나요? (혹시 그것도 모르고 있는가)

서연　···아 네··압니다··

수정　그럼···결혼식 취소되게 생긴 것도·····(아들이 서연이는 모르는
　일이라고 했지만) 알겠군요

서연　????

수정　몰랐어요?

서연　몰랐습니다··

수정　····(보며)

서연　죄송합니다 그런데 ·····저때문인가요? 제 문제가··저를 그쪽에

서 알았나요?

수정 저쪽은 아직 몰라요. 지형이가 사랑없는 결혼 못하겠다고 판을 뒤집었어요··서연씨 때문인 건 맞구요. 그런데 그럼 아무 의논도 언질도 없이 저혼자 그랬다는 얘기에요?··

서연 (보며) 전 모르는 / 저희는 한달 전 쯤 정리했어요. 그 후 / 본적도 통화도 없다가 다른 일로 사촌오빠랑 한자리에서 잠깐 / 며칠 전에 / 그게 다에요. 저는 / 결혼을 욕심낸 적 없습니다. 처음부터 결혼할 사람 따로 있는 거 알고 시작했고 결혼날짜 나왔다는 얘기 들은 날 바로 그날 우리는 끝냈습니다. 그게 다에요 어머님.

수정 서연씨 말이 다 사실이래도 우리 혼사는 어쨌든 서연씨가 망가트리는 거죠··

서연 무슨 말씀인지 압니다만 저는 하늘에 맹세하는데 그걸 원한 적이 없었어요.

수정 (오버랩) 정혼자 있는 아이와 왜 / 그러지 말지···(보며) 이게 무슨 못할 짓인가···

서연 ······(가만히 보는)···

수정 비난하거나 책임 물으려 보자 그런 거 아니에요. 어떻게 해서든 그런 불상사는 막아야겠어서요.

서연 (시선 내리며) 네···

[커피가 와서 놓여지고/·····사이····]

S# 출판사 로비

서연 (고개 좀 숙이고 들어오면서)·····(멈추고 전화 꺼내 단축 버튼 누르면)

[전원이 꺼져 있어]

서연 (끊고 움직이는)····

344

S# 운전하고 이동 중 수정

서연 E 결혼을 욕심낸 적 없습니다. 처음부터 결혼할 사람 따로 있
는 거 알고 시작했고 결혼날짜 나왔다는 얘기 들은 날 바로 그날 우
리는 끝냈습니다. 그게 다예요 어머님.(사이 좀 두었다가)

지형 E 하늘이 무너져도요 엄마··절 설득하실 수 없어요. 그만하세
요····(쉽지 않을 것 같은 느낌)

S# 편집실

서연 (물컵 들고 와 의자에 앉아서 핸드백 뒤져 약 꺼내 삼키고 두 손으로
머리 양쪽 손바닥으로 깍깍 두어 번 누르는)······

소희 팀장님 편집자 서평 독촉 또 왔었어요

서연 알았어 소희씨. 금방 보낼 거야.

편집장 번역 계약서 어딨어 이팀장!!

서연 아 네··잠깐요 금방요··(맨 아래 서랍에서 파일 철 꺼내 서두는)

S# 보험사 미팅실

[프로텍션 캠페인 관련 / 노트북과 연결된 화면 벽에 떠 있고 /]

[재민 / 홍보부 직원 / 시니어 매니저 몇 명 (설계사들의 우두머리 격)
앉아 있고 각자 프린트물 앞에 놓고 / 자유로운 미팅 분위기]

재민 (화면은 벽에 따로 떠 있고 앉아서 설명 중) 생명보험협회 통계자
료에 따르면, 한국인은 가족당 평균 4개 이상의 보험에 가입돼 있
는데 실제 평균 보장금액은 5600만원입니다. 이 금액은 가장이 사
망하거나 암에 걸렸을 경우, 생활자금으로는 충분치 못한 것에 착
안해 이번에 출시한 것이 바로 이 상품입니다.(노트북 조작하면 / 화
면 다음으로 넘어가고) 사망보장에 대한 기능은 강화하면서, 동시
에 저렴한 보험료로 암이나 치매, 중대질병까지 특약으로 넣어 한

꺼번에 보장받을 수 있도록 만든 것이

　　[자유롭게 서로 주고받는 미팅 분위기 위에]

서연　E (메시지 소리) 그 사람이 결혼 취소했대. 돌았나봐. 어머니 나
　　한테 오셔서 도와달라시는데 / 난 만나고 싶지 않아. 전화 왜 안받
　　아. 머리가 너무 아파‥일찍 퇴근할래.

S#　미팅실에서 나오며 핸드폰 살리는 / 적당히 인사하며 흩어지고

재민　(걸으며 메시지 열어보는 / 딱 걸음 멈추고 보는)‥‥‥(잠시 사이 두었
　　다가)

서연　E 난 진심 / 절대로 죽어도 나 이유로 그 사람 바보짓 하는 거
　　원치 않아‥ 어리석게 굴지 말고 결혼하라구. 못 알아들으면 알아
　　들을때까지 패줘. 내가 그러랬다구. 부탁해.

재민　‥‥‥(전화 내리면서)‥‥‥(이 자식 사고 쳤다)‥‥‥

S#　버스 정류장으로 움직이고 있는 서연

수정　E ‥‥‥(오가는 사람들과 아무 상관없이 제 목표 향해 느리지 않은 걸
　　음 속도 / 사이 좀 두었다가) 미리 진즉 알았으면 / 내 아들 이해하고 내
　　아들 원하는대로 만들어주려 노력했을 수도 있어요. 그런데 이 상
　　황에서는 그럴 수가 없어요‥‥남자 여자 나 / 모르지 않아요. 정리라
　　는 게 한 단어 두 글자지만 / 그렇게 간단할 수 없는 것도 알아요. ‥‥
　　우리는 방법이 없어요‥

서연　‥‥‥(버스 정류장에 서는)‥‥‥(멍하니)

수정　E 그런데 이게 무슨 / 왜 나는 서연씨가 열쇠라는 생각이 들까…
　　이렇게 만나보니 더더욱 그런 생각이 드네요‥

서연　‥‥‥

수정　E 다른 거 다 접어두고 우리집 부자관계 때문에라도 이 결혼

346

은 꼭 해야해요. 작가라서 그런지 이렇게 잠깐 봐도 평범치는 않은 것 같은데..

S# 방금 전 카페

수정　(연결) 인간에 대한 이해의 깊이도 남다르지 않겠어요? 지형이 …우리한테 돌려보내줘요..부탁해요..

서연　저는…아직 작가랄 수도 없고…그 사람 어리석은 짓 제 의사와 아무 상관없는 일입니다만…알겠습니다. 알아들었습니다.

S# 버스 정류장

서연　……

서연　E 죄송합니다.(버스가 와서 서고 문득 정신 차려 버스로 움직이는)

S# 버스 안

서연　……(머엉하니/)……

　　　　[메시지 신호음]

서연　….(한 손에 쥐고 있던 전화기 열어보는)

재민　E 알았다. 들어가 쉬어.

서연　….(문자판 내려다보며)….

S# 빵집

명희　(반색 / 계산대 쪽에서 나오면서) 어머어 오랜만이시네요. 왜 그렇게 토옹 안 들리셨어요? 즈이가 뭐 잘못한 거 있어요?

손님　아니 아니에요 이사가서 정신 없었어요.

명희　어머 그래 이사가신다 그랬다. 어디 판교라 그러셨나?

여자　네..

손님　오늘이 딱 한달되는 날이에요 친구 만나러 왔다가 들렀어요.

명희　그러셨구나아 이쪽으로 오시면 꼭 들리세요 이렇게 반가운데

호호호.

손님　호호 그래요. 나 빵 고를게.

명희　네네 천천히 고르세요.(재빨리 쟁반과 집게 갖고 오며) 좋아하시는 라떼 한잔 드릴테니 잠깐 앉았다 가세요.

손님　아우 아니에요. 집에가 할 일 많아요. 서둘러야해요.

명희　이사간 집은 마음에 드세요? (하는데)

서연　(들어오는)

명희　(돌아보고) 퇴근이 좀 이르다? 아파서?

서연　응 좀. 찹쌀 꽈배기 좀 남은 거 있어?

명희　(고개 틀어 체크) 몇개 있네··

서연　(쟁반과 집게 쪽으로) 그게 빨리 떨어지는 거 같애서··

명희　그래 비교적··인기가 좋거든··

서연　(쟁반과 집게 들고 움직이며) 고로께도 먹고 싶다··

명희　먹고싶은 거 찾으면 다 아팠다

서연　응···(빵 집으며) 형부는?

명희　아으 다섯시만 넘으면 그냥 주리를 틀잖니. 게임 두판 하구 들어온댔는데 내가 악써야 들어오지 얘. 늙은 아들 어린 아들 징그러워 죽겠다

서연　(웃어주고 빵 담는 / 세 개씩)

S# 편의점

동철　(주간 신문과 얇은 잡지 매대 앞에 서서 책장 넘기며) 우웅 확실히 우리 집 보다는 한가하긴 한데 그런데 이렇게 손님없어서 이집 주인 어디 밥 먹구 살겠어? 가게 넘긴다 소리 나오는 거 아냐?

문권　(물건 정리하면서) 자형 오시기 직전까지 꾸주운하게 손님 받

았어요. 잠깐 비는 거에요.(표 안 나게 응대하지만 아무래도 누나 때문에 조금은 무거운)

동철 뭐냐. 나 나타나고부터 손님 씨가 말했다는 건 내가 재수가 없단 거야?

문권 그런 뜻 아니에요.(문소리에 돌아보고 어 하는 얼굴)

동철 어 처제‥

서연 (들어서며) 언니가 형부 게임방일거라든데 여기에요?

동철 아 오늘 컨디션이 영 안 좋아 시작하다 말았어. 컨디션 안 따라주는 날은 죽어라 안되거든. 우리 집 바뻐?

서연 아니 뭐 그냥....문권아 우유 두 개만.

문권 네에‥(우유 두 개 갖고 와 봉지에 넣어주고)

서연 몇시까지야?

문권 열시요.

서연 저녁 어떡할래.

문권 도시락 남은 거 먹음 돼요.

서연 그럼 밥 안해. 난 빵 먹을 거야 / (빵 봉지 들어 보이며)

문권 에에‥

S# 서연의 주방 거실

서연 (우유 팩 열어놓고 볼이 미어지게 빵 먹고 있는 / 입이 가득한 채 우유 조금)

서연 E 꽈배기좀 실컷 / 고로께좀 실컷컷 / 우유좀 실컷 / 그런 날들이 있었다‥아니 많았다‥고모한테 사달랄 수 없어서 참았었고 내가 사먹을 수 있게 되고는 먹고 싶은데 못먹었던 오기때문인지 더 이상 먹고 싶지가 않았었다. 그런데 버스에서 내리면서 갑자기

....참을 수 없이 먹고 싶어졌다·· (입 가득이 씹으며) 씹는 것 / 삼키는 것도 잊어버린다는 게 정말일까. 옷내리는 걸 잊어먹고 변기가 뭔지 몰라 멍하게 있다가 그냥 싸버린다는 게 사실일까······박지형은 돌아서 결혼을 깼다 그러는데 (울컥 울음 차오르며) 나는 아무 것도 생각하기가 싫다. 너무 피곤하다.

S# 서연의 거실

서연   (컴퓨터 켜놓고 책상에 팔꿈치 / 두 손목으로 머리 받치고 소리 죽여 찢어지게 우는)···

S# 향기의 화장실

향기   (변기 앞에 쪼그리고 앉아 정모가 주는 물로 입 헹구면서 작게 소리 내 우는) <u>ㅇㅇㅇㅇ ㅇㅇㅇㅇ</u> (정모는 딱해 죽겠고)···(다시 내밀어지는 컵 밀어내며 / 울음 수습하며 힘들게 일어나다가 비틀 쓰러질 뻔 / 정모 냉큼 잡아주고) <u>ㅇㅇㅇㅇ ㅇㅇㅇㅇ</u>

S# 주방 식당

[무겁게 저녁 먹고 있는 부부]

홍길   (갑자기) 이게 무슨 빌어먹을 이런 일이 있어 엉? 집안 관릴 어떻게 하구 있었던 거야 / 그건 당신 소임이잖아.

현아   내가 박원장네 관리까지 해?

홍길   그게 아니라 어떻게 내 꼬리 잡는 건 백단이면서 왜 그렇게 깜깜절벽이었냐 말야. /

현아   내가 왜 그 자식 곱게 안봤는데··향기한테 하는 게 뭔가 수상쩍었단 말야. 향기년이 미련방탱이었던 거지 나는 알구 있었어.

홍길   알기는 콧구멍같이.

현아   지 엄마두 지 자식 그런 걸 모르구 있었는데 내가 어떻게 남의 자식 고잔걸 아냐.

홍길   ??

현아   뭘 놀래. 등신같이 왜 고스란히 당해. 고자래두 만들어 놔야지.

홍길   아니 그건

현아   (오버랩) 여엉원히 장가 못가게 만들어놀 거야. 앞에 남은 내 인생 몽땅 다 걸어서라두 그 자식 평생 장가못가게 막을 거야.

홍길   입 조심해..(뒤돌아보며) 누가 알아? 이 자식 오늘 밤 지나면서 무릎꿇을지. 지 아버지 엄마가 가만 놔두겠어?

현아   나는 포기야. 애녀석 보면 몰라? 이 시간까지 조용한 거 보면 몰라? 잘못했어 그냥. 손 댄 김에 코래도 물어 뜯어놀 걸.

홍길   ??손 댔어? (하는데 정모 들어오면서)

정모   아무래도 사모님..아가씨 병원가야겠어요..

홍길   또 토했어요?

정모   예에에..어지러운가봐요..비틀거려요.

홍길   에에이 입원시키자니까아아 (차고 일어나며)

현아   지가 싫다는데 (남아 있다)

홍길   (오버랩) 쟤가 지금 제정신이야?

현아   입원까지 하는 거 너무 자존심 상해. /

홍길   아무데나 자존심이야? (버럭)

현아   신랑놈 고자라 뒤집어지는 것도 챙피해죽겠는데

정모   ??

현아   E 쇼크 먹어 입원까지 무슨 망신이야.

홍길   시끄러..빨리 옷 입어 일어나.(하며 나가려다 정모 돌아보며) 아주머니. 우리 집 얘기 담밖으로 나가면 그날로 끝이에요.

정모 아유 네에 회장님 염려 마세요.

홍길 안 일어나?

현아 (먹으며) 당장 안 죽어. 어제부터 먹은 밥알 세래도 셀수 있어 탈진은 나도야..

홍길 (인상 쓰고)..

S# 지형 회사 주차장이거나 현관 앞(밤)

재민 서연이 말 고대로 전한다. 너 돌았단다..걔는 저를 이유로 너 바보짓 하는 거 절대 원치 않는대. 못 알아들으면 알아들을 때까지 패주래....듣고 있냐?..

지형 그래.

재민 무슨 경솔한 짓이야..서연이가 너 받아줄 거 같아? 걔를 그렇게 몰라?

지형 (오버랩 / 딱딱하게 사무적으로) 받아주고 안 받아주고까지 생각 안했어. 단순해. 결혼할 수 없었어.

재민 (안타까워) 이럴 만큼 절실했던 거라면 너 임마 서연이 아프기 전에 뭔가 했어야했어. 뒤늦게 이제와서 뭐야. 너 구세주 콤플렉스냐? 서연인 내가 맡아. 우리 집 식구들 있어. 서연이 너한테 안 맡겨.

지형 (보며 차분하게) 이 자식아 어떻게 상관없이 결혼하란 거야 어떻게 모른 척 하라는 거야. 너 할 말 내가 대신한다 / 부모님께 불효 / 알아. 한 여자 비인간적 배신. 알아. 맞아. 알면서 결정했어. 왜 이래야 하냐구. 누구도 서연이와 바꿀 사람 없으니까.

재민 너 할려고 했었잖아.

지형 그랬지. 서연이는 강인하고 독립적인 아이니까.. 어떻게 하고 있나 중간중간 체크하면서 그리우면 그리워하고 축하할 일 있으

352

면 나혼자 축하하면서 살려고 했지. 그렇게 쓸쓸한 관심도 나쁘지
않다고 생각했어.

재민 (오버랩) 니 인생을 생각해··(조용히)

지형 ....(보며)

재민 6개월 일년 시한부 아냐. 5년에서 칠년 경우에 따라서는 십년
이 넘을 수도 있단다. 짧은 기간 아니고 예삿일 아냐··

지형 알아.

재민 (오버랩) 로맨틱드라마 아니야.

지형 (보며) 위선이라 소리는 안하니?

재민 지형아.

지형 마무리할 일 있다··가라··(들어가버리고)

재민 ....(보며)

S# 서연의 침실

서연 (침대에 걸터앉아서)·······

S# 지형의 사무실

지형 (다 퇴근하고 혼자)····(의자에 앉아)·······(꼼짝도 안 하고 가만히)······

S# VIP 입원실

[향기 곯아떨어져 잠들어 있고 간호사 링거 병 바꿔 달고 있다]

창주 (퇴근했다가 불려 들어온)·······(향기 보는)

홍길 (입 꾸우욱 다물고 딸 보는)····

현아 (소파에 와인 따라 마시고 있는)······(아마 딴 방이지 않을까··터져 있
기는 하지만)

홍길 어제 오늘 아무 것도 못먹고 물 한 컵 먹으면 두컵 토하고 / 잠
은 잤겠어? 우리도 제대로 못잤는데··

창주 ....

홍길 아까 저 사람 수정씨하구 통화하던데…아직은 달라진 거 없다면서.. (수군수군)

창주 집 사람이 할 수 있는 건 다 하고 있어.

홍길 할수있는 거뭐.

창주 친구도 동원하고….

현아 아니꼽고 치사해서 정말. 그렇게까지 비두발괄 애원애원해가면서까지 이걸 꼭 해야해? 우리가 뭐 약점잡힌 거 있어? 부도막을 돈줄 잡아야해?

홍길 애 자..조용해.

현아 싫으면 말라구. 나도 더 이상은 못참아. 깨/깹시다. 그 자식 아니면 뭐 처녀로 늙혀죽일까봐?

홍길 지금 안깨두 넬 네시 직전까지 수십번 깰 수 있어. 수습할 수 있으면 수습을 해야지 감정으로 그러지 마 글쎄.

현아 지 엄마한테 애 입원했단 소리 들었을텐데 나타나지도 않는 것 좀 봐. 이런 망할자식이 있어?

창주 저기…그망할 놈이 우리 전화를 안 받아요.

현아 난 더 이상 기대 안해요. 접었어요. 명예훼손 손배소 / 정신적 / 물질적 피해보상 전부다 엮을테니까 그런 줄 아세요.(해붙이고 밖으로 나가는)

홍길 후·우·우·우·우·····

창주 ·····(죄인이고)

S# 지형 사무실

지형 (뭔가 설계 작업하고 있는 중)····(그 위에)

[문자 메시지 신호음]

수정　E 아들녀석한테 통화거부당하고 문자 찍으며 이렇게 괘씸할 수가 없구나. 이서연이라는 아이 만나 정리했었다는 니말 사실이었던 거 확인했고 니가 왜 그애를 잃고싶지 않은지도 알 것 같았다. 그렇지만 향기모르게 딴짓한 것도 큰 잘못인데 너좋자고 아예 무자비한 짓을 하겠다는 (지형 책상으로 움직여 와 메시지 열어보는 / 수정은 연결) 네 미운 이기심은 참으로 절망스럽구나. 네 아버지와 나는 아직도 희망을 버리지 않았다.

지형　(메시지 닫아서 테이블에 놓으려는데)

　　　[다시 들어오는 신호음. 집어서 열고 보는]

수정　E 향기가 결국은 입원했단다‥

지형　‥‥‥

수정　E 심호흡 몇 번 하면서 네 욕심 내려놓고 향기한테 가렴. 너를 그토록이나 원하는 향기가 애처롭지도 않니?

지형　‥(전화 내려다보면서)‥‥‥(있다가 의자 빼 앉으며 열어놓아져 있던 물병 집어 벌컥벌컥 마시는)‥‥‥(병 내리고)‥(한동안 있다가 전원 끄려 하는데)

　　　[다시 들어오는 메시지]

서연　E 나 이서연. 오피스텔로 가고 있어.

지형　(벌떡 일어나 정신없이 상의 떼어들고 뛰쳐나가는)

S# 계단 뛰어 내려오는 지형

서연　어디 있어‥기다릴께‥

S# 주차장

　　　[급히 출발하는 지형의 자동차]

S# 오피스텔 현관 앞

[택시가 와서 멎고 서연 내리는데 곧이어 지형의 차 와서 멎으며]

지형　(운전대에서 급히 내려 움직이며) 서연아..

서연　(현관으로 향하다 돌아보는)

지형　(서연에게 가 덮어놓고 손잡고 빠른 걸음으로 자동차 조수석으로 태우는)....

서연　....(순하게)

[지하 주차장으로 출발하는 지형의 자동차]

S# 서연 아파트 앞

문권　(주머니에 두 손 찌르고 걸음은 빠르게 들어오고 있는 중)..(현관으로 들어가려는데 마주 나오는)

재민　...어..

문권　오셨어요?

재민　누나 아직 안 들어왔니?

문권　아뇨 아까아까 딴날 보다 일찍 들어왔는데요..없어요? 전화 안 받아요?

재민　어 배터리가 끝났어..

문권　(제 전화 꺼내는데)

재민　놔둬라. 자는 거 같으면 굳이 깨울 거 없어..내일 보지 뭐. 들어가라..

문권　네...(움직이는 형 보며)....

S# 서연 아파트 거실

문권　(들어와 침실 잠깐 보고 냉장고 쪽으로 / 보면 냉장고에 붙어 있는 메모 / 목욕가. 늦어도 신경 쓰지 마.)

문권　E　(전화 꺼내 걸려다 아 전화 죽었댔지 하고 문자로) 누나 목욕갔

어요.

S#　지하 주차장 승강기 안

지형　(서연 끌어 들이고 한 손은 잡은 채 버튼 누르고 승강기 문 닫히고)

…(문 닫히면서 마주 서며)……(보는)

서연　……(그저 담담히 조용히 보는)

지형　어머니‥손대표한테 알아내셨대.

서연　아무래도 상관없어‥

지형　‥험한 말씀은 안하셨지.

서연　(고개 흔들며) 참 훌륭한 어머닐 가졌더라…부러워 죽는 줄 알

았어…(억지로 웃는 듯)

지형　(당겨 안으며 이마에 이마 붙이는)……

서연　(이마 붙여진 채) 재민오빠…연락안했어?

지형　(이마 떼고 숫자판 올려다보며) 회사로 왔었어‥

서연　(문짝 보며) 패주라 그랬는데…(돌아보며) 못패줬나보네‥

지형　말은 했어 니가 그러랬다구‥(안 보는 채)

서연　연락이 안돼…전원 꺼 놓고 아마…다른 중요한 자리 가 있나봐‥

지형　……(숫자판 올려다보며)

서연　몇시쯤이었어?

지형　(돌아보며) 여덟시? 정확하지 않아‥

서연　……내가 성가셔졌나?‥(안 보는 채 혼잣소리)

지형　(보며)

S#　복도 /

[열리는 승강기 문 / 서연 한 손 잡고 내려 긴 복도로 끝을 향해서 걷는

두 사람]

S# 오피스텔 안

지형   (들어서며 바로 서연을 푸욱 싸안는다)

서연   ·····(저항 없이 마주 안아주고)

   [그 상태로 한동안····한동안 / 한동안···]

지형   (서연 풀어주며 불 켜고 상의 벗어 적당히 놓는 동작 연결해 세면실 쪽으로) 간단히 씻고 나올게. 커피 좀 내려 놔 줘··

서연   그래 알았어··

   [지형 세면실로 서연 커피 만드는 쪽으로]

   E 바로 들리는 물소리

서연   (원두 소형 그라인더에 반쯤 채우고 갈기 시작 멈췄다 갈았다)

   E 드으윽···드으윽···

S# 세면실

   E 그라인더 소리·· 두세 번 더 들리는

지형   (멍하니 거울의 제 얼굴 보며 있다가 입 꾹 다물고 수전 틀어 손 씻기 시작)

S# 오피스텔··시간 경과

   [마주 앉아 커피 마시고 있는 두 사람··서로 안 보는 채]

서연   ········

지형   ········

두 연인   ······

서연   ···(시선 들어 보는)····

지형   (커피 마시며)

서연   나한테···아무 일 없었다면···아니 / ···나 아픈 거 몰랐다면 이런 소동 안 벌어졌을 거야..

지형 ....(보며)

서연 오빠한테 당신 부탁하고 몇시간 멍청한 머리로 생각했어..아
니 알아졌어. 그날...그 포장마차가 하필이면 김박사님도 한번씩
들리는 집이었고 바로 그날 그 시간에 맞부딪쳤던 그...재수없는
우연이 ...나한테 들러붙은 저주가 당신까지 끌어들이기 위한 거였
구나.

지형 .....(가만히 보며)

서연 오빠한테 넘기고 모른 척하기에는 너무 중요한 일인데 깨달아
져서 나 아직 이런 말 할수 있을 때 말해두고 싶어서 / 달려왔어..
나 있잖아.... 내가 당신 삶까지 삼켜버릴 수 없어. 이 말 꼭 기억해
줘..내가 당신 얼굴도 이름도 당신이 누군지도 모르는 멍청이로 이
세상에서 밀려난 뒤에도 꼭 기억하고 있어줘..당신 삶까지 망가뜨
릴 순 없어..

지형 서연아.

서연 (오버랩) 그건 내가 아는 사랑이 아니야..(일어나 커피포트로)
내가 아는 사랑은 내가 빠진 늪에 같이 끌어넣는 게 아니야.

지형 (보며) 내가 아는 사랑은 늪에 빠져 가라앉는 너와 상관없이 내
볼일 보는 게 아니야.

서연 .....(따르는)

지형 거부하지 마..내가 지켜줄게..

서연 (돌아보며) 알츠하이머...공부는 좀 했니?

지형 대략은 알아..

서연 (조금 오르며) 나는 점점점점 내가 아닌 게 돼간대. 내가 사라져

간단 말야‥

지형 그래도 너는 너야‥죽어도 / 숨이 멈춰도 너는 너야.

서연 당신이 나라면 얼싸 좋다 두팔벌려 환영해 같이 죽자 그러겠니?

지형 니가 나라면 하늘이 도와 용케 피했다 뒤도 안 돌아보고 도망 칠래?

서연 ……(보며)

지형 …‥(보며)

서연 (한 모금 마시고 내리며) 난 그래‥난 도망쳐‥미쳤니? 똥싸고 오 줌싸고 침질질 흘리는 치매한테 내 인생 적선하게?

지형 (일어나 냉장고로) 알았어 너는 너 나는 나야. (물병 하나 꺼내고 문 닫으며) 적선?

서연 (보며)…‥

지형 (돌아서 보며) 적선이라구?

서연 (작정하고) 적선 / 동정 / 연민 / 위선 / 자기미화 / 자기도취 / 웃 기는 교만 / 유치한 객기 /

지형 …‥(보며)

서연 …‥(보며)

지형 (나직이) 이렇게 독한데…이렇게 고약한데‥‥ 아프다는 게 정말 일까??

서연 (보며) 요세프 브로드스키 / 클로드 시몽 / 야로슬라프 세이페 르트 / 윌리엄 골딩 / ‥아직 이래도 나 알아‥나는 고장나고 있어…

지형 …‥

　　[서로 보고 있는 두 사람‥‥에서]

제8회

S# 서연 빌라 거실 주방(아침 8시경)

    [음악 잔잔하게]

서연 (아침상 차리고 있는 중)‥‥(차분하게 / 중얼거리는) 내가 그의 이름을 불러준 것처럼 / 나의 이 빛깔과 향기에 알맞은 / 누가 나의 이름을 불러다오 그에게로 가서 나도 그의 꽃이 되고 싶다‥(문권 젖은 머리 닦으며 욕실에서 나오며 중얼거리는 누나 보는)‥우리들은 모두 무엇이 되고싶다. 나는 너에게 너는 나에게 / 잊혀지지 않는 하나의 의미가 되고 싶다‥‥(식탁 위 머그잔 집어 한 모금 놓으며) 몇시부터야?

문권 여덜시부터.

서연 (국 뜨러)‥‥‥(국 두 그릇 뜨는)

문권 ‥‥‥(보며)‥‥‥

서연 (국 그릇 갖다놓는)

문권 (국 보며) 북어국이네.

서연 어제 아침에 고모가‥ 먹자‥(수저 들고)

문권 (수저 들며) 목욕탕에서 잤어요?

서연   (보는)

문권   한시 다 돼서 들어오는 소리 나든데?

서연   천천히 했어…

문권   재민이 형 왔다갔어.

서연   (잠깐 보고)

문권   배터리 떨어져 전화 못했대요··자는 줄 알구 그냥 두라고···나
   들어오다 만났거든.

서연   응··

   [현관 초인종]

문권   네에에. 누구세요오오

재민   E 어 문권아··

문권   (벌떡 일어나 현관으로)

   [재민 들어오고]

문권   (꾸벅)

재민   (들어서며) 아침 중이구나. 먹어··

서연   (일어나 있다가) 운동 나가는 게 늦었네··아침은··

재민   먹었지 이 시간에 엄마가 그냥 내보내시겠니?

서연   커피 줘?

재민   아냐 신경쓰지 마.(소파 쪽으로 움직이며)

   [남매 식탁 의자에 앉는]

S#   지형의 거실

S#   주방

이모   (커피 머그잔에 드립으로 내리면서 침실 쪽 돌아보는)·····

S#   침실

수정 (옷은 평상복 / 화장대 의자에 앉아서 기다리는)........(아주 한참 만에) 어 손대표 나 지형이 엄마..이른 시간에 미안해..저기..우리 애 지금 어디 있는지 혹시 짐작가는 데라도 ...그래 안들어왔어..연결도 안되고...응....응......알았어 손대표...글쎄 말야 작은 속도 썩여본 적 없던 애가 이런 사골 치니 내가 아주 감당이 안되네..미안해. 그래..(끊는데)

이모 E 형부 들어오셨어요 언니..

수정 (일어나는)

S# 거실

수정 (나와 남편 쪽으로)

창주 (서서 심히 불쾌)

수정 그렇다고 했잖아. 사무실 / 오피스텔 / 뻔한데 있겠어?

창주 당신은.

수정 방금 손대표 통화했는데...모른대.

창주 그 애는. 그 출판사 다닌다는 애는.

수정 출근시간 전이야..토요일 휴무 많아서 통화가 될지 어떨지도 모르지만

창주 (오버랩) 무슨 사람이 그렇게 허술해. 이런 중대사안으로 만났으면 만에 하나 경울 대비해서라도 핸드폰 번호 따 놨어야하는 거 아냐. 어떻게 자기 번호만 주고 말아.

수정 내 것만 받고 말길래 자기 번호 주고 싶지 않은가보다 그러고 말았어. 빚쟁이도 아닌데 강요할 수 없잖아.

창주 이 상황에 무슨 그런 배려까지 해. 누구 때문에 이 사단이 났는데 (남아 있다)

수정 (오버랩) 얘기했잖아. 이 사단은 걔 때문이 아니라 지형이 저 혼자 저지른 일이라구.

창주 그걸 믿어? 어리버리한 놈 하나 물어 팔짜 고칠려는 거한테 물린 거란 말야. 이것들 지금 같이 있는 거라니까..

수정 …(보며)

창주 어쨌든 그 아이가 없었으면 이런 일 벌어질 수가 없는 거 아냐.

수정 남의 자식 탓하지 마. 친구 잘못 사겨 착한 내 아들 버렸다는 거랑 같아.

창주 정혼자 있는 놈과 사귄 게 옳다는 거야?

수정 정혼자 있으면서 딴 여자 사귄 녀석은 어떡하구.

창주 당신 지금 뭐하자는 거야. 눈 귀 코막고 멍하니 있다가 날벼락 맞게하고 당장 내가 당할 일이 뭔데 그 계집애 역성들어?

수정 자기 자식을 그렇게 몰라?

이모 (물컵 놓아주고)

창주 그렇게 잘 알아서 이꼴이야? 들어오는 시간 나가는 시간 다르고 나는 / 나는 그 녀석 얼굴 일주일에 삼십분도 못보고 산 사람이야. 누구 책임이야. 말귀도 제대로 못 알아들을 때부터 이해한다 존중한다 헛소리할 때부터가 이 따위 가당찮은 사고에 시발이었다구. 자식이 지 아버질 벼랑으로 몰아? 나 떨어져 처박히기 바라는 놈들이 한둘인줄 알아? 나 망가지면 기립박수 칠 인간들 수두룩 하단 말야. 여자한테 돌아 제 부모 팽개친 자식놈 때문에 내가 그런 수모를 당해야 해? 왜 / 내가 제놈한테 잘못한 게 뭔데!!

수정 제발 나나나나 당신 얘기만 하지 마. 걔 지금 이제 됐다 성공했다 어디서 그러구 있을 거 같아? 양쪽 집안 입장 / 향기 생각하다가 여기까지 왔던 애야..지금 걔 속은 어떨까도 잠깐 생각해줘..

창주 그걸 내가 왜 해!! 납쁜 자식. 어쨌든 전환 받아야 할 거 아냐. 이게 무슨 버르장머리야 도대체가!!

수정 그만 포기해 당신.

창주 ?? 강건너 불이야? 어떻게 그렇게 평온한 얼굴로 포기하래.

수정 어제 지 사무실 퇴근들 시키면서 결혼식 없다고 했대.

창주 ???

수정 우리가 할 일 아무 것도 없어, 포기해..

창주 어떻게 포기를 해애!!!

수정 포기할 수 밖에 없어.

창주 포기 소리 입밖에 내지 마. 한시까지는 시간 있어.

수정 시골서 올라오는 친척들한테는 미리 연락해줘야해. 허탕치게 할 수 없잖아.

이모 시골 친척들 아니래도 형부 어차피 취소해얄 상황이면 출발들 임박해서보다 미리 알리는 게 나아요.

창주 이제 여덜시야.(침실로 거칠게 들어가버리고)

이모 (침실 문 돌아보며 혼잣소리) 완전히 꿩새울고 날 샜는데 쯔쯔쯔 형부 딱해 큰일났네.

수정 (주방으로 움직이는)

이모 (따르며 혼잣소리) 감이 안 좋다구 했건만.

S# 주방

수정 (들어와 머그잔 하나 꺼내 놓는데)

　　　　[수정 전화벨]

수정 (보고 받고/이모는 드립으로 커피 뽑을 준비해놓고 물 주전자 스위

치 넣고) 응 나야. …아직…지 아버지가 사무실이랑 오피스텔 나갔
다 방금 전에 들어왔어··거기 있을 거라고 생각해서 나간 거 아냐.
답답하니까 뛰쳐나갔다 온 거지.

S# 현아 침실

현아 (서성거리면서 통화 / 홍길은 의자에서 뿌우우 아내 보고 있고) 우
리는 돌아버리겠는데 기껏 답답하다 소리 밖에 할 게 없니? …아 얘
미안하다 소리 하지 마. 미안이 뭐 말라죽은 미안이야. 미안으로 얼
버무릴 문제가 아냐 지금… 이거 우리 쓸데없는 힘 빼구 있는 거 아
니니? 행방불명인 놈 뭘 믿구 우리가 피말리면서 이러구 있는 거
냐구··

홍길 (오버랩) 아 좀 가만 서서 해. 정신 어지럽게 굴지 말구.

현아 (연결) 너 어떻게 생각해. 이눔 안 나타날 눔이지? 맞지?……야
니꼴 내꼴 아주 우우습게 됐다 엉? 이게 무슨 봉변이야 도대
체…(버럭) 미안하다 소리 하지 말라니까!!! 너 사람 죽여놓고 미안
하다 그러는 거랑 똑같아 지그음!! ··형 허허 잘난 거 쥐뿔도 없는
아들 세상에 없는 효자에 모범답안인줄 알고 으스대다 꼴 조오타.

S# 수정의 주방

수정 (오버랩) 그래 무슨 말을 해도 괜찮아. 내가 무슨 염치로 입을
벌리겠어. 너하고 싶은 말 다 해. ·····누가 이런 일을 상상하겠니. 나
도 마찬가지야.

S# 현아 침실

현아 야!! 넌 아들놈이구 난 딸년이야!! 사내자식 파혼하구 계집애
파혼이 같아? 그것도 결혼식 당일 파혼!! 이보다 더 최악이 어딨어
너어!!! 너 어떻게 보상할 거야. 우리 집 개망신 어떻게 보상할 거냐

366

구!!……너 왜 암말 안해‥상대하기 싫단 거야 뭐야‥

S# 수정의 주방

수정 보상할 방법이 없으니까 그래……그런데 어떡해. 다 큰 자식 결심을 어떻게 바꿔. 우리도 할만큼 했어‥우리가 소극적이었단 생각은 하지 말아줘.

S# 현아의 침실

현아 아이구우우우 얘 이 침착한 것 좀 봐. 얘한텐 이게 아무 일 아니라니까? 별일 아니라니까?

홍길 별일 아니라서 그러겠어. 잘못은 그쪽 자식이 저지른 거고 부모가 돼서 뭐 어쩌겠어. 같이 방방 뛰면서 죽일놈 살릴 놈 할 수도 없고 아 뭐 원래 수정씨는 격이 다르잖아.

현아 뭐야?

홍길 당신처럼 앞두 뒤도 안 보고 와악왁 내지르는 사람 아니잖아.

현아 앞뒤볼게 뭐있어 이 마당에. 앞뒤볼게 있어야 보지이!! (전화기 들이대며) 얘두 틀린 것 같다는데에!! 나타날 놈 아니라는데에에!!

홍길 아 귀 안 먹었어 소리 좀 지르지 마. 소리 안지르고는 말 못해? 나는 뭐 속편해 이러구 있는 줄 알어? 당신 혼자 딸이야? 나 애비 아니야?

현아 열시까지 기다리는 게 무의미한 거면 굳이 열시 채우는 거 코미디야. 비서실에 취소 시작하라 그러구 박원장네도 통고해. 이제는 그 자식 / 나타나도 꽝이라고 / 끝이라고.

홍길 열시까지 두고 보자 그랬으니까 그때까지는 (하는데)

　　[노크 소리]

현아 누구야.

정모   E 향기 아가씨 왔는데요. 사모님.

현아   ?? (남편 보는)

홍길   ?? (아내 보며) 이눔 나타났다 여보.

현아   ??? (부리나케 밖으로)

S#   거실

현아   (달려나와 향기 앞으로 움직이면서) 해?··하는 거야?

향기   (작은 입원 가방은 정모가 들고 올라가고 / 조금 웃는 거처럼) 아니
　　　엄마··못해··

현아   ····(보며)

홍길   ·····(보며)

향기   문자 왔어. 예식장에 안 나타날 거야.

현아   (부들부들) 주죽일놈.

향기   미안하다구.

현아   (버럭) 미안이면 다야?!! 그 집안은 미안이면 만사 해결이
　　　야?!!!

향기   엄마 그만 화 내세요··나 생각보다 괜찮아.

현아   ???

향기   완전히 끝났다 그러니까 오히려 훨씬 나아졌어··

현아   너 정신 말짱한 거야?

향기   아주머니 (또 한 도우미) 저 달걀 죽 좀 만들어 주세요··

여자   예 에에에 (주방으로)

향기   엄마 아빠 죄송해요··올라갈께요··(이 층으로)

부부   (딸 움직이는 것 보면서)····

현아   세상에 노홍길이 해결 못할 일 없다더니 이게 해결이야? (침실

로 문 꽈아앙 닫고 들어가는)

홍길 (아내 돌아보고 있다가 이 층 보는)

S# 향기의 방

향기 (핸드백에서 전화 꺼내들고 화장대 의자에 앉아 지형이가 아까 보낸 메시지 찾아보는)‥‥‥

　　　[자판과 함께]

지형 E 입원했다는 얘기 듣고 마음 아팠다‥ 너한테 일생의 상처가 될 일을 만들어줄 수밖에 없었던 나를 너도 이해해 주는 날이 오기를 기대한다‥하루빨리 수정처럼 맑고 투명한 향기의 웃음을 되찾기 바래. 정말 말할 수 없이 미안하다.

향기 ‥‥‥(내려다보며 가만히)‥‥‥

S# 거실

홍길 (집 전화로)향기한테 문자 메시지 왔단다 박원장. 이쯤으로 그만 손들자. 양쪽 초대장 발송 우리가 한꺼번에 했고 비서실 올스탠바이 시켜놨으니까 취소연락 창구 하나로 통일하자.(딱딱하기는 하지만 흥분 상태는 아니다) 비서실 연락만으로는 결례다 그런덴 직접 한번 더 하든지 알아서 하고‥‥‥시간 끌어봤자야 엉?

S# 창주 서재

창주 알았어…후우우우 노회장한테 계산해 갚을 수 없는 평생의 빚을 졌는데 이런 실수까지 하고…정말 면목이 없어. 품안에 자식이란 말이 이렇게 실감날 수 없네‥나는 이 자식이 이런 정신나간 짓을 할 줄은 정말 / 정말 몰랐어.

S# 홍길 거실

홍길 뭐 평양감사도 저 싫으면 그만인데 어째. 그건 그렇고 그래도

연락 안 닿아 식장으로 오는 손님도 예상해야하는데 어떡해. 박원
장하구 나하구 현장에 같이 나가 정식으로 마무리해야 하는 거 아
냐?‥무슨 불상놈 집안도 아니구

S# 창주 서재

창주　그래‥그렇게 해야겠지‥그래‥‥그래‥(끊고 가만히)‥‥‥‥

S# 현아 거실

홍길　(침실로 움직이며) 아줌마아 아침 먹읍시다아아

정모　E 네에 회장니임.

홍길　(움직이며) 괘씸한 자식 (혼잣소리)

S# 양평 호텔(첫 회 그 호텔) 객실

지형　(침대에 일어나 앉아)‥‥‥

서연　E 제발‥집에 들어가 잘못했습니다 해‥

S# 오피스텔(어젯밤)

서연　(뒤에서 지형 껴안고 얼굴 등에 붙이고 찢어지게 울며) 내 마지막 부
탁 / 소원으로 생각해줘. 내가 자기 십자가 되는 거 정말 싫어. 자기
가 나한테 줄수 있는 최상의 선물 / 날 모른 척 해주는 거야 / 나 망
가져가는 거 절대로 안 보여주고 싶은 날 이해해줘. / (지형 돌아서
고) 그래도 정신있는 동안은 내가 당신까지 망쳐먹지는 않았다는
위안은 갖고 있다가 바보되게 해줘.

지형　(안아버리고 / 같이 울어지지 않을까) 크으윽 /

서연　(마주 안으며 목놓아 울음 터져버리는)

　　　[안은 채 함께 울고 있다]

S# 호텔 객실

지형　(시트 휙 젖히며 침대에서 내려서는)

S# 공원 / 둔치

    [같이 걸어오고 있는 재민과 서연]

재민   일기예보는 오후 한시 쯤부터 비던데..(하늘 보며) 어째 비올 하늘이 아니다.

서연   (같이 하늘 보며) 요즘 거의 정확해. 온다면 올 거야..

재민   컨디션 어때..

서연   뭐..괜찮아..

재민   아직도...받아들일 수 없어?

서연   사람도 양파처럼 여러 겹인 거 같아..양파가 진짜 여러겹이거든..벗기고 벗기고 또 벗기고 그러다 보면 맨 마지막에 더 이상 벗길 거 없는 알맹이가 나와..그 마지막 알맹이는 내가 아픈 거 알아. 알고 있어..(돌아보며 웃는) 그런데 알맹이 뺀 다른 겹겹들이 인정하기를 거부하는 거지..

재민   (그냥 돌아보는)

서연   거부하는 걸 그만둬야할 어느 시점이 오겠지..

재민   그때까지 치료도 시작안하고..

서연   (오버랩) 치료가 아니라니까..치료약이면 왜 버티겠어.

재민   늦추는 것도 소극적이긴 하지만 치룐 거잖아.

서연   ......

재민   심부름 시켜놓고 궁금하지도 않냐?

서연   무슨 심부름?

재민   ? ? (잊은 건가)

서연   내가 심부름 시켰어?

재민   (멈추고) 생각 안나는 거야?

서연 (보며)....

재민 응?

서연 우흐흐흐흐 장난쳤어..전화 안되더라..

재민 전원 나갔었어.

서연 들었어...어제 밤..그 사람 만났었어..오빠한테 떠 맡기고 나 몰라 할 일 아닌 거 같아서..

재민 목욕탕이 아니었구나.

서연 응..(걷기 시작)

재민 .....(따라 걷는) 그래서...설득했어?

서연 했어.

재민 어떻게..

서연 내가 아는 독한 말 다 해 줬어..김 새라구..유치한 적선 / 객기 집어치라구. 멍청한 짓인줄도 모르는 자기도취 구역질 나구 / 나는 얼마쯤은 더 살아야하니까 명 재촉하지 말아달라고..안 그럼 죽어버릴 거라구..

재민 .....(보며) 뭐래..

서연 그냥 무슨 이렇게 독한 게 있나...정떨어지는 얼굴이더라...

재민 .....생각 바꿀 거 같지 않던데..

서연 (돌아보며)?

재민 남자...여자들이 아는 것 보다 훨씬 더 겁쟁이들이야..성가스러운 거 싫어하고 갈등 귀찮아하구...아마 그래서 그냥 결혼 할 작정이었겠지...그랬다가 엎은 건데 다시 뒤집을 정도 결심 아니었을 거야.

서연 (멈추고 보며) 마지막에 내가 울며불며 사정했어. 같이 울었어..

내맘 통했을 거야..그리고..새벽녘 잠깐 꿈꿨어..식장으로 걸어들어

오더라..아침에 깼는데 마음이 편안했어..(하는데 재민 전화 울리고)

재민 잠깐....어 전범수 웬일야......언제....어 나는 아직...나 아는 거 없

는데 범수야...그래 몰라..응....응 그래..(끊으며 보는) 결혼식 취소 연

락 받았단다..

서연 ......

재민 고등학교 동창..

서연 ....(보며)

　　[재민 전화벨 다시 울리고]

재민 (받아서) 어 나야..그래 방금 들었어..무슨 사연인지 나도 모르

겠다..

서연 (보고 있는 위에)

재민 E 아니 그런 건 아닌데 들은 소리 없었어..응....응..

서연 (주머니에서 전화 찾으나 없다) 오빠 나 전화 좀..

재민 우리 나중에 통화하자..그래..응..(끊고 전화 주는)

서연 (전화번호 기억이 안 난다..재민 보며) 몇번이지?

재민 누구.

서연 그 사람이지 누구겠어.

재민 (전화 도로 빼내며) 놔둬

서연 욕해줄래.(전화 채가며) 몇번야. 빨리 말해.

재민 기억해. 기억해서 걸어.

서연 생각 안나. 엉크러졌어. 사라졌어.

재민 차분히 생각해내..생각날 거야.

서연 (눈 질끈 감고 생각하려)....(애쓰는)

재민   (뺏어서 단축 뒷자리 번호 눌러 서연에게)

서연   ·········안 받아..

재민   난 줄 아니까...

서연   (멍하니 보며 ··그렇구나 / 전화 재민 배에 붙여주듯 하고 엄청 빠른 걸음으로)

재민   서연아·····서연아···(따르기 시작)

S# 집으로 가는 길

서연   (거의 간첩 잡으러 가는 것처럼 굳은 상태로 눈은 저만큼 앞 바닥으로 힘주어 뜨고 빠르게 걷고 있는 / 두 주먹 쥐고)····

재민   (저 뒤에 자기 걸음으로 따라 오고 있는)

서연   (문득 걸음 멈추고 왼쪽을 한참 보다가 고개 돌려 오른쪽을 보며)·····(순간적으로 그곳이 낯설다)·····(다시 두리번두리번····하다가 뒤로 돌아서 뒤편을 보려는데)

재민   (감지하고 빠르게 다가와 서며) 서연아..

서연   ····여기가···어디야····

재민   집으로 가는 길..

서연   (입 꾹 다물고··다시 한 바퀴 둘러보는 / ····재민 보며) 됐어···(다시 빠르게 걷기 시작하는)

재민   (참담해서 보다가 따라 걷는)····

S# 서연 빌라 거실

서연   (쳐들어오듯 들어와 전화기 찾기 시작한다····식탁에도 없고 책상에도 없고 주방으로 / 침실로)

S# 침실

서연   (들어와 찾기 시작 / 스탠드 아래 서랍까지 뒤져보고 / 나가려다 핸드

374

백 생각이 나고 / 전화 찾아내는)…(후들후들 떨며)

　[전화번호 역시 생각 안 난다…한동안 전화기 내려다보며 생각을 모아서‥메시지로 들어가 바로 어젯밤 지형에게 보낸 메시지에서 통화로 들어가는]

　[신호 가는 소리…다섯 번에]

지형　F 나야.

서연　….(입 꾹 다물며)….

S# 호텔 객실

지형　서연아….서연아…(칫솔 들고)

서연　F 나 벽에 대고 울고불고 헛기운 뺐어?

지형　서연아

서연　F 알아들은 줄 알았어.

지형　….

서연　당신 마음은 보석이고 내 마음은 똥이니?

지형　…..

서연　F 내 문제 만으로도 머리가 뭉그러질 지경인데 나한테 당신 짐까지 짊어지라구? 돌대가리 (나직이)…깡통…(끊어버리는)

지형　…..(전화 내리는)

S# 서연 침실

서연　(끊은 전화 늘어트리면서 방바닥에 주저앉는)…..

　[현관 초인종 소리]

서연　……

　[다시 현관 벨]

서연　(문득 느끼고 일어난다)

S# 거실

서연 (나와서 현관으로)··누··누구세요.

재민 E 괜찮아?

서연 (문 연다)

재민 (문밖에 선 채) 괜찮아? 통화했어?

서연 (오버랩) (울음 터질 듯) 오빠 나 전화번호 아직도 생각 안나···아까
··길 잃었었어··생전 첨 보는데였어.

재민 (들어오며) 잠깐 혼란스러워졌던 걸 거야.

서연 (오버랩) 나 벌써부터 이럼 어떡해··우리 문권이 불쌍해서 어떡
해··무서워··너무 무서워 오빠아아

재민 (올라서 안아주는)···

서연 나 어떡해··어떡해애애···

재민 ····

S# 호텔 화장실

지형 (면도하고 있는)·····

S# 지형의 주방

　[아침 먹고 있는 창주와 이모··수정은 먹다 나갔고 수정의 통화 소리 저
쪽에서 들리는]

수정 E 네··형님. 살다 이런 일도 당하네요··마지막까지 어떻게 수
습해 볼려고 했는데 안됐어요.

S# 거실

수정 (선 채) 네 그게 성격차이 때문에 즈이끼리··· 오랫동안 그랬던 모
양이에요··누가 아니래요 서로 양보하고 봐주면 될텐데 요새 아이들
이라 그런지····네·네 정말. 자식 마음대로 안되네요 형님···네··네에

376

네 들어가세요··(끊는)··

S# 향기의 주방

현아 (밥 먹다 전화받은) 아으 예식 당일날 결혼 깰때는 그만큼 어쩔
도리없는 일이니까지 더 알려구 들지 마세요 천여사··어이없고 기
막힌 걸로 치자면야 확확 다 얘기해 버리고 싶지만

현아 E (죽 먹던 향기 엄마 보는) 저쪽 집안 체면이라는 것도 있고 그
래서 그냥 덮고 가기로 했어요··네···네에···네 마음 써줘서 감사
해요.

현아 네···아니 괜찮아요. 오히려 이렇게라도 미연에 방지가 된게 우
리 집 입장에선 운 틴 거랍니다··네···네에 안녕히 계세요.

향기 엄마··

현아 암말 마. 나하구 싶은대로 할 거야.(하는데 다시 전화벨 / 식탁에
놓여진 전화 화면 체크하고) 정말 하나같이 배려라곤 눈꼽만큼도 없
는 인간들. 아니 이런 땐 쥐죽은 듯 가만 있어주는 게 돕는 거 아냐?
걱정하는 처억 하면서 웬 전화들야 전화가·· 뭐가 궁금해서. 무슨
소리 듣구 싶어서.

홍길 아줌마 (오버랩) 집 사람 전화 꺼서 치워버려요.(얼마쯤은 침울한)

현아 (정모에게 전화 주며) 아예 변기에 넣고 물 내려버려요··

홍길 (아내 보는)

현아 이거 죽이고 새번호 만들어오라 그래··번호 바뀐 거 자동안내
막고

홍길 예 회장님.

현아 우리는 여행이나 가자.

향기 (보는)

현아   너 가구 싶은데 아무데나..

향기   아무데도 가고 싶지 않아요.

현아   있어봤자 징역살이야. 당분간은 나가 돌아다닐 수도 없잖아. 낯뜨거워서어.

향기   안 나가면 되지 뭐.

현아   빠리에 짐풀고 열흘 밀라노 일주일 피렌체 일주일 스위스가 또 한 일주일 그럼 한달이야. 편안하게 먹고 자고 쇼핑이나 하자구.

향기   집에 있을래.

현아   미련 곰탱이 또 굴을 파네..

홍길   (오버랩) 둘 다 나가고 싶으면 나가. 그런데 따로따로 나가.

현아   애를 어떻게 혼자 내보내.

홍길   당신 옆에 붙어다니면서 들들들 볶아먹을 거 아냐..애한테 무슨 도움이 돼. 내가 그거 몰라? 향기한테 필요한건 조용히 쉬면서 마음 정리하는 거야. 뭐하러 객지로 돌아다니면서 입에 안 맞는 밥 먹으며 고생해.

현아   난 어떡해 난. 내가 무슨 여행가도 아니고 초친 맛으로 혼자 어떻게

홍길   (오버랩) 비서 하나 붙여줄테니까 볶아먹으며 다녀 그럼.

현아   나 내보내고 볼일 볼거 있어?

홍길   무슨 / 내가 나가랬어?

S# **창주의 서재**

창주   (의자에 앉아서)……

　　　[거실에서 울리는 전화벨 소리……울리다 끊어지고 다시 울리고]

S# **창주 침실**

수정　(앉아 조용히 커피 마시는 중)

　　　[계속 울려대는 전화]

S# 현아의 거실

　　　[시끄럽게 울려대고 있는 집 전화벨]

현아　(가위 들고 침실 문 벌컥 열고 나와 전화 연결선을 싹둑 잘라버린다)

홍길　(한구석에 퍼팅 매트 깔아 놓고 퍼팅 연습하다 보는)

　　　[그랬는데 주방에서 울리고 있는 벨소리/현아 주방으로]

S# 주방

현아　(식닥거리며 들이닥치고)

도우미들　(뭔가 하고 있다가 주춤 뒤로 물러서는)

현아　(주방 전화 싹둑 자르며) 돌겠다 응? 돌겠어 돌겠어 (두 주먹 움켜쥐고) 돌겠다구우우우!!!(외치고 나가는)

S# 거실

현아　(나와 침실로 가려다 문득 남편 돌아보고) 뭐하구 있는 거야.

홍길　머리 비우는데는 이만한 게 없어.

현아　나가 내눈에 보이지 마. 나가.

홍길　어딜 나가 갈데가 어딨어.

현아　내가 그랬지. 월등 훌륭한 사윗감 얼마든지 있는데 왜 그놈한테 줄라 그러냐구우.

홍길　지가 간다 그랬지 내가 준 거야?

현아　당신이 결정봐놓구 우리 사위 우리 사위 그러니까 저 멍충이 그래야되는 건줄 안 거지이이.

홍길　그만해 엉? 그만해. 우리가 별일 아닌 걸로 넘어가야 그나마 향기가 기운을 차려 애 힘들어. 진정젤 먹든 수면제 먹구 잠을 자든 그만하라구 엉?

현아 아우 분해. 아우우우 분해애…(하며 침실로)

S# 향기의 방

향기 (신혼여행 가려 싸던 가방 열어놓고 조용히 꺼내고 있는)……(눈물 툭툭툭)…(그러다가 전화 집어 지형의 마지막 문자 펴놓고 보는)

[메시지 위에 턱에서 떨어진 눈물 투둑 한 방울]

S# 오버랩으로 서연네 동네 / 고모네 포함 넓게(어두운 시간)

S# 고모의 방

[꽤 큰 닭찜 세 마리 통째로 쟁반에서 김 내고 있는데]

고모 (뜨거워하며 다리 하나씩 먼저 떼어서 남편 / 재민 / 사위 / 지민 식 접시에)

명희 (나머지 다리 두 개 중에서 하나 떼려 하는)

고모 놔둬. 서연이 문권이 꺼야.

명희 (불만으로 보는)

고모 한 마리 더 사라니까 세 마리도 많다고 싫다면서.

명희 내 지갑에서 돈 나갔어. 어떻게 이럴 수가 있어?

고모 딴 거 먹어 딴거.(닭살 해체하며) 너 모가지 좋아하잖어 모가지 세 개 너 다 먹어. 날개 여섯 개 너 다 먹어. 갈빗살도 맛있어 야아.

명희 이래서 내가 닭볶음하자 그런 거야아 엄마 이 버릇 알기 때문에에에..

동철 내가 닭죽 먹고 싶다구 말씀드렸어 여보.

명희 언제..

동철 새벽에 출근하면서..

고모 얘들 왜 안와 그런데..(닭다리 두 개 따로 챙기면서) 식으면 맛없

는데··

문권   E 저 왔어요 고모오오.(대문 들어서며)

고모   (반색) 오냐 그래. 어이 와 / 빨랑 들어와 문권아··(명희 그릇에)
　　　자 닭 모가지··

명희   (흘겨보고)

고모   (명희는 쳐다보지도 않고) 눈 바로 떠어어. 나 안 먹고 남편 새끼
　　　입에 맛있는 거 들어가는 거 얼마나 뿌듯해.

명희   그건 엄마구.

문권   (들어오며) 안녕하셨어요 고모부··자형.(동철 / 어 앉아앉아. 지
　　　민아 자리 자리 / 지민 좀 움직여주고)···(앉는데)

고부   누나는··

고모   (냉큼) 서연이 나갔어?

문권   아니 잠들어 있어서 그냥 안 깨웠어요.

재민   (문권 보고)

고모   E 지금부터 자면 어떡할라구.

고모   아 깨워 갖구 오지이이. 어차피 내처잘 거 아닌데에에··(그동안
　　　따로 떼어놨던 닭다리를 명희 재빨리 챙기고)

재민   (오버랩)아직 몸살기 남았을 거예요. 먹는 거 보다 자는 게 나요

고모   그런가? 그럼 닭죽이나 갔다(쥐라 하려면서 식 접시 집어보고)
　　　???(명희 닭다리 뜯고 있는) ····(어이그 저거얼)··

명희   맛있네에에··딱 제대로 잘 삶겼네에에에

고모   그게 와야 얘기가 되는데에에···(에이이)

명희   무슨 얘기?

고모   선 자리가 들어왔는데 여보오.

고부 (아내 보고)

재민 문권 동철 명희 (모두 고모 돌아보는 위에)

고모 E (연결로) <u>으흐흐흐흐</u> 어쩐지 그냥 내 맘이 옳다꾸나 바로 이
거다 그렇거든?

고모 신랑감이 아주우우 괜찮아 여보

고부 뭐하는 사람인데.

고모 엉‥스타 강사. 늬들 알지? 강남 최고 학원마다(마다 강조)에서
그냥 모셔갈려구 난리난리치는 최고오 스타강사. 스카우트 비만
몇억씩 받구우?

명희 사기 아냐?

고모 뭐야?

명희 어째 뻥 냄새가 나?

고모 야 중간에 든 사람이 우리 동네 은행 지점장 어머니야. 자기 친
정조칸데 그쪽도 조실 부모하고 작은 아버지가 키웠댄다.

명희 여동생 하나 쯤 있구?

고모 야아아!!!

재민 (오버랩) 서연이 그냥 모른 척 하구 내버려 두세요 어머니.

고모 어떻게 모른 척을 해 나이가 서른 고갤 넘는데에.

재민 걔 선봐 결혼할 수 있는 타입이 아니에요.

고모 누가 결혼하래? 만나나 보라는 거지.

명희 (오버랩) 어이구 참 우리 엄마 어수룩해서 그런 거야 어수룩한
척 하면서 가족대화 만들려 그러는 거야. 알았어요 고모 고모가 나
가보라면 나갈께요 고모 / 잘도 그러겠다.

고모 (자기도 자신은 없다) 그그러니까 얘 오면 한번 찔러나 볼까 그

382

랬던 거지 뭐.

명희 신경쓰지 마 글쎄 엄마. 코찡찡이든 눈깜빡이든 지가 꽂혀서
한 결혼이래야 소리 안나는 총으로 팍 죽이고 싶다가도

동철 ??

명희 E 아이고 좋아서좋아서 그럴 땐 언제고 내가 참자아 그래지지
중매 그건 아냐‥

명희 결혼 전 역사 무시하는 거 아니라니까?

동철 소리 안나는 총으로 당신 나한테 몇 번이나 쐈어?

명희 열두번도 더 쐈지.

동철 그래서 내 심장이 한 번 씩 날카롭게 아픈 거구먼.

고모 ??심장 아파? 심장이 아파 차서방?

명희 아으 엄마 차구라야아아.

고부 죽은 쑤고 있어?

고모 어 그럼 다 쒀놨어‥퍼오기만 하면 돼‥죽 드릴까요?

고부 우움.

고모 아버지 죽 달라신다.

명희 (일어나며) 시작하지 뭐.

고모 시작하자. (가슴살 등 남겨진 고기 잘게 만들며)

명희 (나가며) 당신 나와.

동철 싫다면 심장에 소리없는 총알 박히는 거야?

S# 서연의 거실 주방

서연 ‥‥(라면 건져 먹고 있는) ‥‥‥ (식욕 없다)

S# 지형 빌라 거실

지형 (들어와 서서 엄마 보는)‥

수정 (소파에 앉아서…무릎에 책 펼쳐진 채 시선 내리고)

이모 (수정 보고 지형 보고 하다가 소리 죽여) 이게 무슨 너 어떻게 감히 이런 일을 저질러어. 엄마 아버지는 그래도 끝까지 널 믿었는데 에에..설마 정말 사고야 칠까 생각이 있는 녀석같으면 나타나겠지 일각이 여삼추로 너 들어오기 기다렸는데에에..

지형 죄송해요 이모.(엄마 쪽으로 움직이려 하는데)

이모 (마치 잡듯이) 아버진 절망이야 이것아. 서재서 꼼짝도 않고 화장실 볼일도 안 보시고 틀어박혀 계셔. 너 어떡할래 어떡할 거야..

지형 (어머니 옆으로) .....어머니…

수정 .....

지형 엄마…

수정 (가만히 일어나 아들 보며 서는).....

지형 ....(보며) 죄송해요.

수정 아버지 들어가 뵈..

지형 네..(돌아서는데)

수정 말대꾸하지 말고 다 받아..

지형 …네…

수정 (먼저 움직여 서재 노크) .....(대꾸 없고) 애 들어왔어.(대꾸 없고)....
(문 열어주고 아들 보는)

지형 (들어가고)

수정 (문 닫는)

이모 언니 안 들어가?

수정 (그냥 소파로)

이모 두들겨 패면 어떡해.

수정   패면 맞아야지..

S# 서재

지형   (아버지 보는)

창주   (안마 의자에 기대어 앉아 고개 돌려 싸늘하게 보고 있는)....

지형   (조금 더 가까이 움직여 무릎 꿇고 앉는)....

창주   .....

지형   (안 보는 채) 죄송합니다.

창주   묻는다.

지형   네.

창주   향기 떼어내는데 성공했으니 이제 출판사 아이와 결혼하는 거냐?

지형   ....(안 보는 채)

창주   대답해.

지형   그렇습니다.

창주   .....(보며)

지형   .....(그대로)

창주   ......(잠시 보다가) 내가 용납할 걸로 알아?

지형   아닙니다.

창주   그럼.

지형   어쩔수 없다고 생각합니다.

창주   (잠시 또 보다가 일어나며) 각오없이 저지른 일 아니겠지. 각오 없이 니뜻대로 한다는 것도 아니겠고..

지형   ....

창주   (테이블로 움직이며) 올라가 짐 싸 나가라. 지금 당장..

지형   (보는) ...

창주 (테이블 위 펼쳐져 있는 책들 닫아 책상 귀퉁이로 정리하면서) 오피 스텔 비우고 자동차 집에 두고 사무실 만드는데 들어간 경비 일주 일 안에 내 계좌로 넣어..

지형 ....(시선 내리고)

창주 더 이상 할말 없다..

지형 .....

창주 나가..

지형 (일어나는)....

창주 (회전의자에 앉아 의자 돌려 등 보이는).....

지형 실망드려 죄송합니다. 감히 이해해주세요도 못하겠어요.

창주 나가.

지형 좀 더 일찍 해결했어야 하는 건데 제가 아둔했어요.

창주 나가.

지형 .....(잠시 있다가 몸 돌리는)

S# 거실

지형 (서재에서 나오고)

수정 (고개 돌려 보며 일어난다)

지형 (이 층으로).....

수정 .....

S# 지형의 방

지형 (무겁게 들어오며 상의 벗어 적당히 놓고 침대에 걸터앉는)........

수정 (노크와 함께 들어온다)

지형 .....(그대로)

수정 (다가와) 그애가...그 애한테서 아무 연락 못 받았니?

지형 잠깐…만났어요..(안 보는 채)

수정 ….(그래서)

지형 그러지말라고 진심으로 얘기했어요.

수정 …..(보며)

지형 …..

수정 그런데…풀리지 않는 게 있어..니 결혼 깨지게 됐다는 얘기에 반
응.. 연극 아니더라 한달 전 정리했단 것도 사실인 거 같았고..그런
데…보통 우리가 상식적으로 생각할 때 상황 때문에 어쩔수없이 헤
어진 사이같으면…남자가 결혼을 포기했다는 소식이 반갑고 감격
스러운 일 아닐까?

지형 …..(보며)

수정 그게 안보이드구나..그리구 날 도와주겠다 약속도 지킨 모양
인데…..그게 좀 그렇구나…그 애는 너를 그다지 좋아안하는 거야?
너 혼자 절실한 거였어?

지형 그 친구는… 자기가 제 짝이 되기 위해 겪어야하는 과정을 감당
할 자신이 없다고 했어요..

수정 …(보며)

지형 우리 집 얘기 알아요. 향기와의 관계도 알고..그런 것들을 다 흔
들어 깨부시면서..받아야할 상처 두려워했어요..그 사람은 그게 두
렵고 저는 저대로 무책임한 놈 되는 게 두려웠었고…그래서 처음부
터 결혼 상관없이 그랬던 거에요..

수정 그게…그런 연애도 가능한 거야?

지형 ….

수정 요즘 애들 모르겠다.. …아버지 뭐라셔.

지형 (일어나며 조금 쓴웃음) 방 빼라셔요‥

수정 ?? 뭐?

지형 나가라구요‥ (짐 쌀 가방 있는 곳으로) 당장이요‥

수정 ‥‥(보는)

지형 (짐 싸기 시작하면서) 우선 속옷이랑 지금 철에 입는 옷만 대충 갖고 나갈께요‥

수정 아버지 평생 이렇게 기막힌 봉변 처음이야. 지금 심정에 무슨 말은 못해‥나가란다고 짐싸? 뭐 잘한 거 있다고 이 지경에도 아버지랑 대적해.

지형 그럼 어떡해요

수정 아버지랑 부딪히는 것만 피하면 돼. 어차피 자주 부댈 일도 없잖아.

지형 차 내놓고 오피스텔 비우고 사무실 만드는데 들어간 투자금 반환하라 그러세요.

수정 ??

지형 그냥 나가라 그러신 게 아니에요‥

수정 (그냥 휙 나가려)

지형 (잡으며) 가만 계세요. 비켜드리는 게 옳아요. 저도 아버지 뵙기 힘들어요. 엄마‥

수정 ‥‥(보는)

지형 쫓겨날만큼 잘못했어요 알아요‥

수정 (아들 손 떼어내고 나가는)

지형 ‥‥‥(나가는 엄마 보다가 다시 짐싸기로)

S# 거실

수정 (계단 내려와 서재로) ·· (노크와 함께 들어가는)

S# 서재

수정 (들어오면서) 보고 살날이 얼마나 많다고 내쫓기까지 할 거 뭐 있어.

창주 난 저 놈 다시는 안봐.

수정 막말 하지 마. 자식한테 어떻게 그런 말을

창주 (오버랩) 자식이 애비한테 무슨 짓을 했는데/저는 애비가 아닌 데 나는 자식이래야 해?

수정 유치하잖아 여보.

창주 향기 떼어낸 건 그 뭐야 출판산지 뭔지 그 계집애랑 결혼할 속 셈이었단 말야. 결혼한다 그런단 말야.

수정 이 난리를 만들 만큼 집착하는 아인데 그건 당연한 거 아냐?

창주 ?? 그래서 / 당신은 저 자식을 집에 둔채 그 결혼 시켜야 한다 는 거야? 그게 노이사장한테 할짓이야?

수정 당장 내일 결혼한대?

창주 노이사장이 날 뭘로 볼거 같아. 평생 우정 평생 신의가 뭐가 되 는데 /

수정 노이사장노이사장 노이사장이 하느님이라도 돼? 생각이 다 른 자식 때문에 벌어진 일인데 어쩔 도리 없는 거지 그렇게까지 벌 벌 떨며 애를 거지로 내쫓을 일이냐구.

창주 날 개떡 만든 놈 내덕도 보지 마라 그거야 뭐가 잘못됐어?

수정 ....(보는)

창주 저놈을 여기 둬두고 딴 기집애 만나러 다니게 해? 그건 우리 합 동으로 노회장네 조롱하는 거 밖에 안돼.

수정   .....(보며)

창주   그거까지 해야겠어? 내가 노홍길한테? 당신이 오현아한테?

수정   사표 …안 낼 거야?

창주   이미 냈어.. 광릉가면서.

수정   그럼 뭘 그렇게까지 신경써..

창주   도리야 도리..인간의 도리.

수정   등 돌리자 그럼 돌리면 돼..우리 그 집 노예 아냐..그 집 무서워
         자식 내치는 당신이..참 재미가 없다..

창주   노예? 무서워서?..저런 놈은 저건 자식도 아냐. 저따위 자식 필
         요없다구!!

         [노크 / 오버랩]

이모   E 언니 지형이 내려 왔어..

수정   (문으로)

S# 거실

수정   (나오고)

지형   저 괜찮아요 엄마..아버지 자극하지 마세요..(조용히)

수정   니 아버지 말도 일리는 있어..

지형   알아요… 아버지 저 가요….다시한번 죄송합니다.....(대답 없고) 이
         모. 안녕히 계세요

이모   이모는 너 지지해. 열렬히. 잘했어 용감했어. (주먹 치켜 보이며)
         화이팅.

수정   (힐끗 보고 / 아들 따라 움직이며 현관 도자기 안에서 자기 자동차 키
         집어 지형 주머니에) 내 차 타고 가.

지형   택시 부르면 돼요.

수정 며칠만 바꿔 타자. 오피스텔 내꺼야. 안 비워도 돼‥

지형 (좀 웃으며) 비우라 그러시는데요.

수정 비웠는지 안 비웠는지 검사 나가겠니?

지형 (조금 웃으며) 네…(가방 내려놓고 엄마 안아주는)……

수정 ……(아들 안고) 사무실 투자금 내가 주께‥

지형 신경쓰지 마세요. 손대표한테 지원받으면 돼요.

수정 (몸 떼고) 그런 신세 지지 마‥엄마가 해‥

지형 고맙습니다 엄마.(눈물 글썽)

수정 ‥‥(아들 뺨에 손대면서) 시간을 벌자‥

지형 네‥

S# 서연 침실

서연 (옷들 있는 대로 꺼내 놓고 프린트 된 에이포 용지 반짜리 수십 장에

  서 한 장씩 작게 접어 주머니에 넣고 있는 중‥ 핸드백 들도 나와 있고)

  [침대에 종이들 수십 장 / 인쇄해서 가위로 자른 / 글 내용]

  *** 이름 이 서연.

  주소 ************

  연락처 이문권 010‥‥

  장재민 010‥‥

  [혼자 부지런히 바쁘다]

S# 수정의 차로 이동 중인 지형

지형 ‥‥‥

  [메시지 들어오는]

지형 (체크 /)

향기 E 금방 전화할게 받아줘 오빠. 힘들 게 안해‥그냥 말하고 싶은

게 있어서 그래·····(잠시 후)

　　[걸려오는 전화]

지형　·····(잠시 망설이다가 받는다 / 음악 볼륨 줄이고) 응 향기야··

향기　F 아 받아주네··기쁘다··

S# 향기의 침실

향기　(침대 위에 두 다리 세우고 / 그런데 세운 다리를 덮고 있는 만들다 만 퀼트 / 아기 이불 정도 사이즈···침대 옆에는 퀼트 재료 바구니와 연장들··전화 연결) 안 받을 줄 알았어···안 받아 주면 얼마나 섭섭할까 그랬는데.

지형　F 괜찮니? 이런 질문 말도 안되지만··

향기　괜찮기 위해 계속 나를 달래고 있어··혼자 사랑도 사랑이고 내 잘못도 오빠 잘못도 아니라구···오빠 마음은 오빠 꺼 / 내 마음은 내꺼··두 사람 마음이 똑같지 않아서 생긴 일인데

S# 차 안

향기　F / 오빠가 내 마음하고 안같다고 화내고 미워하는 건 유치한 거 같아. 슬프기는 하지만 뭐 어쩌겠어.

지형　·····

향기　F 오빠도 괴로웠겠지··그랬을 거라고 생각해··내가 너무 눈치 없이 굴어서 힘들게 한 거····많이 챙피해. 오빠 듣고 있어??

지형　들어··너는 나를 아무 할말이 없게 만드는구나··

S# 향기의 침실

향기　괜찮아 아무 말 안해도··그냥 잠깐 얘기하고 싶었을 뿐이야··전화 받아줘 고마워··오빠 목소리 들어서 좋아 ······ 끊을게··

지형　F 그래···

향기   (끊고)··

S# 차 안

지형   ····(전화 끊는)······· (한동안 있다가 볼륨 올린다)

S# 서연의 거실

서연   (물 마시고 있다 / 개수대에 라면 용기 그대로 젓가락 꽂힌 채)···(김치
통 나와 있고 / 수프 봉지 뜯어진 것도)···(컵 개수대에 넣다가 라면 용기
보고)·····(쇠 망 국자에 쏟아 찌꺼기 걸러 들고 비닐봉지 꺼내려는데 어
느 서랍인지···차례로 다 열어보다가 맨 아래에서 꺼내 찌꺼기 국자 봉지
안에 집어넣고 탁탁 두드려 비우고 국자 빼 개수대에 넣는데)

문권   (들어온다) 깼어요? (닭죽 그릇 들고 들어오며)

서연   ···(스펀지에 비누 묻혀 닦으려는)

문권   닭죽 갖고 왔는데···

서연   내가 죽 사오라구 했어?

문권   아니 고모네서··누나 자길래 혼자 갔다 왔어.

서연   어 잘 했어··

문권   조금만 기다리지··(봉지에 라면 찌꺼기 담겨 있는 것 보고) 먹다
말었네·· (죽 싱크대에) 죽 먹어요··맛있어··

서연   나중에··

문권   (비닐봉지 입구 묶으면서) 아직 데울 필요없는데··지금 먹지··

서연   알았어 둬··

문권   (공기 꺼내 죽 덜어 수저 찾아 식탁에 놓고 소금병 갖다놓고)····

서연   (씻은 것들 헹구고)····

문권   (접시에 김치 꺼내면서) 죽 먹고 약 먹어요.

서연   (힐끗 본다)

문권 약 먹어야 해.

서연 알아서 해.

문권 (갑자기 눈물이 쏟아질 듯하다) 아침에 집오는 길 까먹었다면서‥

서연 ??(돌아보며 ‥잠깐 사이 / 물에 씻던 젓가락 개수대에 팍 던지면서) 무슨 남자들 입이 여자들 보다 더 싸!! 한 십초쯤 아니 오초쯤 그런 거 갖구 벌써 너붙잡고 수다야?

문권 형 걱정되니까 / 누나 약먹어야하는데 말 안듣는다구

서연 (오버랩) 신문에 광고 내 / 우리 누나 치매라구.

문권 어떻게 그런 말을 해애

서연 딴 생각에 골똘하다보면 잠깐 그럴 수도 있는 거지 그게 무슨 크은 사건이라구 수근 거려!!

문권 (울음 터질 듯) 누나 제발 그러지 좀 마/ 도대체 무슨 생각으로 쓸데없는 고집인지를 모르겠어. 누나는 아파. 아프면 약 먹는 거야. 형이랑 나 재미삼아 누나 얘기해? 우리 걱정돼 죽겠어. 재민이 형 두(남아 있는)

서연 (오버랩) 니들이 하는 건 그냥 걱정일 뿐이야. 나만큼 절박해? 나만큼 절망이야? 나만큼 무서워어??!!! (있는 힘껏 소리치고 제 방으로 콰앙)

문권 (맥 빠져 누나 방문 보며 우는)‥‥‥(그러다가 죽 먹긴 틀렸다 죽 공기 갖고 왔던 그릇에 비우고 김치도 비우고 하면서)‥‥‥

S# 서연의 방

서연 (침대 / 옆으로 아무렇게나 쓰러진 폼으로 / 두 주먹으로 입 틀어막고 눈 횡하니) ‥‥‥

서연 E 정신 차려 왜 그래‥왜 이렇게 어쩔줄을 모르는 거야. 벌써부

터 그럼 어떡해··침착해 침착해침착해··정신 줄 놓지마. 당황하지

마. 당황하는 건 안 좋아. 당황하면 바보짓 더 할 거야··아마 그럴

거야··내가 맞을 거야··맞을 거야······ (한참 두었다가)

F.O

S# 지형 사무실

[벽에 다른 전망대 사진들과, 이 사무실 프로젝트 현장 사진 주욱 붙여

져 있고 / 혹은 프로젝터나 LCD 화면]

지형 예쁘고 편한 건물만이 건축이라고 생각한다면 (항공사진 / 건

물이 놓여질 자리 부근을 손가락으로 짚으며) 이 곳에 놓여질 사색의

오솔길과 (항공사진 / 사진 속 바다와 건물을 잇는 라인을 지시하며) 이

넓고 아름다운 바다와 사람의 마음을 이어주는 뷰라인, 이 모든 게

아무 의미가 없어지지 않을까?

현철 알겠습니다.

지형 (조작해서 다음 화면 넘어가면 / 다른 전망대 사진들) 음·· 이런 건

기능에 충실한 건물들이고··· (또 화면 넘기면 배치 다이어그램) 이

게 뷰 라인이야. 이 뷰라인을 키워드로 생각하고 있어. (화면 또 넘

기면) 대충 건물은 (손으로 임의로 라인 만들며) 이 방향으로 일직선

으로 길게 앉혀질 것 같고, 우리가 답사에서 얻은 내용으로는 뷰가

(손으로 지시하며) 이쪽과 이쪽으로 나뉘어지게 될 거야.

지호 (새삼스럽게) 정말 전망하난 끝내주더라구요. 그런 곳에 집 하

나 짓고 살면 세상사 다 잊고 신선놀음이겠던데요.

하영 신선놀음도 문화혜택 받기 쉬운 곳에서 해야지 저런 데서 어

떻게 살아요.

지호 이너넷 (인터넷) 천하잖아 하영씨 이너넷으로 해결 안되는 게

어덨어요.

송이   출근도 이너넷으로 하고요?

지호   아! 그게 안되는구나. 난 왜 이렇게 머리가 나쁠까 아아 (모두 적당히 웃고) 흐흐

지형   (오버랩) 다음 미팅때까지 지침서 참고해서 들어갈 시설물 체크하고 사이트에 자료 업그레이드 해 놓도록 해.

직원들   (적당히 대답하는데)

손   (들어온다)

지형 어떻게 됐어.

손   (상의 벗으며) 어어이 뺀돌거리는데? (허가 문제)

지형   어렵다 그래?

손   의형제래도 맺어서 어떻게 해봐야지 뭐. 우리 와이프 너랑 통화하자 그러드라.

지형   아 그래‥(전화 있는 테이블로)

손   깨끗한 거 하나 있다 그러드라. 월세 놓려고 도배까지 말끔히 해 놨더래. 근데 좀 쎄다.

지형   (전화 집으며) 얼마나.

손   (제 책상) 직접해‥몇 개 골라놨다니까‥

지형   응 그래‥(전화번호 찾는)

S# 출판사 미팅실

[각자 앞에 회의 관련 프린트물 / 테이블 위에 회의 관련 책. / 각자 음료수 하나씩 앞에]

선주   (잡담 중 / 소파에 막 앉으면서) 그런데 도대체 노세영작가를 어떻게 섭외한 거에요?

소희　호호 그냥 순순히 불께요. 우리 엄마 첫사랑‥

선주　에에??

인영　진짜?(동시)

서연　??(그냥 보고)

소희　어떤 모임에서 우연히 만나셨대요. 엄마가 제 얘길했더니 두 말 없이 오케이하시더래요‥

인영　엄마 첫사랑 덕을 딸이 보네?

소희　(조금 찡그리며) 그게 사실은 다른 출판사랑 계약이 되어 있었는데 일이 틀어져 좀 시끄러웠던 모양이예요. 타이밍이 좋았조 뭐 <u>ㅎㅎ</u>.

서연　어쨌든 소희씨가 한껀 했네요. 축하 그리고 우리 다같이 땡큐.

소희　네에 <u>으ㅎㅎㅎㅎ</u>

편집　(문 열고 들어오면 / 다들 자세 달라지고) 잡담하는 걸 보니, 회의 준비 완료? (의자 빼 앉는) 자 시작합시다. 이팀장 먼저.

서연　네, 김선생님 최종원고 다음 주까지 넘겨주기로 했구요. (프린트물 잠깐씩 참고해가며) 마케팅팀에선 예약판매 이벤트 진행하려면 출간일 결정빨리 되었음 좋겠다고

편집　예약판매 이벤트 세부내용은 나왔나요?

인영　저자 선생님 좀 힘드시겠지만 잘 말씀드려 저자 친필 사인본은 무조건 가도록 할 예정입니다.

편집　오오케이이이. 그리고 참, 사은품으로 에코백을 하겠다고요?

서연　네 에코가 요즘 트랜드이기도 하구요, 적당한 사이즈의 천가방으로 제작해서 장볼때나 간단한 외출용으로 활용할 수 있도록 하면 좋을 것 같아서요.

소희 그리고 청소년들도 학용품을 넣거나 실내화주머니 대용으로 들고 다니면, 그 자체로 광고 효과도 볼 수 있을 것 같거든요.

편집 그러고 보니 천으로 된 가방 많이들 쓰더군. 괜찮은 생각이예요. 제작단가가 얼만지 뽑아달라고 해요.

서연 네.(메모하는)

편집 그리고 서점에서 사인회 일정 요청했다고 하던데, 현수막 카피나 필요한 것 일정 차질없게 해주라구.

다같이 네 / 알겠습니다 등등

편집 참, 이 팀장 치과 가야한다면서

서연 네…네에..

S# 현아의 병실(향기 입원했던)

현아 (기대앉아서 향기에게 손 내주고 물끄러미 딸 보고 있는)….

향기 (매니큐어 지워주고 있는 중)….

현아 (보다가 손톱 내려다보며) 싸구려 사오지 말랬구먼.

향기 (보는)

현아 벌써 금방 알겠잖아. 냄새부터.

향기 집에 가 갖구 올 걸 그랬나봐요.

현아 뭐얼 이깐 거 가지러 집에까지 가..

향기 이 동네는 엄마 쓰는 거 없어요.

현아 그래 알어 누가 뭐래? 빨리 끝내 신경질 나.

향기 ….(마지막 손톱으로)…..

현아 ….(보다가) 얘 청승 좀 떨지 마.

향기 ??

현아 목 좀 들이 밀라구 목은 왜 늘여빼구 있어..그러다 기린 새끼

398

될까 무서워.

향기 (조금 웃으며) 목 좀 조금만 더 길었으면 그랬는데 잘 됐지 뭐.

현아 쯔쯔쯔쯔..어이그 어이그 속터져.

[노크]

현아 귀찮아 죽겠는데 왜 이렇게 들락거려. 죽을 병두 아닌데.

향기 네에에에 (고개 돌리고)

수정 (들어온다 / 꽃바구니 / 촌스러우면 절대 안 돼요)

현아 .....(놀라지도 않고 보며)

향기 아줌마.. (그래도 반갑다)

수정 그래 향기야.. 오랜만이다..

향기 네에.. 아줌마 잠깐만요 다 했어요..(마무리)

수정 괜찮아 천천히 해...(꽃바구니 적당히 놓고 침대 옆으로) 어제 밤
에 들어왔다면서..

현아 누가 반갑다구.

수정 그게 정말 많이 아프다던데..

현아 누구 덕일까..

수정 .....(보며 미안해서)

현아 너 봐..내가 왜 난데없는 대상포진이냐. 정신적인 충격에 스트
레스 / 몇날며칠 잠 못자고 못먹고 그러다 보니 면역력 떨어져 이
렇게 된 거 아니냐구.

수정 미안하게 생각해..

현아 너는 멀쩡하잖아. 그래서 나 분한 위에 더 분해..

향기 엄마아아.. (치울 것 치우고 와 있다가)

현아 ..... (그만 해야지) ....

향기 마실 거 뭐 드려요 아줌마..

현아 애플주스 내 와..그거 좋아해..

향기 네에...

현아 금방 갈 거 아니면 앉어..

수정 (앉는데)

현아 박원장 사표 내가 수리하지 말랬다..

수정 ...(보며)

현아 박원장 짜르면 우리가 늬들한테 당해서 분풀이 한 거 되잖아.
심플하게..

수정 .... (그저 보며)

현아 자식들 혼사깨졌다구 평생 친구 평생 웬수로 등 돌리는 것도
유치하고 자식일은 자식일 그러자구..

수정 그래....우리는 지형이 내 쫓았어..

향기 ?? (주스 준비하다가)

현아 E 뭐...듣긴 들었는데

현아 호적에서 아예 파 버리기 전에 별 것두 아냐..

수정 .....(그저 보며)

향기 (주스) 아줌마..

수정 응 고맙다..(주스 마시는)...(한 모금 마시고 내리면서 향기 보는)
먹는 건 어때..잘 먹어야 하는데...

향기 네..그냥..잘 안드세요

현아 나 여행가 국내에 없는 사람이야..

수정 ...(보는)

현아 바깥 시끄럽지?

400

수정 아직 전화 안받아‥시끄럽겠지‥

현아 얼마나들 고소할까‥남 못되기 바라는 심뽀들…

수정 우리 애 성불능이란 소문이 있나 보더라‥

향기 ??

현아 ? 전화 안 받는다면서 /

수정 한 영숙이 왔었어‥

현아 걔 어디서 들은 소리래?

수정 그냥 웃고 말았지 뭐‥사람들 상상력 워낙 뛰어나니까‥그러거
나 말거나 신경 안써‥

현아 (오버랩) 뭐…전혀 얼토당토 않은 건 아니다. 니 아들 문제 있는
거 아니냐 체크해 보랬잖어‥

향기 아니에요 엄마‥(뭔가 정리하면서)

현아 어른들 얘기하는데 끼어들지 마‥

향기 오빠 아니라구요.

현아 끼어들지 말라니까? 아 아으 또 시작한다 / 얘들은 여기서도 아
플려면 뭐하러 병원들어와 있어!! 빨리 오라 그래!! 빨리이!!

향기 (호출 누르는)

S# 병원 시찰하는 것처럼 한 바퀴 돌고 있는 홍길과 옆에 함께 움직이는 창주
/ 그리고 병원 사무직 윗선들 너댓 명‥‥‥ 홍길은 약간은 딱딱하고 창주도
편하지는 않은 상태

S# 김현민 박사 병원에서 다시 머리 사진 찍히고 있는 서연

S# 어느 아파트에서 나오고 있는 지형‥말끔한 부동산 청년 하나 따라 나오고

지형 (생각하면서 나오다가 멈추고) 저기…집 주인한테‥보증금을 좀
내려줄 순 없는지 한번 알아봐 주세요.

부동산 그거 어려울텐데요 손님.

지형 대신 그만큼 월세를 더 낸다구요.

S# **김현민 진찰실**

　　[알츠하이머 뇌 사진들 / 2년에서 3년]

김　　E (사진들 위에) 재검은 보통 다른 병원을

김　　선택하는데요(웃으며 보는)

서연 선생님이 마음에 들어서요··

김　　(작게 웃어주며) 아유 고맙습니다.

서연 저 낯선 거에 / 낯선 걸 부담스러워하는 편이에요··선생님이
　　　　권위라 그러구··선생님한테 한번 더 해보고 싶었어요··

김　　네에에···

서연 ·····(보며)

김　　(사진 돌아보며) 필름 상으로는 지난 번보다 더 나빠졌다든지
　　　　그렇진 않군요··뭐 검사한지 얼마 안됐으니까요··

서연 제가···이제는 받아들여야 하네요··

김　　네에···

서연 (시선 내리고)·····

김　　그 사이에 어떤 일들이 있었나요··

서연 (좀 쓰게 웃으며) 사소한 일들은···사무실에서 좀···전같지가 않
　　　　은··느슨해졌다고들 해요··

김　　·····

서연 얼마 전에···한 열흘 전인가 ···무슨 일이 있었어요··

김　　·····무슨 일이요.

서연 헤어진 남자친구가···결혼을 포기했다는 소식을 들었어요··

김　예 그런데요.

서연　그럼 안되는 거거든요··그러지 말라고 했는데··화가 나서 집
　　　으로 가는데···날마다 드나들던 골목길인데 생전 첨 보는 데 같았
　　　어요··

김　····(보며)

서연　이러기 시작하면····너무 기가 막혀서요··

김　그래서 집엘 어떻게 가셨어요··곧 생각이 나던가요?

서연　사촌오빠가 뒤따라 오고 있었어요··오빠랑····금방 괜찮아졌
　　　어요··

김　약을 드세요··

서연　·····(보며)

김　진행을 늦추는 도움은 확실히 받을 수 있어요··이대로 방치하
　　　면 지능장애 진행이 빨라집니다··그렇게 되면 점점 정보에 대한 올
　　　바른 판단을 할 수 없는 혼란상태가 되고

김　E 그럼 누군가 옆에 붙어서 보살피는 사람이 필요하게 돼요··
　　　아직은 큰 무리없이 직장 생활도 가능하지만 방치한채로면

김　곧 주변 사람들이 뭔가 이상하다 눈치채게 되고 업무 능력도
　　　현저하게 떨어져 회사 그만둬야해요·· 늦추는 것 밖에 길이 없다면
　　　늦춰야죠··받아들이세요···

서연　(안 보는 채) 네 선생님···

김　········(한참 보다가) 그래야 합니다.

서연　네에···(여전히 안 보는 채)····

김　동생이 약 타갔죠?

서연　(끄덕이는)

김　당장 시작하세요……이서연씨..

서연　(시선 들어 보며) 네..선생님..알아들었습니다..(조금 웃으며) 알았어요..그래야죠 뭐..그렇게 할께요..네..

S# 병원 로비 걸어 나오며

서연　E 확인사살 끝냈다…나는. 날마다 조금씩 바보가 되어가는 치매 환자다..그래 뭐….이게 내가 살아내도록 배당된 내 몫이라면 별수없지 어떡해……해보는 거지 뭐…아아 그런데 생각만으로도 구질구질하다…문권이만 아니면 지금 그만둬도 되는데….

S# 지형 사무실 로비

수정　(기다리고 있는데)

지형　(나타난다) 엄마..

수정　어머니 아니구 엄마네..

지형　반가워서요..

수정　(들고 있던 자동차 키 내밀며) 내 키..

지형　(주머니에서 꺼내며) 아버지는요.

수정　괜찮아..아는 척하면 내차 아닌 차 불편해 도로 바꿨다 그럼 돼. (키 받으며) 오피스텔 청소는 시키고 있어?

지형　제가 대충해요.

수정　키 남버 적자..(수첩 꺼내려)

지형　놔 두세요.

수정　냉장고도 좀 보고 그러게.

지형　제가 해요..신경쓰지 마세요.

수정　그애 드나드니?

지형　아뇨..아직 집 나온거 몰라요..연락 안하고 있어요..

수정   ….(보는)

지형   일도 많고…얼마간..그러는 게 날 거 같아서요.

수정   향기 엄만 대상포진으로 입원했다..

지형   ….(보는)

수정   향기도…꺼칠해졌고…

지형   ….(시선 내리며) 네..

수정   그럼 그냥 간다…

지형   네…(움직이는 수정 보다가) 어머니..

수정   (돌아보는)….

지형   아버지는요..

수정   예식날 냈던 사표 어제 되받았단다…노이사장 그러드래..아무리 골라봐도 병원 이미지 지켜낼 후보자가 없다구..

지형   네에..

수정   니 아버지가 일은 잘하잖아..

지형   네..그럼…기분은 좀 나아지셨겠네요.

수정   별로 그래보이지는 않아..부담스러 죽겠다..

지형   ….(보며)

수정   가아..

지형   네에..

S# 보험회사 텔레마케터들 일하는 곳을 외부 손님 서넛 안내하고 있는

    [주머니에서 전화벨 울리고]

재민   잠깐 실례합니다..

S# 복도

재민   (전화받는) 네 선생님 장재민입니다..

S# 김박사 진찰실

김   (테이블 정리하면서) 오후에 이 서연환자 재검 받고 돌아갔어요 ···달라진 거 없어요·· 약 먹는다고 약속하고 갔는데···지난 번같은 투지나 오기가 없더라구요··우울증도 증세 중에 하나에요··

S# 재민 복도

재민   알겠습니다 선생님···네 감사합니다·· 네·· 네···

S# 버스 안의 서연 /

서연   ····(표정 없이 주룩주룩 눈물 떨구고 있는)

S# 집으로 가는 골목길

서연   (작은 디카로 골목 가운데 서서 오른편 찍고 왼편 찍고 /)

S# 골목 / 조금 더 집 쪽

서연   (사진 찍고 있는)·····

S# 편의점

서연   (들어온다)

문권   누나··

서연   (무뚝뚝하게 디카 내놓는) 버스 내리는 데서부터 여기까지 찍어 놨어. 퇴근하면 여기서 집까지 오른 쪽 왼쪽 차례로 찍어서 현상 맡겨. 사진 나오면 차례대로 번호 매겨서 나줘··알아들었어?

문권   네··

서연   (돌아서는데)

문권   누나··

서연   (돌아보는)

문권   전화도 있고 그리고 네비있는 택시 타 주소주면 돼.

서연   전화 잃어버렸으면 / 주소를 모르면 /

문권　접때 적어 갖고 다니는 메모도 있잖아.

서연　그냥 해··군소리 부치지 말고··

문권　알았어요··(서연 나가고)·····(얼굴이 일그러지는)

S# 집으로 가고 있는

서연　E 지금 그 사람 이름은 잊었지만 그 눈동자 입술은 내 가슴에 있네…바람이 불고 비가 올 때도 나는 저 유리창 밖 가로등 그늘의 밤을 잊지 못하지.

　　[여기서부터 박인희〈세월이 가면〉나오는]

　　사랑은 가도 옛날은 남는 것 여름날의 호숫가 가을의 공원

　　그 벤치 위에

　　나뭇잎은 떨어지고

S# 서연의 거실

서연　(시디 플레이어 앞에 서서 내려다보며)

　　[노래 연결]

　　나뭇잎은 흙이 되고

　　나뭇잎에 덮여서

　　우리들 사랑이

　　사라진다 해도

제9회

S# 서연의 빌라 전경(밤)

S# 서연 빌라 앞(밤)

서연 (나와 서서 팔짱 끼고 입구 쪽 보며 중얼중얼) 한송이의 국화꽃을
피우기 위해 천둥은 먹구름 속에서도 그렇게 울었나보다‥그립고
아쉬움에 가슴 조이던‥‥그립고 아쉬움에 가슴 조이던‥머언먼 젊
음의 뒤안 길에서

　[재민의 차 들어오고]

서연 (보는)‥‥

재민 (서연 앞으로 웃으며) 다 와서 막혔어‥

서연 응‥

재민 저녁은‥

서연 왜애‥

재민 그냥 / 들어가는 길에 잠깐 보고 싶어서‥

서연 약 먹으라 소리 할려구 왔으면서‥

재민 (그냥 웃고)‥

서연   (웃는) 출근도장은 회사에 찍고 퇴근도장은 나한테 찍는다.(몸
　　　돌리는)

S#　근처 공터 놀이터 그네 있는 곳

서연   (그네 타고 있는)‥(세 번쯤 나갔다 들어오는)

재민   (그네 타고 앉아서 그냥 보고 있는)‥‥‥약‥

서연   (고개 돌리며) 오늘도 아직 그 연장전이 무슨 의미가 있을까 답
　　　못 찾았어

재민   그건 그만하라니까‥‥말기 환자들도 마지막까지 희망 안 놔‥
　　　할수 있는 모든 일을 해. 그러다 기적 만드는 사람들도 꽤 있어.

서연   으흐흐 오빠 이제 더 다른 말 할게 없나보다‥

재민   ‥‥(보며)

서연   문권이한테 들었지?

재민   뭐.

서연   왜 시침떼‥두 입싼 남자들 벌써 왔다갔다 했을텐데…

재민   (보며)…

서연   사진…집은 찾아 들어와야할 거 아냐‥

재민   잠깐 일시적이었을 거야‥

서연   일시적이 잦아지면 일시적이 아닌 게 되겠지‥

재민   ‥‥(보며)

서연   그렇게 되면 집에 콕 처박혀 있어야겠지? 그런데 자꾸 나간단
　　　다 참‥그럼 온 집안이 벌컥 뒤집혀 찾으러 다니고… 애물단지지‥

재민   지형이….너 어떻게 하고 있냐고‥

서연   ‥‥‥(보는)

재민   신경끄고 괴롭히지 말랬다‥

서연   뭐래.

재민   알았다더라.

서연   뭐야아 섭섭하게..

재민   ??

서연   아니 농담이야..(앞으로 얼굴)

재민   (보며) 어쨌든 명백한건 너 때문에 결혼 파기한 건데…그것으로 끝일까?

서연   바보 짓한 거야..치매는 나만 걸린 게 아닌 거 같아..

재민   약을 먹어..

서연   웅 먹을 거야..

재민   대답만 하지 말고..

서연   먹을 거라구..

재민   (제발) 고집피우지 마..저항하지 마.

서연   알았어…알았다구 오빠..항복 머지 않았어..곧 항복하게 될 거야..

재민   (보며).....

S# 서연 빌라를 향해 걸어오고 있는 두 사람

    [둘 다 아무 말 없이]

S# 빌라 입구

서연   (멈추고) 가 오빠..

재민   그래 들어가..

서연   (몸 돌리는)

재민   서연아..

서연   (돌아보는)

재민   주말에 어디 여행갈까?

서연 오빠 참 딱하다..동생하고 무슨 주말여행이야 빨리 좋아하는

여자 만들어..

재민 문권이 데리고.

서연 알았어 그리고 싶은 날 부탁할께..

재민 기운내.(그냥 보고)..

서연 괜찮아. 기운 없지 않아..(돌아서 걷고)....

재민 ....(보며)

S# 서연 거실

문권 (거실 가운데 서서....양손에 제 전화 서연의 전화 하나씩 들고)........

[서연 들어오는 소리]

문권 (돌아보는)....

서연 (냉장고 쪽으로) 밥 먹었어?

문권 금방 들어왔어요. 어디 나가면 메모라도 써놔요..아니면 전활

갖고 나가든지..

서연 재민 오빠 왔었어..멀리 안 갔어.

문권 어쨌거나요....

서연 (물 꺼내며) 사진 찾았어?

문권 누나 책상에요.

서연 밤 사진도 필요해..

문권 ....(보는)

서연 늦는날도 있잖어..

문권 알았어요

서연 앞으론 메모 써 놀테니까 골내지 마..(물 마시는)

문권 ....(보며)

서연 (물컵 싱크대에 넣으며) 내 앞길이 험난하다..벌써부터 화내고 그러니. 앞으로 화낼일만 태산같을텐데..

문권 화내는 거 아니에요..걱정했단 말예요.

서연 암튼.. 밥 먹었어?

문권 (금방 물었는데 / 잠간 보고) 씻고 먹을께요. 허교수님 원고 언제 넘기냐고 전화왔었어요..(전화 내밀며)

서연 어.(상 차려주려고 냉장고로)

문권 내일 통화하자구요..

서연 알았어...거의 다 돼 가..(냉장고 문 여는데) 상차려놓을께

문권 놔둬요..내가 찾아 먹음 돼요..

서연 ??그래 그럼..(전화 냉장고에 넣고 문 닫는다)

문권 (욕실로 들어가면서)

　　　[초인종과 함께]

고모 E 서연아..

서연 ?? 네에에..(문 열고)

고모 (들어오며) 김치 만두..저기 황사장네 어머니 커트쳐달래서 갔다가 묵은지 독 비웠다구 얻어 왔는데 맛이 너무 멀쩡해..금방 김장하는데 애꼈다 뭐해..에라 만두나 빚어 얼구자 / 니 고모부 불러들여 둘이 그냥 죽자사자 빚었지. 으흐흐흐흐..워낙 꽉꽉 짜서 만들어 얼기 전에 늘어붙을 일 없어.(냉동고 열고 대충 자리 만들어 납작한 플라스틱 통 집어넣고 문 닫고 냉장실 문 열며) 니들은 요새 뭐 먹고 사니 / 아이고 내 정신 (문 닫으며) 청국장 갖구 온다 그러구 어이구우우우 정신머리하구는. (다시) 아이고아이고 광천 친구가 부쳐준 창란젓도 있는데에에..

서연 주말에 제가 가서 갖고 올게요.

고모 니 고모부 치매라구 또 한마디 하겠다.

서연 (보는)

고모 E 쯔쯔쯔쯔 까아맣게 잊어버렸네에에..

고모 (보며) 그냥 만두 빨리 냉동고 넣어야하는 것만 급해빠져서 에이..

서연 괜찮아요 고모

고모 (오버랩) 자판기 커피 한잔 얻어먹고 가자…

서연 네..(커피포트 스위치 넣고 움직이며) 재민 오빠 조금 전에 갔는데..

고모 어 봤어 애..지 누나 있어. 아니면 아들 저녁먹이러 만두 들고
도로 갔지이이. 으흐흐흐흐.(식탁 의자에 앉으려 의자 빼며)

서연 (그냥 웃고)

고모 (앉았다가) 가만 애..(도로 일어나며) 잠깐 설핏 / 냉장고에 들어
갈 게 아닌게 들어가 있는 거 같던데에에에…

서연 ??

고모 (냉장고 문 열고) 그렇지 내가 봤다니까? (전화기 꺼내면서) 으하
하하하 전화기가 더위먹었다 그러대?

서연 ….(전화받으며 그냥 웃는)

고모 아 늙은이들이나 하는 짓을 벌써 하면 어떡해애애..니가 벌써
치매냐?

서연 요샌 애들이 더 깜빡거리는 거 모르세요?

고모 그게 다 공해때문 아니겠니?

서연 네에…

고모 중매 결혼은… 안할래?

서연 (돌아보는)

고모 괜찮지이 싶은 사람 있어서.. 명희 기집애 초치는 건 상관없고
재민이까지 그냥 놔두래서 그런가아 했는데 아까워서.

서연 (오버랩) 한번....제대로 알아볼수 없나요 고모?

고모 ??? 만나볼래?

서연 엄마요..

고모 ....(잠짓 보다가) 아 까짓 그건 뭐하러..뭐얼 알아보구 자시구 해
애..사람두 아닌 사람으을..

서연 (오버랩) 고향에...알아보면.

고모 그거야...찾자구만 들면...뭐....그런데 왜 뭐할라구..

서연 그냥...궁금해요..(끓는 물컵에 따르면서)

고모 괘앤히 찾았다가 혹이나 부치기 십상이지..뭐얼 찾아 뭐얼..그
만둬.

서연 (커피 놓아주며) 만나고 싶은 생각은 없어요..

고모 .....그럼..

서연 그저 어떻게 사나 알고 싶어서져서요..

고모 애! 보나마나 뻔이지 무슨 축복을 받아 잘 살겠어..

서연 ....(보는)

고모 (커피 잔 들며) 꼭..기어이 궁금한 거 같으면 알아볼라면야 뭐..
안 죽구 살어 있으면 어디 산다아아 정도는 캘 수 있겠지..

서연 ...(보며)

고모 아 뭘 알어봐아아아..심난스럽게

서연 ...(그냥 보며)

S# 서연의 거실

문권 (혼자 밥 먹으며 누나 방 쪽 보는)

414

S# 서연의 방

서연   (침대에서 문권이 찾아온 사진들 / 왼편 오른편 두 개의 봉투에서 꺼
냈 사진들 / 뒷면에 매직펜으로 크게 오른편1 오른편2 왼편1 / 왼편2 쓰
여진 것 보고 차례로 양옆으로 놓고 있는 중 / 한 장씩 보고 엎어놓고 하
는 중··문권이가 차례대로 해두었지만)·········(오버랩으로)

S# 사내 회의실

　　　[프린트물 각자 앞에 / 다이어리 / 필기구]

서연   좋아. 그럼 그건 인영씨가 마케팅팀에 전달해서 세부 기획안
제출하게끔 하고. 표지카피는 나왔어요?

소희   뒷장에요.

서연   (들춰 보는)

편집장   (시안 보며) 배경색만 바꾼 건가?

서연   네. 3권까지는 흰색표지로 깔끔하게 갔었는데 손때가 많이 묻
는다는 반응이 있어서 배경색을 조금씩 달리해 보기로 했어요. 표
지 색으로 시리즈 구분하는 것도 좋을 것 같았구요. 속표지는 시리
즈대로 가고 이번 4권도 작가얼굴과 띠지카피는 기존처럼 그대로
가는 걸로 했어요.

편집   이거 너무 어둡지 않아요? 난 갈색이 맘에 드는데. 어둡지도
않고 은은하고.

소희   갈색은 임팩트가 좀 없어 보이는데요. 편집장님.

선주   (손 들며) 검정이요.

서연   (한 손 들어 보이며) 저도요.

편집   내가 완패네. 좋아요 검정으로 가죠. 그리고 일러가 이번엔 좀
정적이네.

서연 미천왕은 고구려 최초로 낙랑을 정복한 왕이니만큼 강인한 면
모를 강조해서 역동적인 느낌으로 갔었구요, 이번 고국원왕은 고
구려 역사상 가장 불행했던 왕이어서 좀 다른 느낌으로 작업되었
습니다.

S# **회사 화장실**

서연 E (이 닦으면서 숫자 중얼거리고 있는) 팔천구백 구십일 팔천구
백 구십. 팔천구백….팔천팔백..팔천 팔백구십구..팔천팔백구십
오..사..삼..이…일…이이는 사 이삼은 육 이사 팔 (하는데)

소희 (들어오며 깜짝) 아직 안나가셨어요?

서연 응.. (칫솔 집어넣으려 하다가 칫솔 헹구며) 안나가?

소희 황인영씨 잠깐 덜 끝난게 있대서요..

서연 ….

소희 (콤팩트 꺼내 화장 고치면서) 팀장님 뭐 잘 안되죠..

서연 ??

소희 헤어졌어요?

서연 (손바닥에 물 받아 입 헹구면서).....

소희 얼마나 사겼는데요?

서연 무슨 소린지 몰라.

소희 에이 저만 알고 있을께요.

서연 그런 거 없어.

소희 우리 모두다 그렇게 생각하는데요?

서연 웬 관심이야.

소희 요새 그렇게 보여요 팀장님..

서연 (그냥 소지품 챙기는)

소희　정말 안가실래요? 영화 진짜 재밌다는데‥

서연　집에 모임 있댔잖아‥

소희　핑계냄새가 나니까요오오 (핑겐거 같으니까요)

서연　그런 거 아냐‥ (핸드백 들고 화장실 나간다)

소희　(아무래도 좀 이상해)…(금방 화장으로)

S#　회사 출구로 움직이고 있는 서연

서연　E 아무도 모르는 어딘가로 가서 몇날며칠 죽은 것처럼 자다가 그대로 숨을 멈췄으면‥‥그러면서 나는 여전히 회사 나와 일하고 말해야 될 때는 말을 하고 웃어야 할 때는 웃는다‥

S#　회사 건물에서 나오고 있는

서연　E 어느 순간은 텅빈 껍질만 둥둥 떠다니는 것 같고 어느 순간은 껍질 벗겨진 피투성이 알 몸뚱이 짐승처럼 아프고 쓰라리다… (하며 고개 들다 멈칫 서는)…

지형　(저만큼에서 보고 서 있다)‥‥‥

서연　‥‥(보며)

지형　(다가와 보며) 놓칠 뻔 했다…

서연　‥‥

지형　전화 / 안 받아 줄 거 같아서…

서연　…(보며)

지형　할 얘기가 있어‥

서연　(끄덕이듯) 그래요‥

지형　보고싶어 죽는 줄 알았다‥

서연　(대답처럼 고개 딴 쪽으로 돌리는)

지형　‥‥(보며)

S# 이동 중인 지형의 자동차

S# 차 안

지형 (운전하다가 잠깐 돌아보면)

서연 (어금니 꽉 물고 툭툭툭툭 울고 있다)

지형 ....(보다가 한 손 목 뒤로 넣으려는데)

서연 (조용히 밀어내고 그대로 홍수난 것처럼)

지형 ....(제 손수건 내밀어준다)

서연 (그냥 고개 돌려 거절하고)....

S# 지형의 오피스텔로 들어오는 자동차 들어와 지하 주차장 쪽으로

S# 오피스텔 안

　　　[들어오는 두 사람]

지형 앉어.. 마실 거 주께..(상의 벗어놓고 주방으로)...

서연 .....(잠시 지형 보다가 앉는)...(시선 내리고)

지형 (주스 두 잔 들고 와 놓고 / 의자 서연 앞으로 가깝게 옮겨 앉고 가만
　　　히 보는)...순하게 따라와줘 고맙다..

서연 ....(보며) 여기 다시 올일 없다고 생각했었어..

지형 (오버랩의 기분) 결혼하자..

서연 ....(보며)

지형 동생 데리고 이사 해. 고모네 가까운데 아파트 준비해 놨어.

서연 ....(보며)

지형 아무 것도 필요없고 컴퓨터랑 옷만 갖고 옮겨오면 돼.

서연 (화낼 필요 없음) 어머 고마워. 이렇게 고마울 데가 나 책임질려
　　　고 사고쳤구나 내 생각이 맞았구나. 나는 족집게 점쟁이 간판달아
　　　야겠구나.

지형 (오버랩) 서연아.

서연 (오버랩) 돌대가리가 아니라 쇠대가리. 돌대가리도 아깝다.

지형 같이 있자.

서연 만약 내가 지금 정상이면…문권이 쫓아내고 당장 살림차려 살
자 / 내가 그랬을 거야..

지형 ….(보며)

서연 자존심이고 뭐고 당신 부모한테 무슨 모욕을 당하든 상관없이
/ 그냥 우리 같이 자식낳고 살자 그랬을 거야..그러니까 내가 주장
했던 티비 드라마 싫다는 / ..아마 죽었다깨도 나 때문에 자기 부모
반역 못할테니까 내가 먼저 선그어 자존심이나 사수하자 / 그거였
던 거 같아. 결과적으로 잘한 일이기는 하지만..

지형 (보며) 널 사랑해.

서연 ….(보는)

지형 (서연 두 손 잡아 올리면서) 널 사랑해..

서연 (좀 웃듯) 그 한마디 들을려면 사랑해 소릴 백번은 했어야 했
는데

지형 사랑해..

서연 당신 사고쳤다는 거 안 순간부터 얼마나 미치게 보고 싶었는
지 얼마나 그리웠는지 알아? 미친년처럼 맨발로 뛰쳐나가 당신한
테 달려와 당신 안고 당신 만지고 싶었어.

지형 서연아.

서연 일주일만 그렇게 당신하구 같이 있다가 여기서 떨어져 죽어버
림 어떨까 그랬었어..

지형 (껴안으려 한 팔 서연에게)

서연 (밀어내며) 나도…나도 다 무시하고 착한 척 이성적인 척 다 집어치우고 지금 정도면 나 아직 괜찮으니까 우리 같이 살자고 / 삼년만 아니 이년만 / 일년만 그래줄수 없냐고 싶었어··그러다 시설로 들어가면 안되겠냐 그러고 싶었어.

지형 서연아.

서연 나…건드리지 말아줄래? 결혼? 그래 하자 그럼 어쩔려구 응?

지형 하자구.

서연 뱀처럼 휘감기면 어쩔려구!!

지형 서연아.

서연 나 아직 멀쩡해··

지형 알아. 다른 사람들한테 허락된 몇십년이 우린 안된대. 그러니까 빨리 합쳐 하루하루를 천금같이 쓰자구.

서연 ······(보며)

지형 천금같이 쓰자구··

서연 이것으로 됐어··고마워··행복해··당신을 기억하는 날까지 행복해할께.

지형 서연아.

서연 (오버랩) 시대 뒤떨어진 문학소년 흉내내지 마. 날 버려··(일어나며) 그리고 잊어··하늘도 이해할 거야. 하나도 비겁한 거 아냐··· (지형 일어나고) 뭐…운명같은 사랑? 그런 건 없어.

지형 그냥 나한테 기대. 그래도 돼.

서연 그렇게 낭만적인 거 아냐··

지형 낭만 놀음 하자는 거 아냐. 널 버릴 수 있었으면 그냥 결혼했어.

서연 미안하게 생각해··내가 병원엘 좀 나중에 갔으면 좋았을 걸··

420

오빠가 그 포차 아닌 호프집으로 당신 데리고 갔었으면 좋았을 걸…김박사 아버님 퇴원이 하루 이틀 빨랐거나 늦었으면 좋았을 걸‥쓸걸쓸걸‥그 중에서도 으뜸은 그날…우리가 갤러리에서 만나지 않았더라면 좋았을 걸이겠지‥

지형　(다가와 포옥 싸안고)

서연　‥‥‥(마주 안는)…착한 아가씨한테 용서해 달라 그래…용서해 준다면 다시 시작해‥당신은 당신 삶을 살아‥

지형　뭐가 약은 처신인지 / 니가 날 밀어내는 뜻 / 다 알아‥그래도 나는 너 안 놓는다.

서연　(몸 떼면서 얼음처럼) 당신까지 머리에 이고 짓눌리기 싫어. 나 죽도록 고단해‥싫어.

지형　…(보며)

　　［전화벨］

서연　(놓아두었던 가방에서 꺼내 받는) 어 그래…응 잔무가 좀 있었어‥이제 끝났어 들어갈게‥‥

서연　E　(보는 지형) 아 그래‥전화했어야 했는데 까 먹었어‥아니 아직‥기다리지 마 먹어‥

서연　알았어. 응 지금 출발해‥응‥으응‥(끊고 전화 집어넣으며) 갈께‥

지형　데려다줄께.

서연　택시 탈 거야.

지형　(서연 팔 잡아 움직여 상의 집어 들고 문으로)…

S#　지하 주차장

지형　(문 열어주며) 저녁 먹으면 안돼?

서연　피곤해‥(타며)…

S# 차 안

지형   (타면서) 나 먹어야 하는데…

서연   ….

지형   나 먹어야 한다구..

서연   (앞 보며) 내가 알게 뭐야..

지형   ….(잠시 보다가 출발하는)…..

서연   ….

S# 서연 동네 큰길…밤 차량들 흐르는 인서트

S# 길옆 늘 세워졌던 장소에 멎는 지형 차

S# 차 안(밤)

지형   기어이 여기서 내려야겠어?..

서연   …..(대꾸 없이 내리려)

지형   (한 팔 잡으며) 사십평짜리야..

서연   (돌아보는)

지형   가구는 내가 들여놨고 주방 용품 같은 건 사무실 여자 직원들
       이 채워줬어.

서연   소문냈어?

지형   아니..내가 들어간다구..

서연   돈 많구나.

지형   월세야..

서연   ….

지형   깨끗해..

서연   헛짓했네.

지형   서연아.

서연 (팔 잡힌 것 거칠게 뿌리치며)날 좀 존중해 주면 안되겠니? 왜 번 번이 소귀에 경읽기 시켜. 왜 무시해. 치매라서?

지형 그런 말이 어딨어.

서연 (오버랩) 하늘 아래 둘도 없는 남자 되고 싶은 꿈 깨!

지형 왜 없어 그런 사람들 많아!!

서연 그건 부부지!

지형 결혼하면 부부야.

서연 당신 집은 어떡하고 결혼이야.

지형 상관안해!! 누구보다 너야. 나한테 니가 어떤 의민지 멍청해 서 몰랐어.

서연 계속 멍청으로 쭈욱 가. 당신까지 재수대가리로 덤 붙어주지 말고.

지형 ....(보는)

서연 (내려서 문 쾅 닫고 씩씩하게 빠르게 앞으로 가는 뒷모습 전면 유리로)

지형 .....(가만히 보며)

S# 그 길 쪽 버스 정류장에서 기다리고 있던 문권을 만나는 서연···
     유리 전면으로

지형 .....(보고 있는)

S# 길 건너는 남매

문권 (누나 핸드백 메고 건너면서) 버스 탔을 줄 알았어.

서연 어··차편 있었어···나 벌써부터 마중 나올 정도 같아?

문권 아니. 다리 운동이 필요해서··꾀 피우고 아무 것도 안한지 꽤 되잖아. 다리가 가늘어진 거 같아··

서연 시간 만들어 둔치라도 뛰어 줘.

문권   응 그래얄 거 같아.

S# 집으로 가는 골목

[걸어오며 /]

서연   설마 유전은 아니겠지.

문권   …(보는)

서연   유전은 일퍼센트 이내라니까..

문권   유전이 아니라는 설도 있어요.

서연   겨울 옷 꺼내 놔야겠어..이러다 금방 겨울일 거 같아.

문권   춰요?

서연   괜찮아..

문권   (제 상의 벗는다)

서연   괜찮다니까..

문권   (어깨에 걸쳐주며) 누나 기분 좀 나아진 거 같으네.

서연   그래?

문권   재민이 형 전화했었어요.

서연   응..

문권   오겹살 사다 제육 볶음 만들어 놨어요.

서연   맛있겠다..(웃으며)

S# 서연 거실 주방

문권   (부지런히 상 차리는 중. 제육볶음 냄비에서 덜어 식탁으로 / 반찬 준
비 완료해놓았고 상추 / 밥 뜨는)

서연   (침실에서 옷 갈아입고 나오는) 냄새 그럴듯한데?

문권   (밥공기 옮겨놓으며) 약간 짠 거 아닌가 그런데..

서연   반찬으로 먹는 건데 뭐..(의자에 앉으려)

문권　손..

서연　응?

문권　쌈 먹을려면 손 씻어야지..

서연　아 상추 있었네..(그냥 앉으며) 나오면서 씻었어.

문권　으응..(평소의 누나는 아니다 / 마주 앉는)...

서연　(먹기 시작하는).....

문권　(먹으며 누나 보는)....

서연　....

문권　형...내일 설악산 가자든데..

서연　(보는)....

문권　콘도 빌렸다구 일박이일도 좋고 아님 월요일 일찍 출발해서
　　　출근해도 상관없다고.

서연　원고 끝내야 해..

문권　좋은 공기 마시면서 괜찮을 거 같은데..

서연　좋은 공기가 알츠하이머에 좋대?

문권　....(보는)

서연　니 걱정은 안해도 되는 거지?

문권　알아서 하고 있어요.

서연　정신 붙잡고 용쓰기도 바빠 니 걱정까지 할 기운 없어.

문권　밥 먹고 형한테 전화해요..

서연　?? 전화하래?

문권　내일 일찍 온댔어요..나는 편의점 알바 벌써 쉰다 그랬고

서연　....(보는)

문권　설악산 가자 그런댔잖아요.

서연 나 일해.

문권 전화해요··

서연 알았어

　　　[재민 전화벨 울리는]

S# 재민의 방

재민 (침대 기대서 책 보다가 받는)···어 나야··

지형 F 어머님아버님 서연이 아픈 거 아직 모르시니?

재민 모르셔··왜··

지형 F 서연이 데려 올려구.

재민 ?? (기댔던 것 일으키며) 무슨 뜻이야.

지형 F 결혼한다.

재민 늬들 만났어? 서연이가 하겠다 그런단 거야?

지형 F 서연인 아냐··

재민 ···

S# 이동 중인 차 안

지형 나 도와줘 재민아.

재민 F ····

지형 재민아··

재민 F (한심해서) 너도 제정신은 아니구나. 그게 가능하다고 생각해?

지형 가능하게 만들어야지.

S# 재민의 방

재민 아직 약도 안 먹고 버티는 고집불통이야. 아직은 사고 / 판단 /
　　　추리력 성해. 그애 너 절대 안 끌어들여.

지형 F (오버랩) 기절시켜 납치해서···· 토굴에 가둬서라도 난 해.

재민　……

지형　F 너의 집 식구들한테만 맡겨둘 수 없어.

재민　괴롭히지 마라‥

지형　F 도와주라 재민아.

재민　저혼자 겪고 있는 지옥만으로도 죽을 맛인데 너까지 왜 그래.

　(조금 전 가볍게 노크했다가 들어오는 고모)

S#　지형의 차 안

지형　내가 왜 결혼 엎었는데!! (버럭) 아무 일도 안할 거면 내가 한 짓
　이 도대체 뭐야!!

재민　F (버럭) 그때부터 임마 너 제정신 아니었어!!

S#　재민의 방

재민　도대체 왜 그랬어 미친 자식아!!

고모　(배 깎은 것 들고 서서 보며)…

재민　그걸 그렇게 우습게 생각하지 마. 헛소리 집어치고 정신차려‥‥
　끊어‥‥끊어 이 자식아‥(끊어버리고)…

고모　누구한테 그런 심한 소릴하는 거야‥

재민　아니에요‥

고모　그 나이에도 친구하고 이자식저자식할일이 있어? 도대체 무
　슨 일이야‥

재민　별일 아니에요‥‥‥

고모　친구 일에 너무 깊게 참견하는 거 아니야. 지일은 지가 해결하
　라 그래‥난 모른다 그러라구‥

재민　네에‥

명희　E 지민아아아

동철 E (동시에) 즈이들 들어왔습니다 장모니이임..

고모 이잉..그래애애 (하며 나가는)

고모 E 왜 이렇게 퇴근이 빨러?

S# 마당

명희 아으 등 땡겨 힘들어 죽겠어서 엄마.

동철 안마 시술소 들어가 잠깐 풀래두 말 안듣구 기어이 저 끌고 들 어오는 거에요.

명희 (아이랑 방으로 움직이며) 돈이 썩니?

동철 그러니까 한번씩 스트레칭이라도 해주라니까아아..말을 안들 어요 도무지이

명희 E 타월 적셔서 렌지에 데워갖구 들어와아..

동철 예에에 아줌씨이이..들어가세요 장모님. 제가 해요 제가 합니다..

[잠시 사이 / 고모 자기 방으로 몸 돌리고 차서방 부엌으로 움직이는]

명희 E ㅇㅇㅇㅇㅇㅇ ㅇㅇㅇㅇㅇㅇㅇ

동철 ??(후다닥) 왜 그래 여보 왜 그래 왜 그래

고모 (역시)??

명희 E 아ㅇㅇㅇㅇ ㅇㅇㅇㅇㅇ (후다닥 마당으로 뛰어내리고)

동철 (제 방으로 후다닥 / 고모?? 마루 내려서고)

S# 명희의 방

동철 (문 활짝 열며) 왜 뭐야 뭐야.

명희 아ㅇㅇㅇㅇ 말 걸지마..가만 가만 있어..가만..

동철 뭐냐니까..

지민 아빠 쥐..

고모 E (동철은 방으로 /) 쥐가 있어어?

지민   엄마 다리에 쥐났어요오오‥(할머니에게)

고모   E 난 또‥

동철   이렇게 해‥(왼 다리 옆에 쭈그리고 앉아 발을 오른쪽으로 돌려 꺾어 스트레칭해 주는) 요지가지다 요지가지

명희   아 야야야얏! (철썩 때리는) 아퍼어어어

동철   풀어얄 거 아냐아아‥

S# 마당

고모   (빨랫줄에 걸린 타월 하나 당기며) 날이 차지니까 또 시작이구먼‥ 하루 (물에 적셔 비틀어 짜며 구시렁구시렁) 왼종일 서서 동동거리니 다린들 승질이 왜 안나. 그렇게 혹사시키는 데 핏대가 왜 안나‥ (부엌으로 움직이는데)

고부   (방에서 나와 화장실로 가는데 절룩거리고 있다)

고모   (잠깐 보고 부엌으로 들어가다가 다시 보는)‥‥당신 다리 왜 그래요?

고부   ‥‥(그냥 화장실로)

고모   (부엌에서 나오며) 무릎 아퍼어?

고부   E 아냐아아아

고모   그럼 왜 절어어어?

고부   E ‥‥‥

고모   에에에에??‥‥‥에에에에?

고부   E 아 괜찮어어어.

S# 부엌

고모   (들어와 수건 적당히 접어 전자레인지에 넣고 조작하고 내다보며 소리 지르는) 발 저리면 코에 침 발러요오 그게 쉬워어어… 에고오오 메아리 없는 짝사라아아앙‥

S# 재민의 방

재민　(우두커니 앉아서)………

　　[메시지 들어오는]

재민　(확인)

서연　E 나 일거리 있어. 설악산 못가..미안해.

재민　E (답장 쓰는) 그럼 내일 아침 둔치 산책 정도는 할 수 있니?..(보
내고 기다리면)

　　[메시지 음]

서연　E 응

S# 서연의 거실 테이블

　　[메시지 음]

재민　E 일곱시에 내려와라…

서연　(옆 메모지에 쓴다 / 일곱 시 재민 오빠 산책 /)

S# 오피스텔 / 자기 방 쪽으로 복도 걸어오는

지형　(문득)??? (출입구 아래 뭔가가 놓여져 있다 / 예쁘게 포장된 바구
니 / 들고 들어간다)

S# 오피스텔 안

지형　(들어오며 불 켜고 바구니에 꽂힌 카드 꺼내 보면)

　　[동글동글 단정한 글씨]

향기　E 쿠키 좀 구웠어 오빠..출근전에 커피하고 두 개 씩만 먹어..
부담스러 하지는 마..심심하고 지루해서 한판 구워본 거야..

지형　….(카드 내려다보다가 전화 단축 버튼 누른다)

　　[벨 가는]

향기　F 아 오빠..들어왔어? 쿠키 봤어?

430

지형   너 지금 어디야..

S# 오피스텔 로비

향기   로비.. 아저씨한테 애교부리고 차 잠깐 세우고 올라갔었어…

지형   F 거기 있어..금방 내려갈게..

향기   어 오빠 안 그래도 돼. 나 그냥 가도 돼..

　　　[끊어지는 전화]

향기   (전화 내려다보는)…

S# 우동집(저녁)

지형   (먹고 있는)

향기   (새우튀김 놓고 / 건드리기만 하는) 뭐가 그렇게 바빠서 밥도 못
　　　먹고….

지형   ….

향기   엄마 그저께 싱가폴 가셨어 아빠랑..내일 오셔..나는 오늘 밤에
　　　처음 나온 거고..오랜만에 나오니까 너무 이상해.

지형   나 본 거 어머니 모르시게 해. 걱정듣지 말고..

향기   오빠는 내 머리가 실제보다 더 나쁘다고 생각하는 거 같아..

지형   그런 건 아냐…

향기   오피스텔 불편하지 않아?

지형   유학생활 비슷하지뭐…

향기   밥도 해 먹어?

지형   아니 그럴 여유 없어..

향기   뭐…물어봄 안돼?

지형   ??

향기   그 분…잘 있어?

지형 잘 있어.

향기 이뻐?

지형 니가 더 이뻐..

향기 안 그래줘도 괜찮아 오빠.

지형 사실이야..

향기 알겠다.. 이뻐서 좋아한 게 아니구나..그러니까 더 진짜겠구나 ..먼 발치에서라도 한번 / 보고 싶어…궁금해..

지형 이집 / 맛이 변한 거 같다..

향기 알았어. 바보같은 말 했어..

지형 커피 마실래?

향기 ….(잠깐 생각하고) 그냥 갈래..나때매 그래주는 거 느껴지는데 뭐..

지형 그런 거 아냐..

향기 후후 그동안 견뎌주느라 고생많이 했어. 내가 오빠 자리에 서서 생각해보니까 그랬겠더라.

지형 ….(보며)

향기 일어나..

지형 그래..

S# 우동집 앞

　　[나오는 두 사람.. 발레파킹 자동차 기다리느라 서 있다가]

향기 아 참 오빠..해줄 얘기 있어.

지형 뭔데.

향기 혹시 우리 결혼 깨진 거 오빠한테 문제 있어서라는 소문 귀에 들어가도 신경쓰지 마.

지형 나한테 문제 있는 거 사실이잖아.

향기　그런 문제가 아니라.. 오빠가 성기능장애라는…

지형　….(보는)

향기　엄마가 퍼트린 거야..아직도 하고 있어..

지형　(쓴웃음 / 잠깐 시선 내리며) 그쯤이야 뭐. 내가 한 짓이 있는데..

　　　(차 대어지고 / 문 열어주고)

향기　갈게 오빠..

지형　으음.

향기　쿠키 버리지 마….먹기 싫으면 사무실 갖고 나가..

지형　안 버려..걱정마..

향기　(타고 손 인사 잠깐 하고 출발)

지형　….(보며 서 있다가 천천히 걷기 시작하는)…..

수정　E 향기한테 이게 무슨 못할 짓이야. 향기는 너 밖에 없는데..향기 전부는 넌데. 그 죄를 다 어떻게 받으려구. 마음 찢어논 건 눈에 안 보이니까 죄 아닌줄 알어?

S#　오피스텔 복도

지형　….(들어오고 있는)

서연　E 만약 내가 지금 정상이면…문권이 쫓아내고 당장 살림차려 살자 / 내가 그랬을 거야..자존심이고 뭐고 당신 부모한테 무슨 모욕을 당하든 상관없이 / 그냥 우리 같이 자식낳고 살자 그랬을 거야..그러니까 내가 주장했던 티비 드라마 싫다는 / ..아마 죽었다깨도 나 때문에 자기 부모 반역 못할테니까 내가 먼저 선그어 자존심이나 사수하자 / 그거였던 거 같아.

S#　오피스텔 안

　　[들어오는 지형..들어와서 하는 움직임 계속하다가 아까 서연이 섰던

자리 돌아보는]

지형　······(그대로 서서)······

서연　(몇 시간 전 서연) 당신 사고쳤다는 거 안 순간부터 얼마나 미치게 보고 싶었는지 얼마나 그리웠는지 알아? 미친년처럼 맨발로 뛰쳐나가 당신한테 달려와 당신 안고 당신 만지고 싶었어.

지형　(현재의)

서연　E 일주일만 그렇게 당신하구 같이 있다가 여기서 떨어져 죽어버림 어떨까 그랬었어··

S#　서연의 거실

서연　(거실을 왔다 갔다 왔다 갔다···냉장고 문 열고 물병 꺼내 컵에 따르다가 그냥 놔둔 채 방으로)

S#　침실

서연　(들어와 또 왔다 갔다 왔다 갔다)····(어쩔 줄을 모르겠는)···(그러다가 다시 나가는)

S#　거실

서연　(나와서 뒤지기. 싱크대 아래 문 열어젖히며 뒤지기 시작하는)

문권　(화장실 가려 나오다가 누나 보고 무슨 말인가 하려다 말고 보는) ···뭐 찾아 누나··

서연　······

문권　(다가들어서) 뭐 찾는 거냐구요.

서연　니가 먹어 치웠어? 그런 거야?

문권　뭘 찾는 거냐니까요.

서연　내꺼 어디갔어··있었는데 왜 없냐구.

문권　누나 누나누나

434

서연 (오버랩) 수울 / 와이이인..니가 먹었냐구..

문권 나 누나 와인 안 건드리잖아.

서연 그럼 왜 없어.

문권 술 먹으면 안돼 누나. 술 먹지 말랬어. /

서연 술먹고 뻗을 거야. 미칠 거 같아 / 견딜 수가 없어.(두 주먹 움켜 올리고)

문권 (두 팔목 잡고) 알았어 누나..주께..어딨는지 알아..나 안 마셨어 ..누나꺼 있어..주께...

서연 (진정하며) 줘..어디 있어..

문권 (냉장고로)

서연 .....(보며)

문권 여기 뒀잖아 (아래 야채 칸에 눕혀놨던 와인 한 병 꺼내 싱크대로) .....(입 꾸욱 다물고 와인 따개로 열기 시작하는)

서연 ....(보다가 찬장으로 / 와인 잔 두 개 중에 한 개 꺼내 싱크대에 놓고 기다리는)...

   [마개 뽑혀 나오고]

문권 (삼분의 일쯤 따라준다)

서연 더 해..

문권 (좀 더 따라주고)

서연 더..

문권 어이 시이 누나 술 먹으면 안된단 말야!!

서연 (술병 빼내 반 넘도록 따르는)

문권 ....(보며)

서연 (술잔 내려다보며..조용히) 당장 어떻게 안돼 문권아. 차라리 당장 순식간에 어떻게 되는 거면 좋겠어. (술잔 들며) 오늘 밤 자고 일어났는데 내일 아침 / 어 바보됐네 그랬음 좋겠어. (반 잔쯤 마시는)

문권 ....(보며)

서연 (다시 벌컥벌컥 잔 비우고).....(다시 따르는데)

문권 (막아서며 술병과 컵 뺏는다)

서연 ....(보며)

문권 ...(보며 울 것 같은)

서연 ...(측은하게 보다가 작게) 알았어..미안해..(제 방으로 들어가고)

문권 ....(그러는 누나 보며)...

S# 서연 방

서연 (들어와 침대로 엎어져버리는).....(눈 찌그려 감고)

서연 E 사랑이 어떻게 너에게로 왔는가. 햇빛처럼 꽃보라처럼 또는 기도처럼 왔는가.

  ....(사이 두었다가 몸 뒤집으며 눈 뜨고)....

                                    F.O

S# 둔치 잔디밭에 앉아 / 강을 보고 있는 재민과 서연

서연 ......

재민 ....(돌아보는)....

서연 멈추면 퍼져버릴 거 같아서. 계속 뭔가 생각해야하고 기억해야하고. 그거 있지 오빠...나무뿌리 한 가닥 움켜잡고 낭떠러지 벼랑에 매달려 있는 거..얼마나 피곤한데..

재민 (고개 앞으로)

서연 버텨서 될 일도 아닌데 기를 쓰는 거 바보같아서 그냥 ..놔 버리고 싶기도 해...

436

재민 놔버리지는 말고 약을 먹어.. 늦추는 도움은 확실히 받는다는데 그걸 왜 안해.

서연 서른살 짜리 치매 / 어처구니없잖아?

재민 (돌아보는)

서연 어처구니없을 때 우린 웃잖아 .. 야들아아아 나 희귀희귀 케이스래애..대단하지 않냐? 나 꿩장한 사람이야아 흐흐흐흐...그냥 치매야 반갑다 나랑 같이 놀자..

재민 ....(보며)

서연 (재민 돌아보며) 무슨 말 들은 거 없어?

재민 ..뭐..

서연 (잠깐 위로 턱 치켜들며) 으흐흐흐흐 결혼하재..

재민 ...그래서.

서연 (돌아보며) 할까?

재민 ...(보며)

서연 (일어나 엉덩이 털며) 멋도 모르고 까불다 어떻게 되는지 체험으로 알게 해 줄까?

재민 (일어나는 / 안 보는 채 제 엉덩이 좀 터는)...

서연 유치한 객기의 끝이 어떤가 맛보여줘?

재민 객기로 선택할 수 있는 일은 아냐..그렇게 매도할 건 아냐...

서연 ....(보며)

재민 하고 싶어?

서연 ....(보며)

재민 진심이 뭐야..

서연 나 아직 그 분별력까지 망가지진 않았어..(움직이며) 가자 오빠..

S# 수정의 거실(같은 시간)

지형 (현관 여는 전자음 소리 들리고 들고 나갔던 빈 가방 들고 들어와 계
단 아래 놓는데)

이모 (소리 듣고 나오다 보고)?? 언니이이이 지형이 들어왔네에??(큰
소리로)

S# 주방

창주 (아침 먹다 멈추고)

수정 (일어나는)

창주 무슨 소리야.

수정 들어올 일이 있나부지. (나가려)

창주 저눔 나 모르게 들락거리고 있는 거야?

수정 추동복 갖다 달래서 와서 챙겨가랬어. 즈이 아버지가 내쳤지
나는 아니야.

창주 그래서 내 말이 십전짜리도 안되게 만들어?

지형 (들어오며) 금방 가요 아버지‥ (목례하며) 출근하셨을 시간이
라 들어왔어요.

창주 (대답처럼 일어나 나가는)

수정 짐 챙겨.

지형 네‥(수정 나가고)

S# 침실

창주 (상의 입고 손수건 챙겨 넣고 / 탁자에 서류 뭉치 집어 가방 안에 넣는데)

수정 (들어온다)…

창주 (가방 들고 나가려)

수정 이제 그만 해‥

438

창주 (돌아보는)

수정 향기네도 이미 우리 집 같진 않아..평온 찾아가고 있다구.

창주 그 집에는 지 애비 뒤통수 갈긴 자식놈이 없으니까.

수정 언제까지 이럴 거야. 숨막혀 죽겠어.

창주 자식 잘못 키워낸 값이라 생각해. 당신이 키운 놈이야.(횡하니 나가는)

수정 ……(문 보며)….

S# 지형의 방

지형 (옷걸이에 덮개 씌운 추동복 댓 벌 침대에 꺼내놓고 가방에 담고 있는 / 양말 / 손수건 / 기타 남자 소지품들)……(충분한 시간 두었다가)

  [노크]

지형 네에..

수정 (커피 머그잔 들고 들어오는)

지형 (머그잔으로 손 내밀어 한 모금 마시고 적당히 놓는데)

수정 아침 먹고 나가..

지형 (잠깐 보고) 네..

수정 …(보다가) 아직 분이 안 풀려서 그러시는 거야..

지형 네에..죄송할 따름이죠 뭐.

수정 ….(보다가 나가려 몸 돌리는데)

지형 (손 멈추며 /) 저기요..

수정 (돌아보는)…

지형 (엄마 쪽으로 다가서서) 저 / 결혼하자 그랬어요..

수정 ??? ?

지형 그 사람요 / 결혼할려구요.

수정 ....(보며)

지형 온 김에 말씀드려요..집 준비도 끝내놨어요..

수정 니 아버지 무리가 아니다. 너 정말 어떻게 된 거야? 그 소동 피워 놓고 얼마나 됐다고 벌써 결혼 / 뭐 집까지 준비해놨다구?

지형 엄마.

수정 (오버랩) 내가 너 잘못 키운 게 맞나봐. 기 막혀. 어떻게 이렇게 앞뒤 분별없이 막 나가. 이건 막나가는 거잖아.(야단치는 건데 기가 막힌 게 앞이다)

지형 ....(보며)

수정 향기한테 등돌리고 너 할 일 뻔한 거 알아. 아버지가 허락하든 안하든 난 별수없이 니 편에 서야하는 거 아닌가 생각하고 있어. 내 아들이 사랑한다니까 내 자식이 그 난리치면서까지 선택한 아이 니까..그렇지만 이건 향기 부모 향기 네 아버지에 대한 예의가 아니야.. 최소한 일년 쯤은 지난 후에나 꺼내 놓을 얘기야.

지형 시간이 아까워요 엄마. 빨리 합치고 싶어요.

수정 입도 달싹 하지 마. 아아무 것도 상관없이 저 하고 싶은 것만 하자는 건 보기 좋은 사람의 모습이 아냐..나 너 못도와줘.

지형 (보며)...

수정 나까지 실망시키지 마..정말 언짢아 응? (돌아서는데)

지형 사정이 있어요.

수정 (되돌아서는) 그게 뭔데..

지형 ....(보며 차마 말할 수는 없다)...

수정 아이 가졌구나..

지형 .....(보며)

440

수정   응?…

지형   아니에요..

수정   …(보다가) 그럼 그 애는 …아일 저혼자 낳아 키울 작정이었던 거야?

지형   …(시선 피한 채 짐 싸던 곳으로)

수정   너 몰랐었어? 언제 알았어. 아이 때문에 발목 잡혔던 거야?

지형   그거 아니에요..나중에. 나중에 말씀드릴께요.

수정   ….(보는)

지형   하객 초대 결혼식은 안해도 돼요. 그냥

수정   (오버랩) 어찌됐건 지금은 안돼.. 있을 수 없는 일이야. 꿈도 꾸지 마. (나가고)

지형   ….(나가는 엄마 보며)……

S# 거실

수정   (내려와 주방으로)

S# 주방

이모   (혼자 먹다가 일어나며) 지형이 내려와?

수정   (의자에 앉으며) 내려오거든 해.. 먹어..

이모   (앉으며) 애가 살이 쭉 내렸네 그냥..

수정   (먹기 시작)

이모   저라고 속 편하겠어? 그럼 자식도 아니지.

수정   …..

이모   (핸드폰 벨 / 싱크대에서 / 얼른 일어나 전화 보고 냉큼 받으며 대화 시작되고 유창하게 응답하는 이모//매일 전화로 학습시키는 영어회화)……(세 번쯤 왔다 갔다)

수정 ……(그냥 가만히 먹고 있는)……

S# 빵 가게 앞 골목

명희 (부지런히 종종걸음으로 오고 한참 떨어진 데서 고모 절룩거리는 고 부와 함께 오고 있는 게 보인다)

S# 빵 가게 안

[구워낸 빵판들 연달아 나오고 있는 / 알바생 둘 일하고 /]

명희 (들이닥치면서) 여보 여보오 /

동철 (내다보며) 왜 왜애애애..

명희 당신 키 내놔. 아버지 병원 가야해.

동철 ? / 왜애..

재민 E 아버지 왜요.

[재민, 서연 커피 마시고 있었다]

명희 ?? (일어선 재민 보고) 어 잘 됐다 너 아버지 병원 좀 모시구 가. 여 보 키이이..

동철 (키 주면서) 어디가 편찮으신데.

명희 (받으며) 아 울아버지 진짜 괴상해애애..(키 재민 주며) 일요일 이었으면 응급실 가야했어..아부지 엄마 오고 계셔..

재민 알았어요 (나가고)

동철 (오버랩) 아 어디가 편찮으시냐니까?

명희 (오버랩 / 쥐어박는) 발바닥 티눈 그냐앙 내버려두구 키워서 마 침내는 다리를 저서. 엄마는 발저려 그런 줄 알았대. 아침 먹고 나 랑 같이 출근하시는데 글쎄 아주 표가 나게 저시잖아. 덮어놓고 괜 찮다는 거야 덮어놓고 / 억지로 끌고 들어가 양말 벗기고 봤더니 티눈이 글쎄 (엄지손가락) 이만해 이만.

442

동철 아니 티눈이 무슨 보배라구 그걸 그렇게 보전하구 계셨던 거 야아아

명희 참말 우리 아버지 이해가 난망이라니까? (재민이 마시다 놓고 간 커피 집어 한 바퀴 돌려 잠깐 마시고) 늬둘이 이 아침에 무슨 볼일이냐? (서연에게)

서연 (가게 유리로 밖에서 다투는 중 고모 부부) 어 아침 산책 했어..형부 나 가요..

동철 어어 잘가아아..(빵판 꺼내며)

S# 빵 가게 앞

서연 (나오는데)

고모 E 아니 무슨 입 잘못 놀리다 목짤린 귀신이 환생을 한 건가아 아 아니면 왜 말을 안해 말으을..

고부 그만해..

고모 (버럭) 소죽은 귀신하구 사는 거두 이제 정말 신물이 난다아 아..혼자만 미련하면 됐지 왜 나까지 미련퉁이 만드냐구.

고부 아 참 별일도 아닌 거 갖구 시끄럽게 구네.

서연 고모.

고모 아구속상해아구속상해..빵 사러 나왔어? (그동안 고부에게 꾸벅)

서연 네..

고모 (새삼스레 버럭 오버랩) 이러다 병키워 과부만들라 그러는 거 지!! 어디가 시원찮으면 시원찮다 말을 해야지 도대체가 무슨 생 각을 하고 사는 사람인지 사십년을 살고도 속을 모르겠으니 내가 아주 미쳐 팔짝팔짝 뛰다 죽게 생겼다구우우!!

고부 (보며) 쯧 /

고모 나중에 집에가 얘기합시다..집에가 얘기하자구..

명희 (나오며) 엄마가 너어무 시끄러우니까 엄마 귀찮아 입닫구 계
    신 거야. 엄마 아직 몰라?

고모 그래 나 시끄러운 거 성가셔 가만 있다가 염통 곪아 죽는다니?

    [재민 / 동철의 차 갖고 와 서는 /]

명희 (뒤 차 문 열고) 타타 엄마 빨리 타. 엄마가 먼저 타.. (엄마 밀어 넣
    듯하며 운전대에서 내리는 재민에게) 근데 니 차 키는 어디 뒀니? 찾다
    찾다 못 찾았다?

재민 책상 필통에 있어요.

명희 (아버지 타는 것 도우며) 다 뒤지고 그거만 안 뒤졌네..

재민 (서연에게) 들어가라.

서연 응..

    [자동차 출발하고]

명희 다 마셨니?

서연 좀 남았는데 그만 마실래.

명희 애 우리 집 오던 여학생들 추풍낙엽으로 떨어져 전부다 편의점
    으로 날아들어간다..

서연 으흐흐흐 설마아..

명희 없는 말 하니? (핑 들어가고)

서연 (좀 웃고)....

S# 집으로 가는 골목길

서연 E 너무 그러지 마라 언니야..나는 아프단다..우리 감싸안느라
    고모가 더러 언니한테 불공정하게 야박하셨던 거 아는데..(그래
    서) 언니 많이 분하고 억울했던 거 이해하는데 그래도 나는 아직

따가우니까 이제는 그만 잊어주라..잊고 가시 좀 빼주라..나는 환
자란다 언니야…

S# 빌라 거실

서연 (컴퓨터 작업하고 있는 중)…..(시선은 화면 보며 한 손으로 물컵 잡
으려다 쓰러트려 물 쏟고)….(돌아보고 잠시 있다가)…..(일어나 싱크대
에 가 마른행주 집어다 닦는데)….

  [전화벨]

서연 ….(서너 번 울린 후에 마저 닦으면서 받는다) 네 여보세요.

지형 F 옷 가지러 집에 들어갔다 나오는 중이야..

서연 …(지형인 줄 몰랐다)

지형 F 뭐하고 있었어..

서연 …..

지형 F 어머니께 결혼한다고 말씀드렸어..

서연 ???

S# 이동 중인 지형

지형 향기네한테 예의가 아니라고 펄쩍 뛰셨지만 서둘지 말라였지
안된다는 아니셨어.

서연 F ….

지형 나 고모님께 인사드리고 너 이사부터 해..엄마 말씀 틀린 거 아
니고 이삼개월 시간 벌어서 합치자.. .

서연 F …..

지형 서연아..

서연 F ….

지형 나한테 맡겨. 그냥 따라오면 돼.

S# 서연의 거실

서연 지금 곧장 우리 동네로 와…얼마나 걸려.

S# 항상 내려주던 장소에 서서 어금니 물고 차가 올 방향 보며 기다리는

서연 ……

　　　[지형의 차가 와서 멎고]

서연 (두말없이 올라타 벨트 빼는)

S# 차 안

서연 (벨트 채우며) 주차되는 데로 가··

지형 (그대로 출발하는)…

S# 근처 어딘가 주차장 /

　　　[들어와 주차하는]

지형 (주차 시키고 시동 끄는데)

서연 (벨트 풀며) 안 내릴 거야··여기서 얘기해.

지형 (돌아보는)

서연 (앞 보며 / 딱딱하고 야무지게) 이십년 넘게 드나들던 골목에서 나 잠깐 집이 어딘지 까먹었었어. 집에가는 길 쭈욱 연결해 디카로 찍어서 번호 붙여 갖고 다녀.

서연 E 내 이름 주소 재민오빠 문권이 전화번호 메모 / 옷 주머니마다 명함도 들어가 있어.

서연 해야할 일 / 약속 / 매순간 메모해 놓지 않으면 반은 까먹어. 어떤 때는 다른 사람들 말이 정확하게 피컵 안되기도 해. 오후 두시만 되면 벌써 죽게 피곤해. 설마 금년 말까진 회사 괜찮겠지 아니면 내년 삼월까지는 괜찮을까. (돌아보며) 퇴직금 받아봤잔데 얘가 취직이 될까 안되면 어떡하나 그래.

지형 그러니까 합치자는 거야. 그래서 같이 살자는 거란 말야.

서연 (오버랩) 그거 하고 싶어? 영화나 드라마에서 하는 거? 나 어딘가로 사라지라고? 그럼 당신 / 일이고 뭐고 다 집어치우고 나 찾아 다니는 거? 그러다 우리 둘 추억의 장소 어딘가에서 나 찾아내고 껴안고 우는 거? 그거 하고 싶어?

지형 ....(보며)

서연 출근하면서 매일 무서워. 회사 못 찾아가면 어떡하나 집 못찾아 헤매면 어떡하나. 나 혼자 너무 절박해서 사랑따위 우스워. 나 좀 내버려둬 제발. 지겨워.

지형 이러지 마 자식아. 나 믿고 나한테 의지 해.

서연 (오버랩) 이사하라구? ··기다려··완전 멍청이 되면 와서 짐보따리 옮기듯 들어다 놔··그럴려면 꽤 기다려야할 걸?

지형 그래 그럼 내가 니 집으로 들어갈께··

서연 .....(보는)

지형 그럼 되겠다··

서연 ......(가만히 보다가) 당신 나 참 모른다···똥폼 잡지 마. 동정따위 필요없어.(내리려)

지형 (잡는데)

서연 (매몰차게 털어내며 이 악물 듯) 왜 무시해. 니가 뭔데 나 무시해.

지형 ....(보며)

서연 나 치매라서? 그래서 무시해?

지형 (안으려)

서연 (거칠게 밀어내고 빠르게 집 방향으로 가는)···

지형 (앞 유리로 보고 있는)·····

[유리로 보이는 서연]

지형   (천천히 차에서 내린다)

S# 큰길

서연   (딱딱한 얼굴로 빠른 걸음으로 앞만 보면서)……

지형   (서연 꽤 뒤로 따라오고 있는)……

S# 길 건너고 있는 서연

[서연이 거의 다 건넜을 때쯤 건너는]

지형   …….

S# 골목길

서연   ….(여전한 템포 여전한 얼굴로)……

지형   (한참 뒤에서 따라오고 있는)

S# 빌라로 들어가는

서연   …….

지형   (한참 떨어진 위치에서 보고 있는)……

F.O

S# 향기의 대문 앞(오후 5시쯤)

[집안 사용인들 / 도우미 아줌마 둘 포함 나와서서 기다리고 있는 /]

[홍길의 자동차 들어와서 멎고 /]

[내리는 부부 / 모두 인사하고 /]

홍길   (적당히 응대해주고 앞서 들어가고)

현아   (움직이며) 향기는요.

정모   있어요.

현아   내가 그거 묻는 거 같아요?

정모   괜찮아요..

S# 대문 안

현아 집에만 있었어요?

정모 네 사모님‥

현아 ‥‥(사이 두었다가) 혼자 찔찔 짜지는 않았어요?

정모 아니‥그런 거 같지는 /

현아 못봐서 모른다는 거 아녜요.

정모 네에‥

현아 먹는 건 어땠는데요.

정모 아직 입맛은 별론거 같아요‥

현아 ‥‥

S# 거실

홍길 (소파에 / 상의는 벗었고 타이도 풀었고 셔츠 단추 풀고 있는 참)

향기 (주방에서 냉수 두 컵 들고 나와 하나 아빠에게) 아빠‥

홍길 어 그래‥(벌컥벌컥 마시고 놓으며) 그래 상태가 어떠신가‥아가씨는.

향기 상태 호전중.

홍길 그럼그래야지‥그깐 놈을 니 인생에 전부로 만들 수는 없지 그럼‥

현아 (들어오고 / 사용인들도 뒤따라 들어와 각자 위치로 / 소파로) 물좀 줘요.

향기 물 있어요 엄마‥

현아 (향기 힐끗 보며 움직이는) 오빠 왔다 갔어?

향기 오빠 그저께‥감독이랑 다음 작품 헌팅 / 영국 갔어.

현아 뭐?(홍길도??)

향기 (앉으며) 한달 쯤 걸릴거래요.

홍길 그 빌어먹을 자식 / 만드는 쪽쪽 쪽박차는 눔으 새끼가 이거 언제 정신차릴 거야·· 도대체 얼마 깨처먹을 작정으로 영국까지 몰려간다는 거야!!

현아 깨먹을라고 제작하는 제작자가 어딨어.

홍길 그 자식은 깨먹을라구 제작하는 놈이잖아아아.

현아 그러다 대박 터뜨릴 수도 있어.(한편 여행 가방 현관에 들어오고 / 대대적인 쇼핑)

홍길 대박이 눈깔이 멀었냐? 그 자식 털어먹은 영화 단 한번도 제법이다 한 적이 있으면 내 성이 제법가다.

현아 당신 영화 모르잖아. 그래도 영수는 미국 가 영화공부한 애야.

홍길 돈 꾸러 박는 공부?

현아 지돈 지가 쓰는데 무슨 상관이야.

홍길 그 돈이 다 누구껀데.

현아 걔 앞으로 떼준 건 걔꺼야. 더 이상 당신꺼 아냐 신경 꺼어···

홍길 다 털어먹으면 내꺼 널름거릴 거 불보듯 뻔하잖아.

현아 주면 되지이··(일어나며 쭝얼거리는)

홍길 뭐?

현아 (침실로 움직이며) 돈 뒀다 뭐해.

홍길 사회환원할라 그런다.

현아 (움직이며) 한 작품에 매달리는 식구가 얼마야 제작해서 말아먹는 거도 환원이야.

홍길 (벌떡 일어나며) 이 싸가지 / 향기 그 꼴 당하구 널부러졌으면 거두절미 / 그놈자식 아작낸다구 길길이 뛰었어야 오래빈 거 아냐?

현아 개구리야? 왜 엉뚱하게 뛰어?

홍길 결혼 취소다. 그래요? 뭐‥그럴 수도 있지요‥그럼 전 지리산이나
갔다 옵니다. 제가 집에 간다구 뭐 달라질 거 있어요? 이게이게이게
(현아는 벌써 들어갔고)

향기 아빠아아 (그만해요)

홍길 아아아 갑자기 치받네 이눔자식‥이러면 안되는데‥나 이럼 안
되는데‥향기야 아빠 목 좀‥‥어깨도‥‥(향기 뒤로 / 주무르기 시작) 후우
우우 후우우우 후우우우 니 엄마 쇼핑에 세관에 바친 세금이 얼만지
아냐?

S# 어느 카페

서연 (들어와서 눈으로 찾고 총총 수정 앞으로 / 목례하면서) 죄송합니
다. 잠깐 처리할 일이 있어서.

수정 앉아요‥

서연 (앉으며) 멀리까지 오시게 해 죄송합니다. 자릴 오래 비울 수가
없어서‥

수정 이해해요‥괜찮아요‥차 시켜요.(종업원)

서연 로즈마리 티 주세요‥(종업원 대답하고 아웃)

수정 (들고 있던 찻잔 내려놓으면서) 지형이한테서 얘기 들었어요. 어
떤 상황인지 서연씨는 어떤 생각인지 아무래도 봐야겠어서요.

서연 네‥‥

수정 그래‥얼마나 됐죠?

서연 ??

수정 산부인과 검진은 받았어요? 확진이에요?

서연 무슨‥‥저‥‥제가‥

수정 아일 가졌다면서요.

서연 ??? 그렇게 말씀드렸어요?

수정 그렇게 이해했는데…

서연 아니 아닙니다··(시선 내리고)

수정 ……(한동안 보다가) 그렇대도 감출 일은 아니에요.

서연 아니 그게 아니라 그건 / 그 사람이 어머님 설득하는 구실로 그런 것 같습니다··(보며) 그렇지 않습니다··아니에요.

수정 난또…그렇더래도 지금 당장은 곤란하다는 얘길 할 참이었는데··

서연 ……(시선 내리는)……

수정 (차 한 모금 마시고 내리며 보는) 그게 아니면 그럼 왜 이렇게 서둘죠? 그 아이는 지금 내가 아는 내 아들이 아니에요.

서연 (보며)····

수정 우리 세상살며 기본으로 할 일 해서는 안될 일 상식선이라고 해야할까 그런게 있죠…지금 당장 결혼은 내가 아는 상식선을 벗어난 짓이에요.

서연 (시선 내리며) 네··저 말씀드리겠습니다··

수정 (보며)……??

서연 그 사람 / 고집…말도 안되는 일이에요. 저 그럴 수 없습니다·· 저 알츠하이머 환자에요 어머님··

수정 ……(보며)…

서연 (차가 와서 놓여지고 / 천천히 찻잔에 따르는 손이 잘게 떨리는)

수정 ……(가만히 보며)····

서연 (다 따른 찻잔 내려다보며)……(시선 내린 채)

수정 …(보며)

두 여자 ········

제10회

S# 카페(9회에서 연결)

서연   (차 마시고 있는 나누어서 두 번쯤)····

수정   ·····(가만히 보며)

서연   ····(찻잔 내리며) 궁금하신 게 많으시죠 (보며 조금 웃듯이) 네 / 저번에 말씀드렸던대로 결혼식 날짜 잡혔다는 말 듣고 그날 바로 우리는 정리했습니다··그뒤 어떤 연결도 만남도 없었어요··그러다가···두통과 기억력 문제 때문에 병원엘 갔었는데 / 온갖 검사 끝에 알츠하이머 판정을 받았어요··

서연   E 아무한테도 안 알렸었어요 그랬는데 사촌오빠와 동생이 알게 되고 어느 날 그 사람이 사촌오빠 찾아와 같이 동네 포장마차에 갔었대요. 거기서 공교롭게 절 진찰했던 박사님을 만났구요.

서연   사촌오빠 / 저 모르게 보호자 자격으로 박사님 만났었답니다. (찻잔 들어 마시는) 박사님이 오빨 알아보고 제 얘길 몇마디 하셨대요.

수정   ·····(보며 기다려주고)

서연   (찻잔 놓으며) 거기서 그 사람이 뭔가 눈치를 채고···따로 박사

님 뒤쫓아가 면담약속 받아놓고 그리고 / 오빠 다그쳐 알아냈답니다··

수정 그게 결혼 취소 전 일인가요?

서연 네··

수정 (오버랩) 서연씨 상황 / 우리 애가 몰랐다면 결혼은 그대로 진행됐을까요?

서연 아마도···네··그랬을 겁니다··

수정 (보며)·····

서연 죄송합니다··

수정 (고개 조금 옆으로 돌리며)

서연 그 사람이 제병을 아는 것도 결혼취소도·· 제가 원한 거 아니었습니다··

수정 (고개 앞으로 찻잔 들며) 그렇게 생각하지는 않아요··(마시고 내려놓으며) 사람이 참 이기적인 동물이라서···그 나이에 아가씨 불운 / 너무 안타까운데 또 한편 / 큰일났구나 이 녀석을 어떡하나. 내 자식 걱정이 앞서네요. 미안해요··

서연 아뇨 당연히 그러시죠 뭐··

수정 일년만 / 일년이 길면 반년이라도 늦추라고 보자고 했어요··

서연 ···(보며)

수정 나는 서연씨가···내 마음에 참 괜찮아요. 애 아버지 완고한 사람이지만 내가 설득하고 설득하다 안되더라도 난 우리 아이 편에 선다 거기까지 작정하고 온 거에요.

서연 ·····(보며)

수정 그런데 안되겠네요 지형이가 어떻게 나오든 그 아일 위해서····

454

안돼요..

서연   네..

수정   내 자식이 / 다른 모든 걸 다 제칠만큼 / 제 앞날을 모두 다 내놓
       을만큼 사랑하는 사람인데…나도 내 자식으로 받아 안아주고 싶은
       데….그럴 수가 없는 거 이해해줘요.

서연   그 사람한테… (눈물 뚜르르르르) 훌륭하신 부모님 부럽다고 했
       어요..(시선 내리며) 네 그럼요. 제 마음이 어머님 마음과 같습니다..

수정   ……(보며)

서연   (시선 내린 채)

수정   그 나이 그 상황에… 어떻게 그리 침착하고…깔끔할 수가 있죠?

서연   (조금 웃는 듯)….그럴려고..죽을 힘을 다해.. 노력하는 겁니다..

수정   지형이 친구들..나 / 몇은 아는데..사촌오빠가 누구죠?

서연   장 재민이라고…

수정   아 재민이…재민이 사촌동생?

서연   ..네..

수정   그랬군…재민이 동생이었군..

서연   ….(시선 내리며) 네..

수정   ….(가만히 보며)…

       [서연 핸드폰 알람 울고]

수정   받아요.

서연   아니 (전화 꺼내 보고) 미팅 십분전이라는 알람이에요..

수정   아…그럼 일어나요 어서..

서연   죄송합니다.

수정   아니 아니에요..일어나요 어서..(일어나려)

서연 (일어나며) 저번부터 말씀 낮추시라고 말씀드리고 싶었는데..
어떻게 받아드리실지 몰라서…

수정 괜찮아요. 나는 원래 쉽게 그래지지 않는 사람이에요..

서연 (보며 조금 웃고)

수정 (잠깐 끄덕여주고 움직이는)

S# 카페 앞

[나오는 두 사람]

수정 그럼…

서연 네..가시는 것 보구요..

수정 나..손 좀 한번 잡아보면 안될까? (손 내밀며)

서연 ….네..(손 주고)

수정 (잡고)….(보며) 말할 수 없이 고마운데….서연이 힘들어 어떡해
요..딱히 도와줄 방법도 없고..

서연 아닙니다.

수정 혹시..다른 병원엘 가보고 싶다거나 그럼

서연 (오버랩) 아니에요..괜찮습니다.

[수정 차가 나와 대어지고]

수정 (잡았던 손으로 팔 잠깐 잡아주고 운전대로)

서연 ….(보며)

[수정 운전대에 오르고 서연 쪽 잠깐 보고]

서연 (목례하고)

[출발하는 수정의 차]

S# 차 안

[뒷창이나 사이드 미러로 보고 있는 서연의 모습]

수정   ....(운전하면서)......(착잡한)....

S# 출판사로 가는 길

서연   (걸어오면서)

서연   E 그 사람을 제게 보내주십시오. 오랜 동안은 아닙니다. 저에
게 일년만 허락해 주십시오. 하마터면 말할 뻔 했다......하마터면 그
럴 뻔 했다......

S# 이동 중인 수정

수정   ....

S# 지형의 사무실

S# 미팅실

[그림, 두 가지 도안 앞에 펼쳐져 있고 / 지형, 손, 직원 둘 / 미팅하고 있
는 중]

[프로젝트 화면에 두 가지 도면이 떠 있으면 더 보기 좋을 듯]

지형   (놓여진 그림 위로 연필로 긋거나 하며) 북쪽으로 전망대 배치하
고 남쪽으로는 추모비 배치하는 부분을 기준으로 두 안이 유사한
접근인데 / 두개를 서로 다른 방법으로 연결하는 방법에서 알트
원, 투로 놓았어. 알트 원은 직선적인 연결방법으로 중간에 광장을
배치했고 / 알트 투는... 마찬가지로 광장을 중간에 놓고 곡선으로
연결하는 방식이야. 의견들 줘봐. (동료들 열심히 보고 듣고 있고)

손   음.....알트 원은 직선을 사용해서 주변지형과 대비했을 때 아주
힘있는 배치가 될 것 같아. 난 이쪽이 좋은데.(직선적 도면 끌어다 보
며) 레벨이 있는 지형에서 하나의 강력한 축선을 사용하고 있어서
강조돼 보일 것 같아.

지형   평지가 아니라 레벨이 높은 산 정상에 이 시설이 / 레벨차를 극

복해야 해

손 레벨차는 브릿지나 램프로 연결해서 극복할 수 있을 것 같은데?

지형 그래 같은 생각이야.(알트 투 도안을 비교될 수 있게 나란히 놓으며) 그럼 알트 투는 어때. 이건 두 프로그램을 곡선으로 연결했고 곡선은 주변의 지형을 따라서 연결했어.

직원1 차량 동선과 보행동선을 비교해보면 알트 투가 잘 분리돼 있는 것 같네요.

직원2 전 알트 원쪽에 마음이 가는데요. 소장님 말씀대로 주변지형을 함께 고려했을 때 이 강력한 직선축이 호소력이 강한 것 같아요.

직원1 연결부분도 중요하지만 전망대나 광장이나 각각의 프로그램이나 디자인도 중요할 것 같아요.

손 당연한 얘기지. 이번 공모전 / 다른 쪽 회사에선 아마 각각의 프로그램에 맞춰서 개별의 건물들이 나올 것 같아. 이런 식으로 3개의 프로그램을 연결한다는 건 저쪽에서는 생각못할 부분같은데? 스케일은 작지만 랜드마크적인 성격을 요구하는 공모전이라고 생각해. 괜찮은 아이디어야. 알트 원을 기본으로 접근하고 알트 투에서 차량과 보행동선이 분리된 부분을 해결책으로 해서 절충해보는 걸 생각해 봐야겠다. (하는데)

　　　[손석호 핸드폰 진동 음]

손 (전화 집어서 보고 잠깐 지형 보며 일어나는) 네 손석홉니다. 잠깐만요··

S# 미팅실 밖

손 (나오는데)

송이 (미팅실로 오던 중) 김수길 손님 오셨는데요.

손 아 박대표한테··네 말씀하세요 어머니. (소리 크지 않게 신경 쓰며)

S# 근처 카페(앞 회에서 만났던 곳)

[마주 앉아 있는 수정과 석호]

석호 ···네··알고 있습니다 어머니··

수정 기어이···하겠대? 무슨 일이 있어도?

석호 네···

수정 ····(보며)

석호 아버님 노여움 좀 풀리면 하라 그랬는데 말을 안들어요.

수정 집 준비도 해놨다 그러든데··

석호 네···아파트··

수정 무슨 여유로··걔 돈 없을텐데··

석호 월세랍니다··

수정 ····(보며)

석호 죄송해요 어머니··지형이 사무실일로 바빠서 제 집 사람이 대신 집 보며 다녔고 주방용품 준비도 집사람이 했어요··

수정 ··(보는 위에)

석호 E 가구는 지형이가 직접 골라 들이구요··

석호 말리다가 / 워낙 의지가 강해서 말려봤잘 거 같아서 사무실 일이나 지장 덜받자 생각에 도울 수밖에 없었어요··

수정 ····(그래 그럴 수도 / 찻잔 집어 드는)···

석호 뭐 또 한편으로는 아버님 노여움 풀어지셨다가 다시 또 악화되는 것 보다는 치르는 김에 다 치르는 것도 나쁘지 않다는 생각도 들었구요.

수정 (그냥 마시는)…

석호 (보며) 그런데··그쪽은 지금 그럴 때 아니라고 거부하는 모양이에요

수정 다른 건…다른 건 아는 거 없구? (찻잔 놓으며)

석호 ??

수정 왜 그렇게 기어이 지금 당장 해야하는지 / …혹시 몰라?

석호 (웃으며) 그거야 뭐··인생은 길지 않다 하루라도 빨리 같이 있고싶다 그러든데요?

수정 ……(보며)

석호 자신이 진심으로 원하는 게 뭔지 잘 몰랐었다구요. 부모님 실망시켜드린 건 변명할 여지없는 잘못이지만 어쩔 수 없다고요··

수정 확고하다구?

석호 벽창호에요 저도 손들고 집사람한테 심부름 시켰어요.(좀 웃으며) 여자들은 그런가봐요··질투난다 그러면서 열심히 돌아다니더라구요··

수정 어떻게 그리 무모할까 우리 아이.

석호 너무 심려마시고 지형이 선택 믿어주세요··지금은 무리한 짓이지만 손자손녀 보시며 몇 년 지나면 모든 흉 다 덮이고 괜찮으실 거에요. 아버님도 받아들이실 수 밖에 없을 거구요··

수정 그렇겠지…(보며 조금 웃는) 자꾸 귀찮게 해서 미안해.

석호 아니 아닙니다 무슨 그런 말씀을··옆에 있으면서 자꾸 사고치는 거 못 막아드리고 오히려 제가 죄송한데요어머니··저기··지형이가 어머닐 제일 큰 빽으로 믿어요.

수정 내가··말랑해서겠지··

석호   아무래도 얼마쯤 미뤄얄 거 같다고 아침에 그러든데요..어머
       니 펄쩍 뛰신다고‥

수정   .....(보며)

석호   지형이 허술하지 않아요. 도와주세요. 아마 틀림없이 괜찮은 며
       느리감일 거에요.

수정   (찻잔 집어 드는)…

S# 출판사 미팅 중

       [표지에 대해 의논 중 / 서연 / 선주 / 소희 / 인영 / 디자인 최유정]

서연   그라데이션 어때. 이쪽에서 저쪽으로, 저쪽에서 이쪽으로 교
       차, 전환되는 느낌. 그리고 제목을 은박이나 금박으로 임팩트를 주
       면 좋을 것 같은데

유정   (고개 천천히 끄덕) 우움…. 인쇄소와 기싸움이 또 필요하겠네요.

소희   기싸움 특기잖아요. 흐흐

유정   용지를 뭘 쓰느냐에 따라 기싸움이 짧으냐 기냐 차이가 있죠.
       수입펄지로 해야할 것 같네요.

선주   코팅은요?

유정   그게 또 고민이네요. 펄 느낌을 살리자면 코팅을 안해야 되는
       데 그러면 때가 잘 타고 잘 찢길 수 있어요.

선주   코팅을 안하면 책이 고상해보이기도 하지만 한편 남루해보일
       수도 있죠.

서연   무광코팅으로 할까? 색감은 그대로 살리면서 고급스러울 것 같
       은데

유정   네 그게 좋겠어요.

서연   그래요, 그럼 색채감을 어떻게 살릴 것인가 유정씨가 고민 좀

해 봐요. 그러고 다시 미팅합시다.

유정　네 팀장님.

S# 편집실

서연　(책상 서랍에서 두통약 꺼내 들고 물통 쪽으로 가 물 따라 넘긴다)

소희　(커피 따르다 보고) 또 머리 아프세요?

서연　응…(남은 물 마시는)

소희　혹시 혈압 높은 거 아니에요?

서연　?? 아니..왜.

소희　우리 이모 고혈압이신데 평생 두통약 드셨거든요..결국 뇌출혈로 돌아가셨어요..

선주　돌아가셨다까지 할 건 없잖아 소희씨.

소희　혈압 아니라는데요 뭐..

서연　(자기 자리로)

소희　난 두통이라는 거 모르는데…

서연　좋겠네..

소희　체크 한번 해보세요. 요즘 젊은 사람도 혈압 높은 경우 많대요. 당뇨도 많구요.

서연　……(못 들은 것처럼 서랍에서 포스트잇 메모 꺼내 5시 표지 미팅에 선 옆으로 그어 지우는)

　　　[앞에 몇 갠가의 할 일 끝낸 건 펜으로 주욱 그어져 있고 / 예를 들어 9시 전집 미팅 / 11시 황교수님 집필 의뢰 / 12시 점심 오혜진 씨와 점심 / 3시 표지 미팅 / 5시 나교수님 / 6시 퇴근 / 에서 5시 / 6시 퇴근만 남겨두고 /]

소희　??? (대답 떼어먹히고 제자리로)

서연　(포스트잇 서랍에 집어넣고 칫솔 치약 케이스 꺼내들고 나가려는데)

소희   또요?

서연   ??

소희   삼십분 전에 닦고 들어오셨잖아요··

서연   ··알아··(모르지만)

인영   요즘 팀장님 칫솔질 부쩍 자주더라··그러다 이 다 나가요··하루
      세 번이면 충분한 거 아닌가?

선주   세 번 갖고 돼? 이에 착색될까봐 커피 마시고 닦는 거 까지 합치
      면 열 번은 닦아야하든데. 나 귀찮아 커피 되도록 참잖아.

편집장 (자기 책상에서 일하다가 펜 던지듯 놓고 기대며 끼어드는 오버
      랩) 우리 돌아가신 아버님은 말야··치매 칠년 째 돌아가셨는데 그
      으렇게 씻으시더라고··원래 결벽증에 가깝게 자주 씻으셨던 양반
      이거든··하루 종일 목욕탕을 들락날락 들락날락 우리 어머니가 큰
      고생하셨지.

선주   치매되면 대소변도 못가리고 씻는 거도 싫어한다든데 특이하
      셨네요?

편집   대소변 안되는 건 기본이고 그러면서도 마지막 순간까지 씻는
      거에 집착하셨어.

인영   냄새는 덜 했겠네요?

편집   아이구 아냐··저질러 놓고 당신만 씻으면 뭘하나. 그거랑 상관
      없더라구.

소희   (오버랩) 까르르르 얘기가 갑자기 치매로 튀어서 팀장님 어째
      야할지 모르시겠나봐요.

서연   글쎄 말야··그러네··

인영   혹시 소화기계통 문제 아닌가 체크해보세요··입이 자주 텁텁해

지는 건 그 원인일 수도 있어요. 백태나 노랑태가 잘 끼어요?

선주 간 아닌가?

소희 팀장님 입 냄새 안 나는데.

서연 (오버랩) 어쨌거나 나 일단 닦고 올께요··미팅하면서 커피 마셨으니까 닦을 자격있는 거죠 응?

소희 팀장님 커피 아니구 녹차 마셨는데요.

서연 ?? 그래요 난 녹차 마시고도 닦아요. 녹차 맛 남아 있는 거 씻어 내러.

인영 그러다 이 다 나간다니까요?

서연 괜찮아요 틀니하면 되니까.

소희 틀니요? 까르르르르

서연 (웃으며 나간다)

S# 복도

[편집실에서 나와 화장실 쪽으로]

서연 E ····삼십분 전에···생각난다····머잖아 모두 알아차리겠지··소름이 돋는다·······

S# 현아의 거실

정모 (현관문 열고) 어서오세요 사모님··

수정 (정모가 열어주는 문으로 들어오는) 잘 지내죠?

정모 네 즈이야 뭐·· 오셨다고 말씀드릴께요 앉으세요··(하며 이 층으로 오르려 하는데)

현아 (바느질 중인 향기의 퀼트 아무렇게나 껴안고 이 층 계단에 나타나며) 아줌마 아줌마아아아··

정모 네 저 여기 있어요 사모님··

464

현아 (퍽퍽퍽 내려와 정모에게 퀼트 안겨주듯 하며) 갖구나가 쓰레기
  처리해요.(정모 엉겹결에 받아들고 /) 그거 끌어안고 있는 거 보면 내
  가 아주 자지러지겠어.여행이나 갔다오래두 말 안듣구 무슨 청승
  이야 도대체가..(향기 나타나는 계단으로 돌아서 계속) 전쟁터 나간
  서방 무운장구 비는 바느질야 무슨 바느질야 어? 인생 다 끝났어?
  뭐야 왕비 간택됐다 미끄러져 평생 남자 구경못하고 처녀로 늙어
  죽게 생겼어?

향기 그런 거 아니라니까 엄마..만들다 중단한 거 계속해서 마무리
  하자는 의미 밖에 없어요. 무슨 왜 그렇게 확대해석을

현아 (오버랩) 차라리 운동실 들어가 운동을 해 이것아. 아침 먹고
  올라가 바느질 점심 먹고 올라가 바느질, 그깐 건 만들어서 뭐해.
  갖고 싶으면 돈 주고 사면 됐지 눈빠지게 그건 왜 붙잡구 있냐구.

향기 알았어 알았어요 엄마.. 다신 안할께..안할께요...아줌마 오셨
  어요?

수정 왜 하필 이런 때 퀼트야..나라도 보기 싫겠다.

향기 아무 생각없이 시간이 제일 잘 가요 아줌마 (아줌마 아시죠?)

수정 당분간 엄마 신경 건드리는 건 안하는 게 좋겠다.

향기 네에..아줌마 뭐 드려요? 엄마 뭐 드실래요?

현아 (소파에 푹 앉으며) 르왁 뽑으라 그래.

향기 네에에..(주방으로)

현아 앉어..내 방 화장대에 쇼핑백 들고 나오고

향기 네에..

수정 (앉는데)

현아 왔는지 갔는지 궁금하지도 않아? 꼭 내가 먼저 신고해야해?

수정 왔겠지..좀 쉬어야겠지 그랬어..

현아 나가면서 다시 한번 바늘든 꼴 눈에 뜨이면 가만 안 둔다 그랬었거든..

수정 이해 못할 것도 없겠구먼.

현아 니 새끼가 당하고 퀼트꺼안고 있어도 이해하겠냐?

수정 지 나름대로 극복하는 한 방법일텐데 너무 예민할 거 없단 뜻이야.

현아 얘 시끄러..넌 니 스타일 난 내 스타일이야.

수정 …(그냥 보는)

현아 (안 보는 채) 도대체 언제까지 이렇게 창살없는 감방에 갇혀 있어야는 건지 모르겠다. 이 나이에 이민을 갈수도 없고..

수정 남의 말 사흘이랬어..금년 지나면 옛날 일 되겠지.

현아 어디 갔다 오는 거니..

수정 누구 좀 만나러..

현아 누구..

수정 잠깐 볼일이 있었어..

현아 그런데 얘 나 아무래도 자꾸만 의심이 깊어가는데 혹시 그 자식 딴 여자 있었던 거 아니니?

수정 ?? 왜…왜 그런 생각을

현아 (오버랩) 도대체가 말이 안되잖아..멀쩡하게 저도 같이 결혼준비 다 해 놓고 바로 직전에 사랑이 아닌 결혼 못하겠다가..

수정 …(보며)

현아 사랑이 아닌 결혼인 거 갑자기 알았던 거야? 어느 날 자고 일어나 갑자기?

466

수정 아니 그건 아니구···그런 생각이 든 건 좀 됐나보더라··

현아 ···(보며)

수정 그런데도 그냥 할 작정이었다가···향길 위해서도 이건 아니다 그 랬던 거 같아··

현아 향기 위해서란 말은 그냥 갖다 부치는 거고···넌 솔직하게 말해. 걔 딴 기집애 있는 거지? 제일 간단하게 납득할 수 있는게 그거야. 엉?

수정 향기가 무슨···향기가 뭐라 그랬어?

현아 애 저 먹통은 아직도 일편단심 성춘향야. 내가 더 열불이 나는 건 내속으로 난 내 새끼가 칠부밖에 안된다는 거야··

향기 (커피 두 잔 들고 나오면서) 르왁이 향이 좀 날아간 거 같아. 엄마.

현아 쇼핑백.

향기 알았어요.(쟁반 놓고 침실로)

현아 (커피 잔 나누어 놓으며) 뭐가 더 난 건지 모르겠다. 차라리 딴 기 집애 때문이라면 저거 미련 끊는데 도움될까 그랬다가 만약 그런 거면 내 이눔자식 머리털 하나도 안 남겨둔다 그랬다가··

수정 시간 도움 받는 거 밖에 뭐···방법이 없잖아··

현아 그 놈은 어떡하구 있니··

수정 따로 있으니까···얼굴도 못봐··

현아 이게 뭐니 이게··두 것들 묶어놓고 너랑나랑 같이 편아안하게 크루즈 여행이나하면서 그러쟀더니··

수정 글쎄 말야·· (향기 쇼핑백 들고 나와 엄마 옆에)

현아 (집어서 수정 쪽으로) 원수 안된게 다행이지 선물은 무슨 선물이 냐 심통나더라만 그래도 이날까지 나 나갔다 들어오면서 니 선물 뺀 일 없잖아··

수정 나 지금 이런 거 받을 입장이 아냐··

현아 별거 아냐. 나도 인간인지라 아무래도 째째해 지더라··지갑하나 샀어. 너 검정 거랑 번갈아 들어··싫증나게 만들지 말고··

수정 ···(그냥 조금 웃는 듯) 전혀 아무 생각 없었는데··나같으면 향기 엄마처럼 그렇게 못했을 거 같아··내가 많이 배워··

현아 우리가 서로 등돌려봐라 얼마나들 고소해하겠니. 그으렇게 붙어다니며 눈꼴시게 굴더니 자식때매 원수됐다 시끄러울 거 아냐·· 그래서 박원장 사표도 수리 안한 거잖아.

수정 그래.

향기 아줌마 저녁 드시고 가실 수 있어요?

현아 저녁 먹고 갈래?

수정 아니 아냐··늦는다는 연락 아직 없어. 가야 해··(일어나며)

현아 (일어나며) 배웅해드려라.

향기 네에··

현아 아으. 무슨 탈이 날려고 또 이래애··그럴 이유가 없는데 배가 기분이 나뻐··가아··

수정 으응··(현아 침실로)

S# 정원

　　[함께 나오는 수정과 향기]

수정 (걷다가 문득 향기 돌아보며 손 내밀고)

향기 (웃으며 잡고)···

수정 엄마 말처럼 몇 달 어디 여행하고 오지 왜·· 갈데 많잖아.

향기 아무데도 가기 싫은 거 있죠 아줌마. 집에서 엄마한테 구박받는 게 낫지 여행까지 나가서 친척들한테 질문받고 대답하고 그런 거 하기 싫어요.

수정 그럼 친척네 가지 말고 어디 여행사 그룹에 들어가서

향기 (오버랩) 날마다 질질 울고 다니면 어떡해요··

수정 (멈추고 보는)

향기 우흐흐흐 그럴지도 모르잖아요 반쪽이 날아간 거 같은데 반쪽만으로 돌아다니면서 얼마나 쓸쓸하고 처량스럽겠어요··아직은 그럴 거 같아요 아줌마.

수정 ····(측은해서 보는)···

향기 저 오빠 잠깐 봤어요··

수정 ??

향기 며칠 전에··쿠키 궈다 오피스텔에 갖다 줬어요··오빠 저녁 안 먹었대서 친구해줬어요··엄마는 몰라요··

수정 괜찮든?···밉지 않아? 지형이 당황안하든?

향기 아뇨··오빠는 아무렇지도 않게 그냥··진짜 동생대하듯/생각해 보니까 일년전부터 쭈욱 그랬었더라구요··저는··저 혼자 그저···좀 그랬죠 머··

수정 (어깨에 손) 속으로는 너한테 많이 미안할 거야··

향기 그렇겠죠? 으흐흐흐

수정 (걸음 옮기는데)

향기 아줌마 혹시 그분 보셨어요?

수정 ??

향기 너무 궁금해요··이게 무슨 심린지 모르겠어요.

수정 궁금해하지 마. 까짓 신경쓸일 아냐··

향기 보셨어요?

수정 아니..아직....아직 못 봤어..

향기 보시면 저한테 얘기해 주세요 네?

수정 ....(보며)

향기 어떻게 생겼는지 키는 얼마나 되는지 아줌마 마음에 드는지...

수정 알아서 뭐하게..

향기 우우웅..할건 없어요..그저...아아 정말이었구나. 실감나고 / 그 리고 더 편해질 거 같아요..

수정 쯔쯔쯔쯔...

향기 (그냥 웃고)

S# 대문 밖

   [나오는 두 사람]

수정 (리모컨으로 차 문 열고)

향기 (운전석 문 열어주고)

수정 간다..

향기 네에..

수정 (차 타고 한 번 더 웃어주고)

향기 (손 흔들고)

   [출발하는 자동차]

향기 .....(보면서)

S# 미팅실

   [기획팀(재민) / 상품 계리팀 / 전산 개발팀 / 계약 심사팀 각 팀장 앉아 있고]

   [각자 앞에 다이어리, 관련 서류 놓아져 있고]

상품 계리팀장 네, 그런데 이게 내부인가에는 별 문제가 없을 듯한데

470

본사에 대한 상품 인가는 장과장님께서 힘 좀 써 주셔야 할 것 같습니다. 아시다시피, 이 상품의 파이낸셜 테스트(Financial test) 결과가 본사 기준에 미달하는 부분이 있습니다.

재민   프라핏 마진(Profit margin) 말씀하시는 건가요?

계리팀장   네.

재민   그 부분은 아침 임원회의에서 논의됐어요. 본사가 기대하는 이윤폭보다 낮아지긴 하지만 한국 시장의 강한 니즈가 담긴 보장성 캠페인을 위해 필요한 상품이라 / 아마도 문제없이 인가가 날 것으로 생각합니다.

계리팀장   아 다행이네요.

재민   상품 출시와 관련된 개발 일정은 어떻게 돼 가고 있죠? (재민 핸드폰 메시지 들어오고 재민 체크하는 위에)

상품 계리팀   E 지난주에 개발원 인가는 마쳤고, 감독원에는 이번 주말에 넣을 예정입니다. 전산 시스템 개발에 필요한 보험료 테이블 및 산출 로직은 다음 주까지 드릴 수 있을 것 같습니다.

재민   (전화 놓으며) 개발팀장님, 다음 주에 자료 받으면 얼마나 걸릴까요?

S# 재민의 회사 근처 길(어두워지고 있는 중)

재민   (걸어오면서 통화 중) 어 그래 길이야…아니 얘기해‥상관없어.

S# 지형의 사무실

지형   (책상 위 정리하면서 통화 중) 별일 없으면 술 한잔 하자구….어 그럼 안되겠구나‥서연이한테 뭐 들은 소리 없어? (무슨 소리) 좀 도와줘 재민아.

S# 거리

재민   아니 / (싫어) 제정신 아닌 니편들어 아직 제정신인 서연이 붙잡고 이런저런 소리 하기 싫다.. 너 그거 감상이야..그건 절대 감상에 빠져 충동적으로 저지를 일이 아니야. ..(잠시 듣다가) 글쎄 서연이한테 아무 일 없었다면 너 그대로 결혼했을 거 아냐. 그건 부인 못하는 거잖아...결국 불쌍해서 이러는 거 아니냐구.

S#   지형 사무실

지형   니말 맞어. 그런데 연민은 무조건 감상으로 치부돼야하는 거냐? 그래서 정식으로 상대 안해주고 감상이다 충동이다 대수롭잖게 날려버리는 거냐?..(잠시 듣다가 / 조금 오르며) 내 인생 걱정은 내가 해..너한테 내 꺼 걱정해달라는 부탁 안했어 임마.

S#   거리

재민   (걸음 멈추며) 나중에 얘기하자. 나중에 따로 시간 잡아 얘기하자구.. (하는데 끊어져 버리는 전화)....(전화 치우며 다시 걷기 시작)....

S#   근처 어느 카페 앞

재민   (나타나며 보고)??

서연   (카페 앞에 서 있다가 웃으며 손 흔드는)

재민   왜 안 들어가구.

서연   금방 일어나야하는데 커피 값 아깝잖아..(팔 끼면서) 저녁으로 직행해. 대신 나 쫌 계산나가는 거 먹는다아아?

재민   하하 그래 얼마든지.. (둘 같이 움직이며) 회사 일로 나왔어?

서연   응..필자 선생님..오빠한테 저녁 벌고 차도 얻어탈려고 시간 딱 맞췄지..

재민   흠흠 잘했어잘했어.

S#   근처 일식집

[초밥 먹고 있는 둘‥거의 다 먹어가는 중]

서연 (된장국 젓가락으로 저어 두 손으로 감싸듯해서 몇 모금 마시고 내려놓으며) 맛있었다아아아.

재민 (웃는) 음 괜찮다‥(맛이)

서연 난 다 먹었어. 아까우니까 오빠 다 먹어.(두 개 남아 있는)

재민 더 먹어.

서연 아냐 내 양 다 먹었어‥

재민 아까워도 할 수 없다‥다이어트야.

서연 에?

재민 저녁 반으로 줄였는데 초과했어.

서연 그럼 생선만 먹어.

재민 괜찮을까?

서연 그러엄 생선은 상관없어‥(초밥 위의 생선 걷어내 앞으로 주며) 그런데 웬 다이어트?

재민 아냐‥점심에 과식해서‥(생선 집어 올리며)

서연 <u>으흐흐흐</u> 난 또‥

재민 (먹는)‥‥‥

서연 ‥‥‥(보다가 재민이 음식 넘기고 국 한 모금 마시고 내리기까지 기다리다가) 오빠 나 이제 삼십분 전에 내가 한 일도 까먹는다? (가볍게)

재민 (보는)??

서연 아까 미팅 끝나고 점심 먹고 칫솔질 안한 거 같아서 칫솔질 하러 나가는데 무슨 이를 그렇게 닦냐구 삼십분 전에 닦았다구‥

재민 ‥‥(차 마시는)

서연 근데 끝까지 기억 안나는 거 있지‥이젠 메모에 양치질까지 올려야할거 같아.

재민 약을 먹어.

서연 진짜. (물컵 집으며) 약이 효과를 보든 못보든 그래야할 거 같아
..아까는 필자랑 약속장소에 나가 있는데 누굴 만나러 나갔는지가
잠깐 그렇더라구..그러다 생각났는데 그 다음에는 그분 이름이 생
각안나는 거야..

재민 메모 안해놨었어?

서연 그 얘기하는 거야 이젠 메모를 좀더 철저하게 확실히 구체적
으로 해야겠다구..

재민 ....(보며)

서연 어제 밤에는 후후 식탁에 커피 잔이 있는데...하마터면 커필 마
셨으면 씻어놔야지 그러구 문권이한테 잔소리할 뻔했어..

재민 (종업원 그릇 치우러 와서 치워도 되냐는 질문) 아 네..

서연 (그릇 빼가고) 좀 더 지나면 이런 말도 못하게 될 거야..잊어버
렸었다는 것까지 잊어버린다니까..

재민 지형이 잠깐 통화했다..

서연 ...(보는)

재민 도와달라구..감상이랬더니 불쾌해하면서 끊더라.

서연 (오버랩) 아 나 아까 그 사람 어머님 만났어..

재민 (보는)..

서연 할 얘기가 있었는데 잠깐 멍했네..

재민 어머니 왜.

서연 얘기했대애 결혼한다구..(남의 얘기하듯) 똥 폼 잡지 말라구 나
진짜 더럽게 굴어줬어. 이사하래..아니면 자기가 우리 집으로 들어

온대··말 되니?

재민 어머니 뭐라셔.

서연 후후 내가 아이 가진 줄 알고 오신 거 있지?

재민 그렇게 얘기했대?

서연 그랬나봐. 드라마 싫다고 그렇게 부르짖었건만 결국 드라마 만들었어··

재민 ····(보며)

서연 나 아프다구··사실대로 말씀드렸어.

재민 ····(보며)

서연 걱정마시라구 결혼 못한다구··

재민 그래서··

서연 고맙다 그러시더라. 그러셨나? 모르겠다 생각 안난다··그런데 있지 오빠··나 병만 아니면 일년 쯤 뒤에 결혼할 수 있었어··어머님 이 우리 편 들어주시기로 하셨었대··나 진짜 재수 더어럽게 없어.

재민 ···(보며)

S# 서연 빌라 앞

　　[들어와 멎는 재민 차]

S# 차 안

서연 (벨트 풀며) 저녁 잘 먹었어··

재민 그러기로 작심했어?

서연 ??

재민 그렇게 남의 일처럼?

서연 어··그래 보여? 성공했네··맞어. 남의 일 바라보듯 그럴려구·· 뭐야아아 웃긴다 서른살에 무슨 알츠하이머야··지지리궁상 처량

떨지 말고 그래 어떻게 오는가 한번 지켜보자··나 있지···나중에 완
전 내가 아닌 나 되기 전까지는 주변에 고통주고 싶지 않아. 즐거
워까지는 할 수 없지만 그냥 뭐 그렇다네요 어쩔 수 없죠··그걸 기
본으로 깔고 틈틈이 웃을 일 있으면 웃어가면서··여태까지의 나처
럼 그럴래··미리부터 서둘러 나를 잃을 필요는 없다고 생각해.

재민 ····(보며)

서연 나는 결국 하얀 도화지가 되겠지만 아직은 괜찮으니까 오빠나
고모 고모부/문권이한테 될수있는 한 안 무거울려고····응 마지막
용쓸테야··용쓰는데 원래 소질있으니까 뭐··

재민 ····(그냥 보며)

서연 (내리는) 오빠 가··

재민 서연아·· (따라 내리는)

서연 왜··*층*호 여기서 집까진 문제없는데?··(농담)

재민 ·····(서연 앞으로) 지형이 녀석··어떡할래··

서연 (보며)····

재민 그쪽 부모님도 지형이 앞날도 생각하지 말고 니 마음이 원하
는 건 뭐야··나한테는 솔직해도 돼.

서연 (쓰게 웃으며) 참··· 잔인한 질문이다···

재민 ····(보며)

서연 그 사람 앞에서 매일매일 무너져가며 괴롭히고 싶지 않아.

재민 보거나 못보거나 너는 이미 그녀석 심장에 들어가 있어··보거
나 못보거나 아픈 건 같을 거야··

서연 오빠 바보··(웃으며) 그건 안 같아···

재민 (보며) ·····

서연   가…(집으로)

재민   ….(보며)

서연   (돌아보는) 어머 오빠 언제왔어?

재민   ??

서연   나 언젠가부터 이럴 거라구…우후후후 (웃으며 들어가는)…

재민   ….

S# 집 쪽으로 이동 중인 재민의 차(밤)

S# 차 안

재민   ….(잠시 있다가 전화 통화 시도)

   [벨 가는 소리]

S# 지형 오피스텔

   [울리는 전화]

지형   (상의 벗다가 받는) 나야.

재민   F 대수롭잖게 날려버린다는 말이 마음에 걸려서…그런 건 아냐.

지형   그래…괜한 짜증이었어..

재민   F 서연이 그러더라..

지형   ??

S# 차 안

재민   니 앞에서 매일매일 무너지는 저 보여주며 너 괴롭히고 싶지
   않다고…그게 서연이 대답이었어..

S# 오피스텔

지형   그런 서연이를 내가 지킨다구..개 / 날더러 유치한 객기라 그러
   든데 객기 아냐. 니집 가족 / 동생 누구도 서연이한테 나만큼 집중
   할 수 없어. 나 서연이 남자야. 그 친구 남자로 옆에 있으면서 나 할

일을 하겠다는 거 뿐이야…. (듣다가) 날 위해서 저주라그래 ‥ 날 의심하지만 진심이야.

S# 이동 중인 차

재민   니가 맡아준다면 서연일 위해서 / 서연이한테 그보다 더 큰 선물은 없다고 생각해. 그렇지만 중요한 건 그 자식 의사야……그 자식은 이제 제 병을 야유하고 빈정대고‥제 병을 농담꺼리 만들고 그런다‥좋은 현상인지 나쁜 현상인지 헷갈려‥

S# 서연의 거실

서연   (나오면서 아무렇지도 않게) 저녁 뭐 먹었어?

문권   (식탁에서 공부 중) 들어오기 전에 사장님 사모님 같이 피자요. 사모님이 사오셨어요. 누난 누구랑요?

서연   어…(냉장고로) 저기…오빠하구‥그 쪽 나갔었어‥

문권   네에‥

서연   ….(싱크대 앞에서)…

문권   (문득 보고) 왜요‥

서연   나 뭐할 참이었지?

문권   물 마시러 나온 거 아니에요? 아니면 티거나

서연   아닌 거 같아‥

문권   낼 아침준비는 (안 해도 돼요)

서연   (오버랩) 그래 아침 준비‥날씨 쌀쌀해졌어. 국 끓여놓자.

문권   고모가 아까 편의점으로 선지국 갖고 나오셨어요.

서연   어어

문권   이틀은 충분히 먹겠어요.

서연   그럼 됐다‥국만 있으면 뭐‥나 씻는다‥

문권   그러세요··

서연   (화장실로 움직이다가 돌아보는) 그런데 너 왜 깎듯이 이랬어요 저 랬어요야?

문권   언제는 안그랬어요?

서연   너 섞어찌개였었잖아. 왜 갑자기 타인예의야? 내가 아파서? 환 자라?

문권   별 시비를 다 거네··그런 의식없었어요.

서연   내가 멀게 느껴져?

문권   아 그런 거 아니에요. 그런 거 아냐··그냥 누날 좀더 대접해야겠 다 무의식으로 그랬나부지 머.

서연   왜··내가 환자라?

문권   그냥 나도 철좀 나야겠다였어.

서연   왜 내가 아파서?

문권   아니라니까아.

서연   그냥 살던대로 살고 변하지 말자.

문권   알았어··그럴게.

서연   (움직이다 돌아보는) 고모 무슨 국?

S# 고모의 마당(밤)

재민   (들어오는데)

　　　[안방에서 시끄러운 /]

고모   E 아이고 참 그만 좀 해!!! 내 맘이다 왜!!

S# 안방

고모   내가 번 내돈 내맘대로도 못쓰냐?!! (가을 과일 먹고 있는 중)

명희   다리아퍼 허리 땡겨 죽자고 번 돈 아까운 줄 모르구 써제끼니까

제10회   479

신경질나 그러지이이

고모 글쎄 내돈 내가 쓰는데 니 신경질이 왜 나냐구우 / 나 참 내가 낳긴 했지만 별 이상한 애 다 봤네에?

고부 (오버랩) 모녀가 똑같이..쯔쯔

동철 (오버랩) 그게요 장인 어른..장인어른 장모님 아까 그 파카 그거 집사람이 제 카드 갖고 나가 산 거거든요?

고부 그게 배아프다 소리야?

명희 아이구 아버지는

동철 (오버랩) (동시에) 아니아니 그게 아니라요 장인 어른 거기서 장모님이 문권이 처남 티셔츠를 한 장 더 사셨답니다.

명희 (오버랩) 거기까지는 내가 이해 한다니까? 거기까지는 이해해. 그런데 아버지..엄마 글쎄 서연이 겨울이불 사줘야한다구 자기 돈 내구 기어이 사더라구요.

고모 자기다 자기 자기.

명희 아니이 아버지 엄마 파카 그거 엄마가 써야할 돈 우리가 대신 쓴 건데 그건 그대로 받아잡숫고 서연이 이불 사느라 엄마 돈 쓰면 / 결국 우리가 서연이 이불 사준게 되는 거 아니냐구요.

고모 참 이상한 셈법도 있다만 암튼 그래 그렇다 치구 / 걔들 이사 하면서 여름 이불만 장만하구 겨울에 덮을 거 없는데 그래 / 니가 이불한채 사주면 또 어때. 동생인데.

명희 걔 돈 잘 버는데 왜 내가 이불을 사줘어?

고모 (오버랩) 걔들 나갈 때 너 아무 것도 안 해 줬잖아.

명희 어머머머? 후라이팬 세트 사줬는데 왜 아무것도 안해 줘?

동철 (오버랩) 그만해 가만있어.

명희   (오버랩) 왜 가만 있어?

동철   후라이팬 쪽 팔리잖어어어‥뭘 그것도 해줬다고 해줬단 소리를 해애.

명희   당신 다 들어먹고 어머님 주머니 발라 가게 차린다 그러구 있는 참에 우리가 무슨 여유 있었는데에에.

고모   야 그래두 차서방 자동차는 사더라.

명희   중고차 샀어 엄마 중고차아.

고모   중고차두 차야. 후라이팬 들고 들어오는데 내가 그냥 애들한테 챙피해 죽을 뻔했네.

명희   아니 엄마 두 애들 이십년 밥 먹여준게 어딘데 그랬으면 됐지

고모   (오버랩) 아버지가 먹여줬지 니가 먹여줬어? 걔들 밥값하구두 남었어 이것아. 문권이 웨엔 잔심부름 도맡아하구 서연이 아침 저녁 밥시켜먹구 알뜰하게 부려먹었잖아아아.

명희   나두 했어 엄마아아? (했단 말야)

고모   이십년은 무슨 이십년이야. 서연이 대학 들어가 본격적으로 과외하면서는 걔들 공짜 안 먹었어‥삼십만원 사십만원 기어이 내났어. 취직하고는 더 냈구. 그거 받을 때마다 내 가슴이 얼마나 찢어졌는데 뺑 튀기지 마.

동철   그러니까 십오년정돈 거죠 장모님. 이십년하고 십오년은 굉장한 차이야 여보오.

명희   사사오입하면 이십년이야.

고모   사사오입 왜 해. 십사년인데/

지민   (할아버지 무릎 베고 누워 만화 보고 있다가 벌떡 일어나며) 아아아 시끄러워 책을 볼 수가 없네. 할아버지 빨리 스톱 거세요오오 언제

끝날지 몰라요오오오

고부 (오버랩) 그만해 시끄러. (하고 일어나는)

고모 왜요.

고부 (다리 좀 절면서 나가는) …

고부 E 언제 들어왔어

재민 E 방금요··

고모 (오버랩) ??아이구 우리 아들 들어오는 것도 몰랐네 / (서둘러 일어나며) 언제 들어왔어어? 왜 몰랐지이이? (방문 열려 하는데)

재민 (문 열며) 저 들어왔어요 어머니.

고모 응 그래애애 미안하다아아··아이구 옷 갈아입은 거 보니까 진작 들어왔나보네··

재민 네에··

고모 저녁은.

재민 먹고 들어온다 말씀드렸잖아요.

고모 잘 먹었어? 시원찮았으면 더 먹어. 우리 선짓국 끓였는데 응?

재민 잘 먹었어요.

명희 (오버랩) 애 춰어어. 들어올라면 들어오고 아니면 문 닫아 우리 지민이 감기들어··

재민 알았어요··쉬세요

고모 오냐 (재민 문 닫고) (딸 흘기면서) 마당에 까마귀가 새까맣게 얼어죽었다 그래.

명희 아버지 가게는 요즘 어떠시대. (엄마에게)

고모 가타부타 뭐 말을 하는 사람이야?

동철 히야아아 그동안 꼬라박은 돈으로 금이나 왕창 사놨더라면 떼

482

돈 버는 건데..장인어른 옛날 금값 쌀 때 사 모아두신 거 좀 있죠?

고모 (픽 웃는) 난 모르지..어디 금으로 정잘 지어놨대두 난 모를 일 일테니까..

명희 동네 금방에서 무슨 큰돈 벌어 금 사모을 여유가 있어.

S# 재민의 방

재민 (책상에 앉아)..(책은 펴놓고)....

지형 E 니집 가족 / 동생 누구도 서연이한테 나만큼 집중할 수 없어. 나 서연이 남자야. 그 친구 남자로 옆에있으면서 나 할 일을 하겠다 는 거 뿐이야..날 의심하지마 진심이야.

서연 E 나중에 완전 내가 아닌 나 되기 전까지는 주변에 고통주고 싶지 않아.

S# 헤어지기 직전의 서연

서연 즐거워까지는 할 수 없지만 그냥 뭐 그렇다네요 어쩔 수 없죠.. 그걸 기본으로 깔고 틈틈이 웃을 일 있으면 웃어가면서..여태까지 의 나처럼 그럴래..미리부터 서둘러 나를 잃을 필요는

S# 현재 재민의 방

서연 E 없다고 생각해.

재민 ....

S# 서연의 거실

서연 (소파에 완전 올라앉아 책 보고 있는).....

문권 (공부하는 중)...

서연 (보던 페이지에서 문득 읽었던 페이지로 되돌아가 다시 읽는).....(잠 간 읽다가 원래 읽던 곳으로 책장 넘기는).......(보다가 엎어놓고 고개 돌 려) 배 안 고파?

문권 아뇨‥

서연 (일어나 움직이며) 허전할 때 된 거 같은데‥

문권 아직은 아니야‥신경쓰지 마요 알아서 찾아 먹을테니까‥

서연 (대꾸 없이 움직여 냉동고 열고 이것저것 뒤지다가 만두 싸놓은 것
 꺼내며) 이게 뭐지?

문권 (보고)

서연 뭘 이렇게 꽁꽁 싸놨어? (풀기 시작하는)

문권 (누나 옆으로) ‥‥ (드러나는 만두) 만두네‥

서연 너무 오래됐어. 버려야겠다‥

문권 오래된 거 아닌데 누나‥

서연 ??

문권 고모가 접때 갖구 오셨다 그랬어‥

서연 아아‥난 하안참 전에껀 줄 알았어‥몇개 삶아?

문권 배고파요?

서연 다섯개? 다섯 개면 되지?

문권 지금은 괜찮다니까‥

서연 ‥‥(보다가) 지금 몇시야?

문권 열시 반쯤 됐을 거에요.

서연 멀었다‥(만두 도로 싸며) 열두시 쯤 됐는 줄 알았어.

문권 원고 넘긴 거 / 원고 넘겼죠?

서연 그럼.

문권 잘 됐대?

서연 ?? 왜애?

문권 아니 그냥‥

서연 걱정마. 아직 괜찮아. (싸던 만두 놔두고 방으로) 나 그만 잔다.

문권 ....(보는)

서연 (들어가고)

문권 (만두 도로 냉동에)....

S# 서연의 방

서연 (침대로 올라가면서 중얼거리는) 만두 두목 목요일 일요일··일요

일 아니 / 일곱/ 곱배기/ 기차··차세대/ 대책/

[오피스텔 도어 벨 울리는]

S# 지형 오피스텔

지형 (기대어 앉아 책 읽고 있다 침대에서 내려서 현관으로) 누구세요.

수정 E 엄마야··

지형 ?? (서둘러 문 열고) 이 시간에 무슨 일이세요.

수정 (들어와 의자로 가 앉는다)······

지형 집에 무슨 일.

수정 와 앉아··

지형 (움직여 앉는)····

수정 (보며) 도저히 그대로 잘 수가 없어서 (왔어)

지형 네·· (말씀하세요)

수정 그 애 아무 소리 없었어?

지형 아뇨···(하다가) ?? 엄마 또 만나셨어요?

수정 당분간 결혼은 어려우니 좀 기다리라고 하러.

지형 뭐하러 자꾸 걘 만나세요오.

수정 알츠하이머치매라면서··

지형 ······(아연)···

수정 아무 문제없어도 늬 아버지 고개를 어떻게 넘난데 너 우리한테 너무 심한 거 아냐?

지형 ....

수정 어떻게 그런 무모한 짓을 한다는 거야.

지형 설마 그 얘길 할 줄은 몰랐어요.

수정 감추고 할 셈이었다고..

지형 안 그러면 더구나 허락하셨겠어요?

수정 그런 결혼을 할 작정이었으면 너 우리 허락 상관없었던 녀석이잖아..

지형 아픈 거 모르시는 채 엄마 한분 허락이라도 얻고 싶었어요

수정 그래 이제 알아 알았어..허락 못해. 어떡할래.

지형 .....

수정 응?…대답해.

지형 (시선 내린 채 두 팔꿈치 무릎에 올리고 손가락 마주 얽으며) 그래도 합니다..

수정 .....(보며)...

지형 무슨 생각하시는지 알아요.. 받아들여주실 수 없는 고집이라는 것도 알아요..그런데요 엄마 저요 (시선 들어 보며) 그 사람 위해서 그 사람 때문에 희생하려 드는 걸로는 생각하지 말아주세요. 그거 아니에요..제가 그 사람 필요해서 / 제가 그 옆에 있고 싶어 이러는 거에요.

수정 니 앞날은 어떻게 되는데..

지형 그 사람을 사랑해요. 그 사람 웃는 거 우는 거 / 따뜻한 거 차가운 거 / 순할 때 성깔 피울 때 / 그 사람 생각 / 고집 / 자존심 / 정직함

투명함 그 모든 걸 사랑해요··

수정 지형아.

지형 (오버랩) 어머니한테 자기 병 드러내면서까지 절 거절해요·· 제
가 싫어서가 아니라 절 위해서에요 / 그런데 전 그 사람 위해서가
아니라 저 자신을 위해서에요. 그 사람을 원해요. 그 사람없이는
어머니 전 허수아비에요. (울어지지 않을까?)

수정 ····(보며)

지형 (의자 아래로 내려와 무릎 꿇고 엄마 한 손 잡아 제 얼굴에 붙이며)
어머니···엄마아····

수정 (고개 조금 돌려 허공을 보면서) 좋을 때만 사랑은 사랑이 아닌
거 엄마 알아. 평생 아픈 남편아내 지극정성 사랑으로 함께 하는
아름다운 사람들 세상에 많아··(아들에게 시선) 그런 거 보며 나 늘
감탄하고 감동해··그런데··내 아들 일이 되니까··그럴 수가 없어.

지형 (고개 들어) 엄마··

수정 (아들 옆머리에 손 / 오버랩) 너 그토록 그 아이가 소중한 만큼 /
나도 니가 그래··어떻게 너한테 그 길을 가랄수가 있어··나 못해··

지형 죄송해요··

수정 안돼.

지형 정말 죄송해요

수정 절대로 안돼··

지형 죄송합니다.

수정 안된다니까 이 녀석아아··(울음 터질 듯하면서)·······(그대로 서로
보면서 / 두었다가)

S# 오피스텔 지하 주차장

[무겁게 나오는 모자]

[수정이 차 쪽으로…수정 리모컨으로 차 문 열고]

지형 모셔다 드려요?

수정 괜찮아..

지형 (문 열어주고)

수정 (타려는데)

지형 (엄마 안아주는)…..

수정 …..(안겨서 나직이) 안돼..

지형 (안은 것 풀며) 가세요..

수정 그 아이 마음 아파..그래도 내 아들이 앞이야..안돼..

지형 전 그 사람이 첫 번째에요.

수정 …..(야속해서 보며)

S# 오피스텔을 빠져나가는 수정의 차

S# 차 안

수정 (운전하며 하염없이 흐르는 눈물)……

S# 빌라 주차장으로 들어와 멎는 수정의 차

S# 차 안

수정 (시동 끄고 기대면서)…….

S# 창주 집 거실

[들어오는 창주와 홍길..홍길은 약간 휘청거릴 정도 취해 있고]

이모 아유 회장님 어서 오세요..

홍길 아아 이모님 안녕하십니까 오랜만입니다 허허

이모 안녕하세요오

창주 집 사람 뭐해요(상의 벗으며)..

이모   답답하다고 잠깐 나갔다 온다구‥

창주   한밤중에 (못마땅 / 상의 적당히 처리하며) 와 앉어 노회장.

홍길   (이 층 보며 약간 흔들거리며 있다가) 기가 막혀서‥ 이 시간에 내가 이 집에 들어서면 향기가 저기서 뛰어내려오면서 아빠 웬일이세요? 그래야 하는 거잖아.

창주   와 앉으라구.

홍길   (소파로) 뭐가 잘못돼도 하안참 잘못된 거지 이게‥쯧 / 늦어두 내년 가을 쯤이면 손녀든 손자든 (앉으며) 하나 나올 걸로 기대했구말야‥

창주   동감이야‥뭘로 줄까‥

홍길   얼음 냉수나 한 컵 주세요.

이모   네에에‥

창주   (앉으며) 한잔 더 하자더니 왜.

홍길   됐어 / 이집 계단 보니까 입이 써. 물이나 한잔 얻어먹고 갈께.

창주   …(그냥 보는)

홍길   후우우우우 (기대며) 술 빨리 취하는 거 보면 늙었어어어‥작년까지만 해도 별로 몰랐는데 한해 상관에 이렇게 맥을 못추게 될 수도 있는 거야?

창주   꽤 마셨어‥닥터들 술잔 하나도 사양 안하고 다 마셨으니 뭐.

홍길   (몸 일으키며) 어 지 소장 참 뭐 내년부터 소화기계 암 비소화기계 암 심포지엄을 격년으로 하게 해 달라더라.

창주   지난 봄에 잠깐 얘기했는데 왜.

홍길   들은 거 같아‥ 무슨 일을 계획하든 병원일이야 전적으로 박원장 소관이니까 상관없는데 지소장 그 친구 (좀 웃으며) 술을 잘못 배웠어..너무 수다야.. 통합진료 시스템이 어쩌구저쩌구부터 시작해서 묻지두 않는 소릴 말야 / 끝도없이 늘어놓는데 아 심포지엄 잘 끝냈다고 저녁 한 끼 사래서 나가 꼭지 돈 센터 소장 재미도 없는 수다 상대나 해야겠어?

창주 흠흠..지소장 그거 하나가 험이야..

홍길 (물컵 받으면서) 글쎄 뭐..암센터 소장으로 더 이상 없다니까 그런 줄 알고 있지만서두…(벌컥벌컥)

수정 (들어오고)

이모 언니 들어오네요 형부.. 회장님 오셨어요 언니..

수정 아으…웬일이세요 이사장님..

홍길 (일어나며) 아 암센터 심포지엄 훌륭하게 자알 마친 닥터들 모시고 저녁했어요 수정씨..저녁하면서 술도 좀 했구요..그냥 헤어지기 뭔가 요만큼 부족해서 한잔 더하자고 따라 들어왔다가 갑자기 의욕이 사라져 냉수 한 컵 먹고 그냥 가려던 참입니다 허허..

수정 네에..

홍길 저게 말이죠 수정씨 우리 향기 녀석이 오르내릴 계단이었잖습니까..아주 섭섭합니다..

수정 네에 우리두요..

홍길 오현아는 / 향기에미는 녀석이 바람났을 거라 때려잡는데

홍길 E (긴장하는 창주) 박원장 펄쩍 뛰니 아닌줄 알구요

홍길 (연결) 그거든 아니든 어쨌든 섭섭한 게 솔직한 심정입니다.. 마안이 섭섭해요 강박.

수정 글쎄 말이에요.

창주 나가지.. 나가자구..

홍길　어어 그래.. 그럼 수정씨 나 갑니다…

수정　안녕히 가세요..

　　　[둘 나가고]

수정　(침실로 돌아서는데)

이모　어디까지 갔다 왔어?…형부 못마땅해하던데…

수정　(그냥 들어가는)…

S# 빌라 현관 앞

　　　[나오는 두 사람]

홍길　이건 뭐 계절이 뭐 이 모양이야..초겨울이잖아.

창주　글쎄..겨울이 너무 서두는 거 같아..

　　　[차 대어지고 /]

　　　[기사 내리는데]

창주　(문 열어주고)

홍길　박원장은 안 그러냐? (차 문 닫고) 뭔지 모르게 저어 뱃속이 불
　　쾌해..딱히 그럴 일도 없는데 뭉그으으은하게 계속 뭔지 불쾌해..

창주　(보며) 그래 알아..

홍길　그래 우리가 피차 알면 됐다..들어가(타고)

창주　(문 닫아주고)

기사　(꾸벅하고)

　　　[뜨는 차]

S# 수정의 방

수정　(화장 지우고 있는 중)……(착잡하기 이를 데 없는)

창주　(들어온다)

수정　……

창주　차 갖구 나갔었어?

수정　응‥

창주　어디까지 갔다 왔어.

수정　아들 보고 싶어서 아들한테 갔다 왔어‥(평온 가장)

창주　…‥(잠깐 보다 그만두고 옷 벗기 시작)

수정　……

창주　(옷 벗으며) 나일 생각해. 밤 운전 하지 말라 그랬잖아.

수정　…‥

창주　아차 순간이야‥ 황당하게 만들지 말고.

수정　조심해‥

창주　낮 운전 하고 다니는 것도 미덥잖은데‥

수정　운수소관이지 뭐‥죽으면 죽고 살면 살고‥

창주　?? (돌아보는)

수정　향기네 갔다왔어. (일어나 벗은 옷 처리하러)

창주　왜

수정　(한숨 섞어) 여행갔다왔는데 안부도 안 챙기냐고 잠깐 들르래
　　서. 지갑하나 사왔더라‥

창주　그래두 고맙네‥

수정　그렇지‥

창주　향기는 어떻대‥

수정　집에 있어‥괜찮아 보였어‥

창주　나쁜 자식‥향기한테 한 죄값 어떻게 치르나 보자구.

수정　(바지 팔에 걸고 상의 들고 돌아서다) ?? 자식한테 그게 무슨 악
　　담야?

창주 눈에 콩껍질 덮고 잡은 상대가 최선이기가 쉬워? 향기만한 애
    가 또 있을 줄 알아? 멍청한 자식.

수정 사랑은 장사가 아냐.

창주 결혼은 평생이 걸린 선택이야.

수정 여보 피곤하니까 그만해..

창주 당신 생각이 그러니까 애놈이 그렇게 된 거란 말야.

수정 그래 모든 게 내탓이야 당신 맘에 안들어 미안해..그런데 샤워
    하면서 우리가 결혼 어떻게 했나 한번 돌이켜 봐..

수정 E (보는 창주) 나도 부모님말 안 들었었어. 우리 결혼도 쉽지
    않았어.

수정 그래도 우리 잘 살았잖아.. 악담은 하지 마..무서워..

창주 .....(보다가) 그래 취소해./ ...취소한다구..

수정 됐어..

창주 (욕실로 아웃)

수정 (옷 껴안은 채 침대 옆구리에 구겨져 앉으며)......

S# 어두운 지형의 빈 거실

S# 지형의 방

수정 (지형 테이블 앞에 선 채 / 작게 읍소하는) 지형아..안돼..엄마말 들
    어..엄마가 너 대신 그 애한테 도움되게 할 테니까 너는 빠져 응?....
    너를 이해못하지 않어 그 마음 이해해. 그래서 너무나 마음이 아
    파..그런데 그래도 그건 안돼..엄마 그러라고 할 수가 없어..미안해
    아가..그렇지만 열 번 백번 생각해도 그건 안돼..

S# 오피스텔

지형 (캔 맥주 하나 들고 테이블 의자에 앉아서) 엄만 제가 평생.. 죄책

감 껴안고 미치게 후회하면서 그리워하면서 살길 바라세요? 그게 사는 걸까요? (세월이 가면) 세월이 아무리 흘러도요 어머니 여기서 제가 아무 것도 못한채 손들면 / 전 그 사람 죽는 날까지 못 놔요 ..꼭 필요할 때 반드시 필요할 때 외면하고 아무 것도 한게 없는데 / 해준 게 없는데 어떻게 놔버려요.

S# 지형의 방

수정 (울음 터지려 하며) 엄마가 널 낳았어. 내 뱃속에서 니가 만들어 졌어 얘야. 너 대신 죽을 수 있는 유일한 사람이 이 엄만데…너 어떻게 날 모른다 그러는 거야..응? ..죄송하다 소리가 필요한 게 아니라니까!! 엄마한테 어떻게 이래..왜 이렇게 모질어 이녀석아..(터져도 상관없음)

S# 오피스텔

지형 이해해 주세요 용서하세요…엄마가 절 놔 버리세요 네?

수정 F (터지면서) 어떻게 그런 싹수없는 말을 해 엉? 어흐흐흐흐 으으으으으 으으으으 (거의 통곡)

지형 ……(괴로워 미치겠다)

S# 서연의 거실

  [문권이는 들어갔고 /]

  [오디오에서 잔잔한 음악 / 에프엠]

서연 (오디오 근처 스탠드 하나만 켜놓고 웅크리고 앉아서 / 중얼거리는) 사랑…랑…사랑..랑..랑보…보물섬..섬처녀..녀..녀…녀자..자유..유 적..적금..금.금요일 아니 금화..화화성..성좌…좌표..표표표 표 범….(하면서)

  F.O

494

S# 수정 빌라 거실

S# 지형의 방

수정 (지형 침대 이불 겨울 것으로 바꿔 깔고 있는 중....네 귀퉁이 제대로
맞춰 간추려놓고 / 껍질 바꾼 베개 두 개 제자리에 / 쿠션도 / ....그렇게
해놓고 내려다보며).....

지형 F 엄만 제가 평생.. 죄책감 껴안고 미치게 후회하면서 그리워
하면서 살길 바라세요? 그게 사는 걸까요? (세월이 가면) 세월이
아무리 흘러도요 어머니 여기서 제가 아무 것도 못한채 손들면 /
전 그 사람 죽는 날까지 못 놔요..꼭 필요할 때 반드시 필요할 때 외
면하고 아무 것도 한게 없는데 / 해준 게 없는데 어떻게 놔버려요.

수정 .....(조용한 한숨 내쉬고 걷어놓았던 침대 이불 집어 들고 나가기 좋
게 접으면서)

S# 잠깐 앞으로 / 카페 /

서연 그 사람한테...(눈물 뚜르르르르) 훌륭하신 부모님 부럽다고 했
어요..(시선 내리며) 네 그럼요. 제 마음이 어머님 마음과 같습니다..

S# 거실 계단

수정 .....(큰 보자기에 싼 이불 들고 내려오는)

이모 (수정 전화 들고 나오던 참이다 / 막고) 언니 홍장관 댁 사모님...

수정 (내려오는)

이모 잠깐만요 사모님.

수정 (이불 이모에게 넘기고) 전화 바꿨습니다...네..괜찮습니다..네
..네에 워낙 오래된 친구들인데 아이들 일 때문에 어른들 모양까지
흉하게 되지는 말자고...아니 노회장 댁이 너그러우신 거에요..네
...네 저희도 그렇게 생각합니다......네 고맙습니다..네..네 그럼요..

뵈야죠··네··네에 안녕히 계세요··(끊는데)

이모 (지켜보고 있다가) 그 사모님은 우리 지형이 고자란 소문 못 들
었나보네?

수정 그 단어 입에 올리고 싶어?

이모 아니이 그 얘기는 없는 거 같아서···

수정 (주방으로)

이모 (따르면서) 왜 그렇게 계속 날카로와 언니··

S# 주방

이모 (들어오며) 신경쓰지 말라니까요? 우리만 아니면 됐지 까짓 남
에 입방아 무슨 상관 / 사람들이 고자고자 그런다구 우리 지형이가

수정 (차 만들려다 휙 돌아보는)

이모 (기죽으며) 뭐 진짜로 그렇게 되는 것도 아니고 (하는데)

　　[이모 전화벨]

이모 (주머니에서 꺼내 보고) 선생님 스케줄 때매 오늘 시간 바꼈어
요 나 공부 좀 하구우우? (구석으로 가면서 / 영어 회화 질문에 답하는
공부 시작)

수정 ····(차 준비하는)····

S# 금은방이 있는 거리(저녁 때)

고모 (부지런히 걸어와 금은방으로 / 상호 / 명재금은방 /)

S# 금은방 안

고모 (들어오고)

삼십 대 청년 (진열창 정리하다 보고) 어 나오셨어요?

고모 잘 있었어?

청년 네에·· (하며 고부 돌아보는)

고부　(계산기 두드리기 마치고 아내 본다)

고모　(은행 봉투에 담긴 오백쯤 되는 돈뭉치 남편 앞으로 밀어내며 구석
　　에 앉아 통화 중인 오십 대 꽤 단정한 차림 여자 돌아보는)

여자　네…네 알았어요‥알았어요‥글쎄 알았다니까요‥ (아들이 친
　　사고 합의금 때문에 금 팔러 온 여자) 네‥네에에. 죄송합니다‥네에…
　　(끊는)

고부　여기…

여자　(침울하게 와서 고부가 밀어내는 봉투 집어 입구 열고 보며) 안 세
　　봐도 되겠지요.

고부　예 은행에서 바로 온 겁니다‥

여자　(가방에 집어넣으면서) 아우우우우 (땅이 꺼지는 한숨 쉬고 그냥 나
　　가는)

고모　안녕히 가세요오오오.(하고) 집세 올려달란대?

청년　아들이 폭행으로 들어갔대요.

고모　합의금?

청년　예에‥

고모　한숨 나오게 생겼네‥저녁 밥 명희년 들어간댔어.

고부　약 갖구 가.

고모　(나가며) 한 술 미리 뜨구 먹었어어‥

S#　**금은방에서 나와 버스 정류장으로**

고모　(버스 카드 꺼내들고 기다리는)‥‥

S#　**출판사 앞**

　　[퇴근해 나오는 직원들 / 인영 선주 소희 유정 서연. 나오면서]

소희　일차 저녁먹고 이차 노래방 치고 우리 천천히 시간 보내다가

삼차 클럽가요 네? 낼 모레 연짱 쉬는데 네? 네?

선주 아 나 늙어 그 시간까지 못 버텨. 팀장이랑 난 노래방에서 빠질 테니까 그때부터 셋이 뛰어.

유정 젊어 한때 실컷 못놀고 늙으면 후회막심이래요.

인영 간만에 한번 하죠 팀장님.

서연 난 저녁만 먹고 들어갈 거야..차갖고 나왔어.

소희 유정 에에에에 팀장니이임..(하는데 서연 메시지 들어오는 소리 / 가방 안에서)

소희 팀장님..

서연 ??

소희 팀장님 가방에서 나는데요?

서연 어..(가방에서 전화 꺼내 보는 / 유정은 선주에게 계속 클럽 가자는 소리 / 적당히 응대하는)

　　[메시지 화면과 함께]

지형 E 일 때문에 평택 와 있어..저녁 간단히 먹고 올라가. 답장 안해 도 돼./ (소희 기웃이 훔쳐보고)

서연 (전화 집어넣는데)

소희 청력 검사 한번 해 보세요.

서연 ??

소희 잘 못들으시는 거 같아요.

서연 괜찮아 난 듣고 싶은 소리만 들어.

소희 누구에요?

서연 좋아하는 사람. 이 대답 듣고 싶은 거지?

선주 와아아..웬일? 비밀주의 포기한 거에요??

서연 나 비밀주원가?

인영 어머 글쎄 이렇다니까아아‥자기 문제 절대 모르는 게 인간이
라니까아아? 오늘의 방쩜 / 나 비밀 주원가?

  [모두 거침없이 웃어대는]

S# 상계동쯤 되는 어느 상가 모퉁이로 오고 있는 고모(밤)

고모 (아주 작은 / 테이블 두 개 정도 떡볶이 순대 가게로 다가가서 들여
다보는)

S# 유리로 보이는 가게 안 /

서연모 (철판에 떡볶이 뒤적거리다 옆에 놓아둔 소주병 집어 물컵에 반쯤
따라 마시는)‥‥‥(놓고 다시 떡볶이로)

고모 (문 연다)

S# 가게 안

서모 (고모 들어서는데) 네에에에 (하며 보고)‥‥‥

고모 ‥‥‥(보며)…

〈2권에서 계속〉

김수현 드라마 전집 12
천일의 약속 1

| 1판 1쇄 인쇄 | 2021년 5월 10일 |
| 1판 1쇄 발행 | 2021년 6월 7일 |

지은이	김수현
펴낸이	임양묵
펴낸곳	솔출판사

책임편집	임우기
편집	윤진희
편집	최찬미, 윤정빈
디자인	오주희
마케팅	이원지
경영관리	김태영, 박정윤

주소	서울시 마포구 와우산로29가길 80(서교동)
전화	02-332-1526
팩시밀리	02-332-1529
홈페이지	www.solbook.co.kr
이메일	solbook@solbook.co.kr
출판등록	1990년 9월 15일 제10-420호

| ISBN | 979-11-6020-132-1 | 04680 |
| | 979-11-6020-120-8 | 세트 |

· 잘못된 책은 구입한 곳에서 바꿔드립니다.
· 책값은 뒤표지에 표시되어 있습니다.